Umschlaggestaltung: Cornelia M. Agel unter Verwendung des Stiches
„Patientiae Truimphus" von Johannes Galle nach Heemskerck

Über den Autor:

Erik v. Grawert-May, Unternehmensethiker, lebt in Berlin.
Letzte Veröffentlichungen: Die Toleranzglocken (2012), Roma Amor
(2011) und Die Hi-Society (2010).

ERIK v. GRAWERT-MAY

THEATRVM BELLI

ZUM VERHÄLTNIS VON THEATER, KRIEG
UND POLITIK IN DER NEUZEIT

1. BAND

FORM UND LÜGE

mit 52 Abbildungen in der Mitte des Textes

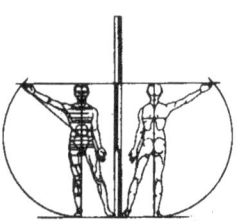

Herstellung und Verlag:
BoD – Books on Demand, Norderstedt
ISBN 978-3-7322-4607-6

INHALT

Vorwort 5
Einleitung 7

1 A WIE ABSOLUTISMUS 21

2 HISTORIA EST THEATRUM 25

   2.1 Trionfi 25
       2.1.1 Amor, Fama und Fortuna 26
       2.1.2 Venus zähmt Mars 31
       2.1.3 Triumph von Zeit und Geduld 36
   2.2 Machiavellis *Arte della Guerra* 42
       2.2.1 Fehlende katholische Klugheit 42
       2.2.2 Reform des Söldnerwesens 48
       2.2.3 Ballettartige Heeres-Formationen 56
   2.3 Shakespeares *Theatrum Mundi* 63
       2.3.1 Machiavellis Komödie *Mandragola* 65
       2.3.2 Anglikanisches Drama 72
       2.3.3 Calderons Fronleichnamsspiele 76
       2.3.4 Heroisierung durch *Histories* 84
       2.3.5 Vom Zyklus der Zeit 91
       2.3.6 Zeit und Spiel: *Hamlet*-Interpretationen 97
       2.3.7 Könige als sprechende Bären 110
   2.4 Theatrum Europaeum 117
       2.4.1 Beginn der *Historia Particularis* 117
       2.4.2 Entkonfessionalisierung des Dreißigjährigen Krieges ... 124
       2.4.3 Schaucharakter des Emblems 132

2.4.4 Das Auge der Geschichte 142
  2.4.5 Cervantes' *Jornadas* und Bossuets *epoché* 149

ABBILDUNGEN **157**

3 FORMALES KRIEGSTHEATER **189**

  3.1 Corneille, der gefesselte Shakespeare 189
    3.1.1 Porträt der Realität 190
    3.1.2 Regulierung der Zeit 195
    3.1.3 La querelle du *Cid* – die *douceur* 200
    3.1.4 Anständiger Orest – Abweichung von Aristoteles 209
    3.1.5 Regulierte Feindschaft – die *Römertragödien* 214
    3.1.6 Poetische Formung des Gehorsams 224
    3.1.7 Amnestie als Ausdruck des Politischen 231
  3.2 Neutralität des *Leviathan* 235
    3.2.1 Aufstand in Rouen 235
    3.2.2 Richelieus Staatsräson 239
    3.2.3 Rohans Verstellungskunst 251
    3.2.4 Das tyrannische Tier 261
    3.2.5 Der Herrscher als Hauptakteur 266
    3.2.6 Hobbes als Liberaler – moderne Deutungen 272
    3.2.7 Der Staat als barockes Kunstwerk 279
    3.2.8 Descartes' *admiration* – Passion ohne Passion 285
  3.3 Vortäuschung des Krieges 291
    3.3.1 Bellum musicale 291
    3.3.2 Figuren der Wahrheit 293
    3.3.3 Kriegerisch untermalte Galanterie 300
    3.3.4 Anamorphotische und anmutige Lügen 308
    3.3.5 Esprit höfischer Liebe 319
    3.3.6 Galante Kriegführung 326
    3.3.7 Statuarischer Festungskrieg – Foucaults Versehen .. 342
    3.3.8 Geometrisch regulierte Royalfestung 352
    3.3.9 Bewunderte Abschreckung 358

Literaturliste 369
Liste der Abbildungen * 381
Namensregister 384

VORWORT

Die vorliegende Publikation wurde 1988 an der Freien Universität Berlin als Habilitationsschrift eingereicht und im gleichen Jahr vom Fachbereich Philosophie und Sozialwissenschaften angenommen. Bisher scheute ich davor zurück, sie zu veröffentlichen. Ich denke aber, die Zeit dafür ist langsam reif. Außer einigen Zwischenüberschriften, die der größeren Lesefreundlichkeit dienen sollen, habe ich so gut wie nichts daran geändert – abgesehen von ein paar stilistischen Glättungen und einem eigens eingefügten 1. Kapitel: „A wie Absolutismus". Wer sich langatmige Einführungen ersparen möchte, fange gleich bei A an; ich habe keine neue Einleitung geschrieben, sondern die von 1988 unverändert übernommen. Mein Wunsch, eine Lanze für das europäische Königtum, namentlich das französische, zu brechen, wird dem Leser hoffentlich auch ohne sie deutlich werden.

Diesem ersten Band soll ein zweiter folgen. Er bildet den Anschluss zu meiner 1987 publizierten Doktorarbeit über Clausewitz. Der Theoretiker des modernen Krieges hatte für das THEATRUM BELLI nur Spott übrig. Mögen beide Bände dazu taugen, es von diesem Spott zu befreien.

Berlin, im Frühjahr 2013

EINLEITUNG

Angesichts der jüngsten der politischen Affären in der Bundesrepublik, die nach einem fälschlich gegebenen Ehrenwort mit dem Tod eines führenden Politikers endete, für die Notwendigkeit des Zusammenhangs von Lüge und Politik zu werben – denn darauf läuft der 1. Band des THEATRUM BELLI unter anderem hinaus –, scheint ans Unseriöse zu grenzen. Daher zu Beginn drei Referenzen, die den vorliegenden Text in die Diskussion von Gegenwartsproblemen einordnen sollen.

Erstens: Mitte des vergangenen Jahres erschien in der Zeitschrift *Merkur* ein Artikel von Norbert Elias über *Das Schicksal der deutschen Barocklyrik,* in dem der „radikale Bruch" zwischen der bürgerlichen Literatur der deutschen Klassik und der höfischen Barockdichtung als besonderes Merkmal der hiesigen Entwicklung bezeichnet wird, ein Bruch, der, so Elias, „eine eigentümliche Verarmung der deutschen Poesietradition zur Folge hatte, die unvermindert bis in die Gegenwart hinein spürbar ist" (464; zur Zitierweise cf. * am Schluß der Einleitung). Es ist denkbar, daß Elias damit eine Akzentverschiebung gegenüber seinen früheren Arbeiten über den *Prozeß der Zivilisation* und die *Höfische Gesellschaft* andeuten will, die aufgrund seines damals vorwiegend psychoanalytischen Interesses von der Affektregulierung als eines bis heute nahezu bruchlos fortwirkenden Instruments der Zivilisierung ausgingen. Die Akzentverschiebung bestünde darin, daß es statt eines durchgehenden Prozesses erhebliche Zäsuren gegeben hätte, die die Zivilisierung in ihr Gegenteil verkehrt haben könnten (cf.Breuer,332).

Zweitens: einer der sozialwissenschaftlichen Autoren, die heute am eindringlichsten vor den Gefahren zunehmender Entzivilisierung warnen, ist Richard Sennett. „Zivilisiertheit", heißt es definitorisch in seinem inzwischen weithin zur Kenntnis genommenen Buch über die *Tyrannei der Intimität*, „Zivilisiertheit ist ein Verhalten, das die Menschen voreinander schützt und es ihnen zugleich ermöglicht, an der Gesellschaft anderer Gefallen zu finden. Eine Maske zu tragen", so der Fortgang der Definition, „gehört zum Wesen von Zivilisiertheit. Masken ermöglichen unverfälschte Geselligkeit, losgelöst von den ungleichen Lebensbedingungen und Gefühlslagen derer, die sie tragen." Und weiter: „Zivilisiertheit zielt darauf, die anderen mit der Last des eigenen Selbst zu verschonen. (...) Zivilisiertheit bedeutet, mit den anderen so umzugehen, als seien sie Fremde." Umgekehrt: „Unzivilisiertheit ist es, andere mit dem eigenen Selbst zu belasten" (298f).

Drittens: worum Sennett sich am meisten sorgt, sind die Urbanen Verhältnisse. „Es besteht ein enger Zusammenhang zwischen Zivilisiertheit und Urbanität. (...) Je mehr ein solches (sc.zivilisiertes) Verhalten Gestalt annähme, desto nachhaltiger würden urbane Mentalität und Liebe zur Stadt wieder lebendig werden" (299). Diese Mentalität ist nun in den letzten Jahren am auffallendsten in Berlin gefördert worden und zwar von der *Internationalen Bauausstellung*. Die IBA, vorwiegend die IBA-Neu, die 1987 lediglich formell beendet wurde, hat auf dem für die urbane Entwicklung vorrangigen Gebiet, der Architektur, eine „Kritische Rekonstruktion der Stadt" in die Wege zu leiten versucht (Kleihues,264ff). Inspiriert von Aldo Rossis Kritik am naiven Funktionalismus des modernen Bauens (Rossi,29ff), wollte und will die IBA vor allem die alten Grundrisse Berlins, die besonders nach dem Zweiten Weltkrieg bedenkenlos der Realisierung moderner Stadtlandschaften geopfert wurden, sichtbar machen, um den Bezug zur historische Tradition wiederherzustellen. So begann man während der Konkretisierung dieses Vorhabens langsam auch im westlichen Teil der Stadt, der vom historischen Zentrum abgeschnitten ist, die barocken Spuren des alten Berlin wiederzuentdecken. Namentlich in der Südlichen Friedrichstadt, einem der ausgewählten Demonstrationsgebiete der IBA-Neu, wurden die perspektivisch verlaufenden Fluchtlinien alter barocker Straßenplanung transparent – trotz der die Perspektive nach wie vor störenden Nachkriegsbauten.

Auch wenn die Wiedergewinnung der barocken Perspektive nicht im Vordergrund der Ausstellungsbemühungen steht (Kleihues,277), so bedarf es doch auch dann, wenn man das alte Stadtbild nicht einfach rekonstruieren, sondern wie die IBA kritisch rekonstruieren will, der Freilegung des Grundrisses und des Einlassens auf die ihn leitende *perspektivische Anschauung* (cf.Kleihues,270 u.284). Diese Anschauung wird von mir als ein Paradigma für die im ersten Band des THEATRUM BELLI behandelte Zeit verstanden (Mitte des 15. bis Mitte des 18. Jahrhunderts) – als ein Paradigma der Täuschung. An nichts kann man die kritische Einstellung zur Moderne besser ablesen als an dem neuen Interesse für die Re-konstitution perspektivischer Fluchtlinien und umgekehrt: gegen kaum etwas hat sich die Moderne selbst so sehr gerichtet wie gegen die Anwendung der Perspektive. Das geschah, da die Kunst der Perspektive in der Malerei entstanden ist, vornehmlich auf ihrem eigenen Terrain. Vor allem die *Kubisten* polemisierten gegen sie, eben weil sie die Täuschung und Verfälschung, nicht aber die Wahrheit des Gegenstandes zum Ziel der Kunstanstrengung mache. Die perspektivische Darstellung wurde deshalb von ihren Tableaus verbannt.

Es sollte daher nicht verwundern, daß dort, wo wie im ersten Band des THEATRUM BELLI nach der Struktur, gleichsam nach dem Grundriß der alteuropäischen Hofgesellschaft gefragt wird, der Malerei die größte Aufmerksamkeit gewidmet werden muß. Allerdings wird sie, da andere Bereiche thematisch im Vordergrund stehen, nur indirekt in die Diskussion einbezogen und zwar auf der Ebene des poetischen Dramas, das Corneille als „redende Malerei" definierte – als ein Tableau mit sprechenden Figuren. Daraus erhellt, daß es sich beim Theater der französischen Klassik, zumindest bei dem Corneilles, um ein statisches Theater handelt. Die Personen sind zwar nicht stumm wie auf einem Bild – sie reden –, aber sie stehen quasi still, oder, um einen einschlägigen zeitgenössischen Begriff zu gebrauchen, sie bewegen sich in phlegmatischer Weise und das gewöhnlich vor perspektivisch bebilderten Kulissenwänden.

Das *Phlegma* ist einer der Grundbegriffe des alten Europa, es ist eines der Scharniere, die Theater, Politik und Krieg zusammenhalten. Richelieu verwendet ihn in seinen politischen Schriften auffälligerweise da, wo es um die Führung der französischen Soldaten im Krieg geht (3.3). Molière verwendet ihn im *Misanthrop* (1/1,Vers 166), um das Verhalten des höfischen Menschen zu kennzeichnen. Das Phlegma ist eine am Hof wie in der Armee vom *honnête homme* erwartete Haltung, die vom damaligen Theater besonders gefördert wurde, selbst von einem Stück wie dem *Misanthrop*. Die Karriere dieses Begriffs hängt mit der alteuropäischen Zeitvorstellung zusammen; sie steht im Vordergrund der Analysen dieses Bandes. Die Zeit wurde zunächst als Kreisfigur dargestellt, d.h. in Form eines Emblems der Wiederholung: der Wiederholung von Geburt und Tod (2.l), auch der Wiederholung von der Antike in der italienischen Renaissance (2.2), sowie als Wiederholung von Königsmorden, die längst der Vergangenheit anzugehören schienen (2.3). Da die Zeitvorstellung noch keine uns seit der Aufklärung geläufige Zukunftsdimension enthielt, war sie – schon infolge ihres figurativen (emblematischen) Charakters – einer vorwiegend räumlichen Interpretation zugänglich. In der Vorstellungswelt des alten Europa bildeten Zeit und Raum keine Gegensätze, sondern gingen virtuell ineinander über.

Davon war besonders der Begriff der Historie geprägt, und daß diese sogar als eine Form des Theaters (Theatrum) figurieren konnte, geht aus einer zeitgenössischen Definition hervor, sie sei ein Spiegel (Speculum) der Zeit (2.4), wobei der Spiegel nicht als Metapher, sondern als Emblem anzusehen ist: er bildet die Zeit figürlich im Raum ab, nicht im übertragenen – metaphorischen – Sinn. Die ubiquitäre Verwendung von Begriffen wie Speculum und vor allem Theatrum in dem infragestehenden Zeitraum läßt auf eine enge Beziehung zwischen ihnen schließen. Wie die Historie die Zeit, so spiegelte das Theater die Welt, da aber die Historie selber schon – im zeitgenössischen Verstand – als ein Theater und zwar gerade als ein Theater der Welt aufgefaßt wurde (Theatrum universitatis rerum), wird deutlich, daß es auf das Theater als Institution nicht unbedingt ankam, obgleich es zweifellos eine große Rolle spielte. Die Ubiquität des Theatrumcharakters der Welt war vorrangig.

Diese Ubiquität meine ich, wenn ich vom Primat des Theaters über Politik und Krieg spreche. Man hätte auch andere Bereiche als diese wählen können, um die Tatsache des Primats zu illustrieren, aber die hier erörterten sind die für die Geschichte der Politik (und des Begriffs des Politischen) im Europa der Neuzeit wichtigsten. An dieser Stelle muß ein Wort zum dreiteiligen Gesamtprojekt gesagt werden, in dem der vorliegende als mittlerer Teil fungiert. Im ersten Teil, dem Buch *Das Drama Krieg – Zur Moralisierung des Politischen*, das als Vorstudie zum Band 1 des THEATRUM BELLI zu betrachten ist und auf dessen Einleitung ich, weil sie das Gesamtprojekt bereits ausführlich vorstellt, verweise, habe ich anhand der Schriften von

Clausewitz das Primat der Politik über den Krieg dargestellt, einer Politik, die wegen ihres Affekts gegen den Kabinettskrieg und dessen phlegmatischen Theatrumcharakter dem modernen Krieg zu seiner so gefürchteten Dynamik verhalf. Es hatte sich im Lauf der Analyse herausgestellt, daß, obgleich Clausewitz die Ära des Kabinettskriegs zum Gegenstand seiner historischen Untersuchungen machte, seine Interpretation zu sehr vom Interesse des Kampfes der Deutschen gegen Napoleon gezeichnet war, um nicht den Verdacht einer zu einseitigen Geschichtsbetrachtung aufkommen zu lassen. Das machte eine neue, von der Beurteilung durch Clausewitz unabhängige Untersuchung dieses Zeitraums notwendig, die nun zu dem Ergebnis einer Historisierung des Primats der Politik in dem Sinne geführt hat, daß es nur für die Ära des modernen, nicht aber für die des Kabinettskriegs Geltung beanspruchen kann. Im Kabinettskrieg hat ein anderes Primat, eben das Primat des Theaters, geherrscht – und zwar über die Politik und den Krieg gleichermaßen. Das Primat des Theaters über Politik und Krieg der Kabinette ging dem Primat der Politik über den modernen Krieg voraus.

Die Darstellung dieser These wird im Abschnitt 2 vorbereitet, wo anhand der italienischen Triumphzüge (2.l), der *Kriegskunst* Machiavellis (2.2) und am Dreißigjährigen Krieg sowie seinem zeitlichen Umfeld (2.4) Entstehung wie langsame Durchsetzung dieses Primats – des THEATRUM BELLI – demonstriert wird. Die Untersuchung über das Theater Shakespeares (2.3) dient dabei mehreren Funktionen gleichzeitig: einmal der Funktion, speziell anhand seiher *history plays* den engen zeitgenössischen Zusammenhang von *Historia* und *Theatrum* zu belegen, zum anderen der Funktion, die Affinität seiner Dramenstoffe zum englischen Bürgerkrieg im 17. Jahrhundert zu verdeutlichen und schließlich jener, den Unterschied zwischen seinem und dem Theater Corneilles herauszustellen, das nicht mehr ein Theater des Bürgerkriegs, sondern eines des Staatenkrieges war (3.l).

Die Klassifizierung des Shakespeareschen und des Corneilleschen Theaters als Kriegstheater mag, wenn damit keine Abwertung verbunden wird, schockieren. Ist aber alles, auch der Krieg, Theatrum, warum soll dann nicht auch das Theater selbst – als Institution betrachtet – mit dem Krieg zu tun haben? Sobald man weiß, daß Krieg und Theater (und die Politik) phlegmatisch strukturierte Kunstformen sind, dürfte das Schockierende daran entfallen. Nur gilt das nicht für beide Dramatiker in gleicher Weise. Schockierend ist nicht, daß es sich um Kriegstheater handelt, schockierend ist, wenn überhaupt, daß es sich bei Shakespeare eher um ein Bürgerkriegs-, als um formales Kriegstheater handelt; noch schockierender mag sein, daß seine Wertschätzung in der Moderne wieder einsetzte und bis heute ungebrochen fortbesteht, während Corneille außer in Frankreich von den Theaterbühnen der Welt verschwunden ist.

Fragt man sich nach den Gründen der Vorliebe für Shakespeare, so wird man an der Tatsache nicht vorbeikommen, daß sich Aufklärung und Romantik, in denen Shakespeare seine zweite Hochkonjunktur erlebte, der Zeit des europäischen Religionskriegs stark verpflichtet fühlten und damit dem, was unter anderem den irritierenden Reiz von Shakespeare ausmacht. Im Zeitalter der Kabinettskriege dagegen war sein Theater, wenn nicht verpönt, so doch vergessen oder unbekannt. Das Interesse für bzw. Desinteresse an Shakespeare läßt daher Rückschlüsse auf die jeweilige Zeit zu. So kann man erst bei Corneille von einem formalen Kriegstheater sprechen, denn erst bei seinen Stücken ist zu beobachten, wie sich der Staat langsam vom inneren Bürgerkrieg befreit und als Staat fähig wird, nach außen, gegen andere Staaten, Krieg zu führen.

Der Übergang vom Bürgerkrieg zum Staatenkrieg und dessen allmähliche Durchsetzung bildet den geschichtlichen Hintergrund der Arbeit; ihm wird die größte Aufmerksamkeit gewidmet. Dieser Übergang ist nicht so zu verstehen, daß die inneren staatlichen Kriege erfolgreich nach außen abgelenkt worden wären – das hatte schon Heinrich V. von England letztlich erfolglos versucht (2.3), er läßt sich auch nicht allein der zunehmenden Affektregulierung des Einzelnen und der erfolgreichen Gewaltmonopolisierung des Staates zurechnen, wie Elias es tut. Gewiß ist damit ein wesentlicher Bestandteil des Wandels angesprochen. Aber das entscheidende Moment der „Verhöflichung der Krieger" im Absolutismus (cf.Elias 1977b,351-369) schien nicht der Selbstzwang und die psychische Kontrolle der Leidenschaften, nicht die Affektregulierung im Eliasschen Sinne zu sein, sondern die theatermäßige, d.h. mit Mitteln der Täuschung und des Trugs arbeitende Formierung des Verhaltens, die sich am Hof wie in der Armee, in der Politik wie im Krieg (nach außen) manifestierte. Freilich fungierte sie zugleich als Affektregulierung, doch, was da dem Zwang, und zwar einem künstlerisch regulierten Zwang, ausgesetzt wurde, war nicht die Psyche, sondern der Esprit.

Keiner hat das typischer zum Ausdruck gebracht als Corneille. An seinen Dramen läßt sich die künstlerische Arbeit der Regulierung im Detail studieren. Das, was er unter reguliertem Verhalten verstand, war an der theatergerechten Umsetzung der auf Aristoteles' *Poetik* zurückgehenden Regel der drei Einheiten: der Zeit, des Ortes und der Handlung, ausgerichtet. Diese Regel der drei Einheiten ist von nicht zu überschätzender Bedeutung für den im THEATRUM BELLI interessierenden Zusammenhang. Denn weit davon entfernt, nur theaterintern von Belang zu sein, stellt sie so etwas wie die Formel für das zeitgenössische Verhalten in Politik und Krieg bereit. Das folgt aus der Absicht Corneilles, in seinen Dramen die Verhältnisse am Hof und in der Armee zu porträtieren. Die Formel Corneilles ist nun keine andere als die, die Richelieu und Molière mit „flegme" umschrieben haben. Phlegma: das ist keine Langsamkeit im modernen Sinn; es ist Ausdruck eines gemessenen Verhaltens oder eines Verhaltensmaßes, das einem bestimmten Zeitmaß gehorcht, welches seinerseits einem räumlichen Maßstab unterworfen ist. Phlegma bedeutet eine kunstvoll regulierte Langsamkeit, deren typischer Charakter am besten vom *Alexandriner* illustriert wird.

Es ist keineswegs selbstverständlich, Corneilles Theater als Kronzeugen für Politik und Krieg der Kabinettsära anzuführen, wie es hier geschieht. Schon deshalb nicht, weil das THEATRUM BELLI ein barocker Topos ist, der nicht in Frankreich, sondern in Deutschland gebräuchlich war. Für die zeitgenössischen französischen Verhältnisse hätte ein solcher Topos fast schon altmodisch gewirkt, so sehr war die französische Klassik dem barocken Verständnis von der Welt als Theater, vom *Theatrum Mundi*, entwachsen. Wenn in dieser Arbeit Corneille dennoch zum Hauptprotagonisten gemacht wird, so ist das die Konsequenz eines methodischen Hilfsmittels: den Gegenstand dort zu analysieren, wo er die reinste Ausprägung erfahren hat, nämlich in Frankreich, unter Berücksichtigung der Tatsache, daß es sich dabei streng genommen nicht mehr um ein genuines THEATRUM BELLI handelte, sondern um einen Formkrieg (guerre en forme), um ein THEATRUM BELLI à la française, salopp gesagt: um ein poliziertes THEATRUM BELLI ohne barocke deutsche Schwermut.

Obgleich also Corneille kein barocker Dramatiker mehr ist, obgleich das französische Theater als Institution fast schon zu einer Art amüsanter Nebensache des französischen Hoflebens geworden war (untrügliches Zeichen für die nachbarocke Ära), eignet sich das Corneillesche Drama als vortreffliches Belegmaterial für die These vom Primat des Theaters über Politik und Krieg. Nicht nur, weil es das Gegenstück zum Shakespearedrama ist, sondern auch, weil sich die Zeit erst vom Ernst des barocken Welttheaters befreien musste, um jene phlegmatische Basis zu bekommen, die für die hier am meisten interessierende Gewaltarmut ihrer Kriege verantwortlich ist.

Auch im Aufbau der Arbeit, vor allem in Abschnitt 3, ist dem Primat des Theaters Rechnung getragen worden. Kapitel 3.1 stellt das Theater anhand thematisch einschlägiger Dramen Corneilles dar, 3.2 wendet die gewonnenen Erkenntnisse auf den Bereich der Politik, 3.3 auf den des Krieges an, wobei die verschiedenen Bereiche auch jeweils immanent auf den Primatcharakter bezogen werden. Als tragendes analytisches Instrumentarium wird sich die dramaturgische Konzeption Corneilles erweisen, die im Grunde Antiaristotelisch ist: sie zielt in ihrer Wirkung nicht auf die Furcht und das Mitleid des Publikums, sondern auf dessen Bewunderung für die Bühnenakteure, die – das wieder ganz Aristotelisch – die ersten Personen des Staates repräsentierten. Die Bewunderung aber besteht nach Descartes aus einem neutralen, leidenschaftslosen Verhalten, einem Verhalten, das so etwas wie eine Definition der Höflichkeit des Höflings ist: er bewundert den König, der es von ihm verlangt; aber die Bewunderung ist keine substantielle, sondern eine formelle, formgebundene Bewunderung, der man von außen nicht ansehen kann, ob sie wirklich besteht oder nur vorgetäuscht, vielleicht nur gelogen ist.

Es ist diese Konjunktion von Form und Lüge, die der Politik und dem Krieg ihren zeitgenössischen Stellenwert gibt. Die Politik läßt sich darauf mit dem im Sinne der *Staatsräson* ausgeübten Begriff der Dissimulation ein, der Krieg mit dem des Manövers. Corneille hat dieser Konjunktion in der Person des *Menteur,* des Lügners, eine poetische Gestalt verliehen. Das Stück dient dem Band 1 des THEATRUM BELLI sozusagen als Matrix, zumal Corneille ihm eine Fortsetzung hat folgen lassen, in der der Lügner nur noch die Wahrheit sprechen soll, was ihm natürlich nicht gelingt (3.3). Dafür gelingt es Corneille in bezaubernder Weise, mit seinem *Menteur* zu zeigen, wieviel Esprit und wie wenig Seele es braucht, um so zu lügen wie er, d.h. um so galant zu sein, wie ein Höfling es sein muß. Denn naturgemäß geht es in den beiden Stücken um Liebe und Eifersucht, aber nirgends wird so deutlich wie hier, wie sehr die Ausdehnung von Liebe und Haß durch die lügnerischen Formen der Galanterie gebremst wird.

Und damit bin ich bei einem Kardinalinteresse angelangt, das dem gesamten dreiteiligen Projekt zugrundeliegt, nämlich dem, Reichweite und Grenzen von Freundschaft und Feindschaft zu bestimmen. Die höfische Galanterie nimmt als historische Verhaltensform deshalb heute wieder für sich ein, weil sie Freundschaft wie Feindschaft gleichermaßen neutralisierte. Dadurch, daß sie keiner von beiden eine Chance zur Entfaltung bot, engte sie das kriegerische Terrain erheblich ein, ein Terrain, welches sich im Zuge der Aufklärung durch die Entfesselung der Freundschaft und – durch sie vermittelt – auch der Feindschaft schließlich so weit verbreitern sollte, bis der moderne Krieg auf ihm Platz finden konnte. Der los- oder aufgelassenen Freundschaft bzw. dem Verbot der Lüge ist dies zuzuschreiben, nicht so sehr einer ursprünglichen Feindschaft; denn diese ist genetisch abhängig von ihrem Gegenteil, sodaß Freundschaft und Feindschaft immer nur zusammen eingedämmt werden können oder eben zusammen aufbrechen.

Der erste Band *(Form und Lüge)* wird zeigen, was einerseits Corneilles Regelbegriff mit der Staatsräson (3.2), was andererseits seine Galanterie mit dem Manöverkrieg gemeinsam hat (3.3), und er wird zum Schluß die Analyse eines mit dem Manöverkrieg auf typische Weise verbundenen Bauwerks vorstellen: der Festung. Das hat mehrere Gründe. Die Festung und der Kampf um sie war nicht nur das, worauf der Kabinettskrieg gewöhnlich hinauslief, die Festung war auch (für den militärischen Bereich) die steingewordene Gestalt des Phlegmas, demnach ein Objekt, an dem sich der immanente Raumbezug des statischen Zeitcharakters der Epoche architektonisch niederschlug. Schließlich war die Festung der Ort, an dem die Bewunderung, die Corneille dem Publikum für seine Heroen (selbst die Kriegsheroen) auf der Bühne abforderte, nun dem militärischen Bauwerk entgegengebracht wurde, mit dem Zusatz, daß es zugleich von einer Belagerung und anschließender Einnahme abschrecken sollte. Ob die Bewunderung nicht damit überlastet war, zugleich für die Abschreckung sorgen zu sollen, diese Frage liegt schon bei Corneille selber nahe, der mit dem *Menteur* seinem Auditorium angeblich von der Lüge abraten wollte. Aber diese Frage ist zweitrangig gegenüber jener, welche Struktur von Abschreckung denn damit

15

gegeben war. Und da ist es mit Blick auf den Band 2 von größter Wichtigkeit festzustellen, daß der Schrecken als eine Art Negativ der Bewunderung fungierte, mithin an etwas gekoppelt war, was per definitionem die Leidenschaft ausschloß. (Die Arbeit Münklers zur Staatsräson konnte nicht mehr berücksichtigt werden, so wenig wie der Aufsatz von Behnen. Nach flüchtiger Durchsicht geht es ihnen jedoch nicht so sehr um den Zusammenhang zwischen Staatsräson und Ästhetik, sondern um den zwischen Staatsräson, Macht, Ethik und Recht (Münkler) bzw. Staatsräson und Fähigkeit zu kommunikativer demokratischer Kompetenz (Behnen).)

Gegenstand des zweiten Bandes *(Moral und Wahrheit)* wird die Umkehrung dieser Form des Schreckens (und der Abschreckung) sein, eines Schreckens, der nun nicht mehr von der Leidenschaft gelöst erscheint, sondern für sie insofern noch Partei ergreift, als er zu einer inneren Konsequenz tugendhaften Verhaltens avanciert (Robespierre). Die einzelnen Stationen, die zu diesem Ergebnis führen, sind im Bereich des Theaters der schon erwähnte *Misanthrop* Molières, die beiden *Bérénice* von Corneille und Racine, dann die *Phèdre* des Letzteren und einige Stücke Marivaux'. Der *Misanthrop*, weil er trotz Parteinahme Molières für die Höflinge zum ersten Mal in reiner Gestalt das Aufbegehren gegen die lügnerische Höflichkeit zeigt; die *beiden Bérénice*, weil sie die Niederlage Corneilles und den Sieg Racines belegen, der mit *Phèdre* abgerundet wurde, einen Sieg, der dem Gefühl den gleichen Rang neben der (Vers-)Form einräumte, die dann bei Marivaux ihre schon schwierig gewordene Balance an die Prosa langsam verliert, um nach Marivaux dem Gefühl weitgehend das Feld zu überlassen. Die Darstellung dieser Wende wird nicht nur theologische Diskussionen (der Jansénismus Racines) berühren müssen, sondern auch ästhetische, besonders die, die um die Grenzen von Malerei und Poesie sowie ihre Überschreitung durch das bürgerliche Drama geführt worden sind (Lessings Laokoon).

Der *Theaterkrieg* zwischen Voltaire und Rousseau soll den ersten Abschnitt des zweiten Bandes abschließen, zeigt er doch auf schlagende Weise, wie der Krieg, der so lange dem Primat des Theaters gehorchte, nun im Innern der Institution des Theaters selber aufbrach. Die ablehnende Haltung, die Rousseau gegenüber der Errichtung eines Schauspielhauses in Genf einnahm, bereitete die Politisierung des Theaters und damit den Wechsel des Theaterprimats zum Primat der Politik über den Krieg und das Theater vor. Diese den zweiten Abschnitt bildende Politisierung, die nun die Führungsfunktion übernimmt, könnte auch an Voltaire, selbst an seinem positiven Votum für ein Genfer Schauspielhaus, demonstriert werden, die Demonstration soll aber im Wege einer Analyse der *Confessions* Rousseaus erfolgen, da sie den neuen Charakter des Politischen, nämlich den, Bekenntnis zu sein, besser vor Augen führt und damit das, was theoretisch wie praktisch den wahrhaften Krieg möglich gemacht hat (Abschnitt 3).

Auf diese Weise zu seinem Ausgangspunkt, der Studie über die Kriegsphilosophie von Clausewitz, zurückgekehrt, würde das Projekt den ihm zugrundeliegenden zentralen Gedanken unterstrichen haben, daß sich das seit der Clausewitz-Renaissance in unseren Tagen wieder so zur Ehre gelangte Primat der Politik über den Krieg historisch einer parareligiösen Konfessionalisierung des Politischen verdankte, die sich mit innerer Notwendigkeit in Analogie zur Epoche des konfessionellen Bürgerkriegs verstand, mithin jener Zeit des Dreißigjährigen Krieges, in der das THEATRUM BELLI gerade wegen der religiösen Streitigkeiten noch gar nicht richtig zum Zuge gekommen war. Es ist daher mein Bestreben, die Zeit zwischen den Epochen dieser um Konfessionen geführten Bürgerkriege Europas, also zwischen der des Dreißigjährigen Krieges (wie seiner Vorläufer) und der des modernen Kriegs seit der Französischen Revolution und Napoleon, genauer herauszuarbeiten, eine Zeit, die nicht nur hinsichtlich ihrer lyrischen Poesie (Elias), sondern auch hinsichtlich ihrer dramatischen Poesie verkannt ist und zu der aus politischer und militärischer Sicht nahezu alle Zugänge verstopft sind, weil es sich angeblich um eine Zeit des blutrünstigen Machiavellismus', der tyrannischen Herrschaft des Leviathan, gehandelt habe. Vielleicht wird ein neuer Blick auf diese Zeit heute am ehesten durch Foucaults Analysen verstellt, die zum einen von einem mehr oder weniger durchgängig zu beobachtenden Vorrang des Krieges gegenüber der Politik berichten (Foucault 1986), zum anderen von den unleugbaren Straffesten im Absolutismus, und die die moderne Disziplinarmacht schon im Ancien Régime beginnen lassen.

Ich komme auf die anfangs genannten Referenzen zurück, um mein Verfahren zu verdeutlichen. Was Elias, der späte, mit Bezug auf die Barocklyrik als Verarmung der deutschen Poesietradition bezeichnet, bezeichne ich mit Bezug auf das Poème dramatique in

Frankreich als Verarmung der Theatertradition, die selbst dort zu bemerken ist, wo man sich wie neuerdings (cf.stellvertretend die Berliner Schaubühne) dieser Tradition wieder mehr zuwendet. Anders als der frühe Elias indes stelle ich weder sozio- noch psychogenetische Analysen an, schon gar nicht beides gemeinsam, wie er es in seinem großen Standardwerk getan hat. Elias' Untersuchungen, so sehr jeder, der sich mit dem gleichen Gegenstand befaßt, von ihnen profitiert, leiden unter dem Imperialismus der psychoanalytischen Methode, auch die alteuropäische Entwicklung aus ihrer Perspektive zu beurteilen. Wäre tatsächlich von der frühen Neuzeit bis heute eine durchgehende Tendenz der Affektregulierung am Werk gewesen, so hätte es den großen Affektausbruch in der zweiten Hälfte des 18. Jahrhunderts (und danach), der von der Politik auf den Krieg übertragen wurde, nicht geben dürfen. Es zeigt sich bei Elias, daß die Annahme, die europäische Gesellschaft sei einer einzigen Entwicklungsrichtung gefolgt, auf Schwierigkeiten stößt, für die der methodische Ansatz selber verantwortlich ist.

Ähnliches ließe sich in diesem Punkt über Luhmann sagen, bei dem die während der Aufklärung zu beobachtende Moralisierung des Politischen, die zum Primat der Politik über den Krieg geführt hat, eigentlich quer zur Annahme einer zunehmend funktional differenzierten Gesellschaft steht. Die salvatorischen Klauseln, deren er sich methodisch bedient, sind allerdings im einzelnen so frappierend, daß einem die Gegenargumente auszugehen drohen. Das gilt auch für den hier einschlägigen Aufsatz über die Temporalisierung von Komplexität (1980,235ff), in dem Luhmann die neuzeitlichen Zeitvorstellungen einer differenzierten Funktionalisierung unterworfen sieht, die der hier vorgetragenen Deutung widerspricht. Eine Auseinandersetzung darüber soll im nächsten Band erfolgen.

Die beiden Bände des THEATRUM BELLI blenden das Problem der Funktionalisierung der Gesellschaft aus, sie nehmen auch keine Unterscheidung in soziale Schichten vor; sie untersuchen nicht das Elend derjenigen, die nicht zum Hofstaat gehörten; sie wollen lediglich eine Formel finden oder ein Schema isolieren, nach dem Politik und Krieg im Absolutismus abgelaufen sein mochten, um besser auf die Frage vorbereitet zu sein, ob nicht, da die alteuropäische Gesellschaft für immer der Vergangenheit angehört, wenigstens ihr Operationsschema partiell auf die heutige Zeit übertragen werden könnte. Nicht etwa, damit der Krieg, der wenigstens in Europa endgültig überwunden zu sein scheint, wieder gesellschaftsfähig wird, sondern damit die politische Dramaturgie, die sich an ihm besonders gut illustrieren läßt, in den Vordergrund rücken kann. Denn gerade dort, wo zwecks Vermeidung weiterer Affären nach neuen politischen Umgangsformen Ausschau gehalten wird, ergibt sich eine Chance, die Probleme des Umgangs und der Form, in der er geschehen soll, so zu klären, daß daraus nicht wieder nur eine Variation Kniggescher Ehrlichkeitsappelle resultiert, die schon zu Knigges Lebzeiten nicht ganz das Ressentiment gegen die lügenreiche Höflichkeit verdecken konnten, als deren Opfer er sich nach eigenem Eingeständnis betrachtete. Wir sollten heute, sagt Quentin Crisp, ein in New York lebender englischer Schriftsteller, der durch seine *göttlichen Manieren* bekannt geworden ist, Machiavellis Plädoyer für das Lügen (2.2) ohne Umschweife beherzigen, weil es zu höflicherem Umgang miteinander führe (Crisp,42 u.49).

Der Appell Crisps deckt sich mit dem, was zu Beginn von Richard Sennett zitiert wurde. Seine Empfehlung, mehr Masken zu tragen, um zu einer unverfälschteren Geselligkeit zu kommen, ist nicht nur erfrischend paradox formuliert, sie trifft auch den Kern des Zusammenhangs von zunehmender Intimitätssuche und abnehmender Höflichkeit, daß nämlich die Wahrheitsfixierung (Ehrlichkeit, Betroffenheit, Vertrauen) die Wahrheit von Geselligkeit und von Gesellschaft gerade verfehlt. Was Sennett im Bereich der Intimität untersucht, untersuche ich in dem der Politik und des Krieges, und da, wo er, um die Nicht-Intimität der alteuropäischen Gesellschaft herauszustellen, auf ihr Theater, vor allem auf die Reaktionen des Publikums, verweist, verweise ich vor allem auf einen bestimmten Dramaturgen und seine Stücke, weil in ihrer Dramaturgie die Dramaturgie von Politik und Krieg vorgezeichnet war.

Was schließlich den Bezug zur IBA-Neu betrifft, so gibt es im Band 1 leider gar nichts zu besichtigen, was einer „Kritischen Rekonstruktion der Stadt", die ja immerhin zu einer großen Anzahl konkreter Bauten geführt hat, vergleichbar wäre. Eine „Kritische Rekonstruktion der Politik" steht noch aus. Der IBA vergleichbar wäre allenfalls der Versuch, die alten Fluchtlinien von neuem zu markieren, die von der Moderne überbaut bzw. unkenntlich gemacht worden sind. Diese neue Markierung alter Fluchtlinien ist nicht die Frucht einer extravaganten, weil etwa besonders verwerflichen Intention, die die Lüge wieder gesellschaftsfähig machen will, weil es so schön unmoralisch wäre, sondern vielmehr Resultat der Einsicht, daß Wahrheit und Lüge wie Freundschaft und Feindschaft politisch zusammengehören und eine urbane Moral diesen Zusammenhang nur um den Preis ihrer Selbstabdankung negieren kann.

Berlin, im Frühjahr 1988

* Zur *Zitierweise:* Name des Autors, bei mehreren Schriften das Erscheinungsjahr (Verweis auf das Literaturverzeichnis), Seitenzahl. Die *Übersetzungen* stammen, soweit nicht anders angegeben, von mir. Bei den *französischen Versen* wird die Originalversion stets mitgeteilt, um ihren formalen Charakter, der in der Übertragung verlorengeht, anschaulich zu machen.

1 A WIE ABSOLUTISMUS

Wir glauben, sein ABC zu kennen, das ABC des Absolutismus, doch wir müssen das politische Alphabet von neuem lernen. Keine Regierungsform ist je so erfolgreich diskreditiert, keine bis heute so verkannt worden. Montesquieu erweckte mit seinen *Persischen Briefen* den Eindruck, der König von Frankreich sei ein orientalischer Despot, und Rousseau übertrieb in seinem *Gesellschaftsvertrag* hemmungslos, als er die Franzosen mit Sklaven in Ketten verglich. Für Rousseaus berühmtesten Schüler, Robespierre, war von vornherein klar, dass das Königtum, dessen Totengräber er wurde, nichts weiter als eine Tyrannis sein konnte. Die Republik fungierte als der von aller Tyrannis gereinigte Gegenbegriff zur Monarchie. Wer kein Republikaner war, war des Todes.

Einer instruktiven Studie über Leben und Sterben Ludwigs XVI. ist zu entnehmen, dass während der Französischen Revolution ca. 40.000 Opfer zu beklagen waren, während dem König, der das prominenteste Opfer wurde, kein einziges zur Last gelegt werden konnte. Hellsichtig schrieb er kurz vor seinem Prozess, der ihn den Kopf kostete, an seinen Verteidiger Malesherbes: „Mein Blut wird vergossen werden, um mich dafür zu bestrafen, dass ich niemals welches vergossen habe."(Schultz, 374) Freilich war nicht jeder Monarch so zahm wie Ludwig XVI. Man denke nur an die Vertreibung der Hugenotten durch Ludwig XIV., an die Kerker und öffentlichen Strafgerichte. Doch im ganzen blieben die Könige weit weniger tyrannisch als die Revolutionäre, die sie dessen bezichtigten. Von ihnen aber leitet sich das bis heute gängige Vorurteil ab, die eigentlichen Tyrannen seien die absolutistischen Monarchen gewesen. Der anti-tyrannische Schlachtruf „ad tyrannos" hat dann deutsche Republikaner wie Schiller beflügelt und seitdem in unserem kollektiven Gedächtnis seinen festen Platz gefunden.

Das zeigt sich besonders am gern gebrauchten Begriff des Ancien Régime. Für was alles muss er nicht herhalten! Ursprünglich nur als Bezeichnung für die Herrschaft des alten, vorrevolutionären Frankreich gedacht, wurde er ein Kürzel für Monarchie überhaupt und ist auf so unterschiedliche Regime wie die DDR und die arabischen Diktaturen ausgedehnt worden. Da wird zum einen Erich Honecker kurzerhand mit dem habsburgischen Kaiser Franz Joseph verglichen (Schneider,284), während man zum anderen um Geduld bei der Durchsetzung der Forderungen des Arabischen Frühlings wirbt – mit dem Argument, die Ablösung von Ancien Régimes erledige sich nicht von heute auf morgen, siehe das damalige Frankreich. Nirgendwo gab es ein Raunen in der deutschen Publizistik, dass sich solche Argumentation verbietet. Nicht das Anmahnen von Geduld ist problematisch, sondern der Vergleich despotischer Regierungen mit dem Absolutismus.

Das A und O des Absolutismus ist, dass es sich bei ihm um keinen Despotismus handelt, sondern um eine relativ liberale Herrschaftsform. Sie legte den Akzent auf die Form, vor allem auf die Leistung formalen Gehorsams, im Frieden wie im Krieg. Darauf sind letztlich die geringen Opferzahlen während des Ancien Régime zurückzuführen. Wie tief das Vorurteil noch sitzt, dass es sich mit dem Absolutismus genau umgekehrt verhalte, kann man an einem Seitenthema verfolgen: dem der Gärten. Ist nicht der Französische Garten mit seiner durchgreifend geometrischen Formierung des Terrains ein Ausbund despotischen Zwangs über die Natur – trotz seiner formalen Schönheit? Und tritt ihm nicht der Englische Garten als natürliche Ausdrucksform liberaler republikanischer Tugenden entgegen? (von Trotha) Wer hätte gedacht, dass ausgerechnet ein Beispiel aus Deutschland, der Garten des Schlosses von Hannover-Herrenhausen, eine Antwort darauf gibt. In der Anlage französisch, ist er keineswegs ein despotisches Gegenbild des natürlichen englischen Landschaftsgartens, sondern im Kern bereits so frei angelegt, dass er als Vorwegnahme des englischen Musters gelten kann. (Bredekamp,130)

Herrenhausen ist zwar ein Sonderfall, weil Leibniz ihn mitgestaltet hat und in ihm seine Philosophie der Blätter verkörpert sah, aber das ist auch schon alles. Jeder andere geometrische Barockgarten fügt sich der neuen Sicht, wenn man ihn mit den Augen von Leibniz betrachtet. Ist nicht jedes der Blätter vom anderen verschieden? Verbirgt sich damit nicht eine Art englischer Vielfalt in jedem Busch, jedem Baum, sei er noch so künstlich beschnitten? In Wahrheit hat nicht erst Leibniz den Französischen Garten vom Despotismusverdacht befreit. Schon vor ihm konnte man in gelehrten Abhandlungen über den Gartengeometrismus ähnliche Überlegungen entdecken. So behauptete de la Barauderie in seinem *Traité du Jardinage* von 1638, die Symmetrie der Gesamtanlage wiederhole sich in der Symmetrie jedes einzelnen Blattes. Man brauche es nur genau anzuschauen und erkenne die bis in die innerste Natur zurückzuverfolgende Verwandtschaft beider. (zit.bei von Trotha,103)

Wer sich also von seinem Vorurteil über den Absolutismus befreien möchte, der spaziere einfach durch einen Französischen Garten, folge den Spuren von Leibniz und sehe sich genauer um. Und er wird die Schönheit des Ancien Régime in jeder einzelnen Pflanze erkennen können. Er müsste nicht einmal den zugegebenermaßen langen Umweg über die Formen des zeitgenössischen Krieges nehmen. Die erschließen lediglich eine entsprechende Schönheit – jene außerhalb der Gärten.

2 HISTORIA EST THEATRUM

2.1 TRIONFI

Der Begriff des Kriegstheaters hat in der italienischen Frührenaissance historisch zum ersten Mal greifbar nahegelegen, ist aber wohl erst im 17. Jahrhundert entstanden. So weit zu sehen, ist er erstmals in Wallhausens *Corpus militare* von 1617 aufgetaucht (Schulz/Basler,209). Zwei Jahrhunderte früher war die Auseinandersetzung mit den Vorbildern aus der römischen und griechischen Antike noch zu neu und vergleichsweise unmittelbar gewesen, als dass sich schon ein eigenständiger Begriff hätte bilden können. Die Renaissance hatte jedoch einen Ausdruck zur Verfügung, mit dem sie den Bedeutungsgehalt des späteren Kriegstheaters annähernd absorbieren konnte: Den Trionfo.

Der Trionfo geht auf die Tradition der Triumphzüge zurück, die römische Imperatoren nach siegreich beendeten Kriegen zu veranstalten pflegten. Im alten Rom glich der Triumphzug einer „religiöse(n) Zeremonie und wurde als Weihe für die Gottheit aufgefaßt, was äußerlich durch die Mitführung und Darbringung der Opfergaben dokumentiert wurde" (Weisbach,61). Außer dem Dank an die Götter für den errungenen Sieg blieb dem römischen Feldherrn noch ein Spielraum zum Preis des eigenen Ruhms übrig. Im Mittelalter, das in seinen Prozessionen die Idee des Triumphzugs den Absichten der Kirche anverwandelte, stellte man den Ruhm einzelner Personen stärker hinter dem Ruhm Gottes zurück. Erst in der Renaissance änderte sich dieses Verhältnis wieder, nun aber in der Weise, dass hinter der Verehrung für die Person des Machthabers die Verehrung für Gott zu verschwinden drohte (Weisbach,96f). Die Verwandlung des antiken römischen Triumphzugs in den italienischen Trionfo ließ auf eine Tendenz der Säkularisierung des religiösen Momentes schließen, das ihm bis dahin in unterschiedlicher Gewichtung angehaftet hatte.

2.1.1 AMOR, FAMA UND FORTUNA

Alfonso der Prächtige aus Neapel ist der Erste, von dem ein triumphaler Stadteinzug bekannt geworden ist. 1443, nach einem Sieg gegen die aufständische anjovinische Partei, zog er mit großem Gepränge in Neapel ein. „Man sah im Zuge Fortuna und die sieben Tugenden, (...) man sah ferner die zwölf Propheten als Vertreter der geistlichen Welt. Auf einem Wagen, der einen gemalten Erdglobus trug, stand ein gerüsteter Mann, in der Rechten ein Szepter, in der Linken eine goldene Kugel, der Cäsar vorstellte und an den einziehenden König eine poetische Ansprache richtete. Alfonso fuhr auf einem goldenen Wagen in der Haltung eines Triumphators" (Weisbach,13).

Die poetische Ansprache des mit Lorbeer bekränzten Cäsar sollte den König unter anderem dazu ermuntern, „den Tugenden treu zu bleiben und sich nicht auf Fortuna zu verlassen" (Kindermann 1959^2,23). Außerdem soll Cäsar alle allegorischen Figuren, die in dem Zug mitgeführt wurden, durch Verse erklärt haben (Gregor,167). Zu diesen Figuren sind auch die vier Schimmel, die den Wagen Alfonsos zogen, zu zählen. Das Weiß der Pferde versinnbildlichte den Zustand des Friedens.

Wie wenig allerdings mit den Schimmeln die Endgültigkeit eines friedlichen Zustands gepriesen wurde, wird an den anderen Szenarien deutlich. „Das Schönste und Theatralischste an dem Einzuge waren die Speerspiele von sechzig jungen Florentinern, alle in Scharlach, ein glänzendes Bild im Stile der Stadt. Fußsoldaten auf Scheinpferden kämpften gegen eingebildete Türken" (Gregor,167). Im Kampfspiel wurde wiederholt oder vorweggenommen, was der historischen Wirklichkeit entsprach.

Die Türken hatten bereits ein starkes osmanisches Reich erobert, das mindestens den venezianischen Besitzungen im östlichen Mittelmeerraum gefährlich geworden war. Ihre kriegerische Macht mochte jedem anderen italienischen Stadtstaat noch genauso gefährlich werden. Man könnte daher die Szene mit den Türken als Vorbereitung auf einen immer möglichen Ernstfall verstehen. Die Szene fiel indes aus dem prächtigen Kontext des Trionfo nicht heraus, wurde sie doch, wenigstens von einem der Interpreten, als die schönste bezeichnet. Daraus ist auf einen besonderen Typus der Historie zu schliessen: Wie der Triumphzug den vorläufigen Abschluss eines historisch belegten Kampfes zwischen zwei verschiedenen Königshäusern darstellte (Anjou und Aragon), so war auch der Scheinkampf mit den Türken keine einfache außerhistorische Einbildung – der Triumphzug des Alfonso war ein Stück Historie, und die Historie selbst hatte theatralischen Charakter.

Cäsars an Alfonso gerichtete Worte, den Tugenden die Treue zu halten und sich nicht auf Fortuna zu verlassen, führen in eine der wichtigsten Szenen des Triumphtheaters ein. Fortuna ist eine allegorische Verkörperung des Schicksals, der Wechselfälle des Glücks – daher das Symbol des zerbrechlichen Rades oder der Kugel, das ihr zugeordnet wird. Verließ der König sich auf sie und vernachlässigte er die Tugenden, so gefährdete er seine Machtposition und damit das, was jeder Trionfo unterstreichen sollte: den Ruhm des Herrschers.

Dieser Gedanke wird auf einem Gemälde Francescas, das den Trionfo Federigos von Urbino darstellt, ausgedrückt (Abb.l). Den Tugenden der Klugheit (prudentia), der Mässigung (temperantia) und der Stärke (fortitudo) tritt diesmal, anders als auf dem Trionfo Alfonsos, nicht Fortuna gegenüber. Dafür nimmt Fama, die geflügelte Göttin des Ruhms, eine zentrale Stellung ein. Dem vor ihr auf dem Wagen thronenden Herzog, mit einem Panzer gekleidet, – Zepter in der Rechten und Helm auf dem linken Oberschenkel –, hält sie wie „die Victoria auf dem römischen Triumphatorenwagen" (Weisbach,66) einen Kranz über das Haupt. Doch auch ihr ist eine Kugel zugeordnet. Sie steht darauf, als wolle Francesca damit eine emblematische Verwandtschaft von Fama und Fortuna andeuten: ihre Fragilität.

Der dargestellte Trionfo findet sich auf der Rückseite eines Bildnisses mit dem Porträt des Herzogs. Ein entsprechendes Gemälde, das seine Gemahlin, Battista Sforza, auf einem von zwei Einhörnern gezogenen Triumphwagen zeigt, weist vermutlich auf das Hochzeitsfest hin – mit fünf Tugenden: drei theologischen (der Treue im Glauben: *fides;* der Mildtätigkeit: *caritas* und der Hoffnung: *spes*) und zwei weiteren ohne entsprechende Attribute. Die weite Landschaft im

Hintergrund der beiden Bilder ist „eine Anspielung auf das von dem Fürsten beherrschte Gebiet" (Weisbach,66,Abb.l). Der Triumphzug schien also nicht ausschließlich an den krönenden Abschluss eines Krieges gebunden. Seine Funktion ging darüber hinaus und diente als Huldigung an den Herrscher, dessen Ruhm er zu allen denkbaren festlichen Gelegenheiten unterstreichen sollte. Insofern war der Trionfo dem Krieg in der italienischen Renaissance übergeordnet. Ziel des Herrschens war, Ruhm zu suchen und zu erwerben, ob in Kriegs- oder in Friedenszeiten.

Um diesem Ziel gerecht zu werden, suchten die italienischen Fürsten in ihren Trionfi einander an Prachtentfaltung zu übertreffen. So konnte man Neujahr 1502 in Rom einen Triumphzug mit dreizehn festlich geschmückten Bühnenwagen sehen. Er wurde zu Ehren der nach Ferrara heiratenden Lucrezia Borgia veranstaltet und bewegte sich „unter Begleitung von Musikkapellen von der Piazza Navona zum Vatikan (...). Da gab es eine Szene *Triumph des Hercules,* eine Cäsar-Szene, viele Verherrlichungen anderer römischer Helden – alles pompös ausgestattet, in leuchtenden Kostümen und mit vielen *sprechenden* Requisiten versehen. Vier Stunden lang dauerte dieser Zug, der keineswegs nur pantomimisch vorzustellen ist. Vielmehr ergriffen alle (.) Gestalten bei der Ankunft vor dem Vatikan das Wort und brachten in wohlklingenden Versen den Sinn ihrer Gestalten mit dem aktuellen Huldigungsanlaß in Beziehung. Sodann begab sich die ganze Gesellschaft in den *Saal der Päpste,* wo auf einer niedrigen, mit Laub geschmückten und mit Fackeln erhellten Bühne, die die Zuschauer, auf Bänken sitzend, umsäumten, Komödien, Allegorien und eine *Moresca* aufgeführt wurden. (Morescen sind getanzte Pantomimen,egm) (...) Am 2. Jänner fand vormittags ein Stiergefecht statt. Abends aber führte man an der Kurie zu Ehren des jungen Paares die *Menaechmen* des Plautus auf – einer der frühen Versuche, antike Dramatik für das Renaissancetheater wiederzugewinnen (...). Selbst diese Aufführung einer römisch-antiken Komödie aber war umrahmt von allegorischen Szenen. Denn voran ging ein Huldigungsspiel, das eingeleitet wurde von zwei als Tugend und Fortuna kostümierten Knaben in Frauenkleidern. Während sie darüber stritten, wer von ihnen die Einflußreichere sei, erschien der Ruhm auf einem Triumphwagen; und zwar stand er auf einem Globus, auf dem zu lesen war: ‚Gloria Domus Borgiae' (Ruhm dem/des Hause/s

Borgia). Der Ruhm, der sich auch das Licht nannte, gab der Tugend den Vorzug vor Fortuna" (Kindermann 1959²,26).

Die oben angedeutete Verwandtschaft von Fama und Fortuna fand auf diesem Trionfo keine Bestätigung. Der Globus, auf dem der Ruhm stand, erinnerte weniger an die Kugel als Emblem des Schicksals, als an eine Verkörperung ungebrochener Machtentfaltung, die sich im übrigen mit dem Vierstundenumzug und den darauf folgenden Komödienspielen noch lange nicht begnügte. Der Hochzeitszug führte von Rom nach Ferrara, wurde von Stadt zu Stadt, die man passierte, von ähnlichen Veranstaltungen begleitet und traf schließlich am 2. Februar desselben Jahres in Ferrara ein, wo die Feierlichkeiten mit einem „sechs Abende währenden Theaterfest von unvorstellbarem Glanz" beendet wurden, „das jeweils die Neuaufführung einer Plautus-Komödie mit einem Morescen-Intermedium verband" (Kindermann 1959²,27).

Die Scheingefechte gegen die Türken auf dem Triumphzug Alfonsos mit seinem „kriegerisch-prächtigen Charakter" (Burckhardt 1976,398) und das *illuminoso e pomposo teatro* des Trionfo zu Ehren der Lucrezia Borgia dienten einer gloriosen „Selbstinszenierung" der Machthaber, so Kindermann(1959²,31). Walter Benjamin hat diesbezüglich die Ansicht Weisbachs geteilt, „das Renaissancetheater Italiens" sei „aus der puren Ostentation, nämlich aus den Trionfi, (...) entstanden, die unter Lorenzo von Medici in Florenz aufkamen" (Benjamin,125). In seiner Monographie über die Trionfi hatte Weisbach „jene Verbindung eines bewegten Zuges mit Deklamation und Gesang", die vor der Zeit Lorenzos noch nicht zu beobachten war, als „neue(n) Typus" begriffen, da sich nun „manche Deutungen und Erläuterungen des Sachinhalts der Schaustellungen dem Worte anvertrauen (ließen). Aus solchen von Rezitationen unterbrochenen Umzügen hat sich das Schauspiel, die Rappresentazione, entwickelt, die anfangs nichts anderes war als eine Folge von Aufzügen und Pantomimen mit begleitendem und die Darbietung erklärenden Text innerhalb eines geschlossenen Raumes. Und nun sehen wir, wie das Thema des Triumphes auch in die Rappresentazione übergeht" (Weisbach,17f).

Diese Verknüpfung von Trionfo und italienischem Schauspiel ist vermutlich zu eng. So sehr sie bei bestimmten Formen der Rappresentazione zutreffen mag, so wenig ist etwa die italienische *Commedia erudita*, die im Unterschied zur *Commedia dell'arte* nach festen Regeln verlief, ausschließlich auf die Triumphzüge zurückzuführen.

Daher wird eher Jean Jacquot beizupflichten sein, der, bei aller Aufmerksamkeit für die Wirkungsfähigkeit der Trionfi, betont: „Man muß ganz gewiß einen Unterschied zwischen den Triumphzügen und den Theaterstücken im eigentlichen Sinne machen, selbst wenn Erstere an bestimmten Punkten ihres Parcours feste Theaterplätze eingerichtet haben; sie können Letztere beeinflussen, aber die einen und die anderen weisen eine voneinander differierende Entwicklung auf" (Jacquot 1956,452). Tatsächlich ist der Einfluss auch auf die Komödien nicht zu leugnen. Das war schon bei der Wiederaufführung der Plautusstücke anläßlich des Hochzeitsfestes der Lucrezia Borgia zu sehen. Die Pausen bildeten jeweils die Einbruchstellen für die zunächst stummen Intermedienspiele, die ganz dem Charakter der Trionfi angehörten. Diese Spiele verloren jedoch nach und nach den durchgängigen Stil der Pantomimen. Deklarationen und Gesänge traten hinzu, bis sie schließlich die Komödien überbordeten und in Oper und Ballett eine eigene Form fanden.

Neben Erklärungsversuchen, die ihrerseits die Eigenständigkeit der Entwicklungslinien überbetonen dürften, indem sie etwa die *Commedia dell'arte* auf einen mimetischen Urtrieb zurückführen, der ein Jahrtausend unterdrückt gewesen sein und sich in der Renaissance befreit haben soll (Alewyn,20-42;ähnlich Morel,in:Jacquot 1956,456), hat die Ableitung des italienischen Theaters aus dem mittelalterlichen Mysterienkult sowie aus den kirchlichen Prozessionen und damit aus einer der wichtigen Traditionsformen der Trionfi ihre Anziehungskraft bis heute nicht verloren (Burckhardt 1976,379;Tenfelde,45). Das Problem der Genealogie ist demnach schwer zu lösen. André Chastel hat es mit seinem Vorschlag, für alle Künste der italienischen Renaissance einen gemeinsamen genealogischen Bezugspunkt anzunehmen, auf elegante Weise in der Schwebe gelassen. Er sieht sie alle auf jene „Vision des Kosmos" bezogen, wie sie besonders von der neoplatonischen Philosophie propagiert worden sei (in:Jacquot 1956,462). Ficino zum Beispiel hatte in seinem Platon-Kommentar „Über die Liebe" Eros als das Wesen bezeichnet, welches die Welt in ihrer chaotischen Gestaltlosigkeit dem Lichtglanz Gottes zuwende, wodurch sie Form und Farbe gewinne. Im Unterschied zu Platons und auch Plotins das Farblose bevorzugenden Lichtmetaphorik wird von Ficino die Pracht der Farben unterstrichen. Dem entspricht die größere Hinwendung zur Erde und ihrer Schönheit, zum Kosmos überhaupt.

Das kommt auch in der Gegenüberstellung von Gott und Kosmos zum Ausdruck. „Den höchsten Gott nennt man nicht die Welt; denn Welt (Kosmos) bedeutet: ein schöngestaltetes Gebilde, welches aus einer Vielfalt von Dingen besteht. Ihn aber muß man sich als ganz einfach denken" (Ficino,49). Zwar wird Gott dabei noch ganz im Sinn der mittelalterlichen Tradition als von der Welt getrennt gedacht, doch durch diese Trennung wird die Welt nicht abgewertet wie zuvor, sondern sie wird frei für die durch Eros vermittelte Farbenpracht der Schönheit. Die Erde folgt den Anweisungen einer erotischen Inszenierung.

Dabei blieb die alte Vorstellung vom Kosmos als Weltall mit seinen verschiedenen Sphären und kreisenden Planeten erhalten, ebenso die Zentrierung der Kreise auf Gott als ihren gemeinsamen Mittelpunkt (Ficino,61). Darin gingen die Triumphzüge allerdings über Ficino hinaus. Man sah zwar die abwechslungsreichsten Planetenspiele. So veranstaltete Lorenzo il Magnifico eigens einen Trionfo der Planeten und schrieb selbst das Lied dazu (Weisbach,84). Kein Geringerer als Leonardo da Vinci trat 1490 in Mailand als Maschinenmeister und Regisseur beim Festo del Paradiso zu Ehren der Fürstin Isabella von Aragon auf. „Hier erscheinen die sieben Planeten, um der Fürstin ihre Reverenz zu erweisen, auf einem drehbaren Gerüst, das den Himmel darstellt. (...) Ein Engel spricht den Prolog. Die Planeten ergehen sich in schmeichelhaften Komplimenten" (Kindermann 1959[2],25).

War bei Ficino noch Gott im Mittelpunkt der Kreise und kreisenden Planeten, so trat nun der Fürst oder die Fürstin an seine Stelle und nahm als Gottes Nachahmung die Huldigungen des Weltalls entgegen. Doch auch da hatte der Neoplatoniker durch die von Nicolaus von Cues inspirierte Vorstellung des Menschen als göttlichsten Spiegels (speculum divinissimum) im Grunde die wesentliche Vorarbeit geleistet (Mahnke,48,73f).

2.1.2 VENUS ZÄHMT MARS

Die formende Einwirkung des Eros auf die Welt der Renaissance und ihre triumphalen Feste sollte sich nun auch im Krieg manifestieren. Auf dem *Triumph Amors* von Bonifacio Veronese, der einem Zyklus von Gemälden zu den berühmten *Trionfi* des Petrarca angehört, ist neben Amor auch der Kriegsgott Mars zu sehen. „Da sitzt auf dem von dem Viergespann gezogenen Wagen der Knabe Amor und schießt blind seinen Pfeil in die Welt hinaus; vor ihm mit einer Kette gefesselt der Vater der Götter und Menschen (...). Klassische Liebespaare, Mars und Venus, Apoll und Daphne, folgen in traulicher Umschlingung dem Götterknaben (sc.Ganymed) auf dem Fuße" (Weisbach,88;Abb.2).

Auch für Ficino ist Eros von der Seite des Mars (als Planeten) nicht wegzudenken. Bei der astrologischen Ableitung der erotischen Haupttugenden heißt es in Anlehnung an die Lobrede des Agathon aus Platons Symposion, Eros sei *„sehr tapfer.* Nichts ist tapferer als die Kühnheit. Wer kämpft nun wohl mit größerer Kühnheit als der Liebende für den Geliebten? Die übrigen Götter, d.h. die übrigen Planeten, übertrifft Mars an Tapferkeit, weil er die Menschen tapferer macht. Ihn *bezähmt* Venus. (...) sie (mäßigt) die üble Eigenschaft des Jähzorns, ohne den von Mars verliehenen Edelmut einzuschränken. *Mars aber bezwingt niemals die Venus."* Er macht ihre Liebe höchstens noch glühender. *„Mars folgt der Venus, Venus folgt nicht dem Mars.* Denn die Kühnheit leistet der Liebe, nicht aber die Liebe der Kühnheit Gefolgschaft" (Ficino,122f;Hervorhebungen v.F.).

In diesen Worten kündigte sich das große Thema der folgenden Jahrhunderte an: die Zähmung des Mars durch die Venus, d.h. die erotische Formierung der kriegerischen Handlungen, die man als Basis des THEATRUM BELLI ansehen kann. Dass dies nicht eine Vorstellung war, die auf die literarische Verarbeitung Petrarcas oder auf den Symposionkommentar Ficinos beschränkt blieb, ist an einem Festzug von 1579 für Francesco di Medici und Bianca Capello zu beobachten. Er verherrlichte den Sieg, den die Venezianer gemeinsam mit den Spaniern 1571 bei Lepanto über die Türken errungen hatten. „Die Bühnenwagen mit Mars und Venus sollten die Vereinigung von Schönheit und Mut durch die Mediceer symbolisieren." (Kindermann 1959²,30).

Der Sieg bei Lepanto und der ihn verherrlichende Trionfo acht Jahre später können freilich so wenig wie der Siegeszug der Fama zu Ehren Lucrecia Borgias 1502 in Rom und Ferrara darüber hinwegtäuschen, dass die hohe Zeit des Formkriegs und der prachtvollen Entfaltung königlichen Ruhms noch nicht gekommen war. Die italienischen Fürsten litten zu sehr unter der wachsenden Einmischung fremder Mächte von aussen, als dass sie ihren internen Herrschaftsbereich ungestört hätten arrondieren können. Vielmehr gerieten sie am Ende unter das Rad der Fortuna. So bewahrheitete sich Aretinos in einem Brief an Michelangelo entworfene Vision des Jüngsten Gerichts. „Ich sehe den Ruhm mit seinen Kränzen und Palmen zu den Füßen niedergeschmettert unter die Räder seiner Wagen" (cf.Weisbach,19). Auch wenn Fortuna auf den Trionfi einmal nicht allegorisch präsent war oder wenn sie der Tugend unterlag, schien sie heimlich gleich viermal an jedem Triumphwagen mit der Figur des Rades vertreten zu sein. Der carro trionfale wäre demzufolge Zeugnis seines eigenen Untergangs gewesen (Abb.3).

Mit der Vision Aretinos im Hintergrund wird man nun doch eine Verwandtschaft zwischen dem Rad bzw. der Kugel der Fortuna und dem Globus der Fama herstellen können. Zwar setzte sich die neue Erkenntnis von der Erde als einem sich drehenden Planeten in der Renaissance erst langsam durch, doch schon Nicolaus von Cues hatte, zum Beleg seiner Ansicht, dass die Erde nicht der Mittelpunkt der Welt sein könne, bezüglich des Fixsternhimmels das Bild von einem Rad gebraucht, welches sich in einem anderen Rad, dem Rad des Universums, drehen würde (Mahnke,89). Als Zeichen für die Stabilität der Macht war der Globus jedenfalls nicht umstandslos zu gebrauchen. Er blieb zwar als Erdkugel unter den Füßen des Triumphators oder als Reichsapfel in seiner Hand das Herrschaftsemblem par excellence (Schramm 112ff,159ff), aber wenn, – um es wieder mit den allegorischen Gestalten vom Trionfo zu Ehren des Hauses Borgia auszudrücken –, wenn die Tugend der Fortuna unterlegen gewesen wäre, hätte die Fama auf ihrer Kugel keinen leichten Stand gehabt.

Demgegenüber war Standhaftigkeit das Sinnbild der Tugend. Auf einem von Wittkower kommentierten Gemälde aus der Mantegna-Schule, das die *Allegorie der Gelegenheit* darstellt, steht die von einer älteren Frau verkörperte Tugend „auf einem rechteckigen Sockel", während Occasio, die Gelegenheit, auf einer „ständig rollenden Kugel" balanciert (Abb.4). Dabei „(ist) Occasio geflügelten Fußes und mit von ihrem Schopf verdecktem Gesicht eben an einem jungen Mann vorübergeeilt, der sie mit ausgestreckten Händen zu ergreifen sucht" (Wittkower 1983b,199). Doch wird er von jener älteren Frau, der standfesten Tugend, daran gehindert.

Diese Allegorie zeigt in einem melancholischen Bild bedeutende Querbezüge zur Gestalt der Fortuna einerseits und zu der von Zeit und Wahrheit andererseits: zur Gestalt der Fortuna wegen des Schopfes (und der Glatze am Hinterkopf), sowie wegen der Kugel der Occasio; zu der von Vater Chronos verkörperten Zeit (cf.Panofsky 1980b,109-152), weil es ähnliche allegorische Darstellungen gibt, z.B.

die von Georges Reverdy aus dem 16. Jahrhundert, auf der die Zeit, – der von einer Schlange umringelte Chronos –, den Menschen daran hindert, die Gelegenheit zu ergreifen (Abb.5); schließlich zur Gestalt der Wahrheit (veritas), weil „Wahrheit und Gelegenheit (…) beide (insofern) in einer ähnlichen Beziehung (stehen), als im Laufe der Zeit die Wahrheit enthüllt und die Gelegenheit ergriffen oder verpaßt wird." (Wittkower 1983b,193).

Bedenkt man, dass, worauf Wittkower an gleicher Stelle hinweist, Gelegenheit und Wahrheit nicht nur Affinitäten, sondern auch Rivalitäten aufwiesen, dann ist ersichtlich, dass die verwirrenden Querbezüge damit nur angedeutet sind. Eins aber wird bei aller rätselhaften Andeutung klar, dass Zeit, Wahrheit, Gelegenheit und Schicksal, ebenfalls die Tugenden, durch ihre weitgehend erst in der Renaissance erfolgte Personifizierung (cf.Panofsky 1980b,110) in eine allegorische, d.h. letztlich theaterhafte Beziehung zueinander traten. Anders gesagt: Zeit und Wahrheit, um nur die verwendungsreichsten Allegorien herauszugreifen, sind nicht als abstrakte Begriffe zu verstehen, sondern als dramatis personae eines Theaterstücks, wobei in der Regel die Zeit als Vater und die Wahrheit als seine Tochter vorgestellt wurden: veritas filia temporis (Abb.6).

So darf man, wenn es heißt, die Zeit enthülle die Wahrheit, dies im Theatersinn ganz wörtlich nehmen: als ‚Vorhang-auf-bzw.-wegziehen', wie z.B. auf Giovanni Rosts *Verteidigung der Unschuld* (Abb.7). Dort entfernt Vater Chronos den Schleier von der Veritas und bringt auf diese Weise im übertragenen Sinn die Wahrheit über die mit flehender Gebärde auf dem Boden sitzende Unschuld ans Licht. Oder, deutlicher, wenn Chronos auf Angelo Bronzinos *Enthüllung der Üppigkeit* zusammen mit der Veritas die Liebesszene zwischen Amor und Venus aufdeckt (Abb.8). Gemessen an der sorgenvollen Mimik von Vater und Tochter kann es sich nur um die Aufdeckung dessen handeln, was der Wahrheit entgegensteht: Lüge, Täuschung und Betrug oder allgemein das Laster. Tatsächlich soll das Gemälde Panofsky zufolge vor den Gefahren der Üppigkeit und Wollust warnen, etwas, das für die Gegenreformation (das Bild ist 1546 entstanden) typisch gewesen sei (Panofsky 1980b,120ff). Schon die beiden rechts unten zu erkennenden Masken würden diese Interpretation bestärken. „Daß Masken Weltlichkeit, Unaufrichtigkeit und Falschheit symbolisieren, ist zu bekannt, als daß es weiterer Erläuterungen bedürfte" (Panofsky 1980b,121).

Da scheint Panofsky, im Bestreben, die Formorientierung der Wölfflinschen Kunsttheorie zu überwinden, eine etwas zu bedeutungsschwangere Analyse vorgelegt zu haben. Kein Geringerer als Vasari hat von der „einzigartigen Schönheit" dieses Gemäldes gesprochen (siehe Panofsky 1980b,120), und dieses Urteil wird sich besonders auf die Szene im Vordergrund bezogen haben. Sie ist in der Tat von so betörender Anmut, dass man die Einzigartigkeit der Schönheit auf ihre Formvollendetheit zurückführen möchte. Auch wenn Veritas mit ihrem Vater Chronos die Üppigkeit als Lüge und Betrug entlarven will, Amor und Venus stehen zweifellos im Vordergrund. Sie dominieren die Szene und bringen Form und Lüge in einen theaterwirksamen Zusammenhang von reizvollster poetischer Ausdruckskraft.

Von diesem Zusammenhang haben die Triumphzüge im allgemeinen und die Kriege im besonderen profitieren können, und daher tritt die Ansicht Benjamins und Weisbachs, das italienische Theater sei aus den Trionfi hervorgegangen, gegenüber der Feststellung, die gesamte Kunst der Renaissance folge der Dramaturgie eines allegorischen Theaterspiels, in den Hintergrund. Chastels These dagegen, die Renaissancekünste gingen auf eine gemeinsame Vision des Kosmos zurück, bleibt in diesem Rahmen bedeutsam. Denn fragt man näher nach der Struktur jener Dramaturgie, so wird man vorwiegend auf das Sinnbild der kosmischen Sphäre, der Planeten bzw. des Globus, überhaupt der Geometrie des Kreises verwiesen.

Eine Illustration dieser mit der zeitgenössischen Astrologie verbundenen geometrischen Symbolik und ihres Bezugs zum Fürstentum gibt das allegorische Festspiel von 1492 in Pavia, das in der untergeordneten Rolle, die es der Logik zuweist, zugleich ein feines Seitenstück zur Darstellung von Lüge und Betrug auf Bronzinos Gemälde bildet. „Die sieben freien Künste begrüßen da die hohen Herrschaften, unter ihnen besonders Beatrice d'Este, die gemeinsam mit ihrer Schwester Isabella und ihrem Vater Ercole I., dem Förderer der neu aufblühenden Künste, erschienen war. Grammatica tritt hervor und will den Ruhm Beatrices mit Hilfe der Dichtkunst feiern, Geometrica, die den Sonnenlauf gemessen hat, begrüßt die neue Sonne Beatrice; Astrologia sagt einen günstigen Planetenstand voraus; Rhetorica empfiehlt als günstig, Liebhaber zu gewinnen und festzuhalten, und Logica ironisiert sich selbst – was hätte sie in solchem Huldigungsreigen noch zu vermelden" (Kindermann 1959[2],25).

Die Sinnbildlichkeit der Geometrie des Kreises erstreckte sich vom Rad der Fortuna über die Occasio und Veritas bis zu der sich selbst in den Schwanz beißenden Schlange des Steine verschlingenden Chronos, wie es auf dem barocken Stich von 1638 zu sehen ist (Abb.9). Es handelt sich um die dem Interesse für Astrologie entgegenkommenden Embleme des wechselhaften Glücks, der verstreichenden Gelegenheit, der Zerstörung und des Todes, sodass man die Dramaturgie des allegorischen Theaterspiels aufgrund des durchgängigen Chronosbezugs der genannten Symbole als eine Dramaturgie der Zeit bezeichnen könnte.

2.1.3 TRIUMPH VON ZEIT UND GEDULD

Der Stich von 1638, *Die Zerstörerin Zeit* (Abb.9), dürfte eine barocke Anspielung auf Petrarcas schon erwähnte *Trionfi* sein, die viele Renaissancekünstler zu bildnerischen Darstellungen inspirierten und in denen „die Keuschheit über die Liebe, der Tod über die Keuschheit, der Ruhm über den Tod und die Zeit über den Ruhm (triumphiert) –, um allein von der Ewigkeit besiegt zu werden" (Panofsky 1980b,116). Die bei Panofsky abgebildeten Petrarca-Illustrationen setzen den *Triumph der Zeit* in den verschiedensten Variationen in Szene (140-143). Deren letzte zeigt den geflügelten Chronos beim Verschlingen eines Kindes (Abb.10). Die Abbildung macht damit auf die Vermischung mehrerer antiker Mythen aufmerksam, die in die Allegorie der Zeit mit eingegangen sind: auf die des Göttervaters Kronos (des römischen Saturn), der nach der Mythologie seine eigenen Kinder aß, mit der des Kairos (Gelegenheit) bzw. des Aion (Ewigkeit). Letztere stellten die Idee der Zeit (griechisch: chronos) dar, wurden in der Antike aber nie mit dem Alter, daher auch nicht mit Tod und Zerstörung assoziiert. Über Rom und das Mittelalter sollen diese Vorstellungen (Alter, Tod etc.), unterstützt von den nahezu gleichlautenden Namen (Kronos und Chronos), der Renaissance tradiert worden sein. Von ihr wurden sie dann unter der Figur des *Vater Chronos* mit den aus der Vermischung abgeleiteten Attributen eines eher melancholischen und astrologisch ausgerichteten Zeitbegriffs versehen (Panofsky 1980b,111ff).

Wenn es richtig ist, Petrarcas *Trionfi* als Vorbild der Dramaturgie des allegorischen Theaters zu betrachten, dann dürfte die wollüstige Liebe zwischen Amor und Venus auf dem von Vasari so bewunderten

Gemälde Bronzinos unbeschadet ihrer temporären Dominanz den sorgenvollen Blicken der auf Keuschheit und Enthaltsamkeit bedachten Veritas samt Chronos nicht auf ewig entgangen sein (Abb.8). Damit behielte Panofskys Interpretation ihr Gewicht, bei aller Distanzierung im Detail. Im Triumph der Keuschheit über die Liebe und des Todes über die Keuschheit war zudem eine allegorische Verwandtschaft zwischen Mors und Amor zu erkennen, die beide dem Bereich der Nacht (schwarzer Tod, blinder Amor) zugerechnet wurden. Die Blindheit der Liebe wiederum stellte die Verbindung zur Fortuna mit den verbundenen Augen her, eine Verbindung, die in amüsanter Weise auf dem Stich von Otho Venius, *Die blinde Fortuna blendet Amor*, veranschaulicht ist. Da wird das geblendete Knäblein von seiner Verwandten auf die a priori labile Kugel des wechselhaften Glücks gestellt (Abb.11). Panofsky sieht sie alle drei: Mors, Amor und Fortuna, als „Verkörperungen einer aktiven Kraft, die sich wie jemand ohne Augen verhielt: sie pflegten blindlings zu treffen oder zu verfehlen, gänzlich ohne Rücksicht auf Alter, gesellschaftliche Stellung und persönliche Verdienste" (Panofsky 1980a,162). Nur der Ruhm vermochte über diese drei zu triumphieren, doch auch er hatte sich schließlich der Zerstörerin Zeit, Vater Chronos, zu beugen.

Aus der Sicht der Zeitverfallenheit allen Tuns ergab sich das Lob der Tugend, einer ganz bestimmten Tugend, mit notwendiger Konsequenz. Es war die Tugend der Geduld, die Patientia. Sie schien sich der Vorstellungswelt der Renaissance besonders deshalb anzubieten, weil sie die Zeit im Handeln nachahmte. Sich in Geduld zu üben, hieß vor allem, die Zeit abwarten und insofern am Petrarcaschen Triumph der Zeit, der ja nur noch durch den Triumph der Ewigkeit überboten wurde, teilhaben zu können. Diese Deutung wird auch durch die parallele Dramaturgie nahegelegt, die sich auf den schon erwähnten Gemälden Reverdys und der Mantegna-Schule abgebildet findet (Abb.4 u.5). Die Tugend hält den jungen Mann, wie die Zeit den Menschen, davor zurück, die Gelegenheit zu ergreifen. Der Sockel, auf dem sie steht, gibt im Vergleich zur Labilität der Kugel nicht nur mehr Stabilität, sondern vor allem Stabilität in der Zeit. Der Zeit wird so das räumliche Sinnbild der Standfestigkeit zugeordnet.

Gewiss, auch dieser Sockel entging nicht dem Schicksal, irgendwann von Vater Chronos gebissen und verschlungen zu werden. Er hielt aber vergleichsweise länger vor und eignete sich deshalb zur Aufnahme in die politische Allegorik. Die Geduld wurde zu einer

Personifikation der Herrschaftssicherung. So wanderte sie in das Emblem Ercoles II., des Herzogs von Ferrara, ein. „Die herausragende politische Leistung des Herzogs", schreibt Wittkower, „war die Erhaltung des Friedens in einer recht ungünstigen politischen Lage. Durch seine Gattin Renée, Tochter Ludwigs XII., war er mit Frankreich verbündet. Trotzdem gelang es ihm, mit den Gegnern Frankreichs, dem Papst und Karl V., freundschaftliche Beziehungen aufrechtzuerhalten. Sein ganzes Leben brachte er damit zu, zwischen diesen Großmächten zu lavieren. In der Tat hatte er, um sich sein Herzogtum zu erhalten, keine andere Wahl als sich in *Geduld* zu üben" (1983a,210,212;Hervorhebung v.W.).

Ercoles Emblem bestand aus einer allegorischen Darstellung von Vasaris Hand, demselben Vasari, der die reizvolle Anmut der „Üppigkeit" auf dem Gemälde von Bronzino bewundert hatte. Vasaris *Allegorie der Geduld* von 1554 (Abb.12) dürfte am Hof Ercoles II. eine entsprechende Begeisterung hervorgerufen haben, obgleich sie schwieriger zu deuten war als Bronzinos Bild.

Der Künstler hat eine Erläuterung dazu gegeben, deren Hauptpunkte die folgenden sind: „daß die weibliche Gestalt, die die Geduld darstellt, weder ganz bekleidet noch völlig unbekleidet sein soll (um das Gleichgewicht zwischen Reichtum und Armut anzuzeigen), daß sie an einem Fuß festgekettet sein soll (um keinen edleren Körperteil zu beeinträchtigen), daß ihre Arme vor der Brust beschränkt sein sollen, weil sie keine Absicht bekundet, sie zu benutzen, um sich zu befreien. Lieber wartet sie, bis das Wasser, das aus einer alten Wasseruhr tropft, den Fels, an dem die Kette festgeschmiedet ist, zerstört haben wird" (Wittkower 1983a,209). Ein Tropfen, der den Fels aushöhlt – bei Vasari grenzt die Geduld in ihrer dramaturgischen Funktion, Nachahmerin der Zeit zu sein, fast an die Ewigkeit, jener Gestalt, die in Petrarcas *Trionfi* über alles, auch über die Zeit triumphiert. Kein Bild kann besser als dieses die dramaturgische Struktur des allegorischen Theaters deutlich machen. Es ist die in der beinahe ewigen Geduld zum Ausdruck kommende Allmählichkeit der Zeit selbst.

Die Tugend der Geduld genoss bei Ercole II. eine solche Verehrung, dass er einen Saal seiner ferraresischen Residenz den *Sala della Pazienza* nannte. Dessen Wanddekoration bestand aus vier Gemälden: dem genannten der *Geduld* von Vasari, dann einem, das die *Gelegenheit*, ferner einem, das die *Gerechtigkeit* und schließlich einem, das den *Frieden* darstellte (Wittkower 1983a,215). Auf Vasaris

Pazienza stand Ercoles Motto. Es hieß: „*Superanda omnis Fortuna.* (...), was bedeutet, daß durch Geduld der Mensch über der Macht von Fortuna steht" (Wittkower 1983a,215f). Ein Stich von Johannes Galle nach Heemskerck, *Patientiae Triumphus,* kann als eine allegorische Inszenierung dieses Mottos verstanden werden (Abb.13 u.Wittkower 1983a,393). Patientia, die Geduld, thront auf einem von Spes und Desiderium, den Personifikationen der Hoffnung und des Wunsches, gezogenen Triumphwagen, während die in Fesseln geschlagene Fortuna, die mit dem Schopf der Occasio und verbundenen Augen zu sehen ist, dem Wagen wie eine Gefangene folgt. Das Rad in ihrer linken Hand ist zerbrochen und damit ihre Macht als Schicksalsgeberin, deren sinnbildlicher Ausdruck es ist. Die Patientia, machtvoll und stabil auf einem großen rechteckigen Steinsockel sitzend, hat den Sieg über sie davongetragen.

Unverkennbar trägt die Patientia auf dem Stich von Galle ein Kreuz in ihrer rechten Hand, sodass die Allegorie der Geduld auch als Verkörperung der Gestalt Christi interpretiert werden kann. Wittkower, der diesen Bezug herstellt, erinnert nicht nur daran, dass das Motto Ercoles zuerst von Papst Leo X. gewählt worden sei (1983a,217), sondern dass bereits Ficino eine Versöhnung der Tugend mit Fortuna im christlichen Sinne angedeutet habe (194). Die Pazienza gilt daher bei Wittkower als christliche Tugend und wird dem Geist zu Beginn der Gegenreformation zugerechnet (217). Da ausserdem die *Fortezza dell'animo,* die Geistesstärke (besonders unter den Humanisten am Hof von Ferrara als allerhöchste Tugend gepriesen), die Quelle der Geduld war, wie es auf dem Stich von Battisto Franco *Fortitudo und Patientia* aus dem 16. Jahrhundert zu sehen ist (Abb.14), nennt Wittkower, um die christliche Bedeutung zu unterstreichen, diese Geistesstärke eine „passive Fortezza" (217). Die Eigenschaft des Passiven, Geduldigen, soll die Zeit der Gegenreformation gegen diejenige, die ihr voranging, profilieren. In dieser letzteren habe nach Wittkower nicht die passive, sondern eine ihr entgegengesetzte Fortezza geherrscht; er sieht sie mit dem Namen Machiavellis verbunden: „Machiavelli und seine Freunde hatten die Divergenzen zwischen Tugend und Fortuna durch die aggressive Fortezza zu lösen gesucht, mit deren Hilfe der Mensch Fortuna beherrschen werde" (217).

Tatsächlich heißt es im *Principe* am Schluß des 25. Kapitels, das mit der Frage „Was Fortuna im menschlichen Leben vermag und wie man sich ihrer erwehren soll" überschrieben ist: „(ich) halte dafür, daß es besser ist, ungestüm zu handeln als bedächtig, denn Fortuna ist ein Weib, und wer sie bezwingen will, muß sie schlagen und stoßen" (Machiavelli 1974,138). Die Passage klingt wie die Interpretation einer aus dem 16. Jahrhundert stammenden allegorischen Darstellung von Marc Antonio Raimondi, *Die herkulische Tugend züchtigt die lasterhafte Fortuna* (Abb.15), und diese wiederum erinnert an jene *Triumph des Hercules* genannte Szene, die während des Trionfo von 1502 zu Ehren der nach Ferrara heiratenden Lucrezia Borgia gespielt wurde. Hier wird die Tugend der Fortezza in ihrer aggressiven Bedeutung sichtbar, und dass sie nicht, wie die passive Fortezza Leos X. und Ercoles II., ein Sinnbild des Friedens, sondern eines des Krieges war, geht aus einer Zeichnung Bolten van Zwolles, *Mars züchtigt Amor*, hervor, die um 1600 entstanden sein soll (Abb.16). Wittkower sieht in ihr eine bewußt satirische Anspielung auf Raimondis Züchtigung der Fortuna durch Hercules (1983b,204ff), wodurch einmal mehr die allegorische Verwandtschaft Amors mit Fortuna und Occasio ins Bild gesetzt wird.

So überzeugend die Unterscheidung der passiven Fortezza von der aggressiven sein mag, sie führte zu weit, würde sie zu einer prinzipiellen hochstilisiert. Zeit und Ewigkeit blieben schließlich doch die Sieger über die Geduld und ihre Quelle, die Geistesstärke, ob diese nun als passive oder aggressive in Erscheinung trat. Ferrara ging, allen Geduldsproben Ercoles II. zum Trotz, 1598 verloren (Wittkower 1983b,212) und der Frieden mit ihm. Bildlich gesprochen, wurde der Frieden von dem festen Sockel, auf den die Pazienza ihn gestellt hatte, hinabgestürzt. Was auch besagt, dass er für die Vorstellungswelt der Renaissance ohne das Sinnbild des Sockels, also des stabilen Rechtecks, denkbar war.

Lorenzo de Medici etwa hatte einen „sechsgliedrigen Wagenfestzug mit Pastoralzügen kombiniert (...), sechs Hirtenpaare begleiteten auf ungesattelten Pferden die Wagen; auf den letzten Wagen war die gewaltige Erdkugel montiert, die einen Spalt aufwies, – aus dem in vergoldeter Nacktheit der Genius des Friedens hervortrat" (Kindermann 1959[2],30). Das zeigt in einem prächtigen Bild, wie wenig mit dem Frieden als einer stabilen Größe zu rechnen war. Vielleicht sollte man sagen, dass er, der in Gestalt des goldenen Knaben hier aus dem Spalt der Hohlkugel des Globus heraustrat, im Renaissancedenken als so etwas wie ein Hohlraum des Krieges, der diesem notwendig immanent war, verstanden wurde, während der Krieg selbst, als geschlossener Globus unter den Füßen des Herrschers versinnbildlicht, die ebenso notwendige Außenfläche des Friedens darstellte. Die Geometrie der Kugel und das in ihr (wegen der Drehung in sich selbst) verkörperte Prinzip ewiger Wiederkehr des Friedens und des Krieges war womöglich das Entscheidende, womit erneut die von Chastel hervorgehobene Vision des Kosmos, wie sie sich im Neoplatonismus von Cusanus und Ficino angekündigt hatte, zu ihrem Recht käme.

Dem entspricht auch die an Machiavellis Bändigung der Fortuna erinnernde Züchtigung Amors durch Mars (Abb.16). Mochte die Fortezza des Kriegsgottes noch so aggressiv sein, sie war deshalb nicht schon gleich eine aktive, eher eine passive mit aggressivem Einschlag. Sie setzte nicht die astrologische Einsicht Ficinos außer Kraft, Mars werde niemals die Venus bezwingen, sondern ihr immer Folge zu leisten haben. Schließlich wird Amor gezüchtigt, nicht die Venus. Diese „(deutet) im Hintergrund (...) durch Gesten an, daß sie der Bestrafung Einhalt zu gebieten wünscht" (Wittkower 1983b,205). Eine gewisse Züchtigung des eigenen Kindes, das ihr auf Bronzinos *Enthüllung der Üppigkeit* so liebevoll entgegengekommen war, doch neben ihr noch viele andere begehrte, dürfte, bestimmt aus Eifersucht, in ihrem Interesse gelegen haben (cf. Wittkower 1983b,205f). Der Krieg, wie er in der italienischen Renaissance dramatisiert wurde, war der Liebe und ihrer Schönheit untergeordnet, der Wagen des Mars ein Wagen im Trionfo der Venus. Vater Chronos aber mussten sie beide gehorchen.

2.2 MACHIAVELLIS *ARTE DELLA GUERRA*

Ein weiterer Beleg für das enge Verhältnis, das die Renaissance zwischen Schönheit, Krieg und Liebe hergestellt sah, ist auf dem Trionfo Papst Julius II. zu erkennen, wo eine Amorette die Position des Wagenlenkers einnimmt (Abb.17). Die Abbildung scheint auf den überaus prächtigen Karnevalszug zurückzugehen, der zu Ehren des Papstes veranstaltet worden war. Er wurde als ein Kriegsheld gefeiert, der die Franzosen aus Italien vertrieben hatte. Doch auch hier war Fortuna, die Verwandte Amors, mit im Spiel. Möglicherweise gaben die Veranstalter des Zuges durch die bestimmte Verwendung der allegorischen Figuren ihrer Ahnung Ausdruck, dass die Vertreibung der Franzosen nicht von langer Dauer sein würde. 1515, nur zwei Jahre nach dem Tod des Papstes, eroberte der französische König, Franz I., die Stadt Mailand. Auch einem so kraftvollen kirchlichen Feldherrn wie Julius II. gelang es nicht, Italien vor dem Einbruch fremder Mächte von außen zu bewahren.

Machiavelli, dem an der Vertreibung der Franzosen besonders gelegen war, machte in seinen *Betrachtungen über die ersten zehn Bücher des Livius,* die er nach seiner Verbannung aus Florenz 1512 begonnen hatte, zwei Faktoren dafür verantwortlich: erstens den beklagenswerten Zustand der Religion, zu dem es die Kirche Roms hatte kommen lassen, zweitens deren Machtlosigkeit, die sich zum Teil aus der prekären Situation des Glaubens ableitete.

2.2.1 FEHLENDE KATHOLISCHE KLUGHEIT

Die starken Worte, mit denen Machiavelli den Verfall der römischen Kirche beschrieb, könnten als die Worte eines religiösen Dogmatikers missverstanden werden, wäre nicht hier wie überall in seinen Schriften der Hinweis zu finden, dass es nicht auf die Wahrheit der Religion ankommt, sondern darauf, sie zur machtvollen Sicherung des Staates einzusetzen. „Die Häupter eines Freistaates (republica) oder eines Reiches (regno) müssen daher die Grundpfeiler ihrer Religion aufrechterhalten; es wird ihnen dann ein leichtes sein, ihren Staat religiös und folglich gut und einig zu erhalten. Sie müssen alles, was sich zum Vorteil der Religion ereignet (wenn sie es auch für unwahr (false) halten), unterstützen und vergrößern; umso mehr aber müssen sie es tun, je weiser und aufgeklärter sie sind, je klarer sie die Natur der Dinge durchschauen" (1925b,52).

Die Übersetzer dieser Passage haben die Worte „quanto piu prudenti" im Original mit den Worten wiedergegeben: „je weiser und aufgeklärter sie sind." Sie glaubten vermutlich, das „prudenti" in zwei Worte zerlegen zu müssen, um auf die platonische Tradition der Prudentia aufmerksam zu machen. Aber mindestens das erste Wort „weise" dürfte dieser Tradition zu sehr verhaftet bleiben. Der florentinische Neuplatonismus, ohne den das Werk Machiavellis nicht denkbar wäre, war in diesem Punkt nicht nur über Platon, sondern auch über dessen christliche Neudeutung durch Plotin hinausgegangen und hatte mit der Tugend der Prudentia eher auf die Klugheit im Sinne von Schläue als im Sinne von Weisheit gezielt. Je schlauer die Kirchenmänner waren, je mehr sie den Glauben als Aberglauben (credulità) durchschauten, desto mehr mussten sie für seine Durchsetzung tun. „Dadurch, daß diese Regel von klugen Männern beobachtet wurde, entstand der Glaube an die Wunder, welche, obgleich falsch, in allen Religionen gefeiert wurden; weil sie, aus welcher Quelle sie auch fließen mögen, von den Klugen vergrößert werden und ihnen dann das Ansehen dieser bei einem jeden Glauben verschafft" (Machiavelli 1925b,52). Den besten Beweis für die mangelnde Klugheit der römischen Kirche sah Machiavelli mit der Tatsache gegeben, dass die Völker, die ihr „am nächsten sind, am wenigsten Religion haben" (1925b,53), weshalb ein unmittelbarer Machtverlust die notwendige Folge sei. Zur Blütezeit des alten Rom habe man dagegen den Aberglauben auf alle erdenkliche Art begünstigt.

Machiavellis Kritik an der Kirche war damit noch lange nicht erschöpft. Wenn der Machtverlust auf die Kirche als Glaubensinstitution beschränkt geblieben wäre, so hätte er sich dem Machtprofil anderer Instanzen zuwenden können, die nicht die delikate Aufgabe zu übernehmen hatten, einen bereits als brüchig durchschauten Glauben im Volk verankern zu müssen. Aber die römische Kirche war keine von den weltlichen Machtinstanzen isolierbare Größe. Weniger mächtig als sie hätte sein können, war sie doch immer noch mächtig genug, um ihren eigenen Staat, den Kirchenstaat, auf kosten anderer italienischer Stadtstaaten zu vergrößern. Doch nicht, dass sie dies überhaupt tat, war ihr nach den neuen Regeln der Prudentia vorzuwerfen, sondern, dass sie es nicht machtvoll genug tat.

„Wir Italiener verdanken also der Kirche und den Priestern erstens, daß wir ohne Religion und böse sind (senza religione e cattivi); wir verdanken ihr aber zweitens etwas noch Einschneidenderes, was die Ursache unseres Verfalles ist; ich meine, daß die Kirche unser Land in Spaltung erhalten hat und noch hält. Niemals war ein Land einig und glücklich, wenn nicht das ganze Land einer Republik oder einem Fürsten gehorchte, wie zum Beispiel Frankreich oder Spanien. Die Ursache, warum Italien sich nicht in derselben Lage befindet und nicht auch von einer Republik oder einem Fürsten regiert wird, ist einzig die Kirche, weil sie hier ihren Sitz aufschlug und eine zeitliche Herrschaft hatte, aber nicht so mächtig war noch Verdienst genug besaß, um den Rest Italiens erobern und sich zu dessen Fürstin machen zu können. Auf der anderen Seite war sie nicht so schwach, daß sie nicht aus Furcht, die Herrschaft über die zeitlichen Dinge zu verlieren, eine Macht herbeirufen konnte, welche sie gegen denjenigen Staat, der in Italien zu mächtig geworden war, verteidige. Man hat dies hinreichend durch die Erfahrung gesehen, als sie in früheren Zeiten durch Karl den Großen die Langobarden, welche fast schon Könige von ganz Italien waren, vertrieb; und als sie in unseren Tagen mit Hilfe Frankreichs die Macht der Venetianer brach, später aber die Franzosen mit Hilfe der Schweizer verjagte. Da also die Kirche nicht imstande war, Italien zu erobern und nicht erlaubt, daß es von einem anderen erobert wurde, so war sie Ursache, daß es nicht unter ein Haupt kommen konnte, sondern unter vielen Fürsten und Herren blieb. Dies führte eine so große Uneinigkeit und eine so große Schwäche herbei, daß Italien dahin gebracht wurde, nicht allein die Beute mächtiger Barbaren, sondern eines jeden zu werden, der es angreift. Der Kirche haben wir Italiener das zu verdanken und niemand anderem" (1925b,53f).

Zwar benahmen sich die italienischen Kirchenfürsten nicht anders als jeder andere weltliche Fürst auch, aber Machiavelli hatte recht, der Kirche aufgrund der ihr möglichen Verführungskunst in geistlichen Dingen die größere Macht zuzutrauen. Da sie jedoch ihre Macht nicht genug in Anspruch nahm, war jeder Triumph, selbst der Julius II. über die Franzosen, nur ein Triumph auf Zeit, der durch das auch nach einem Sieg weiterbestehende Machtvakuum wieder rückgängig gemacht wurde. Es sog die Truppen der Fremden förmlich an.

Die Franzosen und alle anderen Mächte, die in Italien einfielen, nannte Machiavelli Barbaren. Doch bei diesen Barbaren handelte es sich nicht um irgendwelche unzivilisierten Völkerschaften, wie es die Verwendung des Wortes im antiken Sinn bzw. in dem der späteren Aufklärung nahegelegt hätte, sondern um genau jene Staaten, die den Prozess der Zivilisation ebenfalls begonnen, jedoch mit angemesseneren Machtinstrumenten in Szene gesetzt hatten als die italienischen Kleinstaaten.

Die von Machiavelli herangezogenen Beispiele zeigen außerdem etwas für den Stand der damaligen Auseinandersetzungen ganz Besonderes. Wenn Frankreich oder Spanien in Italien eingriffen, so war das keine klare Einmischung von außen in die inneren Angelegenheiten Italiens. Oft genug wurden die fremden Mächte von einem italienischen Kleinstaat gegen einen anderen in Sold genommen, um den je eigenen Machtbereich auf kosten des anderen auszudehnen. Nicht nur hatten Krieg und Frieden wie Kirche und Welt ihre Grenzen gegeneinander offengehalten, auch der Krieg selbst war nicht in Bürgerkrieg und Staatenkrieg geschieden. Das wurde erst nach der territorialen Festigung der Staaten möglich. Typisch für das Söldnerwesen dieser Zeit im allgemeinen und die Condottieri im besonderen war das Durchmischen von fremden und eigenen Truppen und deren Verwendung sowohl im Innern des eigenen Staates, als auch nach außen gegen andere Staaten. Ein Bürgerkrieg konnte schnell in einen Staaten-, ein Staatenkrieg ebenso schnell in einen Bürgerkrieg übergehen, alles aber auf dem Boden Italiens. Der Mischung fremder und eigener Truppen entsprach die Mischung von inneren und äußeren Angelegenheiten.

Die Schmähungen, die Machiavelli gegen die Kirche ausstieß, waren daher so zu verstehen, dass er in den Dingen des Staates (nelle cose di stato) einen Zustand herbeiführen wollte, der es erst möglich machen würde, in Italien zwischen Bürger- und Staatenkrieg genauer zu unterscheiden. Solange die italienischen Staaten in sich und unter sich Krieg führten, würde das heillose Durcheinander fortdauern und Italien nicht die Macht besitzen, sich den Barbaren ebenbürtig an die Seite zu stellen. Der Gedanke der Einigung Italiens unter der Regentschaft eines einzigen Fürsten, der eine Nachahmung des Modells der französischen oder spanischen Monarchie nahelegte, wurde später zwar aus militärischen Erwägungen abgeschwächt, doch er deutete die Richtung an, in der der von Machiavelli erwartete Retter Italiens tätig werden sollte. Zunächst mussten die inneren Kämpfe beendet werden, ehe der Krieg gegen die äußeren Mächte mit Aussicht auf

Erfolg geführt werden konnte. Die scharfe Trennung von innen und außen war aber nur dann zu erreichen, wenn das abgeschafft wurde, was die Mischung von innen und außen quasi institutionell garantierte: das Söldnerwesen.

Den Hauptgrund für die Schwächung der Macht eines Staates sah Machiavelli im Fehlen eines eigenen Heeres. Das war neben dem Mangel an Religion die wichtigste Ursache für die unzureichende Macht des Kirchenstaates (cf.Preus,171-190). Machiavelli konnte schon deshalb nicht in das Lob auf Papst Julius II. einstimmen, weil der seinen Erfolg, besonders den über die Franzosen, nicht den eigenen, sondern fremden Waffen verdankte. Zwar hatte Julius aufgrund schlechter Erfahrungen mit seinen Söldnern gebrochen und dafür Hilfstruppen fremder Staaten angeworben, doch die Hilfstruppen waren noch gefährlicher als die Söldner, weil sie sich anders als diese nicht aus Angehörigen mehrerer Staaten zusammensetzten, sondern jeweils einem bestimmten Land zugehörten und sich dadurch an einen einheitlichen Befehl gewöhnt hatten. Sie waren daher zwar tapferer als die Söldnertruppen, wurden im Falle eines Sieges aber demjenigen, der sie angeworben hatte, um so bedrohlicher, da sie ihn in seiner Gewalt hatten.

Julius entging dieser Gefahr nur durch das Glück: durch die gute Fortuna (buona Fortuna), die es so wendete, dass die Franzosen 1512 bei Ravenna nicht durch die Hilfstruppen von Julius, sondern durch ein unerwartet eingetroffenes Hilfscorps von 20.000 Schweizern geschlagen wurden (Machiavelli 1974,87f). Der Triumph Julius' II. ruhte also auf einem schwankenden Fundament, dessen Sicherheit um so mehr angezweifelt werden musste, als man der Fortuna seit 1494, dem Einfall Karls VIII. in Italien, kaum noch trauen konnte. Auch Machiavelli sah dieses Jahr als Schicksalsjahr an. Seit 1494 rissen die Kriege nicht mehr ab. Selbst die mächtigsten italienischen Stadtstaaten verloren ihren Status und wurden die sichere Beute fremder Sieger (Machiavelli 1833,190).

Im selben Jahr wurden in Florenz die Medici vertrieben, und der Dominikaner Savonarola übernahm das Regiment in der Stadt. Seine Herrschaft im Zeichen eines erneuerten Christentums war lebendiger Anschauungsunterricht für den jungen Machiavelli. Eine Wirkung von Savonarolas Bußpredigten auf die Kritik Machiavellis an der Kirche ist daher wohl nicht auszuschließen (cf.Preus,173-189), dürfte aber zur Entdogmatisierung seines Denkens beigetragen haben. Savonarola habe zwar richtigerweise die Sünden Italiens für dessen Verfall namhaft gemacht, nur habe er die falschen genannt (Machiavelli 1974,82). Vor allem sei seine christliche Regentschaft an demselben Mangel gescheitert, wie die Regentschaft der anderen Fürsten auch: am Mangel eines eigenen Heeres (1974,55).

Der milde Hohn, dem Savonarolas Florentiner Experiment ausgesetzt war, bestätigt, dass es Machiavelli nicht um die Resubstantialisierung christlicher Wahrheit ging. Auch wenn Savonarola eigene Waffen zur Verfügung gehabt hätte, wäre sein Regime dem Spott Machiavellis kaum entgangen. Sonst könnte Papst Alexander VI., vor allem dessen Sohn Cesare Borgia, nicht im *Principe* den Idealtypus eines Fürsten abgegeben haben. Savonarola hatte unter anderem Alexanders luxuriöse Lebensführung angegriffen. Die darauf folgende Exkommunikation des Dominikaners führte schließlich 1498 zu seiner Verbrennung auf dem Scheiterhaufen. Obwohl Machiavelli die Kritik am Luxus in bestimmter Hinsicht teilte, durfte sie doch nicht so weit gehen, die päpstliche Regentschaft infrage zu stellen. Die Kritik sollte den Papst im Gegenteil dazu verleiten, seine Machtposition noch weiter auszubauen.

Im Zusammenspiel von Cesare Borgia und dessen Vater Alexander waren genau die Entscheidungen getroffen worden, die Machiavelli als Beispiel für eine kluge Machtausdehnung vor Augen standen. Cesare Borgia hatte nicht nur mit äußerster Hinterlist alle die ermorden lassen, die ihm hätten gefährlich werden können, er trennte sich auch von den fremden Truppen, die ihm zuvor den Sieg erfochten hatten, in der richtigen Voraussicht, sie wären kein zuverlässiges Mittel der Machterhaltung. Er war der Erste, der es verstand, seine Herrschaft mit eigenen Truppen zu untermauern, und er hätte damit wohl Erfolg gehabt, wäre sein Vater nicht so früh gestorben und er selbst nicht auch auf den Tod krank gewesen (Machiavelli 1974,56ff). Fortuna, die dem auf Alexander folgenden Papst so gut gewesen war, obgleich dessen Klugheit zu wünschen übrigließ, hatte ihn, Cesare Borgia, „auf der Höhe seiner Laufbahn (…) verworfen." Ohne den frühen Tod wäre er vielleicht „von Gott zum Retter auserwählt" und ganz Italien unter seine alleinige Fürstenherrschaft gezwungen worden. Da er aber sein Werk nicht vollenden konnte, sollte sich der jetzige Papst, Leo X., der Nachfolger Julius II., Cesare Borgia zum Vorbild nehmen und die Rettung Italiens ins Werk setzen (1974,139).

47

Der Papst blieb also, trotz aller Kritik an der Kirche, der Ansprechpartner Machiavellis. Er sollte das weiterverfolgen, was 1503, zehn Jahre zuvor, beim Tod des großen Fürstenvorbilds, in Ansätzen stekkengeblieben war: die Aufstellung eines eigenen Heeres. Allerdings mit anderer Bewaffnung und anderer Kampfweise, damit Italien seinen gerechten Krieg zur Vertreibung der Barbaren führen könne. „Denn der Krieg ist gerecht für den, der dazu gezwungen ist, und die Waffen sind heilig, wenn sie die einzige Hoffnung sind" (1974,139). Der christliche Gedanke der Kriegsgerechtigkeit hatte in der Argumentation Machiavellis eher eine rhetorische Funktion. Er sollte den Papst dazu ermahnen, mit der Vorbereitung des Krieges ernst zu machen. Einer Erinnerung an religiös motivierte Gerechtigkeit bedurfte es eigentlich nicht, da für Machiavelli der Krieg, – ganz im Sinne der Trionfi –, der herausragende Bereich war, in dem der Fürst den ihm gebührenden Ruhm erwerben konnte.

2.2.2 REFORM DES SÖLDNERWESENS

„Nichts (macht) einen neu hervortretenden Mann so berühmt wie neue Gesetze und eine Neuordnung des Kriegswesens. Sind sie wohlgegründet und haben sie Größe an sich, so erwerben sie ihm Verehrung und Bewunderung" (1974,140). Das Kriegswesen hatte für den Fürsten jedoch Vorrang. „Da aber gute Gesetze nicht bestehen können, wo ein gutes Heer fehlt, und wo dieses vorhanden ist, auch jene sich finden müssen, will ich auf die Gesetze nicht eingehen und nur von dem Heerwesen reden" (1974,81).

Ist von Gerechtigkeit die Rede, dann nicht von einer Gerechtigkeit, der der Krieg gehorchen würde, – etwa nach dem mittelalterlichen Modell des heiligen Krieges –, sondern von einer, die in sich kriegerisch strukturiert ist, ähnlich der Tugend der Justitia mit dem Schwert auf den carri trionfali. Sie war nur eine der Tugenden des *uomo virtuoso*, als den Machiavelli den Fürsten verstanden wissen wollte, und für diesen war die Zeit immer reif, vorausgesetzt, er packte die Aufgaben an, die Machiavelli für die wesentlichen hielt. „Wenn ich alles bisher Erörterte überdenke und bei mir erwäge, ob gegenwärtig in Italien die Zeiten günstig sind für einen neuen Fürsten und ob ein kluger und energischer Mann hier einen *Stoff* finden würde, dem er die *Form* geben könnte, zu seinem Ruhme und zum Heile der

Bevölkerung, scheint mir so vieles für einen neuen Fürsten vorteilhaft, dass ich keine Zeit wüsste, die geeigneter für ihn gewesen wäre" (1974,138;Hervorhebungen v.Verf.).

„Ein kluger und energischer Mann", im Original: uno prudente e virtuoso. Dieser Mann musste virtuos mit den Tugenden spielen können, zu denen die Klugheit und schwertbewaffnete Gerechtigkeit gehörten und die sich alle zum Plural, „le virtù", die Tugenden, ergänzten (cf.dagg.Skinner,138). Das Schiefe der deutschen Übersetzung wird an dem Wort virtuoso sinnfällig. Es meint durchaus nicht den energischen Feldherrn, der im Stil des modernen Kriegs über die Form triumphiert; es meint den Vorrang der „Form" (forma), die der Fürst dem „Stoff" (materia) geben sollte.

Die *Sieben Bücher über die Kriegskunst*, in denen Machiavelli seine Konzeption einer Neuordnung des Kriegswesens darstellte, – sie sind wegen ihrer herausragenden Bedeutung für die Politik des Fürsten wichtiger als der *Principe* (cf.Wood,212f) –, diese sieben Bücher sind ein einziges Plädoyer für die Form. Man käme daher näher an das Original heran, wenn man das *virtuoso*, statt es zu übersetzen, stehenließe: In Papst Leo X. sprach Machiavelli den klugen Fürsten und vor allem den virtuosen Feldherrn an, der alles daran setzen würde, ein eigenes Heer aufzustellen und es nach den von Machiavelli aufgestellten Regeln *in Form* zu bringen – zu *reformieren*. Die Ausübung der Kriegskunst, die er dem Fürsten allgemein und Papst Leo X. im besonderen als erste Pflicht auferlegte, war Machiavellis Beitrag zur Reform des Kirchenwesens (als Staatswesens), es war die Reformation der römischen Kirche aus dem Glauben an die Kunst der Kriegführung.

Ungefähr zur selben Zeit, als die siebzehn Thesen an die Schlosskirche zu Wittenberg geschlagen wurden, begann Machiavelli seine Dialoge über die *Arte della Guerra*. Kurz vorm Schluss steht eine Passage, die zum Teil die Luxuskritik Savonarolas, zum Teil auch die Kritik Luthers an Julius II. durchhören ließ. „Unsere italienischen Fürsten glaubten, ehe sie die Geißel der ultramontanischen Kriege gefühlt hatten, es reiche für einen Fürsten hin, bei schriftlichen Unterhandlungen eine späte Antwort auszusinnen, einen schönen Brief zu schreiben, im Gespräche und in Worten Geist und raschen Witz zu zeigen, einen Betrug auszuspinnen wissen, sich mit Gold und Edelsteinen zu schmücken, mit größerem Glanz als die andern zu schlafen und zu speisen, in Wollust zu schwelgen, sich gegen seine Untertanen voller Habsucht und Hochmut zu zeigen, im Müßiggang dahinzuvegetieren, die Stellen des Heeres nach Gunst zu verschenken, den, der ihnen eine ehrenvolle Bahn gezeigt hatte, mit Geringschätzung zu behandeln, und zu wollen, daß ihre Worte für Orakelsprüche gelten sollten. Sie gewahrten nicht, die Unglücklichen, dass sie sich durch dieses Benehmen vorbereiteten, die Beute des ersten zu werden, der sie angreifen würde. Daher entstanden im Jahre 1494 diese panischen Schrecken, so manche übereilte Flucht, diese wunderbaren Umwälzungen; und nur so war es möglich, daß die drei mächtigsten Staaten Italiens mehrmals geplündert und verheert wurden" (Machiavelli 1833,190;cf.ders.,1925a,18ff u.Preus,183).

Diese Worte mochten wohl die Luxuskritik von Savonarola und Luther ahnen lassen, sie waren jedoch schwerlich mit ihr zu verwechseln. Für Machiavelli blieb das Problem des Luxus der Fürsten wie das der mangelnden Religiosität an das Problem der Eroberung und Erhaltung der Macht geknüpft. Sie war ohne ein reformiertes Kriegswesen nicht zu erreichen. Deshalb musste alles dieser Reform untergeordnet werden. Die Neuordnung des Heeres aber kostete Geld. Da der Luxus nicht weniger kostspielig war, fehlte dem Fürsten das Geld für die Wahrnehmung seiner dringendsten Pflichten.

Machiavellis Kritik am Luxus der italienischen Fürsten setzte sich fort in seiner Kritik an den Kämpfen der Condottieri, die für die inneren Unruhen in Italien mitverantwortlich waren. Er beklagte vornehmlich die hohen Verluste – Verluste in jeder Hinsicht. „... unsere jetzigen Kriege (machen) sowohl die Sieger als die Besiegten arm; denn wenn die einen ihre Staaten verlieren, so verlieren die andern ihr Geld und ihr Material. So war es vor Alters nicht, denn der Krieg bereicherte den Sieger. Diese Verschiedenheit rührt daher, daß man in unserer Zeit auf die Beute nicht Acht hat, wie es vor Alters der Fall war, sondern daß man sie ganz dem Soldaten überläßt. Es entstehen daraus zwei sehr große Übelstände; der eben genannte und der, daß der Soldat beutegierig wird und weniger fest in Reih und Glied bleibt; und ich habe vielfach wiederholt, wie die Gier nach Beute den Sieger zugrundegerichtet hat. Es hatten daher die Römer, unsere Meister in der Kriegskunst, beide Übelstände vermieden, indem sie befahlen, daß alle Beute dem Staat (al publico) gehören, und daß der Staat sodann nach Gutbefinden darüber verfügen solle" (1833,128).

Die Ohnmacht der Staaten ließ sich also selbst an ihren Siegen ablesen. Es waren Pyrrhussiege, weil sie den Sieger nicht bereicherten.

Sie bereicherten die gemischten und die fremden Hilfstruppen, auch die Condottieri, nicht aber den Staat, der sie besoldete. Dessen Verarmung war indes mit dem Krieg nicht beendet. Die Condottieri wurden auch in Friedenszeiten weiterbezahlt. Da sie keiner friedlichen Beschäftigung nachgingen, stifteten sie Unfrieden, indem sie um die Macht im Staate konkurrierten. Deshalb trat Machiavelli dafür ein, ihre Bezahlung in Friedenszeiten abzuschaffen (1833,16ff).

Der erste Schritt zur Befriedung der staatlichen Verhältnisse war daher die Auflösung der „arte particulare" genannten Kriegskunst der Condottieri, an deren Stelle der Staat die „arte publico" zu setzen hatte, und dazu gehörte die staatlich organisierte Aufteilung der Beute nach dem Vorbild des alten Rom. Selbst dann, wenn der Condottiere kein von einem anderen Staat bezahlter Heerführer, sondern zugleich der Fürst des kriegführenden Staates selber war, blieben die Früchte des Sieges solange aus, wie sich die Aufteilung der Beute nicht änderte. Die Habsucht der Söldner verscherzte den Sieg, weil sie die Ordnung der Kampfaufstellung durcheinanderbrachte.

Damit sind zwei wesentliche Elemente der Argumentation Machiavellis genannt, die die gesamte *Arte della Guerra* durchziehen: die formale Ordnung des Heeres und der Rückgriff auf das Beispiel des alten Rom. Schon in der Zueignung seines Werkes für Lorenzo Strozzi zeigte sich Machiavelli zuversichtlich, dass die von ihm angeprangerten Missstände beseitigt, der korrupte Zustand des Militärs beendet werden könnte. „Aus allem jedoch, was ich gesehen und gelesen habe, schließe ich, daß es nicht unmöglich ist, diesen Stand (sc.des Militärs) zu seinen alten Grundsätzen zurückzuführen und ihm *einige Form* seiner früheren Vortrefflichkeit wieder zu geben" (1833,2;Hervorhebung v. Verf.). „Qualche forma della passata virtù": Bei aller Verehrung für die Meisterschaft der Römer in Kriegsangelegenheiten und trotz allen Versuchs, sie darin nachzuahmen, ging Machiavelli nicht davon aus, dass eine getreue Imitation Roms im Italien des Cinquecento möglich war.

Für die Einschätzung der Tragweite der Nachahmung ist dieser Aspekt von großer Bedeutung. Zu Anfang des ersten Buches preist der berühmte zeitgenössische Feldherr, Fabrizio Colonna, in einem Gespräch mit Florentiner Freunden, – die *Kriegskunst* ist in Dialogform niedergeschrieben, Machiavelli zur Tarnung in die Haut Fabrizios geschlüpft –, die „Geistesstärke" (cose aspre) der Alten. Italien wäre es besser gegangen, wenn es diese Geistesstärke nachgeahmt hätte, statt der „Weichheit" (cose delicate), an der Rom schließlich selber zugrunde gegangen sei (6 f). Angesichts der anderen Sitten ihrer Zeit sind sich die Partner des Gespräches darin einig, dass es für Italiener unmöglich sei, die „cose aspre", jene bittren Dinge, wieder einzuführen. Sie würden sogar besser mit den harten Maßnahmen der Spartaner als mit der Tugendstrenge der Römer verglichen. „Wenn jemand, nach dem Beispiel der Spartaner, seine Kinder auf dem Lande erziehen, sie im Freien schlafen, mit bloßem Kopf und Füßen gehen, sie in Eiswasser baden ließe, um sie gegen Schmerz abzuhärten und damit sie weniger Liebe zum Leben und weniger Furcht vor dem Tode hätten, würde man ihn lächerlich machen, man würde ihn eher für ein wildes Tier als für einen Menschen halten", sagt Cosimo Rucellai, in dessen schattigen Garten das Gespräch über die Kriegskunst stattfindet, und Fabrizio stimmt ihm völlig zu: „... wahr ist, was Ihr sagt; allein, ich spreche weniger von dieser rauen Lebensart als von humaneren (piu umani) und unseren jetzigen Sitten näher liegenden Gebräuchen, welche ein Mann, welcher zu den Ersten der Stadt gehört, wohl einführen kann" (8).

Von der Kriegskunst der Römer konnte man nicht alles übernehmen. Was zu streng war, musste den „cose delicate", den delikaten Gebräuchen, anverwandelt werden, die die Italiener inzwischen angenommen hatten. Statt der Übernahme aller römischen Formen also nur die Übernahme von qualche forma. Was das Delikate der Formen des Heeres betraf, so handelte es sich um Delikates in der cinque-centistischen Bedeutung des Wortes, d.h. die Formen waren eine Delikatesse, d.h. einfach zum Entzücken.

Machiavelli lag die Rousseausche Fixierung auf das spartanische Modell fern (cf.dagg.Münkler,469 u.Waley,91-98). Außerdem war nach der neueren Klimatheorie nicht zu erwarten, dass die Italiener je genug Mut aufbringen würden, um es den Barbaren aus dem Norden gleichzutun. Im Süden seien, so Fabrizio, die Menschen eher klug als mutig, im Norden sei es umgekehrt. Nur in den gemäßigten Zonen glücke eine tragende Verbindung von Klugheit und Mut. Da aber Italien kein Weltreich sei, das seine Soldaten aus allen Zonen rekrutieren könne, sondern ein südliches Land, so müsse es auf die glückliche Verbindung der beiden Tugenden verzichten, wenn anders es die weitere Verpflichtung fremder Truppen vermeiden wolle.

Vor die Wahl gestellt, entweder Söldnerheere zu engagieren, wie bislang üblich, oder eigene Truppen aufzustellen, seien sie auch weniger mutig, entscheidet sich Fabrizio, natürlich im Sinne Machiavellis, für die Aufstellung eigener Truppen (1833,20). Seine Rede lässt im übrigen nicht erkennen, dass er glaubte, damit von vornherein eine Schwäche in kauf nehmen zu müssen. Er ist vielmehr der festen Überzeugung, die Italiener könnten, ihrem geringeren Mut zum Trotz, die Barbaren besiegen, wenn sie nur den Mangel an Mut durch den Überschuss an Klugheit ausgleichen möchten. Ihre Klugheit aber würden sie in der Einführung einer sich an den Formen der Alten orientierenden neuen Ordnungsform des Heeres beweisen können.

An zwei Arten von Körpern sollte die neue Form sich durchsetzen, einmal an der Leibesgestalt des einzelnen Soldaten, zum andern an den Massenkörpern des Heeres, die sich aus den einzelnen Soldaten zusammensetzten. Zum ersteren führt Fabrizio folgendes aus, wobei er auf die Frage von Cosimo antwortet, woran man die Tauglichkeit oder Untauglichkeit eines Soldaten erkenne: „Es wollten einige den Soldaten groß haben, worunter Pyrrhus, andere, wie Cäsar, sahen einzig auf Körperkraft. Die Körper- und Geisteskraft spricht sich durch Form und Ebenmaß der Glieder und die Anmuth des Gesichtes aus (composizione della membra e della grazia dell'aspetto). Daher wollen die, welche hierüber geschrieben haben, daß der Soldat lebhafte helle Augen, nervigen Hals, breite Brust, muskulöse Arme, lange Finger, wenig Bauch, runde Hüften, magere Beine und Füße habe, lauter Eigenschaften, die die Zeichen von Gewandtheit und Kraft sind, die man vor allem beim Soldaten sucht. Hauptsächlich muß man auf seine Sitten (costumi) Acht haben, er muß für Ehre und Schande empfänglich sein, sonst wählt man ein Werkzeug der Unordnung (scandolo), und einen Anfang der Verderbniß (corruzione); denn niemand wird glauben, daß bei schlechter Erziehung und in einem viehischen Gemüth (animo brutto), ein Keim löblicher Tapferkeit (virtù) Wurzel fassen könne" (29;Italienisch:Machiavelli 1979,33).

Die Musterung des Soldaten erfolgte nach Kriterien, deren Erfüllung aus moderner Sicht eher einen effeminierten Jüngling als einen Angehörigen des Heeres ausgezeichnet hätte. Für Fabrizio jedoch fielen beide zusammen. Deshalb war die Form der virtù keine moderne kriegerische Größe. Sie stellte nicht den kriegerischen Sinn in den Vordergrund, allenfalls die Kraft. Diese aber durfte sich nicht in brutaler, sie musste sich in gewandter Weise äußern. Der den Südländern nachgesagte Mangel an Mut wurde durch die Anmut ausgeglichen.

Fabrizio hätte kaum wagen können, von solchen Soldaten Siege über die Truppen der Barbaren zu erwarten, wenn der einzelne auf sich gestellt gewesen und zu Individualaktionen herangezogen worden wäre, wie es später im modernen Krieg geschah. Als Individuum galt der Soldat in dem von Fabrizio vorgetragenen Milizsystem nicht viel. Er brauchte zwar die Kraft, um seine Waffen schnell und gewandt zu führen, allein aber hätte er sie nie zur Wirkung bringen können. Von ungleich größerer Bedeutung war die Form der Heereskörper, die den einzelnen Soldaten mit den anderen verband. „Ich sage, es reicht nicht hin, um einen guten Soldaten zu bilden, daß er abgehärtet, stark, schnell und gewandt ist, sondern er muß auch sorgfältig in Reih und Glied bleiben (stare negli ordini), den Fahnen, der Trompete und Trommel und der Stimme seines Hauptmanns gehorchen lernen. Er muß in Reih und Glied halten, zurückgehen, vorrücken, fechten und marschieren können. Denn ohne daß diese Kriegszucht mit der genauesten Sorgfalt beobachtet und ausgeführt wurde, gab es nie ein gutes Heer" (1833,53f;1979,54).

Machiavelli schlug vor, eine Mischung aus der griechischen Phalanx und der römischen Legion herzustellen. Sie war auch eine Mischung ihrer Waffen: der Pike (Lanze), sowie Schild und Schwert. Dadurch sollte die Wucht der griechischen Heeresordnung mit der Leichtigkeit der römischen verbunden werden. Der Vorzug der Phalanx bestand darin, für einen feindlichen Ansturm zunächst am besten gewappnet zu sein. Der Angriff einer Reiterei konnte gebremst, wenn nicht sogar, schon aus Furcht der Pferde vor den langen Piken, völlig aufgehalten werden. Gelang indes ein Durchbruch doch, so machte sich der Vorzug der römischen Legion bemerkbar. Sie hatte wie die Phalanx eine Masse von 6000 bis 8000 Soldaten. Aber sie bestand nicht, wie die Phalanx, nur aus einem Block, sondern aus zehn Cohorten. Diese wurden so im Raum verteilt, dass die Soldaten, die vor dem Feind zurückweichen mussten, von den hinteren Cohorten aufgenommen werden konnten, was zu erneuter Verstärkung der Abwehrfront führte. Zudem eignete sich die Bewaffnung mit Schild und Schwert besser zum Kampf von Mann gegen Mann. Indem sie den einzelnen Soldaten gegenüber dem Pikenträger beweglicher machte, war es möglich, selber in die Reihen des feindlichen Fußvolkes einzubrechen und den Kampf zu den eigenen Gunsten zu entscheiden.

In der Mischung aus griechischen und römischen Elementen sah Machiavelli den entscheidenden Vorzug vor den seinerzeit hochgerühmten Schweizer Heeren. Die Schweizer ahmten seiner Meinung nach zu sehr die Griechen nach, weil sie zwei Regimenter, deren Stärke etwa der der alten Phalanx oder der Legion gleichkam, schräg versetzten und das dritte auf Musketenschussweite entfernt dahinter aufstellten. „Sie thun dies deswegen, damit, wenn die ersten zurückgedrängt werden, das dritte vorrücken könne, und damit die zurückweichenden und die vorrückenden Raum haben, einander auszuweichen; denn eine bedeutende Masse kann nicht wie ein kleiner Körper aufgenommen werden. Die kleineren Körper der römischen Legion hingegen konnten leicht so gestellt werden, daß sie sich gegenseitig einander aufnehmen, und mit Leichtigkeit unterstützen konnten. Daß diese Aufstellung (sc.die schweizerische,egm) nicht so gut ist, als die altrömische, beweisen viele Beispiele der römischen Legionen, wenn sie griechische Phalangen bekämpften. Immer wurden diese von jenen aufgerieben, da die Gattung der römischen Waffen, wie ich früher sagte, und ihre Art sich wieder zu sammeln, mehr vermochte, als die Festigkeit der Phalanx" (1833,78).

Die Methode ist klar: Der Nachteil der Schweizer Heere aus dem 16. Jahrhundert wurde am Beispiel der altrömischen Siege über die Griechen illustriert. Die Historie der Alten lieferte das Anschauungsmaterial, aus dem die Lehren für die Bewältigung der Probleme der Gegenwart gezogen wurden. „Da ich also nach diesen Mustern ein Heer zu ordnen habe, so scheint mir gut, einen Theil der Waffen und Fechtart sowohl der Phalanx als der Legion beizubehalten. Ich habe daher in meinem Regiment 2000 Mann mit Piken, der Waffe der mazedonischen Phalanx, und 3000 Mann mit Schild und Schwert, den Waffen der Römer, gewollt. Ich habe das Regiment in zehn Bataillone getheilt, wie die Römer die Legion in zehn Cohorten" (1833,78f). Das Mischungsverhältnis der Waffen eines Regiments war auch bei Bataillonen vorgesehen. „Jedes Bataillon soll fünf Glieder Piken an der Fronte haben, und der Rest aus Schildträgern bestehen" (78f).

In der Verbindung von griechischer Festigkeit mit römischer Leichtigkeit äußerte sich das Mehr an Klugheit, das die südländischen Italiener den nördlicheren Schweizern voraushaben mochten. Doch wenn das Heer von Machiavelli die Leistung des Schweizerischen Heeres übertreffen wollte, durfte es dessen Vorzug, die Wucht geschlossen anrückender Regimenter, nicht unbeachtet lassen. Diese Wucht war nur durch eine unverrückbare Ordnung zu erreichen. Ihr galt die größte Sorge Machiavellis. Hauptsache war, dass der Soldat in Reih und Glied zu stehen lernte, d.h. dass er die Ordnung hielt. „Wie ich Euch schon gesagt habe", fährt Fabrizio fort, „ist Reih und Glied halten das Wichtigste des Bataillonsunterrichts. Um das zu erreichen ist die Übung, welche man die Schnecke nennt, notwendig. Da ich ein Bataillon zu 400 Schwerbewaffneten angenommen habe, so wollen wir bei dieser Zahl bleiben. Man wird also das Bataillon in achtzig Glieder, das Glied zu fünf Mann aufstellen. Dann wird man sie lehren, im schnellen oder langsamen Marsch sich zum Ring zu verbinden und auseinander zu gehen" (58).

Die Schnecke hatte im Gegensatz zu den folgenden Formationen keinen direkten Bezug zum Kampfgeschehen. Sie diente nur dazu, „den Soldaten an das Gliederhalten zu gewöhnen" (58). Wenn er es verstand, sich in einer Marschkolonne, die sich zum Ring vereinigte, in Reih und Glied zu bewegen, dann würde ein zu Kampfzwecken vollzogener Schwenk des Bataillons zur linken oder rechten Flanke leichter auszuführen sein. Alle Formationen erfolgten aus der Marschordnung heraus. Daher war sie der Ausgangspunkt aller Bataillonsübungen. Erschien der Feind plötzlich vor der Front oder in den Flanken, oder gar im Rücken, musste das Bataillon aus der Marschordnung heraus die entsprechende Aufstellung entwickeln (Abb.18).

2.2.3 BALLETTARTIGE HEERES-FORMATIONEN

„Es gibt drei Hauptstellungen. Die erste und nützlichste ist die Masse in Form zweier Vierecke; die zweite das Viereck mit gehörnter Front; die dritte das hohle Viereck, dessen leerer Raum Platz genannt wird" (58;Abb.19). Obwohl das gehörnte und das hohle Viereck durchaus militärische Funktionen zu erfüllen hatten, – meistens die des Schutzes von Feldherr, Spielleuten und Gepäck –, handelte es sich auch um die kunstvolle Demonstration geometrischer Variationen eines einfachen Vierecks. Doch ebenso konnte die Form zweier einfacher Vierecke, die Fabrizio für die nützlichste hielt, das Auge des Künstlers, hier des Kriegskünstlers, erfreuen. Dazu musste man sie sich nur aus dem Marsch entwickeln sehen.

„Die erste Aufstellung (sc.die Masse in Form zweier Vierecke,egm) kann auf zweierlei Art genommen werden. Die eine hievon ist das Gliederverdoppeln, das heißt man läßt das zweite Glied in das erste, das vierte in das dritte, das sechste in das fünfte u.s.f. eintreten, so daß man nun statt achtzig Gliedern zu fünf Mann, vierzig Glieder zu zehn Mann hat. Hierauf läßt man auf dieselbe Art die Glieder noch einmal verdoppeln, indem man ein Glied in das andere hineinschiebt, und so bleiben noch zwanzig Glieder, das Glied zu zwanzig Mann, übrig. Dies gibt beinahe zwei gleichseitige Vierecke, denn obgleich auf jeder Seite gleich viele Leute stehen, so ist die Masse, da die Leute Arm an Arm nebeneinander und mit zwei Schritten hintereinander stehen, doch von dem Rücken zur Fronte länger als von der einen Flanke zur andern" (58f). Fabrizio spricht von zwei Vierecken, weil man sich den Feldherrn in der Mitte zwischen den ersten und den zweiten Reihen vorstellen muß. Das ergibt zwei Blöcke zu zehn Reihen a zwanzig Mann. Sie sind aber nahezu quadratisch, („beinahe zwei gleichseitige Vierecke"), da zwanzig Mann, die Arm an Arm nebeneinanderstehen, etwa die gleiche Seitenlänge haben wie zehn Mann, die (wegen der Waffe) mit zwei Schritt Abstand hintereinanderstehen.

Ein Bataillon, das in der Schlachtordnung zwei fast quadratische Vierecke bildete, könnte man ein delikates nennen. Zumindest war seine Formation eine „delikate Sache". Sie wurde noch delikater, wenn statt eines Bataillons die Regimenter Aufstellung bezogen. Machiavelli ließ, – wieder anders als die Schweizer –, die jeweils zehn Regimentsbataillone in je drei Treffen sich formieren, sodass bei Feindberührung die fünf Bataillone in der Front sich mit den drei rückwärtigen, mit entsprechend größerem Zwischenabstand aufgestellten Bataillonen zum zweiten Treffen und diese wiederum mit den letzten zwei Bataillonen im Rücken zu einem dritten Treffen vereinigen konnten (Abb.20).

Wahrscheinlich war die Methode des Aufschließens der Reihen nicht sonderlich geeignet, um von der Marschkolonne zur Schlachtordnung zu wechseln. Vermutlich gab es viel zu viel Geschiebe. Machiavelli zog deshalb das „Dupliren" von Hundertschaften in der Flanke vor (Abb.18): Die erste Hundertschaft machte halt, während die drei übrigen rechts oder links, je nach Standort des Feindes, an ihr vorbeizogen und sich nach ihr ausrichteten. Die Hundertschaft, die dem Feind zunächst entgegentrat, sollte in der Regel aus Pikenträgern bestehen. Wurde der Feind während des Marsches jedoch im Rücken befürchtet, so hatten die Pikenträger die jeweils fünf letzten der zwanzig Reihen jeder Hundertschaft zu bilden. Nach Aufschließen zu den beiden Vierecken brauchte das Bataillon nur noch Kehrt zu machen und war zum Kampf gegen den Feind bereit (1833,59ff).

Bei den verschiedenen, in unmittelbarer Feindnähe zu vollziehenden Formationsveränderungen wird die schöne quadratische Ordnung schnell durcheinandergekommen sein, wenn der Soldat den ihm bestimmten Platz im Bataillon verfehlte. Schon ein einfacher Schwenk konnte die Abstände und damit die Seitenlängen des Vierecks verändern. Daher die Notwendigkeit des Exerzierens in Friedenszeiten. Jeder Schild wurde numeriert, die Helme der Centurionen, der Hundertschaftsführer, ebenfalls. Außerdem gab es unterschiedliche Helmbüsche, die Regimentsfahnen hatten verschiedene Farben, sodass sie bei eingetretener Unordnung als Sammelzeichen dienten, an denen sich der Soldat leichter orientieren konnte (1833,61). Die von Machiavelli beschworene *disciplina militaris* bestand hauptsächlich darin, die Ordnung zu bewahren bzw. rasch wiederherzustellen. Denn nur die Ordnung der Heeresformation garantierte den Erfolg in der Schlacht. Die Ordnung des Gegners zu stören, bedeutete bereits den halben Sieg (104).

Fabrizio war ganz verliebt in seine Schlachtordnung, er gestand es den anderen offen ein (58). Seine Vorliebe für diese Ordnung erklärte sich aber nicht allein aus den schönen Formen, die sie erzeugte. Eine mindestens ebenso wichtige Ordnungsfunktion bestand darin, den fehlenden Mut der italienischen Soldaten auszugleichen und ihnen ihre Furcht zu nehmen. Zur Furcht gab es genügend Anlass, etwa zur Furcht vor dem Geschützfeuer. Weder die Griechen noch die Römer kannten es.

Die Feuerwirkung war eine völlig neue Kriegserfahrung. In der Schweiz wurde die Flucht vor dem Geschützfeuer mit dem Tod bestraft. Auch Machiavelli empfahl dafür die Todesstrafe. Eine Flucht war aber dann weniger wahrscheinlich, wenn die Ordnung aufrechterhalten blieb und man den Feind möglichst bald in ein Handgemenge verstrickte, das die Geschütze zum Schweigen verurteilte. Sie hätten sonst die eigenen Truppen getroffen. In jedem Fall war die militärische Disziplin höher einzuschätzen als der Mut. „Ohne Zweifel sind muthige und ungeordnete Soldaten viel schwächer als furchtsame und geordnete, denn die Ordnung vertreibt die Furcht, die Unordnung macht den Muth schwinden" (54). Den Barbaren aus dem Norden würde der große Mut nichts nützen, wenn sie ihre Heeresformationen durch die von Machiavelli konzipierte neue Schlachtordnung in Unordnung bringen ließen.

Man hätte einen zu verengten Begriff von der *Kriegskunst* Machiavellis, wenn man über der Vorliebe für die Schönheit der Schlachtformen deren Funktion als Ausgleichsgröße für den mangelnden Mut übersähe. Es wäre gleichfalls zu kurz gegriffen, vergäße man über der Ausgleichsfunktion die Formschönheit. Beide zusammen ergaben erst die Kunst der Kriegsführung, und beide waren nicht voneinander zu trennen. Wenn diese Erkenntnis richtig ist, dann wird man auch jene nicht bezweifeln können, dass in dem Vorrang der formschönen Schlachtordnung vor dem Mut des einzelnen Soldaten die aus den Trionfi vertrauten Allegorien von Mars und Venus zum Vorschein kamen. Der Mut des Kriegsgottes wurde von der Schönheit der Venus besiegt, so wie es der Florentinische Neuplatonismus, so wie es Ficino in seinen astrologischen Bemerkungen vorhergesagt hatte. Der Condottiere Cesare Borgia blieb dabei das Vorbild des *Principe*. Es ging nach wie vor um die richtige Methode, wie es einem glücklicheren Feldherrn als ihm gelingen könnte, nicht nur die Barbaren zu vertreiben, sondern ganz Italien unter die Herrschaft eines einzigen Fürsten zu zwingen.

Nicht jeder italienische Kleinstaat kam dafür infrage. Nicht jeder konnte 50.000 junge Leute rekrutieren. Das war die Heeresstärke, die die Römer gegen 200.000 Gallier und andere Armeen siegreich aufgeboten hatten. Sie diente Machiavelli als Richtzahl. Er wollte sie allerdings eher unter- als überschreiten. Eine all zu große Masse von Soldaten hätte die Aufrechterhaltung der Ordnung nur erschwert. Mochten andere Heere das italienische auch an Truppenstärke übertreffen, die kunstvolle Ordnung würde die größere Menge mehr als kompensieren (154). Gleichwohl waren immer noch genug Soldaten zu rekrutieren, sodass die Kapazitäten eines Kleinstaates selten dazu ausreichten.

Über eins machte sich Machiavelli indes keine Sorgen: Er glaubte nicht, dass der Fürst, der in einem Königreich (regno) den Oberbefehl über sein Heer ausüben wollte (in der Republik war es ein dazu beauftragter Bürger), Mühe hätte, den Staat dazu zu bewegen, ein solches Heer auch aufzustellen. Die Last für das Gemeinwesen hielt er für nicht sonderlich groß, vorausgesetzt, die verlustreichen Söldnerkriege hörten auf. Zwar mussten die Soldaten der Miliz im Krieg bezahlt werden, aber an normalen Arbeitstagen konnten sie ihren Geschäften nachgehen. Das war der Vorzug der staatlichen Kriegskunst gegenüber der privaten Kunst der Söldner, die ihre Waffen auch im Frieden nicht niederlegten. In Friedenszeiten beschränkte sich die Miliz

„einfach darauf, die Leute an den Ruhetagen zu gemeinschaftlicher Übung zu versammeln. Dieser Gebrauch kann weder dem Land noch den Bürgern schaden und ist für die Jugend ein wahres Vergnügen. Wer kann daran zweifeln, dass diese überall, wo sie darauf beschränkt ist, ihre Feiertage müßig, oder mit den schimpflichen Vergnügungen der Schenke zuzubringen, sich mit Eifer jenen Übungen hingeben würde? Denn da die Waffenübungen ein schönes Schauspiel gewähren (com'egli è bello spettacolo), so sind sie für die Jugend ergötzlich" (1833,32;1979,36).

„Com'egli è bello spettacolo." Noch ehe die treffende Bezeichnung für diesen Zusammenhang, Theatrum Belli, gefunden war, gab Machiavelli das Stichwort dazu, doch ohne das zeitgenössische Gepränge der theatralischen Trionfi hätte er es wohl nicht geben können. Er kritisierte ihren Luxus, aber nicht, um ihn völlig abzuschaffen, sondern nur, um ihn je nach Situation der Stärkung fürstlicher Macht unterzuordnen.

Der aus moderner Sicht zu erwartende Einwand, zwischen den friedlichen Übungen der Soldaten an Ruhetagen und dem Kriegsgeschehen bestehe ein beträchtlicher Unterschied, zählt dabei kaum. Auch wenn die Einwirkung des Geschützfeuers fehlte, hatten die Übungen doch den Sinn, den Krieg so vollständig wie möglich zu fingieren, „als ob man eine Schlacht liefern wollte" (1833,56). Die Scheingefechte und -angriffe (assalti finti), die Fabrizio propagierte, sollten nicht nur so vertraut werden, dass sich bei den Soldaten „das Verlangen nach wirklichem Kampfe" regte (57), sie sollten sich auch von den wirklichen Kämpfen möglichst wie eine Fiktion von einer andern unterscheiden.

Dem entsprach die Schlussfolgerung Fabrizios. „Soldaten, die dies (sc.in allen Situationen Reih und Glied zu halten,egm) wohl zu thun verstehen, sind praktische Soldaten, und hätten sie nie einem Feinde ins Auge geschaut, so kann man sie alte Soldaten nennen. Solche hingegen, welche nicht Reih und Glied zu halten verstehen, und hätten sie zwanzig Feldzüge mitgemacht, müssen immer als Rekruten betrachtet werden" (61).

Machiavelli drehte das moderne Verhältnis von Wirklichkeit und Schein um. Doch das gelang ihm nur, weil Wirklichkeit und Fiktion zu seiner Zeit ineinanderspielten. Für ihn war der Krieg ein Schauspiel, zu dem auch die Musik gehörte. „Die Soldaten müssen (.) der

Bewegung der Fahne folgen, und die Fahne der Trommel und Trompete gehorchen. Wenn diese Instrumente wohl eingerichtet sind, so befehligen sie das Heer, und es wird ihm leicht, mit Schritten nach dem Takte, den die Instrumente angeben, marschierend, Reih und Glied zu halten. Die Alten hatten deshalb Hörner, Flöten und andere Blasinstrumente, deren Töne vollkommen geregelt waren. Wie der Tänzer, der sich im Takt der Musik bewegt, in seinen Bewegungen nicht irre wird, so kommt ein Heer, das im Marsch der Trommel folgt, nicht in Unordnung" (68). Wozu sollte der einzelne Soldat auch sonst nach der Lebhaftigkeit seiner Augen, der Länge seiner Finger, nach der Schlankheit von Bauch, Beinen und Füßen, kurz: nach seiner anmutigen Gestalt gemustert werden, wenn er sich nicht zugleich als Tänzer ausweisen durfte?

Der Krieg als Schauspiel oder als Ballettveranstaltung: Plötzlich wird die Verwandtschaft der *Kriegskunst* Machiavellis mit dem Theater der Trionfi durchsichtig, eine Verwandtschaft, die sich auch im *Principe* zu erkennen gab. Machiavelli konzipierte ihn als eine allegorische Figur, die in Anlehnung an den mythischen Lehrmeister Achills, den Zentauren Chiron, halb Mensch halb Tier verkörpern sollte. Im Unterschied zur griechischen Antike schlüpfte der Fürst des *Principe* nur nicht wie beim Zentauren in die Rolle des Pferdes, sondern in die von Fuchs und Löwe – und zwar von beiden zusammen. „Denn der Löwe ist wehrlos gegen Schlingen, der Fuchs gegen Wölfe. Man muß also Fuchs sein, um die Schlingen zu kennen, und Löwe, um die Wölfe zu schrecken. Diejenigen, die sich einfach nach dem Löwen richten, verstehen ihre Sache schlecht. Ein kluger Fürst kann und darf demnach sein Wort nicht halten, wenn er dadurch sich selbst schaden würde oder wenn die Gründe weggefallen sind, die ihn bestimmten, es zu geben" (1974,104;cf.Sternberger 1978,208-227). Methodisch kommt darin, – neben der Affinität von Allegorie und Lüge –, Machiavellis Verhältnis zur Vergangenheit zum Ausdruck. Ob in den *Florentinischen Geschichten,* dem *Fürsten,* den *Discorsi* oder der *Kriegskunst,* in allen diesen Schriften sehen wir das gleiche Vorgehen: Die Gegenwart wird unmittelbar an der Antike gemessen, um praktische Antworten für die Zukunft zu finden.

Eine Zukunft, die nur als Fortsetzung der Vergangenheit vorgestellt wurde, war keine Zukunft im modernen Sinn des Wortes, sondern eine undynamische, eine *vergangene Zukunft* (Koselleck). Sie gemahnte an den *Trionfo di Tempore* Petrarcas, an Vater Chronos, der eher zerstörte als Neues zuließ. Darüberhinaus umfasste sie das Theater der italienischen Triumphzüge, in denen der Krieg wohl eine wichtige, nicht aber die einzige Rolle spielte. Bei den Trionfi im allgemeinen und bei Machiavelli im besonderen kündigte sich die erst später zum Durchbruch gekommene Erfahrung an, dass nicht der Krieg allein, sondern die ganze Welt ein Theater sei.

2.3 SHAKESPEARES *THEATRUM MUNDI*

Machiavelli hatte keine Gelegenheit mehr, seine Gedanken in die Tat umzusetzen. Sein erster Versuch, das Florentinische Heer nach eigenem Gusto zu reorganisieren, war nach dem Achtungserfolg über die Stadt Pisa 1509 schon drei Jahre später in Prato gescheitert, als die Medici unter dem Schutz von spanischen Truppen nach Florenz zurückkamen und mit der Stadtrepublik auch Machiavellis Karriere als Sekretär der Signorie zuende ging.

Der Misserfolg in Prato konnte Machiavellis Glauben an die Kriegskunst jedoch nicht erschüttern. „Ich bin überzeugt", sagt Fabrizio in seinem langen Schlussmonolog, „daß unter den Fürsten, die jetzt in Italien herrschen, der erste, welcher diese Bahn betritt, sich auch zuerst zum Herrn von ganz Italien emporschwingen wird" (Machiavelli 1833,191). Auch dieser Stelle folgt einer der zahllosen Verweise der Gegenwart auf die Antike. So rühmt Fabrizio Philipp, den Vater Alexanders des Großen: „Sein Staat (sc.der Staat des italienischen Fürsten, der die Regeln der *Kriegskunst* als erster anwendet) wird dem Königreich Mazedonien zu vergleichen sein, da es unter den Szepter Philipps kam. In der Schule des Thebaners Epaminondas erzogen, lernte der Mazedonier die schwere Kunst, ein Heer zu schaffen, und während das übrige Griechenland, in Müßiggang versunken, sich damit abgab, Komödien anzuhören, erhob er sich durch Kriegszucht und fortwährende Übung zu einer solchen Stufe von Macht, daß er in wenigen Jahren ganz Griechenland unterwarf und seinem Sohn (sc.Alexander) ein Reich hinterließ, dessen feste Grundlagen ihm möglich machten, die Welt zu erobern" (191).

„Während das übrige Griechenland sich damit abgab, Komödien anzuhören …" Diese aus guten Gründen despektierliche Anspielung Machiavellis auf das griechische Theater verschleierte die Einsicht in den Zusammenhang des THEATRUM BELLI. Sie trat im Appell Fabrizios an seine Gesprächspartner, sich von der von ihm skizzierten Aufgabe nicht abschrecken zu lassen, wieder deutlicher hervor. Er untermauerte nämlich seine Hoffnung auf bessere Zeiten damit, dass Italien dazu geboren sei, neben der Dichtkunst, Malerei und Bildhauerkunst auch die Kriegskunst wieder aufblühen zu lassen (1833,191f;1979,192). Die Kriegskunst wurde in eine Reihe mit der

Dichtung und den anderen Künsten gestellt, und ihr wurde ein ähnlich prächtiger Aufschwung vorhergesagt.

Es ist daher mehr als ein bloßer Zufall, dass Machiavelli außer seinen Schriften über Staat und Krieg auch eine der schönsten italienischen Komödien, die *Mandragola,* zu verdanken ist. Er schrieb sie in den Jahren 1514-1519, zu einer Zeit also, in der er unter anderem die *Sieben Bücher über die Kriegskunst* verfasste, zu einer Zeit auch, in der er es gewiss vorgezogen hätte, ein Staatsamt unter den Medici zu bekleiden. Nicht nur seine Komödien mochten daher Resultate einer aufgezwungenen Muße gewesen sein, sondern alle seine großen Schriften: der *Principe,* die *Discorsi,* die *Arte della Guerra* und die *Historie Fiorentine.* Dass das Abfassen von der Dichtkunst zuzuordnenden Komödientexten aber so leicht zwischen die Abfassung von Schriften zur Staats- und Kriegskunst geraten konnte, musste wenigstens zum Teil mit der Verwandtschaft dieser Künste untereinander zusammenhängen. Es dürfte das besondere Ingenium Machiavellis gewesen sein, in allen diesen Künsten ähnlich brillante Ergebnisse erzielt zu haben, doch dass es diese und keine anderen Künste waren, dass es sich um Schriften über den Staat, den Krieg, das Theater und die Historie handelte, verweist auf eine bestimmte Konfiguration der Künste in der italienischen Renaissance, von der Machiavellis Genie profitierte.

2.3.1 MACHIAVELLIS KOMÖDIE *MANDRAGOLA*

Man muss diese Konfiguration im Auge behalten, um die *Mandragola,* Machiavellis bekannteste Komödie, nicht überzuinterpretieren. Sie ist bestimmt kein „Warnsignal für die eigene Zeit", wie Kindermann sie nennt (1959²,57). Sie will nicht die „moralische Krankheit" des damaligen Florenz in Szene setzen, es sei denn, man versteht die Kritik Machiavellis an der Moral so wie seine Kritik an der Religion: Das Vortäuschen mochte genügen. Wie in der *Kriegskunst* ging es auch hier um das Vorbild der *antica virtù,* von dem das gegenwärtige Jahrhundert abgewichen war. So steht es im Prolog – in Versen und gereimt. Ebensowenig ist diese Komödie „ein Warnbild im Zerrspiegel des Zusammenlebens von Mann und Frau in dieser Zeit" (Kindermann 1959²,57). Bei solcher Lesart droht genau das verlorenzugehen, was schon in der Lust an dem Verkleidungsspiel von Callimaco, der Hauptperson, zum Ausdruck kam: das Komödiantische.

Callimaco ist ein etwa dreißigjähriger Florentiner, der mit zehn Jahren wegen des frühen Todes seiner Eltern von seinen Vormündern nach Paris geschickt worden war, wo er die seither vergangenen zwanzig Jahre in Ruhe und Frieden und beliebt bei Arm und Reich gelebt hat. Der Zuschauer erfährt dies aus einem Bericht, den Callimaco seinem Diener Siro in der ersten Szene des ersten Aktes gibt. Darin äußert Callimaco die Absicht, eigentlich nicht wieder nach Florenz zurückkehren zu wollen, und zwar aus folgendem Grund: „Als vor zehn Jahren durch den Einfall König Karls die Kriege ihren Anfang nahmen, welche Italien verwüsteten, beschloß ich in Paris zu bleiben und nie wieder heimzukehren, da ich dort sicherer zu leben glaubte als hier" (1.Akt,1.Sz.- *1/1*) .

Callimaco meint den Einfall Karls VIII. nach Italien im Jahre 1494, ein Jahr, das auch in den anderen Schriften Machiavellis als Jahr des Umbruchs gedeutet wird. Callimacos Diener bestätigt das:

SIRO:
So ist es.
CALLIMACO:
Ich ließ deshalb alle meine Güter hier verkaufen, außer diesem Hause, hielt mich beständig in Paris auf und brachte die letzten zehn Jahre in größtem Wohlergehen zu.
SIRO:
Ich weiß es.(…)
CALLIMACO:
Nun schien es aber dem Glück (alias Fortuna), es gehe mir zu gut, und es ließ einen gewissen Camillo Calfucci nach Paris kommen.
SIRO:
Ich fange an, Euer Übel zu merken.
CALLIMACO:
Ich lud ihn, wie alle anderen Florentiner, häufig zu mir ein, und im Gespräch entstand eines Tages ein Streit, wo es die schönsten Weiber (donne) gäbe, in Italien oder in Frankreich. Ich selbst konnte nicht über die Italienerinnen urteilen, weil ich bei meiner Abreise noch ganz klein war. Es nahm daher ein anderer Florentiner aus der Gesellschaft die Partei der Französinnen, und Camillo die der Italienerinnen. Nachdem von beiden Seiten viele Gründe angeführt worden, rief Camillo fast aufgebracht aus, wenn alle italienischen Damen Mißgeburten (monstri) wären, so sei doch eine seiner Verwandten genug, ihre Ehre zu retten.

SIRO:
Jetzt bin ich im Klaren, was Ihr sagen wollt.
CALLIMACO:
Er nannte Madame Lucrezia, die Gemahlin des Messer Calfucci, deren Schönheit und Anmuth er so sehr pries, daß wir alle versteinert (stupidi) waren. Es ergriff mich solches Verlangen, sie zu sehen, daß ich alle anderen Pläne aufgab. Ich dachte nicht mehr an den Krieg noch an den Frieden Italiens, machte mich auf den Weg, kam hier an, fand den Ruf der Dame Lucrezia weit unter der Wahrheit, was sehr selten ist und brenne nun von solcher Sehnsucht nach ihrer Gunst, daß ich mir nicht zu helfen weiß" (1/1).

Selbst in der Komödie Machiavellis blieb der Krieg ein thematischer Bezugspunkt. Ein Krieg aber, den man um einer schönen Frau willen vergaß, unterstrich noch einmal den Gedanken, dass es sich weder beim Krieg noch bei der Komödie um moralische Ernsthaftigkeit handeln konnte. Daran änderte auch die Figur des Pater Timoteo nichts, der gegen das Versprechen von dreihundert Dukaten (IV/2) das Ansinnen Callimacos und Siros unterstützt, dem bislang kinderlos gebliebenen Ehepaar, das sich sehnlichst Kinder wünscht, auf geeignete Art beizuspringen. Mit der Versicherung, dass es keine Sünde sei, überredet Timoteo die Mutter der Lucrezia dazu, Callimaco müsse unbedingt eine Nacht mit ihrer Tochter verbringen. Der eifersüchtige Ehemann, Messer Nicia Calfucci, wird von Callimaco selber mit ein paar lateinischen Brocken davon überzeugt, dass ihm kein Liebhaber seiner Frau, sondern ein kenntnisreicher Doktor gegenüberstehe, der die sechsjährige Kinderlosigkeit des Ehepaars mit einer guten Medizin, der Mandragola, zu beenden wisse. Dass es zur Anwendung dieser Medizin eines Burschen bedurfte, der sie die eine Nacht verabreichen musste, lag nahe – und auch, dass sich Callimaco in diesen Burschen verkleiden würde, um das Glück in den Armen der Lucrezia selber zu genießen. Die Überlistung des gehörnten Ehemanns war gewitzt, dabei überraschend einfach, und die Verkleidungsszenen sorgten für die Leichtigkeit des Spiels.

Ersichtlich war die Mandragola, eine Art Alraunensaft, keine bittere Medizin, sondern ein Liebestrank, der die Sinne Lucrezias für den ihretwegen so eilig aus dem friedlichen Paris in das unsichere Florenz zurückgekommenen Callimaco gefangennahm. Die Unterstützung, die Pater Timoteo nach angemessener Anzahlung der versprochenen Summe bereitwillig gewährte, war vom Publikum keineswegs als Hieb gegen die Kirche aufzufassen. Es lag ganz in der Logik der Argumentation des *Principe* und der *Discorsi*, dass die Religiosität von den Kirchenleuten nur vorgetäuscht zu werden brauchte. Hauptsache, die Religiosität wirkte echt, und das tat sie bei Pater Timoteo. Seine Versicherung, die Nacht mit Callimaco werde frei von Sünde sein, wird der Schönheit Lucrezias einen so madonnenhaften Anstrich verliehen haben, dass der verkleidete Bursche zu beneiden gewesen sein muss. Nur von einem späteren moralischen Standpunkt aus ließ sich die Handlung als „schlüpfrig, aber von derber Komik" bezeichnen, einer Komik, die angeblich „ihre Wurzeln in einem zutiefst ethischen Gefühl" hatte (Mangini, 554).

Die Zeitgenossen Machiavellis dachten darüber ganz anders; sie rühmten die „dolcezza" dieser Komödie, ihre „süße Anmut" (Kindermann 1959[2], 444, Anm. 23). Wäre sie „zutiefst ethisch" gewesen, so hätte der damalige Papst sicher keinen Gefallen daran gefunden. „Schon die 1520 stattgefundene Uraufführung hatte so starkes Echo, daß Papst Leo die Mandragola-Komödie noch im selben Jahr auch in Rom aufführen ließ" (Kindermann 1959[2], 57).

Machiavelli war zu Lebzeiten mit seinem Stück so viel Erfolg beschieden, wie mit keiner seiner andern Schriften sonst, zumal sie in der Regel erst postum publiziert worden sind. Auch von der 1523 in Venedig aufgeführten *Mandragola* soll eine „besondere Wirkung" ausgegangen sein. Es gab Inszenierungen in den verschiedensten Städten. Für eine Aufführung in Faenza fügte Machiavelli 1525 noch „Gesangseinlagen für die Zwischenakte" hinzu. Sie handelten „von der Macht der Liebe, von der Leichtgläubigkeit, vom glücklichen Betrug, von der Nacht als Freundin der Liebenden" (Kindermann 1959[2], 57).

Es ist wohl nur ironisch zu verstehen, dass Machiavelli unter seinen Zeitgenossen ausgerechnet in der Ausübung einer Kunst berühmt geworden ist, die er für die unwichtigste zu halten schien: im Schreiben von Komödien. Die Praktizierung seiner *Kriegskunst* ließ dagegen lange auf sich warten. In Italien selber fand sich auch nach seinem Tod kein Fürst, der die italienischen Kleinstaaten unter einem annähernd einheitlich regierten territorialen Gesamtstaat, der den Monarchien Spaniens und Frankreichs vergleichbar gewesen wäre, zusammengeführt hätte. Ein Nachfolger des Mazedoniers Philipp wollte sich in diesem Land nicht finden lassen. So schaute man in Florenz, Rom, Venedig und den andern Städten, wie die Griechen zur Zeit des Vaters von Alexander dem Großen, am liebsten den

Komödien zu, vor allem der *Mandragola* von Machiavelli, wogegen sich die „Barbaren" außerhalb Italiens am Ende des 16. Jahrhunderts langsam für die *Kriegskunst* Machiavellis zu interessieren begannen.

Dass Machiavelli von der *Arte della Guerra* so leicht zur *Mandragola* übergehen konnte, lag an der Nähe der beiden Künste zum Theater. Dabei spielte das Element der Täuschung, das dem Schauspiel einen vorher nicht geahnten Raum erschloss, keine geringe Rolle. Es kam in der Perspektive zum Ausdruck, dem Paradigma der Renaissancekünste. Dessen logische Folge ist um die Wende des 15. zum 16. Jahrhundert die Einführung der Perspektivbühne gewesen. Von der grausamen List des machiavellistischen Fürsten, der seine Widersacher beseitigte, über die Kriegslisten, die in der *Arte della Guerra* ihren Platz beanspruchten (cf.155-163), bis zum komödiantischen Vergnügen am Betrug, das gleich im Eingangslied der *Mandragola* gepriesen wurde, führte eine ziemlich gerade Linie. Doch auch die Dominanz der Perspektive konnte nicht erklären, warum Italien, frei nach Fabrizio Colonnas Worten aus dem Schlussmonolog der *Kriegskunst,* „sich damit abgab, Komödien anzuhören."

Jacob Burckhardt hat in seinem Versuch über die *Kultur der Renaissance in Italien* diese Frage in umgekehrter Form gestellt und ihr dadurch eine höchst interessante Wendung gegeben. Er fragte nicht, warum die Italiener sich nur an Komödien erfreuten, sondern, warum die italienische Poesie kein Drama von Rang hervorgebracht hätte. „Warum haben (.) die Italiener der Renaissance in der Tragödie nur Untergeordnetes geleistet? Dort war die Stelle, Charakter, Geist und Leidenschaft tausendgestaltig im Wachsen, Kämpfen und Unterliegen der Menschen zur Anschauung zu bringen. Mit anderen Worten: Warum hat Italien keinen Shakespeare hervorgebracht?" (Burckhardt 1976,292f)

Burckhardt spitzte den Vergleich auf Shakespeare zu, während Dramatiker aus anderen Staaten Europas mit folgender Begründung von einem Vergleich ausgeschlossen wurden. „Denn dem übrigen nordischen Theater des 16. und 17. Jahrhunderts mochten die Italiener wohl gewachsen sein, und mit dem spanischen konnten sie nicht konkurrieren, weil sie keinen religiösen Fanatismus empfanden, den abstrakten Ehrenpunkt nur pro forma mitmachten und ihr tyrannisches, illegitimes Fürstentum als solches anzubeten und zu verklären zu stolz und zu klug waren. (Dem einzelnen Hofe oder Fürsten allerdings wurde von den Gelegenheitsdramatikern hinlänglich geschmeichelt.) Es handelt sich also einzig nur um die kurze Blütezeit des englischen Theaters" (293).

Man muss zunächst den Hintergrund beleuchten, auf dem eine solche Frage überhaupt erst auftauchen konnte. Burckhardt sah nämlich in der italienischen Renaissance „den frühesten vollständigen Ausdruck der modernen europäischen Gefühlswelt" gegeben. Die Italiener waren für ihn die Ersten, die „die reichste Kenntnis der Seelenregungen urkundlich erwiesen" hatten (292). Das ist die Basis, von der er zu der Annahme geführt wurde, Italien sei das Land gewesen, welches als erstes einen Shakespeare hätte hervorbringen können, einen Dramatiker also, der imstande war, Gleichrangiges in Komödie und Tragödie zugleich zu leisten. Italien dagegen hatte nur gleichrangige Komödianten vom Schlage eines Machiavelli hervorgebracht.

Der Burckhardtsche Vergleich von England und Italien schien aus der Sicht des mangelnden religiösen Fanatismus recht überzeugend zu sein. Der strenge spanische Katholizismus lag Italien und England fern. Insofern bot sich in beiden Ländern, wenn auch aus der Verneinung heraus, d.h. aus der Beschreibung der Nichtexistenz einer übertriebenen religiösen Gefühlsäußerung, ein identisches Bild. Burckhardt schloss jedoch von der Nichtexistenz dieses Fanatismus' bei den Italienern der Renaissance und den Engländern der folgenden Jahrhundertwende auf die Existenz einer sonst gleichen Gefühlslage, auf eine gleiche Reife der Seelenregungen.

Allerdings schränkt er seinen Vergleich selbst wieder ein. „Hierauf (sc.auf den Vergleich des Theaters der italienischen Renaissance mit der kurzen Blütezeit des englischen Theaters) ließe sich erwidern, daß das ganze übrige Europa auch nur *einen* Shakespeare hervorgebracht hat, und daß ein solcher Genius überhaupt ein seltenes Geschenk des Himmels ist. Ferner könnte möglicherweise eine hohe Blüte des italienischen Theaters im Anzuge gewesen sein, als die Gegenreformation hereinbrach und im Zusammenhange mit der spanischen Herrschaft (über Neapel und Mailand und indirekt fast über ganz Italien) die besten Blüten des italienischen Geistes knickte und verdorren ließ. Man denke sich nur Shakespeare selber z.B. unter einem spanischen Vizekönig oder in der Nähe des heiligen Offiziums in Rom, oder nur in seinem eigenen Lande ein paar Jahrzehnte später, zur Zeit der englischen Revolution. Das Drama, in seiner Vollkommenheit ein spätes Kind jeder Kultur, will seine Zeit und sein besonderes Glück haben" (293;Hervorhebung v.B.).

Außer Gründen des äußeren Einflusses wie der Gegenreformation und der Fremdherrschaft macht Burckhardt noch innere Einflüsse auf die Situation des Dramas in Italien geltend, allen voran die Lust an der Prachtentfaltung. Die Trionfi wären es gewesen, Trionfi hier im weitesten Sinn genommen, die die italienische Tragödie von innen heraus vereitelt hätten. Burckhardt sah vor allem in den bunten Intermezzi den Grund für den Verlust an dramatischem Gehalt. Intermezzi gab es in den religiösen Prozessionen, dann in den Trionfi und schließlich, wie erwähnt, zwischen den Akten der wiederaufgeführten antiken Tragödien und Komödien. Durch diese Intermezzi sei der „Sinn von dem poetischen Gehalt des Stückes abgelenkt" worden (294). Jedermann „sehnte sich während des Dramas", wie Burckhardt schreibt, „nach den Zwischenakten." Da war mit einer Tragödie kein Staat zu machen. „D.h. der Pomp hat die Tragödie töten helfen" (296).

Es ist nicht auszuschließen, dass äußere Einflüsse der genannten Art die angenommene Fähigkeit zu tragischer Dramatik verringert haben, obwohl auch eine Steigerung der Tragik unter ähnlichen Verhältnissen denkbar gewesen wäre. Burckhardt ging, womöglich unter dem Eindruck der im 19. Jahrhundert fortschreitenden Psychologisierung der Tragödie, – auch der Tragödien Shakespeares –, zu sehr von einer seelischen Grundausstattung des Tragischen aus. Worte wie „moderne europäische Gefühlswelt" und „reichste Kenntnis der Seelenregungen", die bereits die italienische Renaissance ausgezeichnet haben sollen, deuten das an.

Auch die Rede von der Wahrheit in dem Satz „Inquisitoren und Spanier waren es, welche die Italiener verschüchterten und die dramatische Schilderung der *wahrsten* und größten Konflikte, zumal im Gewände nationaler Erinnerungen, unmöglich machten" (295;Hervorhebung v.Verf.), führt in Begriffswelten ein, die auf eine modernisierende Interpretation schließen lassen, ganz zu schweigen von den „nationalen Erinnerungen", die bei den Italienern der betrachteten Epoche verfrüht erscheinen. Die zeitliche Faktur der Renaissance Italiens drohte verletzt zu werden, wenn sie mit der ihr folgenden Shakespearezeit ineinsgesetzt wurde. Zwar entging Burckhardt dadurch der Logik der von ihm kritisierten geschichtsphilosophischen Methode, die „das *Vergangene* als Gegensatz und Vorstufe zu uns als Entwickelten" betrachtete (Burckhardt 1978,3;Hervorhebung v.B.), aber indem er aufeinanderfolgende Jahrhunderte einfach gleichsetzte, weil ihn im Gegensatz zur Geschichtsphilosophie „das sich Wiederholende, Konstante, Typische" interessierte (1978,3), schien er einen dieser Logik verwandten Effekt des Zeitverzehrs oder der Zeitraffung zu erzielen.

Im Zusammenhang mit der italienischen Renaissance von einer für die Tragödie disponierten Wahrheit der Seelenregungen zu sprechen, die von der Lust an prachtvollem Gehabe vernichtet worden sei, lässt zu sehr an die Idee einer tragischen Substanz denken, die die Italiener unglücklicherweise selber aufgelöst hätten. Der Pomp tötete nicht eine schon vorhandene Wahrheit des modernen europäischen Gefühlslebens, er entsprach dem Lebensgefühl der italienischen Renaissance weit eher als eine zu tragischen Stoffen sich eignende Wahrheit. „Neque tragoedia, neque comoedia, sed quaedam inventiva ad laudem et gloriam. Weder Tragödie, noch Komödie, sondern eine Invention zu Lob und Ruhm" der Herrscher: So wurde das Mailänder Hochzeitsschauspiel von 1488 anlässlich einer ähnlichen Aufführung in Rom sechzehn Jahre später genannt (Kindermann 1959^2,23). Die Invention ist später zu einer barockmusikalischen Form verdichtet worden. Gesangseinlagen und Musikstücke waren über die Trionfi und trionfoähnliche Festspiele verstreut, sie nisteten sich als „bunte Intermezzi" zwischen den Akten des italienischen Schauspiels ein, bis sie in Oper und Ballett jenen schon angedeuteten eigenständigen dramatischen Ausdruck gewannen.

Auf die Oper wies schließlich auch Burckhardt hin: „Mit der Musik hat Italien vollends Europa zinspflichtig gehalten. Wer in dieser Tonwelt einen Ersatz oder einen verhüllten Ausdruck für das verwehrte Drama erkennen will, mag sich damit nach Gefallen trösten" (1976,298f). In den *Weltgeschichtlichen Betrachtungen* heißt es: „An seine Stelle (sc.an die des ernsten Dramas) trat die Oper" (56f). Nur jemandem, der die italienische Renaissance von Shakespeare aus betrachtete und Shakespeare aus dem vorgerückten 19. Jahrhundert, konnte die Oper als Trost für die fehlende Tragödie erscheinen. Analog dazu könnte man in den Dramen Shakespeares Trost für die fehlende englische Oper gesucht haben. Der kluge Hinweis Burckhardts auf die Oper als musikdramatische Gattung hätte ihn von einer Gleichsetzung Italiens mit England abbringen können. Die Tatsache, dass England nicht für seine Opern und Italien nicht für seine Tragödien berühmt geworden ist, ließ darin nicht irgendeine Ersatzform, sondern eine jeweils andere Originalität vermuten.

2.3.2 ANGLIKANISCHES DRAMA

Mag der Vergleich von Burckhardt problematisch sein, so regt er doch zum Nachdenken über die äußeren Einflüsse von Gegenreformation und Fremdherrschaft an, die neben dem inneren Einfluß die italienische Tragödie verhindert haben sollen. Shakespeare hätte sich laut Burckhardt weder unter einem spanischen Vizekönig, noch in der Nähe des im Jahre 1542 eingerichteten Heiligen Offiziums in Rom, der Zentralbehörde zur gerichtlichen Verfolgung der Häresie, entfalten können. Auch in seinem eigenen Land wäre er wenige Jahrzehnte später schon ein Fremder gewesen. Er lebte demnach in einer Zeit, die weder durch gegenreformatorische Einflüsse, noch durch Inquisition und spanische Fremdherrschaft gekennzeichnet war, einer Zeit also, die auch von den durch Reformation und Gegenreformation herbeigeführten Religionskriegen nicht betroffen zu sein schien.

Tatsächlich brach in England der Religionskrieg mit aller Gewalt erst in der Mitte des 17. Jahrhunderts aus, während er den Kontinent schon in der zweiten Hälfte des 16., d.h. zur Zeit der Regentschaft von Elisabeth I., heimgesucht hatte. Frankreich war damals besonders betroffen, später dann, in der ersten Hälfte des 17. Jahrhunderts, vornehmlich Deutschland. Erst gegen Ende des Dreißigjährigen Krieges, als sich die Situation auf dem Kontinent zu beruhigen begann, breitete sich der religiöse Bürgerkrieg auf der Insel aus. Diese Verzögerung dürfte dem „milden religiösen Synkretismus" (Engel,156), den die anglikanische Kirche vertrat, zu verdanken gewesen sein. Er bewahrte England zwar weder vor eigenen internen Konfessionsstreitigkeiten, – sie führten zeitweise sogar zu inquisitorischen Maßnahmen –, noch davor, gelegentlich in die ganz Europa betreffenden religiösen Unruhen hineingezogen zu werden, aber er trug zu einem, wenn auch höchst labilen Friedenszustand bei. Erst durch den Versuch des Erzbischofs von Canterbury (1633-1641), den Katholizismus wieder stärker hervorzukehren und durch den Vorstoß, die anglikanische Kirche mit der schottischen staatsrechtlich zu vereinigen, wurde der Frieden empfindlich gestört (Engel,159).

Die Kompromissfähigkeit der anglikanischen Kirche, die auf der Gleichzeitigkeit des beibehaltenen katholischen Ritus und der calvinistisch inspirierten Glaubensartikel basierte, hatte England in der Shakespearezeit vor einer Gegenreformation bzw. vor einer „katholischen Erneuerung", wie sie richtigerweise genannt werden sollte

(Engel,164), in der Tat bewahrt. Der religiöse Synkretismus ließ sich indes selber schon als eine mit reformatorischen Momenten vermischte Art „katholischer Erneuerung" begreifen.

Dass diese Momente im Bürgerkrieg radikalisiert wurden und schließlich den Sieg davontrugen, lag auch an der abnehmenden Macht des spanischen Katholizismus in Europa, dem die gemäßigtere englische Monarchie unter Elisabeth 1588, im Jahr nach der Hinrichtung der katholischen Maria Stuart, die entscheidende Niederlage beigebracht hatte – entscheidend für die gesamte europäische Entwicklung, auch für die italienische. Die spanische Bedrohung wurde weitgehend entschärft, der römische Katholizismus gestärkt. Freilich ging die Entlastung der Kirche Roms und die Sicherung der Stellung des Papstes nicht so weit, dass Machiavellis Traum von einem ganz Italien erobernden Kirchenfürsten in Erfüllung gegangen wäre. Die Einigung Italiens ließ noch lange auf sich warten.

Man kann vielleicht, um den Vergleich Burckhardts noch einmal aufzunehmen, sagen, dass der anglikanische Kompromiss ein Machiavellis würdiges Täuschungsmanöver war. Die Beibehaltung der katholischen Priestergewänder und des Kirchenschmucks wären dann als machiavellistische Vortäuschung katholischen Glaubens, die er vergeblich von der Kirche Roms gefordert hatte, anzusehen. Hätte der Papst seine Forderung erfüllt, wäre möglicherweise eine ruhigere „katholische Erneuerung" in Italien eingeleitet worden. Doch die blieb aus. So war Italien weder streng genug katholisch, um „eine poetische Kunstgattung wie die *Autos sacramentales* bei Calderon und anderen spanischen Dichtern" hervorzubringen (Burckhardt 1976,294), noch gar genügend puritanisch, um Tragödien wie die von Shakespeare zu kreieren.

Keine Fremdherrschaft, keine Gegenreformation, kein übermäßiger Pomp: England erfüllte alle jene Voraussetzungen für die Entstehung tragischer Dramen, die in Italien fehlten. Es mag eine Überspitzung der Burckhardtschen Überlegungen sein, aus der Abwesenheit der drei von ihm genannten Mängel auf die Anwesenheit puritanischer Elemente im Theater Shakespeares zu schließen, aber Burckhardts Betonung auf dem Pomp Italiens, der die Tragödie habe töten helfen, legte nahe, dass die Gestalt Shakespeares nur in einem wenn nicht von allem Pomp purifizierten, so doch die Prachtentfaltung mäßigenden Land groß werden konnte.

Der religiöse Gehalt der Shakespearedramen ist bis heute nicht geklärt, er bleibt weiteren kontroversen Diskussionen zugänglich (Campbell/Quinn, 680f,Art.*religion*). Da den Stückeschreibern die offene Parteinahme für diese oder jene Konfession vom Hof versagt war, damit sie den inneren Frieden nicht gefährdete, ist jede Interpretation auf die Analyse verdeckter Anspielungen angewiesen. Auch Shakespeares ganz persönliche Einstellung in Glaubensfragen lässt bis heute letztlich keine klaren Aussagen zu. Je nach eigener Position der Interpreten war er mal von Jugend an katholisch, – mit einer Zwischenphase von Skeptizismus –, mal erst am Ende als Konvertit auf dem Totenlager. Auch eine dritte Version, Shakespeare habe den der englischen Kirche konformen Glauben geteilt, wird vertreten (Campbell/Quinn,681).

Diese Unklarheit mag eine Konsequenz des anglikanischen Synkretismus selber sein. Wegen des calvinistisch geprägten Glaubensinhalts durfte sich das puritanische Element eben doch entfalten, nur nicht getrennt von der katholischen Glaubensform. Wäre die Trennung vollzogen worden, so hätte es wahrscheinlich kein elisabethanisches Theater gegeben und damit keinen Shakespeare. Der Calvinismus in seiner englisch-puritanischen Version hätte leicht das Theater verbieten können und hat es später unter Umständen, die ihm günstiger waren, auch getan.

Am anglikanischen Kompromiss wird die Schwierigkeit des sonst so fruchtbaren Vergleichs der staatlichen Verhältnisse Italiens und Englands ganz besonders deutlich. Es war übereilt, diesen Kompromiss als Ausdruck eines Machiavellistischen Täuschungsmanövers zu begreifen. Das zeigt sich am unterschiedlichen Formbewusstsein. Machiavellis Aufruf an den Papst, den katholischen Glauben vorzutäuschen und für ein stehendes Heer zu sorgen, hatte nur für die Beibehaltung der katholischen Fiktion plädiert, die wie die Schauspielaufführung des Heeres in der Form aufging. Für Machiavelli gab es keine äußere Form mit einem inneren Glaubensvorbehalt, wie er den anglikanischen Kompromiss kennzeichnete. Die Formen Machiavellis gingen in ihrer Äußerlichkeit auf. Eine Mischung verschiedener Momente lag nicht vor. Zwar wäre die Vortäuschung des Glaubens durch den Papst ein aus Gründen der Machterweiterung gegebenes Zugeständnis an die Gläubigkeit des italienischen Volkes gewesen, aber wenn man dies als einen dem anglikanischen vergleichbaren Kompromiss ansehen wollte, würde ihm doch jedes Element einer calvinistischen Reformation, das für den anglikanischen Kompromiss typisch ist, fehlen. Das Charakteristische der von Machiavelli angestrebten Reform war eine katholische Reformation vor aller protestantischen. Sie wäre, wenn sie Erfolg gehabt hätte, der protestantischen zuvorgekommen und hätte das Versprechen, das in dem Begriff *Form* der Reformation gegeben war, vermutlich eingelöst. Doch es ist keineswegs gewiss, ob bei dem dann möglichen Ausbleiben der Gegenreformation in Italien eine italienische Tragödie wahrscheinlicher gewesen wäre.

Solche Spekulationen sind nur dann von Wert, wenn sie dazu verhelfen, die elisabethanische Epoche besser einzukreisen. Das sollte mit dem Hinweis auf den unterschiedlichen Status der Form möglich sein. Ein Kompromiss, wie der der englischen Kirche, war selbst unter der kunstvollen Regentschaft von Elisabeth immer zerbrechlich, da ihm die Machiavellistische Einigung auf die Form und nichts als die Form des Glaubens nicht zur Verfügung stand. Wenn es stimmt, dass diese prekäre Verbindung die Dramen Shakespeares möglich gemacht hat, so wäre, pointiert gesagt, die äußere katholische Form die notwendige Bedingung für das Theater überhaupt, der calvinistische Glaubensvorbehalt aber die hinreichende Bedingung für die typisch Shakespearesche Dramenwelt gewesen.

Der Versuch, sich Shakespeare über den Anglikanismus zu nähern, mag zur Frage, warum im Leben der Renaissance und des Barock das Theater eine so fundamentale Rolle spielte, nicht die wesentliche Antwort liefern. Da sich jedoch damals alle Probleme in der institutionellen Organisation des Glaubens niederschlugen, können die unterschiedlichen Veränderungen der Kirche als landesspezifische Symptome auch des Theaterlebens angesehen werden. Das spanische Königreich war aufgrund der Strenggläubigkeit seiner Herrscher noch am wenigsten zu institutionellen Änderungen gezwungen. Insofern entsprach ein religiös inspiriertes Theater dort am ehesten den Erwartungen. Burckhardts Behauptung, bei den Italienern hätte sich „nicht einmal eine poetische Kunstgattung wie die *Autos sacramentales*" entwickelt, sie hätten es also nicht einmal zu Fronleichnamsspielen gebracht, die wenigstens entfernt an eine Tragödie heranreichen, beleuchtete schlaglichtartig die unterschiedliche Theatersituation in den beiden Ländern. Seine Bemerkung, man könne sich Shakespeare unter einem spanischen Vizekönig nicht denken, galt entsprechend.

2.3.3 CALDERONS FRONLEICHNAMSSPIELE

Wenn es auch Fronleichnamsspiele in vielen europäischen Staaten gegeben hat, so ist doch kein Land für seine Autos sacramentales so gerühmt worden wie Spanien. Unter den spanischen Dramaturgen aber ist Calderon de la Barca der bedeutendste, und unter seinen Stücken wiederum sind es vor allem zwei Fronleichnamsspiele: *Das große Welttheater* und *Das Leben ein Traum*, die Weltruhm erreicht haben. *Das große Welttheater (El gran Teatro del Mundo)* wurde 1675 zum ersten Mal aufgeführt, ein gutes halbes Jahrhundert nach Shakespeares Tod. Calderon ist außerdem allem Anschein nach der Erste gewesen, der „den Terminus Welttheater geprägt" hat (Sofer,258).

Der Umstand, dass die dramatische Form für das Welttheater erst so spät und dann noch in Spanien und nicht in England gefunden worden ist, könnte angesichts der bekannten Inschrift über dem Globetheatre überraschen. Sie lautet: „Totus mundus agit histrionem – Alle Welt schauspielert." Allenthalben identifizierte man seitdem Shakespeares Theater mit dem Welttheater. Der Begriff selbst ist schon der griechischen und römischen Antike, wo er besonders in philosophischen und religiösen Texten auftauchte, geläufig gewesen. Tradiert vom Mittelalter, ist er dann durch Humanisten wie Ficino und Erasmus von Rotterdam der Neuzeit bekanntgemacht worden (Jacquot 1957,341-373). Bezeichnenderweise erfolgte erst in der Renaissance die Erweiterung dieses Begriffs zu bildhafter, dramatischer Form, bezeichnend deshalb, da in dieser Zeit der Begriff als *concetto* verstanden wurde, d.h. als etwas, das nach einer die Natur imitierenden Weise wie eine Leibesfrucht reife, um sich schließlich in einem Kunstwerk zu offenbaren (cf.Bauer,281-288).

Das entscheidende Stichwort hatte Ficino in dem Trostbrief an einen Freund, der seinen Sohn verloren hatte, gegeben. „Gott (...) schickt die Menschen auf die Erde, um an der dramatischen Fiktion des Lebens hier unten teilzunehmen, eines Lebens, das nur ein Sinnbild (simulacre) des wahren Lebens" ist (zit. v. Jacquot 1957,355). Die dramatische Konzeption des Welttheaters nahm ihren Ausgangspunkt in der neuplatonischen Theologie des italienischen Renaissance-Katholizismus, ohne sich jedoch im Raum Italiens vollenden zu können. Dazu dürfte man dort eine zu bequeme Auffassung von Religion gehabt haben. Wenn erst in Calderons Fronleichnamsspiel die Entwicklung auf ihren Höhepunkt gelangte, so besagt dies offenbar, dass der katholische Ernst eines Spaniers nötig war, um den Begriff des Welttheaters zur dramatischen Vollendung zu bringen.

Die Ansicht Calvins mag als Gegenbeispiel dienen. Calvin „beschreibt die Welt als ein großartiges Theater, voll von wunderbaren Dingen, deren Schöpfer Gott ist und die der Mensch bewundern muß, um sich mit der Macht dessen zu durchdringen, der ihn aus dem Nichts gezogen hat. Für den, der das Heil erringen will, sei aber die göttliche Stimme noch wichtiger als das Schauspiel der Welt. (…) Da nämlich unsere korrumpierte Vernunft nicht die nötige Lehre aus der Betrachtung der göttlichen Werke hat ziehen können, sei der Glaube an Christus die Zuflucht, die der Mensch suchen müsse" (zit.v.Jacquot 1957,358). Die Bevorzugung der Stimme Gottes schien als Bestrafung für die allzu säkulare Auffassung von dem Theater dieser Welt gedacht zu sein.

Auf dieser religiösen Basis war an die Dramatisierung des Welttheaters nicht zu denken, und man könnte sich nun die Dramen Shakespeares, wenn man ihre Position bestimmen wollte, in der Mitte zwischen zwei von Calvin und Calderon gebildeten Extremen denken. Das träfe nicht nur zeitlich zu, sondern auch theologisch. Shakespeares Theater, als anglikanisches Theater verstanden, war sehr wohl Welttheater, sofern es den Hang zur katholischen Form nicht verleugnete, aber es erreichte infolge seiner Nähe zum Calvinismus nicht die Systematik, mit der es bei Calderon verwirklicht wurde.

Shakespeare bildete keine Ausnahme. Kein englischer Dramatiker tat es Calderon gleich, während neben Calderon auch die anderen spanischen Autoren eine größere Affinität zum Teatro del Mundo hatten (Jacquot 1957,362 u.371f). Nimmt man die Burckhardtschen Bemerkungen zur Situation der Tragödie in Renaissance und Barock noch einmal auf, so wird man sagen können, dass der strenge katholische Glaube in Spanien die Entstehung des Welttheaters zwar beförderte, das dazugehörende strenge Regiment über das gesamte spanische Territorium aber ebenso wichtig gewesen sein müsste. In Spanien gab es keine Fremdherrschaft wie in Italien, wo kein Fürst Herr des ganzen Landes war. Spanien übte vielmehr, trotz seiner lang andauernden regionalen Unruhen, mit Frankreich die Fremdherrschaft in Italien aus und wirkte daran mit, dass sich kein italienisches Königreich bilden konnte. Ein ausgeprägtes Königtum war jedoch notwendig für die Dramaturgie des Welttheaters. Das spanische Königreich ging darin dem übrigen Europa bis über die Mitte des

16. Jahrhunderts voran. Unter Karl V. hatte es in Verbindung mit der Habsburger Kaiserkrone zu seiner größten Machtausdehnung gefunden, bis es 1588 unter Philipp II. mit seiner Armada den englischen Schiffen und dem Sturm vor Englands Küste unterlag.

Die Blütezeit des spanischen Theaters fiel interessanterweise nicht in die des spanischen Imperiums, dessen Begrenzung durch das Jahr 1588 fast schicksalhaft umschrieben wird, sondern in die Zeit nach der Niederlage der spanischen Armada. Es müsste den allegorischen Gehalt des Welttheaters jedoch leicht verfehlen, wenn man wie Kindermann im gegensätzlichen Verlauf der Blütezeiten von spanischer Weltmacht und spanischem Welttheater den Gegensatz von Traum und Leben erkennen wollte. „Man muß diese tragische Konstellation eines Weltreich-Untergangs vor Augen haben, um den in entgegengesetzter Proportion sich entfaltenden Aufstieg zur spanischen Welttheater-Konzeption und Welttheater-Realisierung zu begreifen. Was das Leben nimmt, schenkt auf anderer, theatralischer Ebene der Traum. Es hat in der gesamten europäischen Theatergeschichte bisher noch nie eine vollendetere supponierende Lebensfunktion des Theaters gegeben als dieses spanische Welttheater der Barockzeit" (Kindermann 1967[2],178).

Dass das Leben ein Traum sei, ist eine Vorstellung, die in der Renaissance spätestens seit Ficinos Trostbrief über die dramatische Fiktion allen Lebens angelegt war. Sie wurde von Prospero in Shakespeares *Sturm* (1611) mit den berühmten Versen umschrieben: „Wir sind aus solchem Stoff wie der zu Träumen, und dies kleine Leben umfaßt ein Schlaf" (IV/1,Vers 156-158).

Calderon systematisierte auch diese Vorstellung und gab ihr gut zwanzig Jahre nach dem *Sturm* in seinem *Das Leben ein Traum* (1635) dramatische Gestalt. Doch das war nicht so zu verstehen, als spielte sich das Leben als ein Traum bloß auf Theaterbühnen ab. Entscheidend an der Konzeption des Welttheaters war, dass auch reales Leben als ein Traum erschien. Das Leben auf der Bühne spiegelte das reale Leben wider. Genaugenommen konnte beim Welttheater von einer Realität des Lebens, der eine andere Realität der Bühne gegenüberstehen würde, nicht die Rede sein. Prägnant drückte das Nicola Sabbatini, der italienische Architekt für zivile und militärische Bauten, in der Vorrede zu seinem Theaterbuch von 1637 aus. „Es erscheint (hiermit) auf der Bühne der Welt diese praktische Anleitung, Bühnen für die Allgemeinheit herzurichten ..." (Sabbatini ,171) Die „Bühnen für die Allgemeinheit" waren die Theaterbühnen, die auf der großen Bühne der Welt errichtet wurden. Das Theater selbst war schon ein Spiel im Spiel.

So wenig, wie man das Leben auf der großen Bühne vom Leben auf der kleinen unterscheiden konnte, so wenig konnte man das spanische Weltreich vom spanischen Welttheater unterscheiden. Das Welttheater erfüllte keine Ersatzfunktion für ein untergegangenes oder untergehendes Weltreich, es richtete nicht in einem Reich des Traums das verlorene Reich des Lebens wieder auf. Eine „theatralische Ebene", die Kindermann zufolge losgelöst von der Ebene des Weltreichs existiert hätte, gab es nicht. Aufstieg und Niedergang des spanischen Weltreichs ließen sich besser von der vorherrschenden Zeitemblematik erfassen: vom Kreis, von der sich in den eigenen Schwanz beißenden Schlange, vom Rad der Fortuna (2.l). Selbst ein so ungläubiger Katholik wie Machiavelli mochte sich nur ein bedingtes Eingreifen des Fürsten in das von Fortuna gelenkte Geschick vorstellen. Für einen spanischen Katholiken war das noch weniger denkbar. Daher liegt eher die zu Kindermann konträre Ansicht nahe, dass erst die Erfahrung des Niedergangs den Kreis der Zeit vollendete, einen Kreis, in den jede Macht und jedes Leben, der König und sein Reich nicht ausgenommen, notwendig einbezogen war. Gerade am König, dessen Glanz den aller andern überstrahlte, wurde das gewahr. Warum sollte es nicht für das Reich, das alle anderen an imperialer Machtentfaltung übertroffen hatte, ganz genauso gelten?

Am Ende des Fronleichnamsspiels *El gran Teatro del Mundo* werden dem König alle Insignien der Herrschaft, die ihm von der allegorischen Gestalt der Welt zu Beginn seines Lebens geliehen wurden, wieder abgenommen. Sein Szepter wird zum Bettelstab (Vers 1386), und der große Herrscher ist nicht einmal mehr dem Bettler gleich, da dieser, der im Leben nichts besaß, im Tod auch nichts zurückzugeben hat. Der Bettler ist neben der Nonne der einzige, der, ohne vorher Bußedienste leisten zu müssen, an den Tisch des Herrn auf der Himmelsbühne geladen wird, während der König erst einmal Reue üben muss. (Vers 1437-1471).

Solche ausgleichende Gerechtigkeit, die den Bettler nicht nur dem König gleichmachte, sondern ihn sogar im Tod dem König vorzog, hat es auf der Shakespearebühne nicht gegeben. Ohnehin war in der zeitgenössischen Tragödie, die eigentlich nur Personen von Stand auf der Bühne duldete, die Figur des Bettlers nicht vorgesehen, schon gar nicht eines Bettlers, der dem König vor Gott den Rang ablief. Das Welttheater Calderons dagegen lebt von der ausgleichenden Tendenz der himmlischen Gerechtigkeit. Das lag schon in der Konsequenz der Auffassung vom Leben als Theaterrolle. Die Welt, in der der Mensch agiert, ist eine personifizierte Bühne, mit einer Tür für den Auftritt, d.h. für den Beginn des Lebensspiels und einer für den Abgang, also für den Tod. Und was der Mensch besitzt, gehört zu den Theaterrequisiten, die am Ende des Spiels so abgelegt werden, wie die Schauspieler es nach der Aufführung tun:

DIE WELT:
Kurz war das Schauspiel, aber wann verwehen
Nicht rasch des Lebens Spiele, kaum erklungen,
Wo alles nur ein Kommen ist und Gehen,
Das keinen überrascht, der's recht durchdrungen?
Verödet schon seh ich die Bühne stehen.
Zu ihrem Urstoff, dem sie sich entrungen,
Kehrt nun die Form, die jeder angenommen.
Staub scheiden sie, da sie als Staub gekommen.
Von allen jetzt, vom Kön'ge bis zum Bauer,
Fordr' ich zurück, was sie von mir erbeutet
An eitlem Tand für dieses Schauspiels Dauer,
Daß jeder scheine, was sein Part bedeutet.
An dieser Tür stell' ich mich auf die Lauer,
Und wer da meine Schwelle überschreitet,
Leg ab, was er an Schmuck mir hat entnommen.
Denn Staub sei wieder, wer als Staub gekommen.
(Der König tritt auf.)
Du, der zuerst aus diesem Tor gezohen,
Sprich, welche Rolle hattest Du empfangen?

DER KÖNIG:
Du fragst? Vergißt die Welt so schnell des Hohen?

DIE WELT:
Die Welt wirft hinter sich, was da vergangen.

DER KÖNIG:
Mir Untertan war, was der Sonne Lohen,
Wann sie aufatmet an Auroras Wangen,
Bis träum'risch sie ins Schattenreich gesunken,
Vergoldend übersprüht mit Feuerfunken.

Ich war's, dem die Gewalt man anvertraute,
Der andre sonnt' mit seines Ruhmes Lichte,
Der Siegesbogen erbt' und neue baute,
Der mit den Völkern einst ging ins Gerichte,
Der sinnend nach den höchsten Gütern schaute,
Der mit dem Schwerte schrieb die Weltgeschichte
Und über sich den Thronenhimmel glänzen
Von Purpur sah, von Krön' und Lorbeerkränzen.
DIE WELT:
So löse denn, verlaß, wirf hin die Krone,
Leg ab die Majestät, vom stolzen Schlosse
Verbannt, vergessen wie zu herbem Hohne,
Scheid nackt und bloß aus dieses Lebens Posse.
Der Purpur, den Du rühmst in hohem Tone,
Bald hüllt sich drein ein anderer Genosse;
Nichts nimmst Du mit von allem, was da glänze,
Mir bleiben Purpur, Kron und Lorbeerkränze.
(*Sie entkleidet ihn.*)(Vers 1255-1294)

In einer Welt, wo auch die Krone nur als Requisite dient, wird das Leben selber zur Fiktion. Es bekommt einen lügnerischen Schein. So bezeichnet denn auch die Welt das Leben als ein „Theater der Lüge", das nun verlassen werden müsse, um in das Reich der Wahrheit aus dem Grabe einzugehen:

DIE WELT:
Und da ich ausgelöscht der Schönheit Züge
Und, was gewaltig war, gestürzt nun habe,
Da ich verstört des Hochmuts eitle Flüge,
Das Szepter gleichgemacht dem Bettelstabe:
So gehet vom Theater denn der Lüge
Ein in das Reich der Wahrheit aus dem Grabe. (Vers 1383-1388)

Den widerstrebenden König erinnert sie an die Fortuna, auf deren Rad, – das haben die Trionfodarstellungen gezeigt –, der König wie geflochten schien, und zwar in den vier Positionen: Jugend, Macht, Niedergang und Tod (Abb.3).

Die Auffassung des Lebens als Rolle und die Lust am Spiel verhinderten indes, dass die Lüge moralisch diskreditiert wurde. Wenn das Leben im Welttheater notwendig eine Lüge war, dann wurde es auch von der Wahrheit entlastet. Das erst im Tod bzw. auf der Himmelsbühne einsetzende Reich der Wahrheit wirkte zwar auf das Leben als

Ermahnung zu christlicher Demut zurück, aber das Lügenspiel wurde dadurch nicht außer Kraft gesetzt. Wie in den meisten Stücken Calderons wird daher am Schluss um Nachsicht gebeten:
<u>DIE WELT</u>:
Und da dies ganze Leben
Eben nur ein Schauspiel vorstellt,
0, so werde dem wie jenem
Nachsicht hier wie dort zum Lohne.(Vers 1569-1573)
  Hier wie dort, das heißt im Tod so, wie im Leben.
Die Ansicht Kindermanns von der Ersatzfunktion des spanischen Welttheaters, – Ersatz für das niedergehende Weltreich –, beruht vermutlich auf einer unausgesprochenen Konzeption von Weltgeschichte, die dem 17. Jahrhundert noch fremd war. Das spanische Königreich wollte zwar ein Weltreich werden und ist es unter Karl und Philipp auch geworden, aber es glaubte nicht, der Idee des Fortschritts, als dessen Agent sich die später entworfene Weltgeschichte verstand, dienen zu müssen. Folglich fehlte die mit der Fortschrittsidee verbundene Vorstellung der auf eine offene Zukunft gerichteten Zeit.

Gewiss gab es auch eine Richtung der Zeit auf die Zukunft hin, doch diese Zukunft war schon vergangen (Nachahmung der Antike, Kreisvorstellung der Zeit). Sie war nicht offen, sondern, besonders im Rahmen der christlichen Eschatologie, vom stets erwarteten Weltende begrenzt. Die Reformation verstärkte diese Tendenz noch. Katholiken und Protestanten bezeichneten sich wechselseitig als Christ und Antichrist, zwischen denen der Endkampf ausgetragen werden musste, „und die sich abzeichnenden militanten Fronten der zerfallenden Kirche schienen den letzten Bürgerkrieg vorzubereiten, der dem Weltende vorausgehen sollte" (Koselleck 1979b,20).
  Man kommt der damaligen Vorstellung von Zeit und von Geschichte näher, wenn man sie als Gegensatz zum heute geläufigen Begriff der Linearität begreift. Eine typische Definition ist in Johann Heinrich Alsteds *Enzyklopädie aller Wissenschaften* von 1649 zu finden. Da heißt es: „Historia est theatrum universitatis rerum, speculum temporis, thesaurus demonstrationis, oculus sapientiae, speculum vanitatis, imbecillitatis et stultitiae ..." (Alsted,25ff). Die Historie, und das gilt auch für die des Weltreichs Spanien, ist selbst ein Welttheater, sie ist ein Spiegel der Zeit, der Vergeblichkeit, Schwäche und Torheit der Menschen, ein Auge der Weisheit. Alle Attribute, mit denen Alsted

die Historie ausschmückt, sind Embleme, die sich auf das Schauen beziehen: Theater, Spiegel, Auge. Mit ihnen wird die Vorstellung von einem Raum heraufbeschworen, in den man wie in einen Spiegel hineinsieht. Es ist der Raum des Welttheaters. Auch die Zeit selber nimmt eine räumliche Dimension an. Da sie sich in der Historie spiegeln soll, wird ihr der fiktive Raum zugewiesen, den der Spiegel eröffnet.

Auf den räumlichen Charakter der Zeit deutet bereits das Rad der Fortuna als Emblem des Schicksals hin. Der ans Rad geflochtene König gemahnt mit den vier Stationen seines Lebens an Aufstieg und Fall in der Zeit, doch der Verlauf der Zeit wird an einem und demselben Rad auf einer und derselben Miniatur gezeigt. Was sich am Emblem in der Zweidimensionalität des Bildes äußert, vertieft sich im Theater zur dritten Dimension. „Das Emblem erscheint als Miniaturbühne; das dramatische Schaugerüst erweist sich als ein ins Riesenhafte vergrößertes emblematisches Bild" (Schöne,225;Abb.21 u.22). Eine zeitgenössische Emblemsammlung wurde denn auch unter dem Titel *Theatrum Emblematicum* herausgegeben (Schoene,225). In Analogie dazu ließe sich behaupten, dass Calderons *Gran Teatro del Mundo* den König als dreidimensionales Fortuna-Emblem darstellt: Er tritt durch die eine Tür der Weltbühne ins Leben ein (Vers 290), bekommt von der Welt die Krone ausgehändigt (Vers 493ff), herrscht für kurze Zeit (Vers 821ff) und geht durch die andere Tür wieder ab (Vers 981-1006).

Das Jahr der Niederlage der spanischen Armada, 1588, könnte, wenn man der gleichen Raumvorstellung von Geschichte folgte, entsprechend durch den oberen Scheitelpunkt des Fortunarades veranschaulicht werden. Dort befindet sich der König auf dem Höhepunkt der Macht, der zugleich der Ausgangspunkt für seinen Abstieg in den Tod ist. Eine Übertragung dieser Anschauung vom König auf das spanische Königreich dürfte keine Schwierigkeiten bereiten, da der König ohnehin als allegorische Verkörperung seines Reiches angesehen wurde. Fortuna, die Allegorie von Schicksal und Zufälligkeit, griff höchstpersönlich in ein Kampfgeschehen ein, dessen Ausgang keiner erwartet hatte. Zwar waren die englischen Schiffe leichter und deshalb manövrierfähiger als die spanischen, aber die vergleichsweise geringen Verluste von einem Drittel der für damalige Verhältnisse gewaltigen Armada der Spanier hätten für sich genommen gar nicht ausgereicht, um das Ausmaß der Niederlage, das sie bei den Spaniern angenommen hatte, zu rechtfertigen (Campbell/Quinn,35,Art. Armada). Bis heute ist der Streit darüber, was im einzelnen zu der

Niederlage geführt hat, nicht entschieden (Engel,304). Im Bewusstsein der Verlierer mochte sich die Vorstellung des wechselnden Glücks, das Fortuna gewährte, festgesetzt und zum frühzeitigen Rückzug geführt haben. Es scheint daher nur folgerichtig, dieses Verhalten fatalistisch zu nennen, wie Engel es hinsichtlich Philipps II. tut, der „die Nachricht vom Abbruch des Vorhabens und vom teilweisen Verlust seiner stolzen Flotte, getreu der sich selbst zugeschriebenen Rolle als dienendes Werkzeug Gottes, wie einen unabänderlichen Beschluss hin(nahm)" (Engel,304). Der englische Antichrist war nicht besiegt und ließ Schlimmes befürchten.

2.3.4 HEROISIERUNG DURCH *HISTORIES*

Es wäre übertrieben, den Niedergang Spaniens exakt auf das Jahr 1588 zu datieren. Dem größeren Überblick des heutigen Historikers stellt sich die Regierungszeit Philipps II. von Anfang an (1556) als eine defensive Regentschaft dar (Engel,293). Doch 1588 kann als ein Jahr gelten, das diesen Niedergang besiegelte, und dies war dem Zufall einer Seeschlacht zu verdanken. Auch das kennzeichnet die mit der Fortunagestalt vertraute Historie des 16. und 17. Jahrhunderts: Der Zufall ging nicht in der Notwendigkeit des Geschehens auf. Das tat er erst in der späteren Geschichtsphilosophie (Koselleck 1979d,158ff).

Was für Spanien Beginn des Niedergangs, war für England Beginn einer Phase staatlicher Hochstimmung. Die ersten historischen Dramen Shakespeares fielen in eine Zeit, die dem Sieg über die spanische Armada folgte. Doch so vorschnell es wäre, das goldene Zeitalter des spanischen Theaters einfach mit Aufstieg und Fall der spanischen Universalmonarchie gleichzusetzen, so vorschnell wäre es, die Dramenproduktion Shakespeares mit dem Aufstieg Englands in den goldenen Jahren unter Elisabeths Herrschaft zu synchronisieren, auch wenn das Hochgefühl der Engländer bald von inneren Sorgen über die Thronfolge abgelöst wurde. Es müsste jedoch sehr überraschen, wenn diese wechselnden Stimmungen sich nicht in irgendeiner Weise im Werk Shakespeares niedergeschlagen haben sollten. Das wird indes von namhaften Autoren bestritten (Melchinger,144f;ähnlich Schulin,936).

Die oben angedeuteten Schwierigkeiten einer konfessionellen Zuordnung von Werk und Person Shakespeares sind, da typischer

Ausdruck des anglikanischen Synkretismus, nicht zu bestreiten. Aber wenn dieser Synkretismus aufgrund der relativen Toleranz Elisabeths auch milde zu nennen war, so war doch der Krieg gegen Spanien, der mit der spanischen Niederlage 1588 nicht aufhörte, sondern bis zum Ende der Regierungszeit Elisabeths andauerte, ein eindeutiges Zeichen dafür, dass sich die von der Monarchin angestrebte Balance, eine Politik toleranten Ausgleichs, nicht durchhalten ließ. Trotz Indifferenz in Glaubensfragen und Verabscheuung des Krieges musste sie ihren hinhaltenden Widerstand aufgeben und in den Krieg gegen Spanien, der von ihren Gegnern und den weniger indifferent eingestellten Landsleuten als religiös empfunden wurde, einwilligen {Schulin,931}. Schließlich war sie es gewesen, die das von Maria der Katholischen abgeschaffte Common-Prayer-Book wieder eingeführt hatte, wodurch die Feindschaft zwischen Spanien und England erst begründet wurde. Die Balance war danach stets latent bedroht, bis sie im antispanischen Hochgefühl nach 1588 zeitweise ganz abhanden kam.

Etwas davon ist in das Werk von Shakespeare eingegangen. Die beispiellose Kette der *Histories,* der sogenannten Königsdramen, verrät es. Hätte Shakespeare die Kraft gehabt, die Chronik der Regentschaften vom zweiten Richard bis zum Dritten zu dramatisieren, wenn jenes Hochgefühl nach 1588 nicht sowieso auf eine Heroisierung englischer Historie fixiert gewesen wäre? Gewiss lag es aufgrund der zeitgenössischen Entsprechung von Geschichte und Theater nahe, das aus den englischen Chroniken bekannte historische Material dramatisch zu gestalten. Dass es jedoch zunächst ausschließlich die Geschichte der Häuser Lancaster und York war, dass es sich also um die Dramatisierung rein englischer Geschichte handelte, ließ eine unausgesprochen imperiale Selbstbezogenheit vermuten, die dem reformatorischen und auf Krieg gestellten Staatsgefühl der Engländer nach 1588 entsprach.

Diese Ansicht scheint zunächst von der dramaturgischen Konzeption der Historienspiele Shakespeares widerlegt zu werden, sind doch seine *history plays,* auch *chronicle plays* genannt, mit einer Ausnahme Dramen des innerenglischen Thronfolgekriegs. So die chronischen Spiele von Regentschaft, Absetzung und Ermordung Richards II., von der Usurpation der Macht durch Heinrich IV. bis zum Machtverfall Heinrichs VI. und der erneuten Usurpation der Krone durch Richard III. Davon ausgenommen ist die Geschichte König Heinrichs V. Auf den ausdrücklichen Rat seines im Sterben liegenden Vaters, Heinrichs IV., die untereinander heftig verfeindeten Adelsgeschlechter durch die Beschäftigung „mit fremdem Zwist" von ihrem Kampf um den englischen Thron abzulenken *{Heinrich IV.,2. Teil*,IV/4,Vers 211-214), erneuerte er seinen Erbanspruch auf die französische Krone und führte erfolgreich Krieg gegen sie. Der endete – vorläufig – in Troyes mit seiner Einsetzung als französischer König und seiner Vermählung mit Prinzessin Katharina von Frankreich.

Freilich hätte der Rat des reuemütigen Vaters, der den Thron Richards II., des gesalbten Königs von England, usurpiert hatte und den König anschließend im Tower von London ermorden ließ, Heinrich V. nichts genutzt, wäre er nicht auch mächtig genug gewesen, den Thronfolgekrieg zu beenden. Er war ein gerechter christlicher Monarch und ein Soldatenkönig. Wegen dieser Verbindung von Macht, Gerechtigkeit und Unbestechlichkeit wurde er im elisabethanischen England allgemein als der ideale Herrscher angesehen und als solcher offenbar von Elisabeth und Shakespeare selber verehrt. Bei keinem von beiden war das selbstverständlich. Bei Elisabeth nicht wegen ihrer religiösen Indifferenz und ihrer Abscheu vor dem Krieg, bei Shakespeare nicht wegen der sympathischen Figur des Falstaff, dessen berstender Witz und dessen leichtes, liederliches Leben den jungen Prinzen Heinrich so angenehm unterhalten hatte, dass man bei Hofe schon annahm, der Prinz werde einmal ein unwürdiger, liederlicher König werden.

Er wurde es keineswegs. Die barsche Zurückweisung Falstaffs durch den seiner Jugendliebe abschwörenden Monarchen *{Heinrich IV.,2.Teil*,V/5,Vers 51f u.59-62) ist später als Puritanismus kritisiert worden. Manche glaubten, Shakespeare habe auf diese Weise die allgemeine Verehrung für Heinrich V. relativieren wollen. Dem widersprächen aber die huldvollen Verse, die er im Stück selbst und in *Heinrich VI.* verstreut hat, und so wird es, – trotz der Elisabeth selbst nachgesagten Liebe zur Falstaffigur (auf ihren Wunsch soll Shakespeare *Die lustigen Weiber von Windsor* geschrieben haben) und trotz dessen eigener Liebe zu Falstaff –, der zeitgemäßen Gemütslage der Engländer eher entsprochen haben, ihren König als Verkörperung einer „furchtgebietenden Erhabenheit" anzusehen (cf.Campbell/Quinn,278f).

Damit wäre auch eine ganze Reihe von Dramatisierungen desselben Stoffs, die schon vor Shakespeares eigenem Versuch stattgefunden hatten, zu erklären. Während sein Drama *König Heinrich V.* erst gut ein Jahrzehnt nach 1588 abgeschlossen war (1598/99), gab es andere Aufführungen ähnlicher Couleur schon bald nach dem Jahr der Niederlage der Armada. So kann man sagen: Mit Historienstükken über das Leben Heinrichs V. feierten die Engländer den Sieg über die Spanier. Wäre es wahr, dass die puritanischen Elemente, die der idealisierten Königsfigur zugehören, im Werk Shakespeares nicht nachzuweisen sind, dann wäre es ganz unverständlich, wie die religiöse Motivation für den Krieg gegen die Spanier in der Begeisterung für Heinrich V. hätte aufgehen sollen.

Man hat hiermit wohl einen Schlüssel für den Unterschied zwischen dem spanischen Welttheater Calderons und dem englischen Shakespeares in der Hand. Da die Falstaffigur das spielerische Moment des Lebens versinnbildlichte, war die Ablehnung Falstaffs (und sein früher Tod in *Heinrich V.*) zugleich eine puritanische Ablehnung des Theaters überhaupt. Sie ließ sich als ein Vorbote des später tatsächlich verfügten Verbotes der Theater deuten. Eine Systematisierung des *Theatrum Mundi* wie in Spanien war in England damit ausgeschlossen.

Gründe für den Unterschied wird man auch darin finden, dass die *history plays* von Shakespeare alle in den neunziger Jahren des 16. Jahrhunderts geschrieben wurden, in einer Zeit also, die von der Erfahrung der gleichen Jahre in Spanien dadurch abgehoben war, dass sie von einem Aufstieg, nicht von einem Niedergang der Königsherrschaft zehrte. Wenn andererseits die Auffassung von Historie als einer dem Wechsel des Geschicks ausgesetzten Geschichte wahr sein soll, dann dürfte die Vorerinnerung an die Möglichkeit baldigen Falls auch im England des ausgehenden 16. Jahrhunderts präsent gewesen sein. So gibt es in Shakespeares *Histories* manchen Hinweis auf die Demut des Monarchen. Wo Heinrich V. kurz vor der Schlacht von Azincourt gegen die Franzosen mit sich zu Rate geht (IV/1,Schlussmonologe) und die Stärke des Bettlers und des Bauern melancholisch bewundert, da ist die Nähe zum *Gran Teatro del Mundo* Calderons nicht zu übersehen. Dass aber ein Bettler neben dem König als eigene Person auftritt und ihm auch sichtbar vorgezogen wird, das ist auf der Shakespearebühne nicht zu sehen. Der Bettler wird vom König nur erwähnt, er tritt nicht eigens auf. Der König degradiert sich selbst, er wird nicht degradiert, schon gar nicht vom Dramatiker.

Es gab mehrere Motive, eine so furchtgebietende Instanz wie die des englischen Monarchen zu errichten. Da war die Idee des Königs als Stellvertreter Gottes auf Erden, als Nachahmer des Christus (Kantorowicz 1994,68), die ihm eine starke Position verlieh. Sie war eng verbunden mit der strengen Rücksicht auf seine Legitimität. Der gesalbte Herrscher war als legitimer Erbe eines Königsgeschlechts sakrosankt, doch die Geschichte der Häuser Lancaster und York zeigte zur Genüge, wie wenig sich illegitime Thronprätendenten daran hielten. Nur in der kurzen Zeitspanne der Regentschaft Heinrichs V. war es nach dem Urteil der zeitgenössischen Chronisten den Engländern vergönnt, einen starken König zu haben, danach versank das Reich wieder im Thronfolgekrieg, der vor ihr geherrscht hatte. Er wurde sogar, wie die Rosenkriege zeigen sollten, unerbittlicher geführt als vorher – ein Zustand, der erst mit dem Beginn der Tudor-Herrschaft endete. Die Idealisierung Heinrichs V. galt deshalb einem König, dem es als einzigem gelungen war, den englischen Thronfolgekrieg zu unterbrechen. Aber selbst dieser martialische christliche König war noch zu schwach, um den Frieden im Innern des Reichs auf Dauer zu gewährleisten. Wäre er nicht, angesichts der stets gewaltsam vorgetragenen Prätentionen anderer Adelsgeschlechter auf den englischen Thron, noch schwächer gewesen, wenn er Falstaff nicht verstoßen hätte? Eine Offerte an den Komödienspieler hätte die Krone um so früher gefährdet.

Auch Heinrichs V. Herrschaft blieb während seiner gesamten Regierungszeit bedroht. Zwar war er ein legitimerer König als sein Vater, Heinrich IV., doch vom Makel, Sohn eines Königsmörders zu sein, konnte er sich Zeit seines Lebens nicht befreien. Sein furchterregend gerechtes Auftreten hielt allenfalls die Schuld, die sein Vater mit der Ermordung Richards II. auf sich geladen hatte, in der Schwebe. Es war eine Form der Buße für die Versündigung Heinrichs IV. am göttlichen Willen, der in Richard als Gottes ausführendem Organ ganz legitim zur Geltung kam. Die Schuld für den Mord an einem christlich gesalbten König wurde durch Heinrichs V. Regiment noch nicht getilgt. Nach der zeitgenössischen Königsidee setzte sie sich bis ins dritte und vierte Glied fort.

Die dramaturgische Logik der Shakespeareschen Historienstücke ist entsprechend angelegt (Campbell/Quinn,352,Art.Henry VIII). Wenn man sie als Zyklus betrachtet, in den sie Shakespeare ab Mitte der neunziger Jahre anscheinend selber eingeordnet hatte (cf.Melchinger,170), dann folgen auf *Heinrich V.* die drei Teile *Heinrichs VI.*, Shakespeares erstes Königsdrama von 1590/92. Heinrich VI. war alles andere als ein Soldatenkönig, weshalb er auch den Anspruch auf die französische Krone verlor. Seine zu große christliche Milde schwächte die Königsgewalt und provozierte die Fortsetzung der inneren Unruhen, die sich schließlich nachteilig auf den Krieg der Engländer gegen die Franzosen auswirkten: Talbot, der englische Kriegsheld, fiel, weil ihm aus Gründen der Eitelkeit englischer Heerführer untereinander nicht rechtzeitig Hilfstruppen zugeschickt wurden.

Der Krieg, der vergeblich nach außen getragen worden war, fand nun wieder im Innern Englands statt – als späte Rache für den Mord an Richard II., aber auch als Preis für eine nicht genügend furchtgebietende Ausübung der Königsherrschaft. Auch Heinrich VI., der letzte Lancaster, wurde ermordet (ihm folgte Eduard IV. aus dem Hause York auf den Thron). Mörder aber war der nachmalige König Richard III., der als tyrannischer Bösewicht von seinen innerenglischen Gegnern auf dem Schlachtfeld gestellt und dort im Kampf getötet wurde. Mit dem Tod Richards III. endeten die Rosenkriege und endete ebenfalls der Zyklus der Shakespeareschen Königsdramen. Der Zyklus begann mit der Usurpation der Krone, und er fand seinen Abschluß mit einer erneuten Usurpation. Weder die zu sehr dem Luxus ergebene Willkürherrschaft Richards II., dessen unrechtmäßiges Einziehen der Erbgüter Heinrichs IV. zu Absetzung und Mord geführt hatten, noch eine zu freundliche, gottergebene Mildtätigkeit und übertriebene Gerechtigkeit, die die Herrschaft Heinrichs VI. charakterisierte, noch auch eine mörderische Ungerechtigkeit ohne jeden christlichen Ausgleich (Richard III.) konnte die englische Monarchie vor dem Thronfolgekrieg bewahren. Dies gelang, zumindest für die Zeit der eigenen Regentschaft, nur dem König, der die Mitte zwischen den Extremen hielt (Heinrich V.). Doch diese Mitte konnte wieder nur durch die Unterstützung der Kriegsbereitschaft nach außen eingehalten werden. So stellten Shakespeares Königsdramen Historienstücke dar, die zugleich vom Thronfolgekrieg abschrecken (Kindermann 1967², 59 u. 80), wie zum Krieg gegen fremde Staaten motivieren sollten. Dadurch standen sie nicht nur im Einklang mit der allgemeinen Begeisterung in England nach 1588, sondern boten sich dieser Begeisterung geradezu als Identifikationsobjekt an.

Die Umlenkung des Kriegs nach außen und die Härte des königlichen Regiments gaben dazu Anlass, Theater und staatliche Situation des Elisabethanischen Englands mit dem Italien Machiavellis zu vergleichen, nahm sich doch einer der Könige, Richard III., Machiavelli ausdrücklich zum Vorbild *(Heinrich VI., 3. Teil,* III/2, Vers 196). Auch der ideale Herrscher, Heinrich V., entging dem Vergleich mit dem Italiener nicht. Man nannte ihn später einen „hypocritical Machiavellian", wofür erneut seine Abwendung von Falstaff herhalten musste (Campbell/Quinn,278).

Schon bei Shakespeare hatte der Vergleich einen vorwurfsvollen Akzent, der aus der Entstehungsgeschichte des Machiavellismus erhellt. Während das Werk Machiavellis in Italien trotz seiner Angriffe auf den Papst sogar vom Vatikan selber 1531/32 die Druckerlaubnis bekam, wurde sein Name bald, besonders aber nach dem Massaker Maria de Medicis an den Hugenotten in der Bartholomäusnacht von 1572, zum Synonym für jede Art heuchlerischen Fürstenregiments. Vor allem sein *Principe,* der dem Vater der Maria de Medici gewidmet war, trug dazu bei. Man hatte damit einen Ausdruck für das Schreckensregiment der Katholiken gefunden, die ihrerseits die Protestanten als Machiavellisten beschimpften, wodurch der Machiavellismus letztlich jede Art von Terrorregime bezeichnete (Faul,93ff).

Schottischen Protestanten war die Verwendung des Namens allerdings schon ein paar Jahre vor 1572 geläufig (Faul,94,Anm.10), was die ähnliche Verwendung bei Shakespeare plausibel macht. Der wechselseitige Gebrauch des Schimpfwortes zur Charakterisierung der jeweils anderen religiösen Parteiung zeigte deutlich, dass keine der beiden konfessionellen Richtungen in ihren Kämpfen ganz ohne Heuchelei auskam. Der Kern der Machiavellistischen Regierungskunst ging dabei verloren, auch bei Shakespeare. Zwar ist bei ihm im allgemeinen dort, wo von der Politik (policy, politics) die Rede ist, eine große Affinität zur Verschlagenheit des *Principe* zu spüren, auch wenn sie manchmal, wie bei Coriolan, mit der persönlichen Ehre kollidiert (s.u.), aber der entscheidende Unterschied lag in der religiösen Motivation der englischen Könige, die nicht wie bei Machiavelli nur auf der Vortäuschung des Glaubens fußte.

Echte Religiosität gehörte in England zum Bild des sakralen Königtums. Selbst der fast so fröhlich wie ein italienischer Fürst mordende Richard III. flehte Christus am Ende um Gnade an (V/3,Vers 179). Aus der Konfrontation der politischen List, die zum Herrschen notwendig ist, mit dem christlichen, zunehmend puritanisch verankerten Königtum konnten tragische Konflikte entstehen, die dem *Principe* fremd geblieben sein mussten. Richard III. hatte allerdings die komischsten Züge unter allen Königen der *Histories* von Shakespeare. Schließlich brach er die Reue sofort ab, als ihm bewusst wurde, dass er nur schlecht geträumt hatte. Insofern war er der italienischste der englischen Könige, dafür aber auch kein idealer Herrscher wie Heinrich V., der sich typischerweise zuerst von Falstaff, der Personifikation der Komik, trennen musste, um dem tragischen Ernst seiner sakralen Königsrolle gerecht zu werden.

Im unterschiedlichen Stellenwert der religiösen Bedeutung des Königs- und des Fürstentums ist daher ein zusätzlicher Grund für das Entstehen der Shakespeareschen Tragödie zu finden. Legt man darüber hinaus, wie Schieder, das Schwergewicht der Unterscheidung auf „die verfeinerte Seelenkunde Shakespeares" und betrachtet den *Principe* von Machiavelli als eine Schrift, die zwar „das ästhetische Interesse am Bösen" weckte, die dramatische Gestaltung des großen Schurken indes nur vorbereitete (Schieder 1962b,24), dann könnte Machiavellis wichtigster Beitrag zur Reformation, – Vermeidung erheblicher Opfer durch Vortäuschung des Glaubens –, in Vergessenheit geraten. Da dürfte Burckhardt mit seiner Ansicht von der in Italien längst erreichten Kenntnis seelischer Vorgänge der unterschiedlichen Theatersituation in beiden Ländern nähergekommen sein. Auch seine Bemerkung über den Tragödien verhindernden Einfluss der Fremdherrschaft in Italien wurde den historischen Umständen wohl eher gerecht als die zu allgemeine Aussage Schieders, Shakespeare und Machiavelli seien „vom gleichen politischen Erlebnis, der Erschütterung und Ungesichertheit aller Ordnungen ausgegangen" (1962b,50). In England gab es wegen der Kontinuität des Königtums weder eine Fremdherrschaft, die der in Italien vergleichbar gewesen wäre (der Einfluss fremder Mächte erfolgte zumeist indirekt), noch war die Politik gleichsam konfessionslos wie zu Lebzeiten Machiavellis, also vor Einsetzen der Gegenreformation (cf.Schieder 1962b,47-55). Sie war manchmal geradezu, wie das Beispiel Heinrichs VI. zeigte, zu konfessionsgebunden.

2.3.5 VOM ZYKLUS DER ZEIT

Die Erwähnung der Regentschaft Heinrichs VI. könnte in dem zeitlichen Kontext des Jahrzehnts nach 1588 Verwirrung stiften, lag doch seine Regierungszeit in der Mitte des 15. Jahrhunderts, weit vor den säkularen Auseinandersetzungen von Reformation und „katholischer Erneuerung". War nicht der Rückgriff Shakespeares und der anderen

Stückeschreiber seiner Zeit auf diese längst vergangenen Königsgeschichten mehr als Lob auf die Tudorherrscher gemeint, die den Thronfolgekrieg zwischen den Häusern Lancaster und York beendet und eine neue Ära Englands eingeleitet hatten? Sollte damit nicht der gegenwärtigen Königin Elisabeth, der letzten Tudor, versteckt gehuldigt werden? Hatte sie doch mit ihrer Idee der brennenden Schiffe, durch die den Spaniern so viel Schrecken eingejagt worden war, zum Erfolg von 1588 beigetragen. Immerhin hieß Shakespeares erstes Königsdrama nicht *Heinrich V.*, sondern *Heinrich VI*. Wenn damit nur der zu sehr mitleidende und darum bemitleidenswerte christliche Herrscher gemeint gewesen sein sollte, hätte er kaum in die Hochstimmung gepasst. Indes führte er, wenngleich erfolglos, den Krieg mit Frankreich fort, sodass der im heldenhaften Kampf erlegene Talbot Anlass zur Feier englischen Heldenmutes geben und die feindseligen Gefühle gegen Frankreich mobilisieren konnte.

Zwar war unter Heinrich VI. der Hundertjährige Krieg gegen Frankreich beendet worden, doch gelang dies nur um den Preis der Rosenkriege. Außerdem hatten die Massaker Maria de Medicis an den Hugenotten ihre Wirkung auf England nicht verfehlt. Es trat als deren Schutzmacht gegen Frankreich auf, sodass die Erinnerungen an den Hundertjährigen Krieg mehr als bloß aufgefrischt worden sein mochten. Bedenkt man noch, wie sehr der Religionskrieg England nicht nur von außen her durch Spanien, sondern auch von innen her durch den Zwist zwischen den verschiedenen Konfessionen bedrohte, dann wird verständlicher, wieso die englischen Thronfolgekriege im 15. Jahrhundert mit dem Religionskrieg im 16. Jahrhundert assoziiert werden konnten.

Inzwischen hatten sich jedoch die Fronten verschoben. Das alte Schema Heinrichs IV., nach dem England möglichst den Krieg nach außen tragen sollte, um im Innern den Frieden zu wahren, mochte vielen nach wie vor als Wegweiser gelten, aber es war zu grob geworden. Wenn man im 16. Jahrhundert Krieg gegen das katholische Spanien und Frankreich führte, das heißt Krieg gegen fremde Staaten, so führte man ihn in quasi italienischer Manier zugleich gegen die konfessionellen Parteigänger dieser Staaten im eigenen Land. Bürgerkrieg und Staatenkrieg waren kaum noch Alternativen, weil sie ineinander übergingen und die Balance im Innern weiter gefährden mussten. Daher das politische Bestreben von Elisabeth, sich möglichst in keinen Krieg hineinziehen zu lassen, auch nicht in den gegen Spanien.

Der Vergleich der Kriege des ausgehenden 16. Jahrhunderts mit den Kriegen im 15. lag nicht nur deshalb nahe, weil neue Geschehnisse wie die Bartholomäusnacht alte Feindseligkeiten wieder wachgerufen haben mochten, er bot sich von der zeitgenössischen Auffassung historischer Betrachtung selber an. Graf Warwick brachte sie Heinrich IV. gegenüber zum Ausdruck, als dieser sich angesichts der bevorstehenden Schlacht gegen Northumberland reuemütig an die sich nun erfüllende Prophezeiung Richards II. erinnerte. Die Prophezeiung lautete, dass die damalige Freundschaft zwischen ihm, Heinrich IV. und Northumberland genauso in Feindschaft umschlagen würde wie die einst bestehende Freundschaft zwischen Northumberland und Richard. Darauf antwortete ihm Warwick:
Ein Hergang (history) ist in aller Menschen Leben
Abbildend (figuring) der verstorbnen Zeiten Art (nature).
Wer den beachtet, kann zum Ziele treffend,
Der Dinge Lauf im ganzen prophezein,
Die, ungeboren noch, in ihrem Samen
Und schwachem Anfang eingeschachtelt liegen.
Dergleichen wird der Zeiten Brut und Zucht (hatch and brood of time).
Auf die notwend'ge Form hievon vermochte
Richard die sichre Mutmaßung zu baun,
Der mächtige Northumberland, ihm falsch,
Werd aus der Saat zu größrer Falschheit wachsen,
Die keinen Boden, drein zu wurzeln, fände
Als nur an Euch. *(Heinrich IV.,2.Teil,III/1,Vers 80-92)*

Der Hergang in dem Leben Richards, seine history, war die, dass derselbe Northumberland erst ein Freund, dann ein Feind von ihm wurde und sich zuletzt bei der Usurpation der Macht durch Heinrich IV. als Helfer erwies. Diese Historie stellte zum einen die Natur vergangener Zeiten dar, zum anderen war sie das Ei, aus dem die Brut kommender Zeiten hervorschlüpfte (hatch). Dies nannte Warwick eine „notwendige Form". Sie machte die Prophezeiung möglich. Vergangenheit und Zukunft der Historie gehorchten derselben notwendigen Form, derselben Figur, der Figur der Zeit. Bei ihr fühlt man sich an Petrarcas *Trionfo di Tempore* erinnert, der über alles außer der Ewigkeit triumphierte, oder an die barocke Allegorie der *Zerstörerin Zeit* (Abb.9). Nur, dass den Accessoires von Vater Chronos neben der Schlange nun auch noch das Emblem des Eies, – eines Schlangeneies sozusagen –, hinzuzufügen wäre. Entsprechend wurde die Vergangenheit nicht nach der Zukunft modelliert, wie später, sondern die Zukunft fand ihre Präfiguration in der Vergangenheit. Richards II. Absetzung konnte demnach weder die erste gewesen sein, – es musste andere Absetzungen von Königen schon vor ihm gegeben haben –, noch die letzte – es musste andere nach ihm geben. Die *Histories* von Shakespeare belegten es.

Historien nach Shakespeares Art bestanden aus Geschichten, die sich wiederholten. In der Umgebung von Königen, den Hauptpersonen seiner Dramen, konnte jede Freundschaft leicht in Feindschaft übergehen. Auf eine Usurpation folgte irgendwann mit Sicherheit die nächste und so fort. Darin zeigte sich der kreis- bzw. eiförmige Charakter der Geschichten, der im Zyklus der Königsdramen von Shakespeare seinen theatralischen Ausdruck gefunden hatte. „Historia est theatrum universitatis rerum" – Geschichte, zumal englische, war vorwiegend eine der Usurpation von Königsmacht. Sie war Theater der Welt, vor allem der englischen Welt und als solche, – um es noch einmal mit Alsteds Worten von 1649 zu sagen –, speculum temporis, Spiegel von Zeit und Vergänglichkeit der Menschen. Der Spiegel war das treffende Emblem für die Vorstellung von der Wiederholung der Zeit im Raum, von der Verräumlichung der Geschichte zum *Theatrum Mundi*.

Es ist bekannt, dass, als das Stück *Heinrich IV.* 1600 erschien, die ganze erste Szene des 3. Aktes *(2.Teil)* vom Zensor gestrichen wurde. Der Dialog zwischen dem reuemütigen Heinrich und Graf Warwick über die Prophezeiung Richards, dass sich Northumberland auch als Feind des neuen Königs, des Usurpators, herausstellen würde, spielte nach Meinung von Elisabeth zu deutlich auf die Tragödie Richards II. an, mit dem sich die alternde Königin oft identifizierte (Campbell/Quinn,318f,Art.Henry IV/Teil 2 u.445,Art.William Lambarde).

Aus dem selben Grund wurden auch jene Passagen gestrichen, aus denen das englische Publikum leicht eine Verherrlichung Lord Essex' heraushören konnte: so das Loblied auf Hotspur, Northumberlands Sohn, einen heldenhaften Kämpfer, der sich beherzt gegen Heinrich IV. wandte, bis er nach schwerem Kampf vom jungen Prinzen, dem späteren Heinrich V., geschlagen wurde *{Heinrich IV.,2.Teil*,II/3,Vers 23-45). Ganz besonderen Wert legte der Zensor auf die Streichung der Stellen, die die Rebellion von Northumberland gegen den König betrafen. Es besänftigte die Königin offenbar nicht, dass auch Northumberland schließlich besiegt wurde und das Komplott zusammenbrach. Allein die Tatsache der Rebellion, unabhängig von ihrem Ausgang, versetzte die Königin in höchste Alarmbereitschaft.

Die Angst Elisabeths um ihren Thron war nicht übertrieben. Lord Essex, dessen Thronprätentionen sie fürchtete, war ab Mitte der neunziger Jahre, besonders nach seinem spektakulären Sieg über die nach ihrer Niederlage noch verstärkte spanische Flotte in Cadiz 1596, der gefeiertste Feldherr ganz Englands. Auch Shakespeare bewunderte ihn, ja die direkte Anspielung auf ihn im Chorus zum 5. Akt von *Heinrich V.* schien ihn mit dem idealen König selber gleichsetzen zu wollen. Dass er zudem der Günstling Elisabeths war, war kein Geheimnis. Doch als er von einer militärischen Mission gegen die aufständischen Iren unter Tyrone nach dem Abschluss eines für die Königin schmählichen Waffenstillstands, der den Aufstand nicht beendete, vor der vereinbarten Zeit zurückkam, verlor er die Gunst der Monarchin und wurde vom Hof verbannt. Früher ein Freund der Königin, wandelte er sich nun zum Feind, der seinerseits einen Aufstand gegen Elisabeth plante. Er misslang – Essex wurde im Februar 1601 hingerichtet.

Wenn man weiß, dass Essex' Gefolgsleute die Shakespearetruppe dazu überredet hatten, am Abend vor dem geplanten Umsturz die Tragödie Richards II. aufzuführen, um die Stimmung in London entsprechend anzuheizen, dann bekommt man einen Blick für den engen Zusammenhang zwischen englischem Theater und englischer Historie. War der Umstand, dass Essex die Krone an sich reissen wollte, für sich genommen schon beunruhigend genug, so gab erst die Überzeugung vom zyklischen Geschichtsverlauf, der vom Zyklus der Shakespeareschen Königsdramen so anschaulich dargestellt wurde, der Rebellion von Essex ihre furchtgebietende Dimension. Aus dem gleichen Grund ließ Elisabeth auch die Absetzungsszene in *Richard II.* streichen (IV/1,Vers 154-318). Sie wäre möglicherweise als direkter Aufruf zum Umsturz verstanden worden. Essex unternahm ihn dann allerdings trotz Streichung der betreffenden Szene.

Elisabeth wusste, dass man ihr in den letzten Jahren die Willkürherrschaft zunehmend zum Vorwurf gemacht hatte. Ein Vergleich mit Richard II. lag daher durchaus nahe, zumal bei beiden die legitime Ausübung der Herrschaft, im Unterschied zu anderen Königen, nicht bezweifelt werden konnte. Zudem mochte sich Elisabeth, wie Richard in der Absetzungszene, in den Spiegel geschaut und dabei den hinfälligen Glanz von Krone und Person bemerkt haben. Doch half es nichts, angeekelt vom eigenen Bild, den Spiegel, wie Richard auf der Shakespeare-Bühne, auf den Boden zu werfen, sodass er zerbrach. Auch ohne die Absetzungsszene und ohne das gebrochene Glas blieb die emblematische Funktion *Richards II.* als erstem Stück im Zyklus der Königsdramen für die englische Historie erhalten. Der gesamte *Richard II.*, ob mit oder ohne Absetzungsszene des Königs, war der Spiegel, in dem Elisabeth sich selbst erkannte, und jede weitere Anspielung auf sein Schicksal, in *Heinrich IV.* oder anderswo, musste einen zusätzlichen Spiegeleffekt erzeugen. Erneut war die Krone der Gefahr einer Usurpation ausgesetzt. Alles konnte wieder von vorne beginnen, wie bei Richard II.

Es wird nun klarer, dass die Behauptung, in Shakespeares Werk komme kaum etwas über Reformation und Religionskrieg vor, auf einer wohl zu eindeutigen Zuordnung des Stoffs der Königsdramen zur Geschichte des 15. Jahrhunderts beruht. Die Historien des 15. Jahrhunderts waren als „notwendige Formen" in denen des 16. gegenwärtig. Sie glichen einander, wie ein Ei dem andern und konnten mühelos die neuen Bedeutungen annehmen, die durch Reformation und Gegenreformation hinzugekommen waren. Gerade die Anschauung von der zyklischen Kontinuität der Geschichte erlaubte es, die Thronfolgekriege aus dem 15. Jahrhundert auf den Religionskrieg im 16. zu übertragen. So wird in der Enzyklopädie von Campbell/Quinn erwähnt, es sei Shakespeare im zweiten Teil von *Heinrich IV.* gelungen, die Rebellion des aus dem Norden anrückenden Northumberland gegen den König mit den katholischen Lords aus den nördlichen Grafschaften zu assoziieren. Sie hatten 1569 gegen Elisabeth revoltiert (320,Art.Henry IV/Teil 2). Mit Leichtigkeit wurden gut eineinhalb Jahrhunderte übersprungen. Bloß erleichterte die Assoziation es Elisabeth keineswegs, ihre Politik des Ausgleichs nach innen wie nach außen fortzusetzen. König Heinrich V. wurde weiterhin als idealer Herrscher verehrt, und die Parallele zwischen ihm und Essex, die auch Shakespeare angedeutet hatte, lief mehr und mehr auf einen puritanischen Krieg gegen einen äußeren Feind hinaus, der England nach der Logik des Religionskriegs später zunehmend auch im Innern bedrohen musste.

2.3.6 ZEIT UND SPIEL: *HAMLET*-INTERPRETATIONEN

Nach dem Vorhergehenden ist man geneigt, auch Shakespeares Welttheater als ein THEATRUM BELLI zu bezeichnen, obgleich der Puritanismus des Krieges eine entschiedene Differenzierung gegenüber den Trionfi und der *Arte della Gurra* erforderte (s.u.). Doch liegt der Einwand nahe, die Königsdramen machten nur den geringeren Teil des Werkes aus. Eine Inanspruchnahme des gesamten Werks als Kriegstheater wäre dann zumindest voreilig. Auch dürfte das, was Shakespeares Welttheater ist, erst ganz ersichtlich werden, wenn man seine großen Tragödien, wenigstens den *Hamlet,* in die Betrachtung einbeziehe. Schon an diesem aber zeige sich, so Schieder, dass nicht mehr der politische Gehalt des Stücks im Vordergrund stehe, wie in den Königsdramen, sondern „die einmalige Tragödie Hamlets" (1962b,12).

Schieder leugnet nicht jeglichen politischen Gehalt. Er wehrt sich nur gegen eine Interpretation, die im *Hamlet „die* politische Tragödie des um sein Erbe betrogenen Prinzen" sieht (1962b,12;Hervorhebung v.S.) und die in der höfischen Atmosphäre, die darin ausgebreitet wird, „eine Spiegelung der Verhältnisse am Hofe der alten Königin Elisabeth" erkennen möchte (1962b,10). Dieser Interpretation setzt er seine Deutung von der Einmaligkeit der Tragödie Hamlets entgegen. „Das Erspüren der großen tragischen Situationen in der Welt der Geschichte ist die eigentliche Tat des Dichters" (1962b,12).

Der Angriff Schieders galt einer Interpretationsrichtung, die besonders in den zwanziger Jahren des vergangenen Jahrhunderts als Reaktion auf die Vereinnahmung der Shakespeareschen Helden, vor allem Hamlets, durch die psychoanalytischen Studien von Freud und Jones Gestalt angenommen hatte. Namentlich die englische Shakespeareforscherin Lilian Winstanley wollte den Dänenprinzen vom Ödipuskomplex, der für die Verzögerung seines Mordes an Claudius verantwortlich gemacht worden war, befreien. Sie kritisierte die psychologische Charakterisierung der Shakespeareschen Dramenfiguren, die sich in der Shakespeareliteratur des 19. Jahrhunderts durchgesetzt hatte und ohne die die psychoanalytische Theorie von Hamlets Zaudern nicht möglich gewesen wäre. Nach Winstanley war Hamlet kein modernes, psychisch gehemmtes Individuum, das in der ungestillten Begierde für die Mutter den Wunsch nach der Ermordung seines Vaters hegte, den es nun von dessen Bruder Claudius ausgeführt sah, sondern Hamlet war ein zeitgenössischer König, nämlich Jakob VI. von Schottland, der zwar Maria Stuart, seine Mutter, sehr verehrte, obwohl deren Mitschuld am Mord des Vaters hinlänglich erwiesen schien, der sie aber deshalb noch lange nicht begehren musste. Das, was er gemäß dieser nicht-psychologischen Deutung begehrte, war vielmehr der englische Thron, den er nach dem Tod Elisabeths im Jahre 1603 auch wirklich als Jakob I. von England bestieg (Winstanley,78-103).

Die eindeutige geschichtliche Lokalisierung der Tragödie sollte nicht nur der Psychologisierung entgegenwirken, sie sollte auch vor dem Geniekult des 18. Jahrhunderts bewahren. Unter ihm wandelte sich Shakespeare zu einem phantastischen, der tiefsten dramatischen Charaktere fähigen Dichter. Es war Carl Schmitt, der die Kritik von Winstanley, deren Hamlet-Schrift er Anfang der fünfziger Jahre im deutschen Sprachraum bekannt machte, aufnahm und vertiefte. Auch die subtilste poetische Erfindungsfreiheit habe ihre Grenze in der Objektivität geschichtlicher Realität, und es sei gerade die außerordentliche Stärke der echten Tragödie, besonders der des Hamlet, dass sie für den Ernst der „von außen gegeben(en)" Ereignisse offen ist. „Die unumstößliche Wirklichkeit ist der stumme Felsen, an dem das Spiel sich bricht und die Brandung der echten Tragik aufschäumt" (Schmitt 1956,47).

Was war das Unumstößliche dieser geschichtlichen Wirklichkeit, an der auch ein Dramatiker wie Shakespeare nicht vorbeikam? Schmitt spielte mit Winstanley auf die letzten Regierungsjahre der altersschwachen Elisabeth an, die von großer Unsicherheit geprägt waren, weil jederzeit mit dem Ableben der Königin gerechnet werden musste, ohne dass die Thronfolge schon gesichert gewesen wäre. Es ist die Zeit von der Verschwörung Essex' und von seiner Hinrichtung, die letztlich mit der ungeklärten Thronfolge zusammenhing. Aus dieser für den Bestand der englischen Monarchie höchst gefährlichen Situation heraus wäre nach Schmitt und Winstanley der *Hamlet* zu verstehen, da er zu eben dieser Zeit (1600/01) entstanden sei. Shakespeare, an dessen Zugehörigkeit zur Essexfraktion nicht gezweifelt wird, habe mit dem *Hamlet* eine Huldigung sowohl für Essex als auch für Jakob VI. verbunden, dessen Thronfolge Essex durch seine Verschwörung gegen Elisabeth habe sichern wollen. Nur so seien die Widersprüche der Hamletfigur, die der Hamletforschung bis heute Rätsel aufgebe, zu lösen.

Jener Hamlet, den Ophelia als Vorbild der Hofleute und Soldaten preise, sei niemand anderes als Essex, der schwitzende und fette Hamlet dagegen, von dem die Mutter während der Fechtszene mit Laertes spreche, stelle Jakob dar, der nachweislich dick und wenig ansehnlich gewesen sei. Die Mischfigur des Hamlet, Züge verschiedener Personen tragend, sei für solche Bühnenstücke „nichts Ungewöhnliches" gewesen. Sie hätte „eine Art *Traumrahmen*" abgegeben. „Wie im Traum die Menschen und Wirklichkeiten ineinander übergehen, so werden Bilder und Figuren, Ereignisse und Situationen auf der Bühne traumhaft verwoben" (Schmitt 1956,27;Hervorhebung v.S.;cf.Winstanley,135-156).

Schon an diesem Punkt streifte Carl Schmitt eine Gefahrenzone, die er eigentlich vermeiden wollte. Bei dem Versuch, die Zusammensetzung der Figur des Hamlet aus verschiedenen geschichtlichen Personen zu Beginn des 17. Jahrhunderts zu erklären, griff er auf ein aus der *Traumdeutung* von Freud bekanntes Argument zurück. Dort ist die Mischung von mehreren Personen zu einer einzigen nichts Ungewöhnliches. Wollte Schmitt aber an die Traumthematik im 16. und 17. Jahrhundert erinnern, wie sie sich im Theater Calderons und Shakespeares niedergeschlagen hatte, so hätte nicht so sehr die Mischung verschiedener Personen im Vordergrund stehen dürfen, sondern jene, die für beide Dramatiker typisch ist: die von Traum und Leben. Diese Mischung wurde aber von Schmitt in dem Zusammenhang nicht angesprochen. Andererseits sollte die psychoanalytische Beurteilung von Hamlet, der Schmitt mit seinem Traumargument zuzuarbeiten schien, gerade außer Kraft gesetzt werden. Hamlets Zaudern war Schmitt zufolge weder auf eine melancholische Psyche, noch auf den Oedipuskomplex zurückzuführen, sondern auf die innere religiöse Zerrissenheit des schottischen Königs, jenes Jakobs VI., den Hamlet neben Essex verkörpern sollte.

Katholisch getauft, war Jakob von den Anhängern der seit 1560 reformierten Staatskirche Schottlands protestantisch erzogen worden. Seine Mutter, die katholische Maria Stuart, wurde bald nach seiner Geburt zur Abdankung gezwungen und fand bei Elisabeth in England Schutz vor den Nachstellungen ihrer schottischen Feinde, die ihr den Mord an Jakobs Vater Darnley, ihrem früheren Mann, zur Last gelegt hatten. Ihre schließliche Hinrichtung auf Geheiß Elisabeths im Jahre 1587 besiegelte die Feindschaft zwischen dem katholischen Spanien und dem anglikanischen England, die ein Jahr später dann zum Sieg über die spanische Armada führte. Dieser Sieg aber war durchaus nicht geeignet, die Fraktionierungen am Hof Elisabeths zu beenden. Weder wurde Spaniens Flotte völlig vernichtet, sodass weiterhin Gefahr von ihr drohte, – sie sollte bis zum Ende der Regierung Elisabeths anhalten –, noch wich die Königin substantiell von der vorsichtigen Linie möglichster Kriegsvermeidung ab, hierin unterstützt von ihrem Schatzkanzler und nächsten Berater, Lord Burghley. Auch nach der glänzenden Eroberung von Cadiz durch Essex 1596 änderte sich das nicht, vielmehr verhärtete sein Ruhm und seine Favoritenstellung bei Elisabeth die Fronten, die nach dem voreiligen Rückzug vom Irlandfeldzug 1599 so aufeinanderprallten, dass er seine Stellung verlor und, wie erwähnt, vom Hof verbannt wurde.

Besonders mit dieser Zeit wird die von ihm bekannte Todessehnsucht in Zusammenhang gebracht, jene typische Melancholie, die zum Charakteristikum der Hamletfigur geworden ist. Angesichts der Erwartung eines erneuten Angriffs der spanischen Flotte und des Attentismus der alternden Königin hatte Essex schließlich die Verschwörung gegen Elisabeth angezettelt, die mit der Aufführung von Shakespeares *Richard II.* am Vorabend begann und mit der Entdeckung am nächsten Tag abrupt endete.

In diese geschichtliche Lage wurde Jakob, so Schmitt, hineingestellt. Er war entgegenwirkenden Ansprüchen ausgesetzt, die aus seiner katholischen Konfession und seiner protestantischen Erziehung resultierten, einer Erziehung, an der er schon aus Gründen der Machterhaltung des schottischen Throns festhalten musste. Aus der Verehrung für seine katholische Mutter, deren Mitschuld am Mord seines Vaters er nicht akzeptieren mochte und aus der Zusammenarbeit mit der großen Feindin seiner Mutter, mit Elisabeth, deren Gunst er brauchte, um von ihr als englischer Thronfolger anerkannt zu werden, leiteten sich ähnlich entgegengesetzte Forderungen ab. „(Er) war buchstäblich vom Mutterleibe an in die Spaltung seines Zeitalters hineingeworfen" (Schmitt 1956,29).

Die von Winstanley und Schmitt für ihre Hamletdeutung herangezogenen Belege sind im einzelnen frappierend. Da nimmt Polonius zum Teil die Züge des Schatzkanzlers Burghley an, dessen Spioniermethoden bekannt waren. So wie er zum Gespött von Essex wurde, so wurde er nun zum Gespött von Hamlet. Der tiefere Grund für diesen Spott dürfte in Burghleys Friedensbereitschaft und in seinem

Votum gegen Essex' Cadizunternehmen gelegen haben, mit dem er sich allerdings auch gegenüber der Königin nicht durchsetzen konnte. Außerdem schien er der schottischen Thronfolge abgeneigt zu sein (Winstanley,114).

Da verwandelte sich ferner Königin Gertrud in die Gestalt Maria Stuarts, die den Vater Hamlets (= Jakobs), den alten Hamlet, alias Darnley, mit Hilfe von dessen Bruder Claudius umgebracht hatte, um bald darauf eben diesen Bruder zu heiraten. Für Schmitt ist dieser Vorgang eine der Hauptstützen seiner Hamletinterpretation. Die Mitschuld der Königin sei es gerade, die in der Tragödie Shakespeares verschwiegen werde. Königin Gertrud werde auf eine merkwürdige Weise vom Autor verschont, doch genau das sei die Erklärung für die Einhaltung eines Tabus, „das Tabu der Königin". Als ein Huldigungsstück für den seine Mutter verehrenden Jakob gedacht, konnte Hamlet-Jakob seine Mutter nicht der Mitschuld bezichtigen. Nur zum Vorwurf der Blutschande, die in der Ehe mit dem Bruder lag, habe es kommen können, nicht aber zum Mordvorwurf. Und damit sei erwiesen, dass es sich um eine Stelle handele, bei der die Zeit in das Spiel einbreche (1956,13-21). Wenn nämlich das Stück ein Plädoyer für die Thronfolge Jakobs sein sollte, musste es dessen delikate Situation berücksichtigen. Sein Vater: ermordet, seine Mutter: hingerichtet, er selbst: immer wieder das Ziel von Mordanschlägen.

Für Elisabeth war diese Tatsache und die zu wenig strenge Reaktion Jakobs darauf Anlass zu unentwegten Vorhaltungen. Sie, deren zu große Gnade man einerseits bewunderte, andererseits kritisierte, hielt Jakob in ihren Briefen vor, er müsse die Anschläge auf sein Leben härter ahnden, wenn seine Regentschaft nicht in Gefahr geraten solle. Die Korrespondenz Elisabeths dient der zeitgeschichtlichen Deutung des *Hamlet* als weiterer Beleg. Der zögernde Hamlet war der zögernde Jakob, der mit dieser Tragödie vor den tödlichen Folgen seines Wankelmuts gewarnt werden sollte. „Die Abbiegung des Rächer-Typus, die zur Hamletisierung des Helden geführt hat", ist für Schmitt die zweite große Öffnung des Spiels für den Einbruch der furchtbaren, von Königsmorden geprägten Zeitgeschichte (1956,22-32 u.46).

Der Grund für den Aufschub der Hamlet vom Geist seines ermordeten Vaters aufgetragenen Rache lag nach Schmitt in der protestantischen Auffassung der damaligen Dämonenlehre. Ihr zufolge waren die Geister der Verstorbenen „keine bloße Halluzination eines melancholischen Gemütes", sondern wirkliche Erscheinungen, die meist aus der

Hölle kamen und wie betrügerische Teufel agierten (1956,69,Anm.8). Jakob selbst habe diese Auffassung in einer eigenen Schrift über die Dämonologie vertreten. Daraus erkläre sich Hamlets gelungener Versuch, durch den von der reisenden Schauspieltruppe aufgeführten Königsmord Gewissheit über die Aussagen des Geistes zu erlangen. Nach der Überführung des Königs Claudius, der dem Schauspiel mit wachsender Beunruhigung zusah, nahm die Rache ihren Lauf. Der Mord an seinem Vater wurde von Hamlet gerächt, doch sein Zögern rächte sich auch an ihm. Mit sterbender Stimme rief er den von einem Polenfeldzug zurückkehrenden norwegischen König Fortinbras zum König von Dänemark aus – eine für die hier vorgetragene Hamletinterpretation kaum chiffrierte Aufforderung an Jakob VI. von Schottland, seine eigene Unschlüssigkeit, sich als Nachfolger Elisabeths zu verstehen, endlich aufzugeben und den englischen Thron zu besteigen. Somit hatte die Hamletfigur außer Essex und Jacob schließlich noch eine dritte Person zu verkörpern, Fortinbras.

Mit großer Akribie hat Schmitt versucht, den Nachweis auch für diese, seine Deutung abrundende Behauptung zu erbringen. In einem Exkurs zur Frage von Hamlets Thronerbe verglich er die verschiedenen Quartausgaben aus den Jahren vor und nach Jakobs Thronbesteigung von 1603 und entdeckte das Problem der Thronfolge als zweites Thema neben dem der Verfolgung der Rache. Die Tatsache, dass das zweite Thema in der Quartausgabe nach 1603 nur noch in abgeschwächter Form wiederaufgenommen wurde, war für Schmitt ein weiterer Hinweis auf den zeitgeschichtlichen Bezug. Welchen Grund hätte Shakespeare nach der erfolgreichen Thronbesteigung Jakobs noch haben sollen, die Frage zu erörtern, ob Hamlet der Krone Englands, die sein Vater trug, durch Claudius beraubt worden sei oder nicht, da das Ziel der Hamlet-Tragödie doch darin bestanden hatte, Jakob zur Thronfolge zu ermuntern (1956,Exkurs,57-61).

Die ersten Reaktionen auf den *Hamlet* schienen die von Winstanley und Schmitt vorgelegte Interpretation insofern zu bestätigen, als von einer Aufführung des Stücks am englischen Hof vor 1607 nichts bekannt ist – „eine Tatsache, die die These von den versteckten Anspielungen des Stücks auf berühmte und umstrittene politische Figuren, besonders auf den Grafen Essex, unterstützen mag" (Campbell/Quinn,288, Art.Hamlet). Indessen wurde der Tragödie ja auch von Schieder als dem Gegner der Interpretation von Schmitt und

Winstanley nicht jeglicher politische Gehalt gleich abgesprochen. Von Schieder wurde nur verneint, es handele sich beim *Hamlet* um eine Spiegelung zeitgeschichtlicher Vorgänge, und diesem Einspruch wird man die Berechtigung nicht bestreiten können.

Trotz des schlagenden Beweismaterials, das den zeitgeschichtlichen Bezug dokumentieren sollte, konnte schon die Verwendung des Begriffs der Zeitgeschichte nicht völlig überzeugen. Bezeichnenderweise war der *Hamlet* nach Winstanley und Schmitt auch eine Tragödie der Usurpation, wenigstens bis zur Thronbesteigung Jakobs im Jahre 1603. Die Usurpation ist aber zugleich das beherrschende Sujet des Historienzyklus' von Shakespeare gewesen. Winstanley stellte die Parallele des *Hamlet* zu den Tragödien *Richards II.* und *Heinrichs IV.* ausdrücklich her (46-57;cf.auch 141). Wenn aber schon *Richard II.* und die beiden Teile von *Heinrich IV.*, englischen Königen an der Wende des 14. zum 15. Jahrhundert, so viel Aufruhr am Hof verursachten, warum musste dann Hamlet unbedingt Graf Essex und König Jakob an der Wende des 16. und 17. Jahrhunderts verkörpern. Offenbar reichte bereits eine Gestalt aus dem 14. Jarhundert wie Richard II. aus, um die Königin in ihrem Nerv zu treffen, wobei die Kluft von zwei Jahrhunderten ohne Schwierigkeiten überbrückt wurde.

Eine Interpretation, die sich um den Nachweis zeitgeschichtlicher Vorgänge in Shakespeares Tragödien bemüht, übersieht, dass es den Begriff des Zeitgeschichtlichen im Elisabethanischen England noch nicht gab. Shakespeare musste nicht darum bemüht sein, seinen Dramenstoffen zeitgeschichtliches Kolorit zu geben, da die zeitgenössische Auffassung von Geschichte eine zyklische war, die den Bezug zur Gegenwart der Vergangenheit entlehnte, was nicht ausschließt, dass Shakespeare Graf Essex als Vorbild für Heinrich IV. und Heinrich V. und auch für Hamlet nahm. Aber die Richtung der Zeit war eine andere. Richard II. war für das englische Publikum spannend, weil sich sein Schicksal bei den Nachfolgern auf dem englischen Thron wiederholen konnte. Richard II. war nicht die Verkörperung von Elisabeth, sondern Elisabeth war die Verkörperung von Richard II. Entsprechend wäre Hamlet nicht die Verkörperung von Essex bzw. Jakob gewesen, sondern umgekehrt Essex bzw. Jakob die Verkörperung von Hamlet.

Daher ist Schieder in seiner Kritik an der „Spiegelung der Verhältnisse am Hofe der alten Königin Elisabeth" nur zuzustimmen. Schmitt spricht sogar von „wahren Spiegelungen" als der zweiten von drei Arten zeitgeschichtlicher Einwirkungen (1956,26f). Doch was ist eine wahre Spiegelung in einer Zeit voller Täuschungen, wie der des 16. und 17. Jahrhunderts? Mit seiner Fixierung auf die Zeitgeschichte und ihre angebliche Spiegelung in den späteren Tragödien Shakespeares verkannte Schmitt die Qualität der Zeit in der Geschichte samt ihrer Spiegelemblematik. Damit verkannte er den Charakter des damaligen Theaters überhaupt. Die Geschichte war im zeitgenössischen Denken zwar ein Spiegel, gerade auch ein Spiegel der Zeit und als dieser Spiegel ein Theater der Welt, doch das Theater spiegelte die Zeit nicht als Zeitgeschichte ab, nicht als Momentaufnahme der Gegenwart zu Beginn des 17. Jahrhunderts, sondern als einen Zeitraum, der eine als Gegenwart ausgezeichnete Periode nicht gesondert abzubilden brauchte. Die Vergangenheit der Historie dehnte sich in Gegenwart und Zukunft aus und überlieferte ihnen ihre alten Bedeutungen. Schmitt dagegen, obgleich er den Gebrauch des Spiegels treffend mit dem bei Velasquez verglich (cf.Vorwort zu Winstanley,13), verwendete den Spiegelbegriff als moderne Metapher. Ihr ist die räumliche Dimension der Abbildung verlorengegangen.

Die Auffassung des Welttheaters als Spiegel eines Raumes von Historien lässt allerdings die Folgerung zu, dass die Historienspiele Shakespeares und seine späteren Tragödien in einer dramaturgischen Kontinuität stehen. Diese Kontinuität wird von Schmitt bezweifelt. Er unterscheidet zwischen der Zeit der *Histories* und der der Hamlet-Tragödie. „In den Königsdramen Shakespeares handelt es sich um historische Stücke in dem Sinne, dass Schauspieler und Zuschauer die schreckenvollen Dinge, die sich auf der Bühne ereignen, als vergangenes Geschehen betrachteten, das wohl ihre Väter und Großväter, aber nicht mehr ihre eigene unmittelbare Lebenszeit betraf und nicht mehr ihr aktuelles, derzeitig-heutiges Geschick zum Inhalt hatte. Nach Zeit und Ort und Handlung enthält Shakespeares Hamlet die äußerste Gleichzeitigkeit von Schauspiel und geschichtlicher Gegenwart. (…) Der Kern ist also keine erdichtete Fabel, keine benutzte Saga, keine dramatisch verwertete Historie. Er wahrt die unendliche Einmaligkeit einer geschichtlichen Gegenwart, an der Dichter, Darsteller und Dargestellte, Schauspieler und Zuschauer teilnehmen. Aus diesem Ursprung nährt sich die mythische Kraft dieses Dramas" (Vorwort zu Winstanley,9 u.14).

Bei Schmitt wird der Unterschied zwischen den Königsdramen Shakespeares und dem *Hamlet* deshalb so groß, weil er von der unzutreffenden Annahme ausgeht, die *Histories* hätten keine unmittelbare Zeitnähe herstellen können. Die Reaktionen der Königin Elisabeth sprachen dagegen. Wenn die Historienstücke in der Lage waren, die Vergangenheit als unmittelbare Gegenwart erscheinen zu lassen, dann verringerte sich ihr Abstand zum *Hamlet,* und die Geschichte der Stuarts wäre im Bewusstsein des englischen Publikums so einmalig nicht gewesen, wie sie Schmitt zufolge sein sollte. Königsmorde waren in der Geschichte Englands keine Seltenheit, sie waren im Gegenteil fester Bestandteil des Historienzyklus' *{Richard II.,Heinrich VI.).*

Es entbehrt nicht der Ironie, dass Schmitt seinem Kritiker Schieder in diesem Punkt sehr nahekommt. Beide betonen die Einmaligkeit der Hamlet-Tragödie, nur mit konträren Akzenten. Schieder sieht sie in der einmaligen tragischen Situation des Helden in der Welt der Geschichte, ohne sie nach Jahr und Tag genau zu verorten. Er legt mehr Wert auf das Dichterische. Schmitt sieht sie in der angeblichen Einzigartigkeit des Wechsels von den Tudors zu den Stuarts. Beide unterscheiden den *Hamlet* von den Königsdramen, deren dramatischen Aussagegehalt Schieder indes für politischer hält als den des *Hamlet* (Schieder 1962b,12).

Gewiss gehört der *Hamlet* nicht mehr zu den *Histories.* Auch soll die Einmaligkeit des Stückes nicht geleugnet werden, schon gar nicht seine rätselhafte Schönheit. Nur muss das niemanden daran hindern, Kontinuitäten festzustellen. Schon die aus der Folioausgabe von 1623 bekannte Einteilung der Dramen Shakespeares in Komödien, Historienspiele und Tragödien war relativ willkürlich. Manche *Histories* sind Tragödien, manche Komödien haben tragischen Gehalt. Genauso kann man sagen, dass die Hamlet-Tragödie jenseits ihrer Einmaligkeit durchaus Berührungspunkte mit den Königsdramen hat. Es geht um einen Königsmord, um die Usurpation der Krone, um die Thronansprüche eines legitimen Nachfolgers, selbst der Krieg spielt eine Rolle, und so tauchen die aus den Historienstücken vertrauten Themen wieder auf. Allerdings war der Historienzyklus inzwischen erschöpft. *(Heinrich VIII.* war, aus der zeitlichen Entfernung des Jahres 1612, ein Huldigungsstück für die längst verstorbene Elisabeth und gehörte, streng genommen, nicht mehr in den Zyklus, der mit *Richard III.* endete, hinein.)

Es ist denkbar, dass Shakespeare wegen der Brisanz der Ereignisse um die Essexaffäre und wegen der andauernden Aktualität der

Tragödie Richards II. zu zeitlich entlegeneren Stoffen wie der Hamletsaga Zuflucht nahm, um dadurch der Zensur des Hofes zu entgehen, wie Winstanley und Schmitt annehmen. Daraus jedoch die Folgerung zu ziehen, es ginge im *Hamlet* um brisantere Dinge als etwa in *Richard II.*, scheint unzulässig. Shakespeare und sein Publikum hätten dann beim Übergang zur Herrschaft der Stuarts ein gewandeltes Geschichtsverständnis entwickeln müssen. Dies aber war nicht zu entdecken. Auch ein zeitlich weiter entlegener Dramenstoff wie der der Hamletsaga konnte die notwendigen Überbrückungsfunktionen leisten, sofern nur die Dramaturgie ähnlich blieb, und das war der Fall. Ob es wie bei den Historienspielen zweihundert Jahre waren, oder wie beim *Hamlet* sechshundert, die das Geschehen zurücklag, war nicht von Bedeutung. Auch im *Julius Cäsar* und im *Coriolan* konnte man die Modelle englischer Könige erkennen. Für eine Zeit, die wesentlich als Raum der Wiederholung begriffen wurde, spielte die größere oder geringere zeitliche Entfernung keine entscheidende Rolle.

Wenn es richtig ist, dass die Historienstücke und der *Hamlet* Shakespeares gar nicht so weit auseinanderliegen, wie angenommen wird, dann verliert auch die Konstruktion Carl Schmitts von den Einbrüchen der Zeit in das Spiel an Überzeugungskraft. Schmitt musste von Bruchstellen im Text ausgehen, weil er die Zeit des Hamlet-Spiels von der der wirklichen Geschichte unterschied (1956,40 u.46). Aus seiner Sicht sind das Tabu der Königin und die Abbiegung des Rächertypus Einbrüche der Stuart-Geschichte in das Spiel. Schieder verweist in dem Zusammenhang zustimmend (1962b,Anm.3) auf Gadamers Schmitt-Kritik, die auf eine Umkehrung hinausläuft.

Für Gadamer behält das Spiel seinen zweideutigen Charakter. Die Festlegung auf eine bestimmte geschichtliche Wirklichkeit würde diesen Charakter nur zerstören. „Für das Spiel selbst ist kein Gegensatz von Zeit und Spiel, wie ihn Carl Schmitt annimmt, gegeben. Vielmehr bezieht das Spiel die Zeit in sein *Spiel* mit ein. Das ist die große Möglichkeit der Dichtung, durch die sie ihrer Zeit angehört und durch die die Zeit auf sie hört. In diesem allgemeinen Sinne steckt auch das Hamlet-Drama voller politischer Aktualität. Wenn man aber nun aus ihm die verhüllte Parteinahme des Dichters für Essex und Jakob herausliest, so kann einem das die Dichtung schwerlich beweisen. Auch wenn der Dichter wirklich zu dieser Partei zählte, – das von ihm gedichtete Spiel sollte dann seine Parteinahme derart verhüllen, daß auch der Scharfsinn Carl Schmitts daran scheitern müßte. Der Dichter mußte ja, wenn er sein Publikum erreichen wollte, ganz gewiß auch mit der Gegenpartei im Publikum rechnen. So ist es in Wahrheit der Einbruch des Spiels in die Zeit, der sich hier vor uns darstellt. Zweideutig wie das Spiel ist, kann es seine unvoraussehbare Wirkung erst im Sichausspielen entfalten. Es ist seinem Wesen nach nicht geeignet, ein Instrument maskierter Ziele zu sein, die man nur durchschauen müßte, um es eindeutig zu verstehen, sondern es bleibt als Spiel in einer unauflösbaren Zweideutigkeit. Die Okkasionalität, die in ihm liegt, ist nicht ein vorgegebener Bezug, durch den alles erst seinen wahren Sinn bekommt, sondern umgekehrt ist es das Werk selbst, dessen Aussagekraft diese wie jede Gelegenheit auszufüllen vermag" (Gadamer,470f;Hervorhebung v.G.).

Auf der Grundlage dieser Kunstanschauung war der Vorwurf, Schmitt verfalle „einem falschen Historismus" (Gadamer,471), durchaus konsequent. Er traf auch die Schwachstelle der Schmittschen Hamlet-Interpretation, indem er auf die Einheit von Zeit und Spiel für das Spiel selbst aufmerksam machte. Doch dadurch, dass Gadamer seinerseits – jenseits dieser Einheit – ein Auseinanderfallen von Spiel und geschichtlicher Zeit behauptete, ging er nun umgekehrt von Einbrüchen des Spiels in die Geschichte aus. Nach seinem hermeneutischen Ansatz weist jedes Spiel als Sinnganzes in seine Zeit hinein und über sie hinaus, sodass es mit jedem späteren Publikum kommunizieren kann. Das sei die Ontologie eines Kunstwerks wie des *Hamlet*, bei dem die Okkasionalität nicht auf die historische Gelegenheit der Stuartnachfolge festgelegt werden müsse, sondern, um das Zitat zu wiederholen, „diese wie jede Gelegenheit auszufüllen vermag" (Gadamer,97ff u.137ff).

Trotz seiner zum Teil überzeugenden Kritik dürfte Gadamers „ontologische Explikation" des *Hamlet* den Sinn des Welttheaters Shakespeares am Ende eher verfehlt haben als die Deutung Carl Schmitts. Es ist anzunehmen, dass der *Hamlet* geschichtlich brisant war, vielleicht ähnlich brisant wie *Richard II*. Schmitt täuschte sich nur hinsichtlich der geschichtlichen Brisanz der Historienstücke. Sie bedurften einer Tragödie wie der des *Hamlet* nicht, um größere Wirkung zu zeigen. Der Irrtum Schmitts lag in der Vermengung des modernen Begriffs aktueller zeitgeschichtlicher Präsenz mit dem Begriff des Welttheaters, dem die Präsenz fremd war. Das Welttheater kannte statt Präsenz nur Repräsentation, ohne dafür an Brisanz für das Geschehen in der Gegenwart einzubüßen. Elisabeth repräsentierte Richard II., er war in ihr präsent, und das war schon die ganze geschichtliche Tragödie. Daher entfällt auch der Gegensatz von Spiel und Geschichtszeit, an dem Schmitt und Gadamer beide festhielten.

Typisch für das Welttheater ist, dass es die Geschichte repräsentiert. „Historia est theatrum universitatis rerum." Da gab es keine Brüche, sonst wäre der Spiegelcharakter der Geschichte verlorengegangen. Deshalb stellten die Historienspiele auch keine Dramatisierung einer schon abgeschlossenen, vergangenen Geschichte dar, wie Schmitt annahm, sondern eine Dramatisierung von anhaltender, das heißt, sich wiederholender Geschichte – wohl ähnlich wie der *Hamlet*. Theater war Geschichte und Geschichte Theater. Es gab weder ein Spiel, das in die Zeit einbrach, noch eine Zeit, die in das Spiel einbrach, sondern Theater war Spiel im Spiel der Welt, die ebenfalls Theater war. Dafür stand das Emblem des reflexiven Spiegels, des *Re* der Repräsentation. Der Spiegel spiegelte den Zeitraum der Historie, der sich von der Antike bis zum Beginn der Stuartherrschaft erstreckte.

Der Repräsentation der Geschichte im Theater wäre die Brisanz genommen worden, wenn die Spielsituation nicht auch genau das Welttheater zum Gegenstand gehabt hätte. Zumindest kann dem *Hamlet* die Brisanz genommen werden, wenn der Hintergrund der schreckenerregenden englischen Historie verdeckt wird. Eine ontologische Bestimmung des Spiels, wie sie Gadamer vornimmt, würde daher den *Hamlet* des von Schmitt aufgedeckten Schreckens, der der Geschichte immanent war, weitgehend berauben. Die Interpretation Carl Schmitts, sofern man sie vom *Hamlet* auf die Historienstücke ausdehnt, ist denn auch besonders in den Punkten zu teilen, die diesen Schrecken zum Thema haben.

Das Ausmaß, das der Schrecken angenommen hatte, führt Schmitt in letzter Instanz auf die Religionsstreitigkeiten zurück, die den Stuarts zum Verhängnis geworden seien. „Dieses Königsgeschlecht ist von dem Schicksal der europäischen Glaubensspaltung zerschmettert worden. In seiner Geschichte ist der Keim des tragischen Hamlet-Mythos erwachsen" (1956,55). In einem weit ausholenden literarischen Vergleich sieht er den *Hamlet* als große symbolhafte Figur zwischen *Don Quijote* und *Faust* gestellt, die alle drei „merkwürdigerweise Bücherleser" und „vom Geist aus der Bahn geworfen" worden seien. „Achten wir nun einmal auf ihren Ursprung und ihre Herkunft:

Don Quijote ist Spanier und rein katholisch; Faust ist Deutscher und Protestant; Hamlet steht zwischen beiden mitten in der Spaltung, die das Schicksal Europas bestimmt hat" (1956,54).

Freilich dachte Schmitt dabei an König Jakob I., der zwischen beide Konfessionen gestellt war, aber selbst wenn man die Identität von Hamlet offenlässt und ihn wie bei den Königen der Historienspiele nur als Figur versteht, die zu Repräsentationen der englischen Geschichte an der Wende des 16. zum 17. Jahrhundert einlud, wird man die Affinität des Stoffes zu den Glaubenskämpfen nicht leicht widerlegen können. Damit würde die Behauptung, Shakespeares Welttheater sei wesentlich von der Erfahrung des Religionskriegs geprägt, nicht nur für die Historienspiele, sondern auch für die späteren Tragödien, wenigstens den *Hamlet,* Geltung beanspruchen dürfen.

Mit Michael Freund ist Schmitt der Ansicht, das Jahr 1588 sei das Jahr Eins der englischen Revolution gewesen, einer Revolution, in deren erstes Stadium der *Hamlet* fiel und die, – nach dem Bürgerkrieg um die Mitte des 17. Jahrhunderts –, hundert Jahre später, 1688, mit der Vertreibung der Stuarts endete (1956,64f). Löst man sich wiederum von der Fixierung Schmitts auf die Geschichte der Stuartkönige und bezieht den englischen Thronfolgekrieg aus dem 15. Jahrhundert sowie den Hundertjährigen Krieg gegen Frankreich in die Betrachtung der ausgehenden Elisabethanischen Epoche ein, dann bewahrheitet sich die Vermutung, dass das Jahr 1588 die anglikanische Balance zerstört hatte.

Der Krieg gegen Spanien mit dem Sieg über die Armada und dem mehr hinhaltenden Kampf, der darauf folgte, hatte nicht die von inneren Fehden befreiende Funktion, die in den früheren Jahrhunderten (auch da umsonst) von einem Krieg gegen fremde Mächte wie Frankreich erwartet wurde. Er konnte sie bekanntlich schon deshalb nicht haben, weil der Religionskrieg beides war: Krieg nach außen und nach innen, d.h. ein Bürgerkrieg über die Grenzen des englischen Königreiches hinweg. Die vom zeitgenössischen Geschichtverständnis her verständliche Furcht Elisabeths I., Richard II. zu repräsentieren, war durch die Entwicklung der Jahre nach 1588, die in der Verschwörung Essex' gegen die Königin kulminierte, aufs Äußerste bestärkt worden. Nunmehr war nicht nur der zyklische Ausbruch eines gewohnten Thronfolgekrieges zu erwarten, sondern darüber hinaus seine Vermischung mit einem Religionskrieg gegen fremde und interne Mächte.

2.3.7 KÖNIGE ALS SPRECHENDE BÄREN

Diese Furcht muss es gewesen sein, die die Königin beschlich, wenn sie die Stücke sah. Elisabeth hätte demnach zur Partei der Gemäßigten, in Gadamers Worten: zur Gegenpartei, gehört, Shakespeare aber wäre von ihrer andauernden Furcht nicht betroffen gewesen, sondern hätte ausschließlich den kurzen, plötzlichen Schrecken genossen, den sein Theater wie das zeitgenössische Theater überhaupt verbreitete.

Dazu muss man wissen, dass die Theater damals erfolgreich mit Bullen- und Bärenhatzen konkurrierten. Schon aus dem 12. Jahrhundert bekannt, wurden diese Hatzen, nachdem Heinrich VIII. sie 1526 am Hof eingeführt hatte, in der elisabethanischen Epoche nicht nur unter den Bürgern populär. Die puritanische Londoner Stadtverwaltung, die diese Veranstaltungen, – deren beliebteste mit Vorliebe auf den Sonntag gelegt wurden –, wegen der Entweihung dieses Tages und der dort gezeigten Grausamkeiten gerne verboten hätte, konnte keinen Einspruch erheben, weil die Arenen außerhalb des Londoner Stadtbezirks auf der Bankside, also außerhalb ihrer Gerichtsbarkeit lagen. Die Grausamkeit der Hatz bestand darin, dass der Bulle oder Bär (häufiger kam der Bär zum Einsatz) an einem Pfahl, der mitten in der Arena stand, festgekettet wurde. Dann hetzte man vier bis sechs englische Doggen auf ihn. „Beim ersten Aufeinandertreffen tötete der Bär oft einen oder zwei von ihnen bzw. machte er sie kampfunfähig, wonach der Rest der Doggen zurückzubleiben pflegte und aus sicherer Entfernung bellte. (...) Die Hatz wurde dann mit frischen Hunden fortgesetzt, bis der Bär geschlagen war (manche gingen tatsächlich zugrunde) oder sich den Hunden als überlegen erwies" (Campbell/Quinn, 62, Art. bearbaiting, bullbaiting and cockfighting). Es muss ein schreckliches Vergnügen gewesen sein. Von den Zuschauern wurde es in der Regel mit Gejohle und Geschrei begleitet. Die Bullenhatz lief nach dem gleichen Muster ab. Auch Hähnenkämpfe erfreuten sich großer Beliebtheit.

Mit diesem Spektakel vor Augen gingen die Engländer ins Theater. Wenn man nun bedenkt, dass die Theater diese Konkurrenz nicht nur aushielten, sondern dass sie die Bullen- und Bärenhetze sogar ausstachen, dann hat man einen adäquaten Eindruck vom Schrecken, den sie verbreiteten. Die Konkurrenz ging gegen Ende des 16. Jahrhunderts, also gerade in den Jahren des Aufstiegs von Shakespeare zum größten Dramatiker des Elisabethanischen Theaters, sogar so weit, dass manchen Theatern auf der Bankside befohlen wurde, an Donnerstagen zu schließen, damit die Bärenhatz noch genügend Zuschauer anziehen konnte. „Man glaubte ganz offensichtlich, daß Bärenhatz und Theatervergnügen sehr viel miteinander gemeinsam hätten" (Campbell/Quinn,61). So war es keine Seltenheit, dass die führenden Theaterdirektoren sich um beide Arten dieses Spektakels in gleicher Weise kümmerten und später in demselben Gebäude abwechselnd Tierkämpfe und Dramen aufgeführt wurden.

Einem Publikum wie dem englischen, das sich wechselweise von Bärenhatz und vom Theater unterhalten ließ und letzterem sogar den Vorzug gab, brauchte man nicht zu unterstellen, es habe nach sanfteren Formen des Amüsements Ausschau gehalten, um sie schließlich im Shakespeareschen Drama zu finden. Wenn die Zuschauer dem Bärenspektakel fernblieben, dann wahrscheinlich nicht, weil das Theater ein zivileres Schauspiel bot, sondern weil der Schrecken, den es verbreitete, grausamer und martialischer war. Die Anspielungen Shakespeares auf das bull- und bearbaiting sowie aufs cockfighting, – sie reichen von den ersten Historienspielen um 1590 über *Heinrich V.*, *König Lear* und *Macbeth* bis zu seinem letzten Stück, *Heinrich VIII.* –, erinnern nicht bloß an die populären Tierkämpfe, die von seinen Dramen ersetzt bzw. verdrängt wurden, sie bedeuten weit mehr als das. So sagt Richard, der spätere Richard III., zu seinem Bruder Eduard über den Kampf ihres Vaters gegen die Anhänger König Heinrichs VI. (3.Teil, II/l, Verse 11-20):
Ich sah ihn streifen durch die Schlacht umher,
Gab acht, wie er heraus den Clifford suchte.
Mir schien's, er nahm sich in der dichtsten Schar
So wie ein Löw in einer Herde Rinder,
So wie ein Bär von Hunden ganz umringt,
Der bald ein paar so zwickt und macht sie schrein,
Daß nur von fern die andern nach ihm bellen.
So macht es unser Vater mit den Feinden,
So flohn die Feinde meinen tapfern Vater:
Mich dünkt, sein Sohn zu sein, ist Ruhms genug.

Der Löwe und der Bär waren als Embleme der Stärke Sinnbilder des tapferen, kriegerischen („warlike") Vaters. Der Thronfolgekrieg zwischen den Häusern York und Lancaster wurde nach dem Modell einer Bärenhatz veranschaulicht, die weitaus aufregender war als das wirkliche bearbaiting, weil der Bär auf der Shakespearebühne sprechen konnte. Ebenso konnten die Hunde sprechen, die ihn hetzten und bissen und die aus sicherer Distanz zu bellen anfingen, wenn der Bär ihren Angriffen überlegen war. Die englischen Kriegsparteien standen sich gegenüber wie Hunde und Bären, die sich gegenseitig wundschlugen. Analog dazu vermittelte die jeweilige Sprache den Stolz des Bären und das Bellen der Hunde. Der Schrecken, den das Theater Shakespeares im Publikum verbreitete, ging von der Dramaturgie eines Krieges aus, der von der Gesinnung tödlicher Feindschaft gekennzeichnet war.

Diese Feindschaft war zwar unversöhnlich bis aufs Blut, konnte aber durch nichtige Anlässe in engste Freundschaft umschlagen, wie sie sich, außer in den Historienspielen, zwischen dem Römer Coriolan und dem Volsker Aufidius ergab. Allerdings war auch die engste Freundschaft nicht gegen ein abermaliges Umschlagen in äußerste Feindschaft gefeit. Erst im Tod eines der beiden Kontrahenten mochte sie sich wieder in ein freundschaftliches Verhältnis verwandeln (Aufidius gegenüber dem toten Coriolan).

Ähnlich verlief das Verhältnis zwischen Brutus und Cäsar oder zwischen den Griechen und den Trojanern in *Troilus und Cressida*. Im Prinzip ging auch die Liebe zwischen Romeo und Julia auf dieses wechselseitige Umschlagen von Freundschaft und Feindschaft zurück. Ihre äußerste Liebe war von dem äußersten Hass der miteinander verfeindeten Familien gestiftet worden. Jedenfalls musste man es nach der Dramaturgie Shakespeares so interpretieren. Mochten auch die Motive von Liebe und Hass wie von Freundschaft und Feindschaft in den einzelnen Dramen jeweils andere sein, die dramaturgische Konstruktion blieb sich treu.

Die Feindschaft, die man zwischen den Menschen auf dem Theater und zwischen den Tieren beim bearbaiting wahrnahm, machte dort nicht halt. Sie reichte in noch tiefere Bereiche des Lebens hinunter, wie es in dem Monolog des Bruders Lorenzo im Klostergarten von Verona zum Ausdruck kommt *(Romeo und Julia*,II/3,Verse 1-30):
Der Morgen lächelt froh der Nacht ins Angesicht
Und säumet das Gewölk im Ost mit Streifen Licht.
Die matte Finsternis flieht wankend, wie betrunken,
Von Titans Pfad, besprüht von seiner Rosse Funken.
Eh höher nun die Sonn ihr glühend Aug erhebt,

Den Tau der Nacht verzehrt und neu die Welt belebt,
Muß ich dies Körbchen hier voll Kraut und Blumen lesen:
Voll Pflanzen gift'ger Art und diensam zum Genesen.
Die Mutter der Natur, die Erd, ist auch ihr Grab,
Und was ihr Schoß gebar, sinkt tot in ihn hinab.
Und Kinder mannigfalt, so all ihr Schoß empfangen,
Sehn wir, gesäugt von ihr, an ihren Brüsten hangen:
An vielen Tugenden sind viele drunter reich,
Ganz ohne Wert nicht eins, doch keins dem andern gleich.
0, große Kräfte sinds, weiß man sie recht zu pflegen,
Die Pflanzen, Kräuter, Stein in ihrem Innern hegen.
Was nur auf Erden lebt, da ist auch nichts so schlecht,
Daß es der Erde nicht besondern Nutzen brächt.
Doch ist auch nichts so gut, das, diesem Ziel entwendet,
Abtrünnig seiner Art, sich nicht durch Mißbrauch schändet:
In Laster wandelt sich selbst Tugend, falsch geübt,
Wie Ausführung auch wohl dem Laster Würde gibt.
Die kleine Blume hier beherbergt gift'ge Säfte
In ihrer zarten Hüll und milde Heilungskräfte.
Sie labet den Geruch und dadurch jeden Sinn –
Gekostet, dringt sie gleich zum Herzen tötend hin.
Zwei Feinde lagern so im menschlichen Gemüte,
Sich immerdar im Kampf: Verderbter Will und Güte.
Und wo das Schlechte herrscht mit siegender Gewalt:
Dergleichen Pflanze frißt des Todes Wurm gar bald.

    Im Monolog Bruder Lorenzos wurde das große Thema von Geburt und Tod, bei Shakespeare vorzugsweise von Königen und Prinzen angesprochen und in Calderons Welttheater so einzigartig in Szene gesetzt, aufgenommen und von der niedrigsten Ebene aus betrachtet: von der der Pflanzen und Steine. Dort zeigte sich symbolisch, daß jedes Ding von einer inneren Feindschaft geprägt ist, die sich bis in die Sinne des Menschen fortsetzt (Schlegels *Gemüt* heißt im Original *senses).* Nur ein kleiner Missbrauch musste geschehen, und die Güte (grace) lag mit dem verderbten Willen (rude will) im Krieg. Die Welt ließ sich bis in die untersten und verborgensten Bezirke der Natur als ein Kriegstheater beschreiben, dessen Bühnen im Herzen der Menschen, im Innern von Königreichen und zwischen ihnen aufgeschlagen waren. Die Shakespearebühne aber faßte alle diese Bühnen auf einer einzigen zusammen.

Angesichts der Theaterbegeisterung des englischen Publikums kann man sich leicht die Schwierigkeiten der gemäßigten Fraktion vorstellen, England möglichst aus Kriegen herauszuhalten. Bedenkt man, dass die Königin selber theaterbegeistert war, mochte sie auch die Stellen, die ihr zu gefährlich dünkten, zensieren lassen, so wird einem die weitere, vielleicht entscheidende Schwierigkeit bewusst, als Gemäßigter auch gemäßigt zu bleiben und eine gemäßigte Politik zu betreiben.

Die oben schon anlässlich der Diskussion über den englischen Machiavellismus angesprochene *Politik* war überhaupt eines der Schlüsselwörter, wenn nicht das Schlüsselwort für die prekäre Lage Englands und besonders Elisabeths. Politik war etwas, dessen man ständig bedurfte, weil es sich ständig als Mangel bemerkbar machte. Der Narr Thersites setzt sich mit diesem Problem in *Troilus und Cressida* auseinander. Statt gegen die Trojaner zu kämpfen, trügen die Griechen den Streit unter sich aus. „Da hetzen sie (sc. die Griechen) in ihrer Staatskunst den Blendlings-Bullenbeißer Ajax gegen den ebenso schlechten Köter Achilles auf, und nun ist Köter Ajax stolzer als Köter Achilles und will heut nicht ins Feld: sodaß die Griechen anfangen, es mit der Barbarei zu halten und die Staatsweisheit in Verruf kommt" (V/4, Zeilen 13-20).

Tatsächlich ließ ein Kampf, ob gegen Bullen oder Bären, sich solange nicht denken, wie die Bulldoggen sich gegenseitig ankläfften. Das nennt Thersites den „barbarism" der Griechen und was darunter litt, war die von Baudissin mit Staatsweisheit übersetzte „policy". Die Politik verlangte, dass der Krieg wenigstens nach außen, gegen die Trojaner, getragen würde, wenn er sich schon nicht vermeiden ließ. Doch die Feststellung von Thersites berührte den wunden Punkt der griechischen Ehre, die sich im übrigen von der römischen nicht unterschied. So weigerte sich Coriolan, im Frieden vom Standpunkt seiner Ehre abzuweichen und sie mit der Anwendung politischer List zu verbinden. Auch aus Berechnung wollte er seinen Hochmut vor dem Volk der Römer nicht ablegen, selbst auf die Vorhaltungen seiner von ihm verehrten Mutter Volumnia nicht. Sie ermahnt ihn, die im Krieg gezeigte Klugheit nun auch im Frieden anzuwenden:

Bringt es im Krieg dir Ehre, der zu scheinen,
Der du nicht bist (und großer Zwecke halb
Gebraucht ihr dieser Politik) – entehrt's nun,
Daß sie im Frieden soll Gemeinschaft halten

Mit Ehre, wie im Krieg, da sie doch beiden
Gleich unentbehrlich ist? (...)
Ich wollte meine Art und Weis (nature) verbergen,
Wenn Freund und Glück es in Gefahr verlangten
Und blieb in Ehr. (III/2,Verse 46-51 u.62-64)
  Coriolan überhört die Mahnung seiner Mutter und geht an seinem unpolitischen Stolz zugrunde.

Man darf die englische Ehre mit der römischen und griechischen getrost identisch setzen, weil sie vom selben Shakespeare artikuliert worden ist. Der Friedenszustand musste leiden, wenn jeder auf den Vorrang seiner als Ausdruck der eigenen Natur verstandenen Ehre pochte und die zur Erhaltung von Freundschaft und Glück nötigen Leistungen der Verstellung dieser Natur nicht erbringen wollte. Ohne den Einsatz politischer List kam der Frieden in Verruf. Ganz so wie bei den Dienern des Aufidius, die sich darauf freuten, dass dieser mit Coriolan zusammen gegen dessen eigenes Volk, die Römer, Krieg führte:
ZWEITER DIENER:
Nun, so kriegen wir doch wieder eine muntere Welt. Der Friede ist zu nichts gut als Eisen zu rosten, Schneider zu vermehren und Bänkelsänger zu schaffen.
ERSTER DIENER:
Ich bin für den Krieg, sage ich, er übertrifft den Frieden wie der Tag die Nacht: er ist lustig, wachsam, gesprächig, immer was Neues. Friede ist Stumpfheit, Schlafsucht, dick, faul, taub, unempfindlich und bringt mehr Bastarde hervor als der Krieg Menschen erwürgt.
ZWEITER DIENER:
Richtig; und wie man auf gewisse Weise den Krieg Notzucht nennen kann, so macht, ohne Widerrede, der Friede viel Hurerei.
ERSTER DIENER:
Ja, und er macht, daß die Menschen einander hassen.
DRITTER DIENER:
Und warum? Weil sie dann einander weniger nötig haben. Der Krieg ist mein Mann. (IV/5,Zeilen 234-249)
  Die Diener sprachen eine Erfahrung aus, die schon der Renaissance vertraut und von Machiavelli ähnlich formuliert worden war. Sie untermauerte die zeitgenössische Erkenntnis, dass sich in der Geschichte nicht nur Mord und Usurpation, sondern auch Krieg und

Frieden zyklisch wiederholen, da der Frieden wegen der Erzeugung von Hass ein fauler Frieden war, einer, der den Krieg latent in sich trug.

Unterstellt man der Essexfraktion eine ähnliche Einstellung wie die der Diener des Aufidius oder die Coriolans, so war die von Elisabeth angesteuerte Balance auf die Dauer selbst dann nicht zu halten, wenn sie den Bedarf an politischer List auch für den Frieden erkannte. Welche Wirkung konnte eine Politik erzielen, die von einem wie Cäsar gefeierten Feldherrn (Cäsar-Essex) angegriffen wurde und die den meisten Engländern als „schwächlich und ereignislos" erschien (Schulin)? In Anspielung auf Thersites und auf die Doggen im bearbaiting könnte man die Engländer von damals in ihrer Mehrheit mit einer unpolitischen Hundemeute vergleichen, bei der Politik, jedenfalls im Frieden, nicht ankam. Carl Schmitt traf daher den Charakter des Shakespeareschen Dramas genau, wenn er es als barbarisch bezeichnete und ihm das politische Drama, welches im 17. Jahrhundert auf dem europäischen Kontinent entstand, als anti-barbarisches gegenüberstellte (1956,64f). Bloß hätte er es nicht nur dem kontinentalen Theater des 17. Jahrhunderts, sondern auch den Trionfi und der *Arte della Guerra* Machiavellis gegenüberstellen können. Shakespeares Welttheater war zwar ein *Theatrum Mundi,* es war auch ein THEATRUM BELLI, doch im Unterschied zu den italienischen Prototypen war es kein typisches THEATRUM BELLI. Dazu bedurfte es einer besonderen, einer überreligiösen Form von Politik und Krieg.

Dazu indes war England, auch das anglikanische Elisabeths, am Ende doch zu puritanisch – einer der wesentlichen Gründe, warum Shakespeare nicht im 17., wohl aber im 18. Jahrhundert, während der vernunftreligiösen Zeit der Aufklärung, erneut in Szene gesetzt wurde. Die von Machiavelli vorgeschlagene Verbindung zwischen Form und Lüge, die den Krieg von seiner auf Wut und Hass basierenden Feindschaft befreit hätte, ließ weiter auf sich warten.

2.4 THEATRUM EUROPAEUM

Im Kontext seiner Shakespeareanalyse wies Carl Schmitt auf einen barocken Theatertopos hin, der ihn zu seiner Interpretation geschichtlicher Präsenz der Hamletfigur ermutigt haben könnte, jedoch in dem von ihm verwendeten Zusammenhang verfrüht erscheint. „Das Theater", schreibt Schmitt, „gehörte zum Lebensgefühl dieser Zeit um 1600, der Wende von Renaissance und Barock. Die Menschen dieser Epoche empfanden ihre eigene geschichtliche Aktivität als Agieren in einem Schauspiel. Sie fühlten sich auf einer Bühne, wenn sie tätig wurden. Die Erde, die Wohnung des Menschen, war für sie ein Schauplatz. Die ganze Welt war Bühne, die Weltgeschichte ein Drama. Sie lebten im Theater des Lebens und führten ihre politischen und kriegerischen Aktionen in der Vorstellung eines *Theatrum Europaeum*. In dieser Schauspielhaftigkeit ihrer Existenz haben sie sich selber verstanden und empfunden" (Vorwort zu Winstanley,9f).

Aus Schmitts Darstellung des Lebensgefühls der Zeit um 1600 geht hervor, dass von ihm Welttheater und europäisches Theater, *Theatrum Mundi* und *Theatrum Europaeum*, synonym gebraucht wurden. Eine Welt, die ganz Theater war, mochte dies nahelegen. Die genauere Prüfung der Begriffsgeschichte ergibt indes, dass zwischen dem Theater der Welt und dem „Theater Europas" ein Unterschied bestand, der die Zeitvorstellung berührte.

2.4.1 BEGINN DER *HISTORIA PARTICULARIS*

Beim *Theatrum Europaeum* handelt es sich um ein aus über zwanzig dickleibigen Folianten bestehendes Geschichtswerk, welches die Zeit von 1618 bis 1718 umfasst, also die hundert Jahre vom Beginn des Dreißigjährigen Krieges bis ungefähr zum Ende des Spanischen Erbfolgekriegs. Der zweite, von Matthäus Merian herausgegebene Band, der unter anderem aus drucktechnischen Gründen zwei Jahre vor dem ersten Band, 1633, erschien, führte noch nicht den später so berühmt gewordenen Titel. Erst 1635, beim verspäteten Erscheinen des ersten Bandes, tauchte er auf. Die aufschlussreiche Begründung Merians ist in Hermann Bingels einschlägiger Monographie zu finden.

Zunächst Bingel selber. „Zwar mag es schon auffallen, daß Merian in der Vorrede zu dem 1633 erschienenen Band die Worte ‚Bücher auf das öffentliche Theatrum der Welt producieren' gebraucht. Der Ausdruck Theatrum ist ihm offenbar geläufig. Ist doch die Bezeichnung Theatrum auch als Büchertitel in jener Zeit öfters gebraucht worden. Daß Merian diesen Titel zu *Theatrum Europaeum* erweitert, kommt daher, daß" – es folgt das Zitat von Merian – „‚bei uns Hochdeutschen, die wir uns unter dem Teutschen Römischen Reich befinden, seithero Anno 1618 eine mercklich große Bewegung in ihre Wirckung getreten, in welche das Fatum noch viel andere Monarchien und Königreiche zeitlich mit eingeflochten, daß wir diese aussehende Commotionen wohl pro Europaea halten und sie also nennen mögen'" (Bingel,17).

Bingels Beobachtung von der Veränderung des Titels schien dort nicht ganz präzise, wo sie von dessen Erweiterung ausging. Auf den ersten Blick drehte es sich nicht um eine Erweiterung, eher um eine Verengung des anfänglichen Titels – aus dem *Theatrum der Welt* wurde das *Theatrum Europaeum*. Die Betrachtung der Welt wurde auf die Europas eingegrenzt bzw. eingeschränkt. Diesen Eindruck bestärkte Merian in der Vorrede zur dritten Auflage des ersten Bandes von 1662. Er differenzierte da zwischen der universalen und der partikularen Historie, wobei der Leser den Eindruck gewinnt, dass er das *Theatrum Europaeum* partikularhistorisch verstand. „Weil dann nicht weniger von Jugend auff ich mir vorgenommen habe/in diesem THEATRO oder Schaw=Platz der Geschichten der Welt mich zu üben und gebrauchen zu lassen/und dahero anfänglichs eine universalem Historiam von Anbeginn der Welt/aus denen berühmtesten und bewährtesten/ so wol ECCLESIASTICIS als PROPHANIS HISTORICIS (…) zusammenzutragen (…) sondern auch so viel an mir ist/eine particularem historiam/und dieses THEATRUM EUROPAEUM/von allen denjenigen Geschichten/ welche zu diesen unsern Zeiten/unter denen Glorwürdigsten/Allerdurchlauchtigsten/und Unüberwindlichsten Römischen Kaysern Matthia/Allerhöchstseeligster Gedachtnuß/und Ferdinandem dem Andern/unserm jetzt regierenden Kayser/und andern mehr hohen Potentaten in Europa und sonsten sich begeben und zugetragen/außfertigen …" (Merian,Vorrede).

Zwar wurde die *Historia universalis,* welche die biblische Schöpfungsgeschichte einschloss, im 17. Jahrhundert noch nicht verabschiedet, wie man an Bossuets *Diskurs über die Universalgeschichte* sehen konnte, aber sie wurde, – offenbar durch die einschneidenden

Ereignisse des Dreißigjährigen Krieges –, in die Richtung einer *Historia particularis* gedrängt, deren Schauplatz nicht mehr allgemein die Welt, sondern Europa war.

„In diesem Theatro oder Schaw=Platz der Geschichten", heißt es bei Merian. Europa war die Bühne geworden, auf der sich die beschriebenen Geschichten zutrugen. Bingel notierte, dass das *Theatrum Europaeum* zum Teil aus der *Historischen Chronik* Merians, die zunächst nur bis zum Jahre 1618 reichte und dann in zwei weiteren Teilen fortgesetzt werden sollte, hervorgegangen sei. Diese zwei weiteren Teile wurden schließlich die ersten beiden Bände des *Theatrum Europaeum* (Bingel,15f). Lenkt man den Blick zurück auf die Dramen Shakespeares, die zwar nicht direkt aus den zeitgenössischen englischen Chroniken hervorgegangen waren, aber doch weitgehend auf ihnen basierten, so fällt die Änderung des Zeitindexes ins Auge. Während bei Shakespeare eine bereits Jahrhunderte zurückliegende Historie in die Elisabethanische und Jakobische Gegenwart hineinreichte, wurden im *Theatrum Europaeum* die Geschehnisse der hundert Jahre von 1618 bis 1718 beschrieben.

Vergäße man die Nähe des *Theatrum Europaeum* zum *Theatrum Mundi*, die trotz der Eingrenzung des Mundus auf Europa noch bestand, so würde man bei Merians Geschichtswerk von der Beschreibung einer Gegenwart ausgehen können, deren Determinanten nicht mehr in einer jahrhundertealten Vergangenheit zu suchen waren, sondern im unmittelbaren Geschehen des 17. und 18. Jahrhunderts. Die Schmittsche Verwendung des Begriffs *Theatrum Europaeum* projizierte daher eine im Ansatz neue Zeitvorstellung auf das englische Lebensgefühl um 1600. Das *Theatrum Mundi* Shakespeares, in noch stärkerem Maße dasjenige Calderons, meinte indes das Leben mehr in seinem universalgeschichtlichen Zusammenhang.

Allerdings schien bereits bei Machiavelli, also vor Shakespeare, die Tendenz zur Gegenwartsbezogenheit der Zeitvorstellung spürbar gewesen zu sein. Gemeint ist Machiavellis Hinweis auf die Grenzen Europas. In der *Kriegskunst* bezweifelte Cosimo die Einschätzung des für den Autor sprechenden Fabrizio von der zweitrangigen Rolle der Kavallerie, indem er auf die hervorragenden Reiterkünste der Perser zu sprechen kam. „Zwei Zweifel sind mir aufgestoßen. Zuerst weiß ich, daß die Parther immer zu Pferde Krieg führten, und daß sie doch die Herrschaft der Welt mit den Römern theilten. Zweitens wünschte ich von Euch zu hören, wie der Stoß der Reiterei vom Fußvolk aufgehalten werden kann, und woher die Stärke dieser, und die Schwäche der andern Waffe rührt" (1833,47).

Fabrizio hatte zuvor Machiavellis Lob auf die Infanterietruppen verkündet. Die Infanterie sollte der Bevorzugung der Reiterei durch die Condottieri ein Ende machen und nun, wie im antiken Rom und Griechenland, die erste Rolle spielen. Cosimos Einwand lag jedoch insofern nahe, als der historische Zeitraum, aus dem Fabrizio seine Argumente für die Reform des Heeres bezog, neben Römern und Griechen auch die Perser mit einschloss. Er hatte in deren Kriegsführung tatsächlich ein Argument gefunden, mit dem sich Fabrizios Plädoyer für die neue Heeresorganisation entkräften ließ. Die Antwort auf Cosimo zeigt dagegen, mit welchem für das *Theatrum Europaeum* bedeutenden Hinweis Fabrizio die Zweifel ausräumte. „Ich habe Euch gesagt, oder doch wenigstens sagen wollen, daß unser Gespräch über die Kriegskunst die Grenzen Europa's nicht überschreiten soll. Ich bin daher nicht verbunden, Euch von den Gebräuchen Asiens Rechenschaft zu geben. Doch will ich Euch aufmerksam machen, daß das Heer der Parther dem römischen ganz entgegengesetzt war, denn die Parther kämpften alle zu Pferde, ohne Reih und Glied zu halten, und stürzten sich ohne Ordnung auf den Feind; was ihre Fechtart immer wechselnd und voll Ungewißheit machte. Die Römer waren, man kann sagen, fast alle Fußvolk; sie fochten in Reih und Glied und festen Fußes. Beide Völker waren unterschiedlich Sieger, je nachdem die Schlachtfelder frei oder eingeengt waren. In letzterem Terrain hatten die Römer die Oberhand; die Parther im andern, überdies war ihre Fechtart der Natur der Gegenden, die sie zu vertheidigen hatten, vollkommen angepaßt. Diese Gegenden, unermeßliche Ebenen, tausend Meilen vom Meer entfernt, deren nächste Flüsse zwei oder drei Tagesreisen voneinander fließen, und wo die Dörfer, ja die Einwohner selten sind, konnten von einem römischen Heere, dessen Bewegungen durch seine Waffen und Marschordnung aufgehalten wurden, nicht ohne große Gefahr durchzogen werden, da die Vertheidiger, immer zu Pferde, und in ihren Bewegungen außerordentlich schnell, sich heute an einem Punkt befanden, von dem sie morgen fünfzig Meilen entfernt waren. Dies ist die wahre Überlegenheit der Parthischen Reiterei, des Unsterns von Crassus Armee, und der Gefahren, mit welchen das Heer des Marcus Antonius zu kämpfen hatte. Da ich aber, wie ich Euch gesagt, nicht von den Heeren außerhalb Europa sprechen will, so werde ich mich auf das beschränken, was die Griechen und Römer einst vorschrieben, und auf das, was heute die Deutschen thun" (1833,47f)

Machiavelli beschränkte sich auf die alten Griechen und Römer, weil er eine militärische Lösung für die Probleme Italiens im 16. Jahrhundert suchte. Die italienischen Stadtstaaten wurden nicht von den Persern angegriffen, sondern von den europäischen Mächten. Es handelte sich also um eine europäische Angelegenheit, die auf europäischem Terrain ausgetragen wurde. Der Einwand Cosimos war demnach ein rhetorischer. Er erlaubte es Fabrizio, sein Plädoyer für die Reform des Heeres zusätzlich zu stützen. Die schnelle Beweglichkeit der persischen Reitertruppen, ihre mangelnde Ordnung und geringe Überschaubarkeit, – Elemente, die dem asiatischen Gelände vorzüglich angepasst waren –, verloren auf europäischem Terrain ihren Sinn.

Der Übersetzer im 19. Jahrhundert wählte für den das Terrain bezeichnenden Begriff *sito* aus dem italienischen Original den bereits modern anmutenden Begriff *Schlachtfeld*. *Sito* ist dagegen der Sitz, die Gegend, der Ort oder der Platz, auf dem das *spettaccolo* der geometrischen Heeresformationen laut Machiavelli stattzufinden hatte. Es ist der wüstenlose, von vielen Flüssen durchzogene und mit Dörfern und Einwohnern reich versehene Schauplatz des Krieges, dessen europäischer Natur die von Machiavelli vorgeschlagene Heeresreform mit ihrer Schwerfälligkeit und überschaubaren Ordnung genau entsprechen sollte. Infolge der Einschränkung des Terrains auf den europäischen Kontinent wurde aus der Beschäftigung mit der antiken Historie der Raum Asiens (und Afrikas), in dem Römer und Griechen Krieg führten, ausgeschlossen, sodass von einer perspektivischen Aufbereitung der alten Historie für die Bewältigung der Gegenwart gesprochen werden könnte. Die Rückführung des geographischen Raums auf Europa führte zu einem Aktualisierungsschub, der der räumlich-zirkulären Anschauung von Geschichte durchaus entgegengewirkt und der laufenden Chronik des *Theatrum Europaeum* Vorschub geleistet haben mochte.

Auch der Verweis auf „das, was heute die Deutschen thun", dürfte diese Wirkung gefördert haben. Die unmittelbaren Zeitgenossen Machiavellis wurden zwar mit den alten Griechen und Römern in eine Reihe gestellt, doch so sehr diese Anordnung von Vergangenheit und Gegenwart die zeitgenössische Vorstellung von der Historie als Welttheater unterstrich, sie erhielt durch die aus der Beschäftigung mit der Antike ausgeschiedenen außereuropäischen Kontinente zumindest einen neuen Akzent in der angedeuteten Richtung. Übrigens wurden die Deutschen von Machiavelli deshalb als Vorbild gepriesen, weil sie nicht in den Fehler verfallen waren, ein ungeteiltes großes Reich zu bilden, sondern eines, das aus einer ganzen Anzahl kleiner Fürstentümer bestand. Das müsste Italien nachahmen. In einem großen Königreich erschlaffte nämlich die virtù, die Feigheit nähme zu und die Heeresorganisation verkäme, da sich keiner mehr vor dem anderen zu fürchten brauchte. Unter den Deutschen aber hielte jedes kleine Fürstentum das andere mit seinem Heer in Schach, sodass sie untereinander das Aufkommen von Feigheit vermieden. Das sei auch unter den noch nicht an der Größe ihres eigenen Reichs zugrundegegangenen Römern zu beobachten gewesen (1833,69ff).

Wenn es um die Erörterung seines Lieblingsthemas, der Heeresreform, ging, scheute Machiavelli nicht davor zurück, sich selbst zu widersprechen. Sein Aufruf an den Papst, sich zum Kirchenfürsten von ganz Italien aufzuwerfen, um der ständigen Bedrohung des italienischen Territoriums ein Ende zu machen, wollte jedenfalls nicht dazu passen. Gerade die Zerstückelung der verschiedenen untereinander verfeindeten Stadtstaaten war doch einer der Gründe, die es den anderen Mächten erlaubten, fast nach Belieben in Italien einzufallen und seine Entwicklung zu einem territorial zusammenhängenden Königreich zu bremsen.

Vielleicht war es jedoch eine inzwischen realistischer gewordene Haltung, welche Machiavelli dazu bewog, die Parzellierung hinzunehmen. Jedenfalls hatte die Erwähnung der Deutschen in diesem Zusammenhang eine geschichtlich ins 17. Jahrhundert vorausweisende Qualität, da sie eine Verwandtschaft mit dem Italien des 16. Jahrhunderts erkennen ließ: die Zersplitterung des Reichsterritoriums, die Deutschland im Zuge von Reformation und Gegenreformation zum bevorzugten Schauplatz des europäischen Religionskriegs machte. Was Machiavelli als vorbildlich pries: die Organisation der Heere in den einzelnen Fürstentümern, das mochte ebensowohl dazu beitragen, den Krieg zu intensivieren und zu verlängern. Deutschland wurde so etwas wie das Italien des 17. Jahrhunderts, mit dem erheblichen Unterschied freilich, dass aus dem Krieg zu Lebzeiten Machiavellis nun ein Religionskrieg geworden war.

Aus der Sicht dieses Ländervergleichs könnte die Einschätzung Bingels, bei dem Titel *Theatrum Europaeum* handele es sich um eine

Erweiterung und nicht um eine Verengung des von Merian angekündigten *Theatrums der Welt*, doch ihre Berechtigung haben. Die von ihm zur Bestätigung zitierte Bemerkung Merians (s.o.) machte auf die „mercklich große Bewegung" aufmerksam, die seit 1618 im „Teutschen Römischen Reich" eingetreten war und die so viele andere Staaten in den Krieg auf deutschem Boden – mit Merians Worten – „zeitlich mit eingeflochten" hatte. Möglich ist auch, dass die Formulierung Merians, das Schicksal („Fatum") sei für diese Entwicklung verantwortlich, eine wenigstens für die Deutschen markante neue Erfahrung benannte, die die Italiener unter anderen Vorzeichen schon gemacht hatten: dass der Krieg nicht ihre eigene Sache war, sondern fast alle Staaten Europas in ihn hineingezogen wurden. Vielleicht veränderte sich das Zeitgefühl in Richtung einer intensiveren Wahrnehmung der Gegenwart, als man sich im eigenen Land dem Faktum eines Krieges gegenübersah, an dem viele andere Mächte teilnahmen. Deren Existenz mochte den Sinn für die Gleichzeitigkeit von Ereignissen geschärft haben.

Trotz seines über die *Historia particularis* hinausweisenden üniversalgeschichtlichen Bezuges erinnerte das *Theatrum Mundi* offenbar nicht so sehr an die Welt in ihrer sich ankündigenden politischen Gestalt, sondern eher an die Welt als Bestandteil der kosmischen Heilsordnung. Im *Gran Teatro del Mundo* von Calderon kam dieser Gesichtspunkt wegen des unangefochteneren Katholizismus' stärker zum Tragen als im protestantischen Welttheater Shakespeares, doch auch bei ihm machte er sich deutlich bemerkbar. Zwar war es nicht die im spanischen Theater beschworene Zeitlosigkeit des Laufs der Welt, die es der Königin Elisabeth erlaubte, sich als Repräsentantin eines schon seit Jahrhunderten toten Königs, Richards II., zu begreifen, aber es war die Zeit in ihrem Kreislaufcharakter. Die daraus resultierende Vergangenheitsbetonung der Gegenwart gestattete es nicht, das *Theatrum Mundi* schon als *Theatrum Europaeum* anzusehen, da eine europäische Gegenwart bzw. eine Gegenwart Europas als werdendes politisches Staatengebilde noch nicht genügend in Erscheinung getreten war. Europa machte sich offenbar immer nur dann bemerkbar, wenn der Krieg in den eigenen Grenzen europäische Ausmaße annahm: zuerst in Italien, dann in Deutschland.

Dies alles ist gewiss nur als Tendenzbestimmung haltbar. Der Schlaf der Zeit, aus dem Elisabeth I. als Richard II. erwachte, war mit dem Fortschreiten des Dreißigjährigen Krieges nicht auf einmal vorbei. Der Lauf der Welt, zu dem Geburt und Tod des Menschen wie

Bühnenauf- und -abtritt in der Emblematik Calderons notwendig gehörten, wurde durch die Grausamkeiten des Krieges sogar noch bekräftigt. Das *Gran Teatro del Mundo* entstand ja erst nach diesem Krieg. Schließlich blieb die Welt mit Europa durch das Theatrum verbunden – durch jenen Schauplatz, auf dem ihre Geschichten, die zumeist Kriegsgeschichten waren, stattfanden.

2.4.2 ENTKONFESSIONALISIERUNG DES DREISSIGJÄHRIGEN KRIEGES

Es ist bemerkenswert, dass die Umänderung des Titels von *Historischer Chronik* zu *Theatrum Europaeum* ungefähr in der Mitte des Dreißigjährigen Krieges erfolgte. Erst 1634 wurde die Umbenennung angekündigt. Das Königreich Schweden war längst in den Krieg eingetreten und hatte seine bedeutendsten Schlachten schon geschlagen. Gustav Adolf war bereits 1632, also zwei Jahre vor Merians Ankündigung des neuen Titels, in der Schlacht bei Lützen gefallen. Unter Kanzler Oxenstiernas Führung setzte das ein, was Ahasver von Brandt den „reinen Kampf um die großmachtpolitischen Positionen" nennt (995): den Versuch Schwedens, alle Anrainerstaaten der Ostsee unter sein Protektorat zu bringen und eine „Schutzherrschaft über die protestantischen Stände auszuüben" (Engel,344). Dieser Versuch scheiterte vor allem an dem Einfluss Frankreichs, das unter Richelieu als erstem Minister Ludwigs XIII. 1635 in den Dreißigjährigen Krieg eintrat und zwar an der Seite Schwedens selbst. Dessen Kriegsführung wurde bereits seit 1631 finanziell von Frankreich unterstützt.

Das Jahr 1635 kann man deshalb als ein Jahr ansehen, das die Wende zur Entkonfessionalisierung des Dreißigjährigen Krieges einleitete. Zum ersten Mal während seines Verlaufs paktierte eine katholische Macht offen mit einer protestantischen, um gemeinsam die imperiale Ausdehnung von Spanien und Habsburg zu bekämpfen. Wenn das gelingen sollte, musste der Kampf für eine bestimmte Konfession zugunsten des Kampfs für eine die Spaltung tendenziell aufhebende Glaubensrichtung aufgegeben werden. Sie schien mit dem Eintreten Richelieus für die gemeinsame Sache der Christenheit, die „Chrétianeté", gefunden zu sein, wenn auch vorerst mehr für Frankreich als für Schweden. Dafür spricht, dass es zwischen den beiden Staaten keine eindeutige Feinddefinition gegeben hat. Sie wäre den Schweden in Deutschland lieber gewesen. Frankreichs Einfluss war so dominant, dass es sich leisten konnte, Schweden durch Abwerbung fähiger Feldherrn, wie Bernhards von Weimar, bei der Verfolgung seiner eigenen Kriegsziele in Deutschland zu behindern. Das Zusammengehen mit Frankreich schwächte also letztlich Schwedens Position (Engel,348ff).

Auch das Scheitern der nach Ende des Dreißigjährigen Krieges fortgesetzten schwedischen Bestrebungen, die eigene Macht weiter auszudehnen, – so der im Nordischen Krieg unternommene Versuch, das katholische Polen unter die protestantischen Mächte aufzuteilen (er wurde von einer gemeinsamen Koalition protestantischer und katholischer Mächte gestoppt) –, war letztlich auf das friedenspolitisch entscheidende Vorgehen Richelieus zurückzuführen. Der Kriegseintritt Frankreichs von 1635 hatte in der Tat zu einer Wende, die sich nicht auf den Dreißigjährigen Krieg beschränkte, entscheidend beigetragen.

Gustav Adolf blieb der Vorwurf der Historiker erspart, reine Großmachtpolitik zu treiben. Der traf erst die schwedischen Unternehmungen nach seinem Tod. Zwar sprach man auch ihn im einzelnen nicht gänzlich davon frei (cf.Engel,344), doch in der Regel wurden die religiösen Motive nicht geleugnet. Brandt spricht von einer „unauflösbare(n) Synthese religiöser und politischer Antriebskräfte" (1971,1000,Anm.22). Lässt man die Frage, ob es sich bei den Schweden nach Gustav Adolfs Tod tatsächlich schon um reine Großmachtpolitik gehandelt hat, zunächst beiseite, – sie scheint voreilig im Sinne moderner Großmachtpolitik des 19. Jahrhunderts beantwortet –, so bleibt die behauptete Zurückstellung der religiösen Motive in den schwedischen Unternehmungen nach 1632 zu bedenken. Sie führt die Überlegungen zurück auf das Jahr 1634, in dem die *Historische Chronik* zum *Theatrum Europaeum* umbenannt wurde. Die Entkonfessionalisierung des Dreißigjährigen Kriegs durch Richelieu hätte demnach im langsamen Abrücken der Schweden von einer primär protestantisch betonten Kriegsführung eine gewisse Entsprechung gefunden. Das Jahr 1634 würde also noch einmal auf den Übergang von einer eher universalgeschichtlich ausgerichteten Chronik im Stil des *Theatrum Mundi* zu einer mehr partikular- und profangeschichtlichen Berichterstattung verweisen.

Dem entspräche die Auffassung Gustav Adolfs, „*daß wir in der Welt eine Komödie spielen und wie unterschiedlich Gott, der alle Dinge regiert, die Rollen verteilt, die wir Menschen hier in der Welt spielen sollen.*" Wie aus einer von ihm selbst gehaltenen und selbst aufgezeichneten Predigt hervorging, war dieser Satz als Auslegung des Bibeltextes vom reichen Mann zu verstehen (Berner). Der nähere Bezug zum Topos Welttheater ergab sich außerdem aus der Geschichtsdeutung, die seit dem 16. Jahrhundert unter den Schweden sehr verbreitet war und die auch Gustav Adolf noch geteilt hatte. Darnach fühlte er sich als Nachfahre des alten Gotenkönigs Berik, dessen „*Großtaten*" er „*über die ganze Welt hin bekannt und berühmt zu machen*" gedachte (Barudio,30). Diese Angaben lassen auf eine der Elisabethanischen Epoche analoge Zeitauffassüng der Schweden unter Gustav Adolf schließen, eine Auffassung, die nun, nach seinem Tod auf dem Schlachtfeld bei Lützen, einer weniger vergangenheitsbezogenen, dafür mehr an der europäischen Gegenwart orientierten Geschichtsvorstellung zu weichen begann.

Natürlich ist das Jahr 1634 nur eine Hilfsgröße. In Wahrheit überschnitten sich die verschiedenen Vorstellungskreise der Historiographie und lösten sich nur langsam voneinander ab. Wie es einerseits Hinweise auf den europäischen Zusammenhang mindestens schon seit Machiavelli gab, so war andererseits das Lebensgefühl des *Theatrum Mundi* im ganzen 17. und noch im 18. Jahrhundert gegenwärtig. Das Jahr 1634 und das folgende mit dem Kriegseintritt Frankreichs ist also nur als ein Indiz, wenn auch ein triftiges, für den Übergang vom *Theatrum Mundi* zum *Theatrum Europaeum* zu betrachten. So schrieb Engel: „Sicherlich ist es kein Zufall, sondern Ausdruck tiefer historischer Notwendigkeiten, daß der Kriegseintritt Frankreichs sofort von internationalen Friedensbemühungen begleitet gewesen ist und daß diese Bemühungen von 1634 an, wo er erwartet wurde, bis zum Kriegsende auch nicht abgerissen sind" (350).

Ob diese Bemühungen wirklich schon als „internationale" qualifiziert werden können, ist angesichts der Charakterisierung erst der modernen, nachrevolutionären Staaten als Nationen fraglich – trotz mancher Ausnahme wie der des Heiligen Römischen Reiches Deutscher Nation, die allerdings einen anderen Nationenbegriff vorausetzt. Nicht, dass diese Friedensbemühungen international waren, wird richtungweisend gewesen sein, sondern, dass sie, wie Engel fortfährt, „von Anfang an unter dem Leitstern eines allgemeinen europäischen Friedens, gestanden" haben (350). Richtungweisend war, dass der Eintritt Frankreichs in den Dreißigjährigen Krieg eine Europäisierung der Kriegshandlungen herbeiführte, die offenbar eine ebenso europaweite Einleitung von Friedenshandlungen nach sich zog. Die von

Richelieu angestrebte Entkonfessionalisierung des Dreißigjährigen Krieges hatte dem Krieg sein wichtigstes Motiv genommen.

Die Tatsache, dass die Europäisierung des Krieges mit einer Europäisierung des Friedens einherging, ließ sich auch auf der Ebene beobachten, die für Ausmaß und Möglichkeit von Krieg und Frieden entscheidend war: auf der der Kriegsführung. Der Kriegseintritt Frankreichs hatte „die bisher nur lokalen Auseinandersetzungen (...) zu einem großen zusammenhängenden Ringen vereinigt", heißt es bei Engel, „und dies, obwohl von nun an bis zum Ende des Krieges paradoxerweise keine großen, unter strategischen Leitlinien stehenden Feldzüge mehr geführt" wurden (348). So, wie sich das Kriegsgeschehen europäisierte, musste eine Pazifizierung auf der Ebene der grausamen konfessionellen Kämpfe selber stattgefunden haben. Dagegen wäre von einer Ausweitung der kriegerischen Handlungen auf das Gebiet ganz Europas auch eine Ausweitung der Grausamkeiten zu erwarten gewesen.

Indes waren sie bei einem „in ein allgemeines Hauen und Stechen" ausartenden Krieg (Engel,351) immer noch schrecklich genug, sie widersprachen jedoch zunehmend der inzwischen erkennbaren Form des Krieges. Das Theatrum Europaeum ließ sich also mit allem Vorbehalt als Ausdruck einer größeren Friedensnähe des Dreißigjährigen Krieges werten. Europäisches Moment dieses Krieges war, dass sein Schauplatz nun aus dem ganzen europäischen Kontinent bestand. Engel fasst ihn zum Begriff des Kriegstheaters zusammen. „Anders als bei den noch lokalen Kriegen (...) verband der Kriegseintritt Frankreichs im Jahre 1635 (.) alle west- und zentraleuropäischen Kriegstheater zu einem einzigen" (350). Der Kriegseintritt verband sie insgesamt zu einem europäischen THEATRUM BELLI.

Wie oben angedeutet (2.l), ist der Begriff THEATRUM BELLI in dieser Zeit zum ersten Mal – wenigstens definitiv – gebraucht worden. Während mit der Opulenz der italienischen Triumphzüge und mit Machiavellis Demonstration des Schauspiels schöner Heeresformationen eine Vorformulierung des Begriffs bereits gelungen war, tauchte die endgültige Formel erst hundert Jahre nach der Niederschrift der *Sieben Bücher über die Kriegskunst* auf. In Wallhausens *Corpus militare* von 1617 heißt es: „*Der Krieg ist (...) Theatrum vn Schawplatz der Ehren*" (Schulz/Basler,209). Einer der ersten Belege der rein lateinischen Form dürfte die 1650 herausgegebene militäramtliche schwedische Landkarte darstellen. Sie war mit „*Theatrum Belli Tricennalis*" überschrieben: Schauplatz des Dreißigjährigen Krieges (cf.Repgen,348,Anm.7).

Wallhausen hatte schon in seiner 1615 erschienenen Schrift *Kriegskunst zu Fuß* gleich auf der ersten Seite von den „schöne newe Batailie, oder Schlachtordnungen mit einem Fähnlein wie auch einem gantzen Regiment Knecht" gesprochen. Er war beim Prinzen Moritz von Nassau-Oranien in die Lehre gegangen, jenem Prinzen, dem die für den Absolutismus folgenreichste Reform, die des niederländischen Heeres, zu verdanken war. Auch die Reorganisation des schwedischen Heeres unter Gustav Adolf erfolgte nach den Richtlinien des Nassauers. Dieser selbst wiederum war stark von Machiavellis *Kriegskunst* beeinflusst (Delbrück,20), sodass sich die Vorformulierung des *Kriegstheaters,* hundert Jahre vor dem Auftauchen des Begriffes selbst, immer mehr als ahnungsvolle Vorwegnahme der späteren Entwicklung erweist.

Erstaunlich ist, dass man vor allem im protestantischen Milieu an Machiavellis *Kriegskunst* anknüpfte. Neben Moritz entwickelten protestantische Heerführer wie Gustav Adolf und später Cromwell, der die neue Lehre aus den Niederlanden nach England importierte, die Heeresformationen in der Tradition des Florentiners weiter fort und erlangten in der praktischen Durchführung ein Übergewicht über die Truppen aus dem katholischen Lager. Im einzelnen wird zwar schwer zu entscheiden sein, ob nicht die lutherische Einstellung des schwedischen Königs bzw. die calvinistische Cromwells für die Siege verantwortlich war , – bis zur Masse der Söldner schlug die religiöse Haltung hingegen nicht durch: sie war käuflich und wechselte je nach Kriegssituation von einem Lager ins andere (Delbrück,240) –, doch bleibt es bemerkenswert, dass die bedeutenden Organisatoren der Heere im 16. und 17. Jahrhundert keine Katholiken waren.

Der Einwand, Machiavelli sei ja auch kein gläubiger Katholik gewesen, ist insofern weiterführend, als er das reformerische Element seiner Vorschläge, das ihn den protestantischen Reformatoren empfohlen haben könnte, hervorhebt. Doch Machiavellis Reformwerk war vor allem darauf angelegt, einer möglichen Vertiefung des Glaubensstreites, dessen blutige Folgen er voraussah, vorzubeugen, und weil es auf den Vorrang der Form setzte, durfte es, wenn man so will, wieder als gut katholisch gelten. War die von ihm inspirierte Reform der von den großen Protestanten geführten Heere so durchschlagend, dass der

Glaubenskampf schließlich zu einer Sache zweiten Ranges werden und sich die ursprüngliche Absicht Machiavellis, die auf der Vortäuschung der Konfession beruhte, durchsetzen konnte?

Für das künstlerische Denken der Renaissance war es typisch, in allen Richtungen der Kunst nach Formen zu suchen, weil alles Ungestaltete, jede Deformation, so Ficino, nach einer Formierung verlangte (cf.Cassirer 1927,70f). Ein unförmiger Heerhaufen wäre ein Affront gegen den künstlerischen Gestaltungssinn gewesen. Das Interesse des Feldherrn hatte der formierten Ordnung, der Schlachtordnung, zu gelten. Dieses Interesse ist auch in den Religionskriegen nicht verlorengegangen. Gustav Adolf war ja selbst einer der Heeresreformer im Geiste Machiavellis. Delbrück rückte ihn ganz als Kriegskünstler ins Bild. Seinen Sieg in der Schlacht bei Breitenbach stellte er als „Sieg der Kunst über die (…) zu plumpe militärische Tüchtigkeit" der Kaiserlichen dar (206). *„Eine Bataille zu formieren, hatte er sonderlich seinesgleichen nicht"* (Ph.B.Chemnitz über Gustav Adolph,zit.v.Delbrück,207), und was die Schlachtordnung in seinen Feldzügen betraf, so rühmte Delbrück als ihren Vorzug „nicht ihre Offensivkraft, sondern ihre Unangreifbarkeit" (210;dagg. Brandt,1971,990).

Nach Delbrücks Worten musste eine Pazifizierung des Krieges schon vor dem Eintritt Frankreichs in den Dreißigjährigen Krieg ersichtlich gewesen sein. In der Tat wies der Verlauf der Religionskriege auf den Stil der Kabinettskriege voraus. Das Hauen und Stechen, in das Engel zufolge der Dreißigjährige Krieg nach 1635 ausartete, blieb eine Ausartung und eine besonders grausame dazu. Zum Wesen damaliger Kriegsführung gehörte der ungeordnete Kampf nicht. Es war dagegen in der Form als dem vorherrschenden Ordnungselement der Schlacht zu suchen. Ihr ist es zu verdanken, dass schon der Religionskrieg eine defensive Gestalt annahm. Er wurde seiner Struktur nach passiviert oder pazifiziert. So konnte sich das am Beispiel Richelieus beobachtete Phänomen einstellen, dass die Europäisierung des Krieges zugleich den europäischen Frieden näherbrachte. Die Entkonfessionalisierung der Kämpfe, ihre Neutralisierung, hatte in der geometrischen Ausrichtung der Schlachtformationen bereits eine feste Verankerung gefunden. Das Theatrum Europaeum war zu einem THEATRUM BELLI geworden.

Die Tendenz zur Neutralisierung der Feindschaft ist im *Theatrum Europaeum* (dem Geschichtswerk) selber nachzuweisen. Es ließ in der

Berichterstattung das langsame Abrücken von anfangs noch konfessionell gebundener Parteilichkeit zu einem christlich geeinten Standpunkt, den das Europa der Christenheit gegenüber dem türkischen *Antichrist* nach dem Ende des Religionskriegs eingenommen hatte, erkennen (Bingel,75). Auch wenn damit die Neutralisierung beim Kampf gegen außereuropäische Feinde wieder aufgehoben wurde, so breitete sich diese Tendenz doch wenigstens in Europa weiter aus.

Ein Abgrund trennte Wallhausens Ehrbegriff (*Schawplatz der Ehren*) vom englischen *honour*, für den Coriolan gegen die Volsker zu Felde zog. Das dem Welttheater Shakespeares immanente Moment der Feindschaft der Gefühle ließ eine Orientierung an der Form vermissen. Auch das englische Heer war diesbezüglich noch nicht weit vorangeschritten. Die Engländer wurden vor allem durch ihren antifranzösischen Affekt, der sich im Spott über die Verhaltensformen der Franzosen Luft machte, daran gehindert. Aber was die Formalisierung der Kriegsführung betraf, waren die Franzosen wegen ihres religiösen Bürgerkriegs in der zweiten Hälfte des 16. Jahrhunderts ebenfalls noch kaum vorangekommen – trotz der von Franz I. im Sinne Machiavellis durchgeführten Reformen (Gilbert,20). Das machte die Klage des John Smithe deutlich. Er schrieb 1590 im Vorwort zu seinen *Certain Discourses*, „*daß es für Engländer unmöglich gewesen sei, in den Bürgerkriegen (civill warres) von Frankreich oder den ungeordneten Kriegen (disordered Warres) der Niederlande irgendeine militärische Kunst oder Wissenschaft zu lernen, sondern eher das Gegenteil, nämlich Unordnung und Verwirrung*" (zit.v.Jorgensen,37).

Die französischen „civill warres" waren 1590 noch nicht beendet, sie dauerten bis 1598 an, der Krieg der Niederländer gegen die Spanier endete sogar erst mit dem Dreißigjährigen Krieg. 1590 war aber das Jahr, in dem die Nassauer, als hätten sie sich die Klage des John Smithe zu Herzen genommen, ihre nach ganz Europa ausstrahlende Heeresreform bereits durchzuführen begannen (Delbrück,181). Am ungeordneten Zustand des englischen Heeres, wie er in den darauf folgenden Jahren in die Dramen Shakespeares eingegangen war, änderte das allerdings nichts mehr (Jorgensen,37). Dagegen fügte sich das Kriegstheater, definiert als Schauplatz der Ehren, schon in den Schaucharakter ein, den Wallhausen den Niederländern abgesehen hatte.

Wallhausens Formel ist jedoch nicht die einzige geblieben. Neben ihr existierte jene andere, bereits mitgeteilte, lateinische Version: *Theatrum Belli Tricennalis* – die Aufschrift der militäramtlichen schwedischen Landkarte des Dreißigjährigen Krieges. Der Umstand, dass das THEATRUM BELLI eine Landkarte der Militärs als Aufschrift zierte, könnte glauben machen, es handele sich bei dieser Version um nichts anderes als um die Bezeichnung eines militärischen Geländes, welches später, im modernen Krieg, tatsächlich den Namen *Kriegstheater* annahm. Selbst ein Rückblick auf Machiavelli scheint diese Sicht zu bestätigen. Fabrizios Antwort auf Callimacos Frage im zweiten Buch der *Kriegskunst*, ob nicht die Erfolge der persischen Reiterheere über die Römische Infanterie einen gewichtigen Einwand gegen die von jenem geäußerte Hochschätzung der Fußtruppen darstellten, machte ja auf den Unterschied des Geländes in Asien und Europa aufmerksam. Die Begrenzung der Kriegskunst auf das europäische Terrain führte somit an einer für die Überlegungen Machiavellis wichtigen Stelle den Kontinent Europa unter dem scheinbar ausschließlichen Gesichtspunkt des militärischen Geländes ein.

Allerdings ließ Fabrizio es nicht bei der trockenen Feststellung, Europa habe keine Wüsten, in denen irgendwelche ungeordneten persischen Reitertruppen zum Angriff übergehen könnten, bewenden. Sein Hinweis auf das europäische Terrain war mit der Antwort auf Callimacos zweite Frage, worin denn heute die Übermacht eines geordneten Fußvolks über die Reiterheere bestehe, verbunden. Die Übermacht lag für Fabrizio, getreu der Konzeption Machiavellis, in nichts anderem als der Ordnung der Infanterie selbst. Jeder Reiteransturm müsse vor einem Pikenhaufen zum Stehen kommen. Das Pferd sei ein verständiges Tier und habe Angst, wenn es Grund dazu gebe. Man solle nur versuchen, mit ihm gegen eine Mauer zu reiten, und man werde sehen, wie es nach links oder rechts ausweiche (1833,48ff). Allein in der mit Piken bewehrten Menschenmauer einer Schlachtordnung lag also die Macht der Infanterie. Daher rührten die Umdispositionen zwischen Reiterei und Fußtruppen, die Machiavelli empfahl.

An dieser Stelle kam das europäische Terrain ins Spiel: Es bildete den Rückhalt für die Ordnung der Heeresformationen. In der Wüste, das heißt, in freiem Gelände, waren diese Formationen nämlich, da von allen Seiten her bedroht, so gut wie aufgeschmissen. In den durchschnittenen Gebieten Europas aber konnte sich der Feldherr eins der vielen natürlichen Geländehindernisse als Rücken- oder Flankenschutz zunutze machen und so die militärischen Vorteile der Ordnung seiner Fußtruppe gegen eine Reiterei ausspielen, die im Vergleich zur Infanterie immer nur sehr schwer zu ordnen war.

Wie man sieht, war die europäische Topographie, war Europa für Machiavelli kein einfach militärisches Gelände. Es diente als Rückhalt und als Basis für die Heeresreform – für seine eigene, wie für die seiner späteren Nachahmer. Das Schauspiel der Heeresformationen, das *spettacolo*, war ohne das durchschnittene Gelände, das der europäische Kontinent dem Anblick eines Truppenkünstlers darbot, nicht zu denken, und da Europa seiner topographischen Anordnung nach eine Entfaltung der Heeresformationen möglich machte, konnte es zugleich als Schauplatz des Krieges, als THEATRUM BELLI, gedacht werden.

Von Machiavelli ist daher eine moderne Auffassung des Topos schwerlich abzuleiten, und da seine *Kriegskunst* so manche Argumentation aus dem folgenden Jahrhundert vorwegnahm, sollte es überraschen, wenn die Bezeichnung der schwedischen Kriegskarte grundsätzlich anders zu bewerten wäre als die von Machiavelli vorgetragenen geographischen Erörterungen. Zwar mochte es die als Aufschrift eines Kartenwerks fungierende Bezeichnung dem 18. und 19. Jahrhundert erleichtert haben, das *Kriegstheater* als modernen kartographischen Begriff zu gebrauchen, jedoch hatten die Schweden in der Mitte des 17. Jahrhunderts etwas anderes darunter verstanden. Das *Theatrum Belli Tricennalis* besaß eine Qualität, die den modernen Karten abging. Sie hing mit dem emblematischen Bildcharakter der Weltvorstellung des Barock zusammen. Landkarten waren eine Form des *Theatrum Emblematicum*.

2.4.3 SCHAUCHARAKTER DES EMBLEMS

Eines der noch im 17. Jahrhundert berühmtesten Kartenwerke, die den emblematischen Charakter belegen, war der von dem Niederländer Abraham Ortelius zusammengestellte Atlant mit dem Namen *Theatrum Orbis Terrarum* (Theater des Erdkreises oder Theater der Welt). Dieser Atlas, dessen erste Ausgabe 1576 in Antwerpen herauskam, wies zwei markante Neuigkeiten auf. Erstens enthielt er Welt- und Landkarten, die alle auf eine relativ uniforme und handliche Größe reduziert waren. Die Karten von sechs Quadratmetern Größe und mehr, die die Wände der Säle in den Palästen von Kaisern, Königen und Prinzen dekorierten, wurden erheblich verkleinert und in einem einzigen Band vereinigt, sodass sie die Form eines nicht nur Königen, sondern auch Bürgern zugänglichen und für Bürger erschwinglichen Buches annahmen. Zweitens wurde dadurch, dass jede Karte auf der Rückseite mit einem historiographischen Begleittext zum betreffenden Land oder zur betreffenden Region versehen war, eine bis dahin nicht bekannte Einheit zwischen Kartenbild und Kartentext erreicht (Koeman,25f).

Die Einheit von Bild und Text war von den zeitgenössischen Emblemen her bekannt. Sie bestand aus dem Motto (inscriptio), dem Bild (pictura) und der das Sinnbild aufschlüsselnden Unterschrift (subscriptio). Eine spätere englische Kurzausgabe des Atlanten von Ortelius, die, mit Reimen versetzt, 1603 in London herauskam, hatte denn auch die Ankündigung auf der Titelseite in ein Theateremblem gefaßt (Abb.23). Statt des Bildes aber war nur der Text der Ankündigung des *Theatrums* zu sehen. Für das fehlende Sinnbild entschädigte das Frontispiz, das die Ausgabe des größeren Originals von 1570 zierte (Abb.24). Es handelte sich um die Titelseite des *Theatrum Orbis Terrarum,* deren allegorische Abbildungen den Inhalt des gesamten Bandes figurativ zusammenfassten – eine Art bildliches Motto. Die Darstellung stammte nicht von Ortelius selber, dessen größeres Geschick ohnehin in der Sammlung, Zusammenstellung und textlichen Aufbereitung der zumeist von anderen Geographen hergestellten Karten bestand, sondern von einem gewissen Hogenberg (cf. Skelton,VIII), doch auch er schöpfte sein Bildmaterial aus dem zeitgenössischen allegorischen Fundus. So hatte Hogenberg auch nur die bildliche Darstellung der Allegorien übernommen, während ein anderer, der Holländer Adolph Mekerch aus Brügge, ein Jahr später, 1571, die Explikation des Frontispizes in lateinischen Versen nachlieferte (Abb.26). Das Original hatte sich noch auf die allegorische Figuration beschränkt, ohne einen explizierenden Text hinzuzufügen.

Für die damaligen Betrachter, die sich in der Verweisungsstruktur der Allegorien auskannten, war der Sinn wohl auch ohne Text zu erfassen. Was das Bild an geheimen Bezügen verbarg, war vermutlich der inzwischen eingetretenen historischen Situation zu entnehmen. So verstand Adolph Mekerch seinen Text nicht etwa als den Versuch einer Interpretation, sondern eben als „Explicatio Frontispicii" (er schrieb sie in Form einer Rhapsodie nieder), d.h. Mekerch wollte weniger eine Auslegung des Bildes geben, er wollte nur dessen auch ohne Text erfassbaren Sinn rhetorisch entfalten, explizieren. Im Unterschied zu einem Emblem, dessen Sinn erst von einem Text aufgedeckt werden musste, stand die Allegorie in der

Regel von vornherein für eine Bedeutung ein, aus der sie bildlich nur noch abgeleitet zu werden brauchte. Insofern war sie schneller durchschaubar (cf.Schoene,30-34).

Folgt man der Erklärung Mekerchs, dann hat man sich in der Herrscherin, die oben auf dem bühnenähnlichen, von Ferne an ein bedeutendes Grabmal oder einen fürstlichen Triumphbogen erinnernden Aufbau thront (Abb.24), die Königin Europa, die „Regina", vorzustellen. Sie ist die „Königin der Erde" (cf.Ludewig,XIV). In der rechten Hand hält sie das Szepter, die Linke hält den Reichsapfel. Er hat die Form eines von einem Kreuz überragten Globus angenommen. „Auf diese Weise symbolisiert sie den Zugriff der Macht des *katholischen* Europa über die ganze Welt" (Koeman,34;Hervorhebung v.V.).

Dieser Erklärung kann man trotz der 1570 bereits in ganz Europa, auch in den Niederlanden, spürbaren Reformationsbewegung zustimmen, da Ortelius aufgrund seines *Theatrums* zum Kosmographen Philipps II. avanciert war und alles tat, um nicht zwischen die konfessionellen Fronten zu geraten. Mekerch hielt sich in der konfessionellen Frage, so weit zu sehen, eher zurück, was als ein Vorgriff auf ein weniger religiös zerrissenes, toleranteres Europa verstanden werden könnte. Dagegen ging er ausführlicher auf die Fruchtbarkeit Europas ein, jener Tyrerin Europa, die von Bacchus, dem Gott des Weines, verehrt worden sein soll (cf.Text zur Europakarte,Ortelius 1964,5). Die Herrscherin des Erdkreises ist entsprechend in einer Laube mit rankendem Wein, dem Zeichen der Fruchtbarkeit europäischen Bodens, dargestellt. Zur Rechten und zur Linken erscheint je ein weiterer Globus als Dekorationselement, sodass Europa insgesamt von drei Emblemen dieser Art, den Reichsapfel in ihrer linken Hand als Globus mit einberechnet, umgeben ist.

Die anderen vier weiblichen Figuren stellen die vier außereuropäischen Kontinente dar, jede mit mindestens einem für den Kontinent typischen Symbol versehen. Links an der Säule befindet sich die Allegorie Asiens, – eine reich geschmückte orientalische Prinzessin mit einem Weihrauchgefäß in der linken Hand –, rechts an der Säule die wegen der hohen Temperaturen nur mit einem Tuch bekleidete Figur Afrikas, – mit einem Balsamzweig in der rechten Hand und einer Feuerkrone, die noch einmal die auf dem Kontinent herrschende Hitze symbolisiert. Am Boden liegt das von den Spaniern neu entdeckte Amerika – eine nackte Amazone mit Keule, Pfeil und Bogen, deren kannibalische Wildheit durch einen abgeschlagenen Männerkopf sinnfällig gemacht wird. Rechts neben ihr steht die Büste des fünften Kontinents, Magellanica genannt. Er war den Geographen vorerst nur von seiner Nordküste her, die sich bis zum von der Flamme unter der Brust angedeuteten Feuerland hinziehen sollte, bekannt, daher die Form der Büste. Eine wie die andern Kontinente in voller Größe dargestellte allegorische Person konnte Magellanica erst werden, wenn es völlig bekannt und kartographisch voll erfasst sein würde.

Vergleicht man dieses Frontispiz mit den Trionfodarstellungen aus der italienischen Renaissance (2.1), so fällt auf, dass der Globus ein kontinuierlich verwendetes Element der bildenden Künstler war. Er blieb das Emblem der Macht des Fürsten oder Königs. Das war keine Neuigkeit. Neu war jedoch, dass diese Macht Europa sichtlich als Ganzem und nicht irgendeinem weltlichen bzw. kirchlichen Fürsten innerhalb Europas wie etwa Lorenzo de Medici oder Papst Julius II. zugeordnet wurde. Zu deren Zeit war Amerika gerade erst entdeckt worden, und die geographischen Kenntnisse reichten noch nicht aus, um die Umrisse dieses neuen Kontinents, des vierten der damals bekannten, zu erfassen. Zwar war das *Theatrum* von Ortelius nicht der erste Atlas, der die neue Welt mit einschloss, aber er war eine der ersten Zusammenfassungen der einzelnen Karten zu einer geographischen Gesamtansicht der Erde. Kenntnisse und Fertigkeiten der Geographie im 16. Jahrhundert wuchsen mit Zunahme der Entdeckungen. Der Aufschwung der Geographie war eine direkte Konsequenz der Machtausweitung der europäischen Königreiche, die zugleich die zwischenstaatlichen Verhältnisse zu regulieren begannen, sodass die einzelnen Reiche lernten, sich auch politisch als Teil des europäischen Kontinents zu begreifen.

Es ist dieses Europa, dem die anderen Kontinente auf dem Frontispiz gleichsam zu Füßen liegen, obwohl die alten Kontinente Asien und Afrika dadurch, dass sie aufrecht stehen, eine durchaus würdige Stellung einnehmen. Aber die europäische Regina thront über allen. Auf der Rückseite seiner Europakarte gab Ortelius dieser neuen Disposition der Macht einen beredten Ausdruck. „Plinius nennt Europa die Nährmutter des Volkes, das den Sieg über alle ánderen Völker davontrug, und den schönsten aller Erdteile. Europa hält nicht mit seiner Größe, jedoch mit seinen Vorzügen den Vergleich mit Asien und Afrika aus. Fest steht, daß es, da am bewohnbarsten, keinem dieser beiden Erdteile an Einwohnerzahl unterlegen ist. (…) Die größte Stadt ist Rom, das einst die Herrin des ganzen Erdkreises war" (Abb.26;Übersetzung v.Edith Otremba).

Der Rückgriff auf einen Klassiker der römischen Antike wie Plinius schien zunächst nicht eine neue, sondern eine alte Disposition zu umreissen. Rückgriffe solcher Art waren der Zeit geläufig und als Reverenz an die Alten gedacht. Doch indem sie die Kontinuität des historischen Raums unterstrichen, trugen sie zugleich zur Markierung der neueren Entwicklung bei.

Im lateinischen Text des Originals von Ortelius war das schon optisch erkennbar. In ihrer graphischen Anordnung unterschlägt die deutsche Version die Zäsur, die Ortelius nach dem letzten zitierten Satz über Rom als ehemaliger Herrscherin der Welt gemacht hatte (Ortelius 1964,5;Abb.27). Einst – olim – war Rom die Weltherrscherin, nun ist es Europa, mit dem auch der neue Absatz beginnt. „Dieses unser Europa, dem über das Römische Reich der ganze Erdkreis Verehrung schuldet, hat insgesamt über achtundzwanzig christliche Königreiche, wenn man die vierzehn, die Damian von Goes allein in Spanien zählt, hinzurechnet. Daran läßt sich die große Würde dieses Kontinents ermessen. Der Erdteil ist über die Maßen fruchtbar und hat ein ausgewogenes, hinreichend mildes Klima. Keinem anderen Erdteil steht es nach in der Menge von Früchten aller Art, von Wein und Bäumen; vielmehr ist es den besten Gebieten vergleichbar: es hat eine anmutige Landschaft, ist geschmückt mit den schönsten Städten, Dörfern und Siedlungen; der besonders hervorragenden Eigenschaften der Völker und Stämme wegen zieht man Europa, auch wenn es kleiner an Umfang ist, allen anderen Erdteilen vor" (Ortelius 1972,4;Abb.27).

„Haec nostra Europa (dieses unser Europa)" – das Possessivpronomen zeugte von einem neuen Stolz, dem Stolz, den schönsten und fruchtbarsten Teil der Erde zu besitzen. Zwar war die europäische Region (regio) kleiner als alle anderen Kontinente, aber sie war die mächtigste. Nicht nur die Welt in den Grenzen des römischen Imperiums, sondern der ganze Erdkreis war zur Verehrung Europas angehalten. Darin, in dem sich über die ganze Erde erstreckenden Raum, war die neue Dimension der Macht zu erkennen, die das 16. Jahrhundert von der Antike unterschied.

Die potentielle Botmäßigkeit der ganzen Welt hatte Europa indes weder allein durch seine Fruchtbarkeit, noch durch das milde Klima erreicht. Den Kern der Macht schien Ortelius ähnlich wie Machiavelli in der Anzahl der Königreiche auszumachen. „Ihr wißt", sagte Fabrizio zu seinen Gesprächspartnern an der Stelle, wo er sie über die Ursachen der Feigheit unter den Italienern aufklärte, „Ihr wißt, daß Europa das Andenken einer Menge großer Männer preist, die sich durch den Krieg berühmt gemacht haben; Afrika hat nur wenige hervorgebracht; Asien noch weniger. Dieser Unterschied rührt daher, daß es in den beiden letzten Weltteilen nur eine oder zwei Monarchien und wenige Republiken gab, wohingegen in Europa viele Republiken und einige Monarchien waren. Die Menschen aber zeichnen sich nur dann in einer Kunst aus, oder glänzen durch ihre Tapferkeit hervor, wenn sie der Staat anwendet, oder aus der Dunkelheit hervorzieht, sie mögen in einer Monarchie oder Republik leben. Wo viele Staaten sind, entstehen viele große Männer, und wo wenige Staaten sind, wenige" (Machiavelli 1833,69).

Wie oben gezeigt wurde, kritisierte Machiavelli im Unterschied zu Ortelius den zeitgenössischen Zustand Europas, weil er dort zu wenig Monarchien bzw. Republiken ausfindig machen konnte – daher die Feigheit. Er nannte neben Italien nicht nur Frankreich, sondern ausdrücklich auch Spanien. „Ganz Frankreich hat nur einen König, Spanien gleichfalls, und Italien ist nur in wenige Staaten geteilet" (1833,71). Demgegenüber sah Ortelius eine Vielzahl von europäischen Königreichen, von denen Spanien allein fast die Hälfte stellte. Um so viele Staaten konnte sich Europa in den fünfzig Jahren, die die Entstehung der *Kriegskunst* vom Erscheinen des *Theatrum Orbis Terrarum* trennten, jedoch nicht vermehrt haben.

Will man die Differenz in der Angabe der Anzahl europäischer Staaten erklären, wird die veränderte historische Situation als bedeutsames Moment hinzuzuziehen sein. Dass Machiavelli an der zitierten Stelle die Antike gegen das Italien seiner Zeit ausspielte, hing mit der prekären Lage der italienischen Stadtstaaten zu Beginn des 16. Jahrhunderts zusammen. Zu dieser Lage gehörte nicht nur die unzureichende Heeresorganisation, sondern sehr buchstäblich die Lage selbst, die geographische Lage Italiens – heute würde man sagen: die geopolitische Lage. Italien war ein in seinen Handelsunternehmungen auf das Mittelmeer ausgerichtetes Land. Im 15. und ganz besonders im 16. Jahrhundert vollzog sich aber die Verlagerung des Handelszentrums vom Mittelmeerraum nach Westen an die Atlantikküste. Italien war gegenüber Staaten wie Frankreich, England und Spanien geographisch hoffnungslos ins Hintertreffen geraten.

Ortelius ging bereits von einem ganz anderen Machtgefühl aus. Es äußerte sich schon in der Form, mit der er Philipp II. sein *Theatrum* zueignete. „Herrn Philipp von Österreich, dem Sohne Karls V., des Kaisers des Römischen Reiches, dem König Indiens, Spaniens und anderer (Länder), dem Herrscher des ausgedehntesten Reiches aller Zeiten und der ganzen Erde, überreicht und widmet Abraham Ortelius aus Antwerpen (dieses Buch)." Das mächtigste Reich war nicht das alte Rom, es war das Römische Reich (Deutscher Nation) unter Führung des Königs von Spanien. Das Zentrum der Macht hatte sich nach Westen verlagert. Dennoch hielt Ortelius an der Auffassung Machiavellis fest, erst eine Vielzahl von Königreichen könne die Größe oder, wie Ortelius es ausdrückte, die Würde begründen. Als Ehrenerweis für Philipp II. und um die Würde seines spanischen Königreichs besonders in den Vordergrund zu stellen, mochte er daher desto lieber auf die vierzehn Königstaaten, die der von ihm namentlich genannte Damian von Goes allein in Spanien gezählt hatte, hingewiesen haben.

So leicht ist jedoch der Widerspruch in den Angaben von Machiavelli und Ortelius nicht behoben. Der Augenschein sprach mehr für den Italiener: Spanien hatte nur einen König, auch wenn dieser sich immer wieder gegen regionale Aufstände durchsetzen musste. Diese Aufstände dürfte Ortelius jedoch kaum gemeint haben, es sei denn indirekt, als Anspielung.

Wenn man den Text zur ersten Karte, der Weltkarte *Orbis Terrarum*, betrachtet, entdeckt man eine längere Passage, die einen Beitrag zur Klärung des Widerspruchs leisten könnte. „*Und diese vielen Erdteile,* schreibt Plinius im zweiten Teil seiner Naturgeschichte, *die in Wahrheit aber, wie viele uns überliefert haben, nur einen kleinen Punkt des Weltalls (denn nichts anderes ist die Erde im Weltall) ausmachen, sie sind der Schauplatz (sedes) unseres Ruhmes: hier verwalten wir unsere Staatsämter, hier erfüllen wir unsere Aufgaben als Feldherren im Krieg (hic exercemus imperia), hier streben wir nach Besitz und Macht, hier stiftet das Menschengeschlecht Unfrieden, hier beginnen wir auch Bürgerkriege (bella civilia); indem wir uns gegenseitig morden, machen wir die Erde geräumiger (mutuisque caedibus laxiorem facimus terram*" (Ortelius,1972,1).

Hinter Plinius, hinter einer Autorität der römischen Antike konnte sich Ortelius, wenn er wollte, gut verschanzen. Er brauchte dann weder die Aufstände auf der iberischen Halbinsel, noch den für ihn wie jeden Niederländer viel bedrohlicheren Aufstand der eigenen Landsleute gegen die Spanier, der kurz vor dem Erscheinen des *Theatrums* losgebrochen war, gutzuheißen oder zu verdammen. Das Zitat von Plinius vermochte so durchaus den Rang eines verschleierten Kommentars zu diesen Ereignissen einzunehmen, nur in unverfänglicher Form. Und Ortelius war sehr darauf bedacht, sich aus dem Glaubensstreit herauszuhalten. Das eifrige Bemühen, mit der Illustration seiner Karten keinen Verdacht bei den spanischen Katholiken zu erregen und die Reaktion auf Espinosas Unmut sprachen für sich. Espinosa, Kardinal am Hof Philipps II., hatte sich darüber beschwert, dass auf der Karte von Spanien sein Geburtsort nicht eingetragen sei. Ortelius holte das, so bald er konnte, nach: In der Ausgabe des *Theatrums* von 1573 wurde ein Ortsname ausgelöscht und der des Kardinals an seine Stelle gesetzt (Koeman,15 u.36f).

Die von Plinius genannten bella civilia waren der zeitgenössischen historischen Auffassung nach geeignet, den religiösen Bürgerkrieg im ausgehenden 16. Jahrhundert mitzumeinen. In entsprechend abgewandelter Form deckten die englischen Thronfolgekriege aus dem 14. und 15. Jahrhundert die schwelenden religiösen Auseinandersetzungen in der Elisabethanischen Zeit ab (2.3). Durch diese Prozedur wurde zwar, wie schon erwähnt, die klare Einsicht Machiavellis in die Grausamkeit von Religionskriegen und sein von Misserfolg gekrönter und später von den Engländern mit ähnlichem Misserfolg wiederholter Versuch, die Kriege nach außen abzulenken, in den Hintergrund gedrängt. Seine andere, mit der Vielzahl von Königreichen in Europa verbundene Einsicht aber, dass es nicht nur der Kriegsbereitschaft, sondern auch der Kriege bedürfte, um in Frieden zu leben, ja, dass Frieden und Krieg sich gegenseitig bedingten, blieb erhalten.

Der Rückgriff auf die römischen Klassiker diente dem in Florenz und in Antwerpen gemeinsam herrschenden Bewusstsein des 16. und 17. Jahrhunderts, Krieg und Frieden würden im Kreislauf der Zeiten aufeinander folgen, weil der Frieden, wie es der Diener des Aufidius im *Coriolan* behauptete, notwendig zur Faulheit reizte und den Nachbarstaat zum Eroberungsfeldzug einlud. Das sich daraus ergebende Konstrukt eines Europa aus möglichst vielen konkurrierenden Kleinstaaten, die sich gegenseitig nie in Ruhe ließen, um die kriegerische virtù nicht in Verruf zu bringen, mochte gerade in Italien und den Niederlanden, den aus mehreren potenten Kleinstaaten zusammengesetzten Ländern, eine politisch naheliegend Idee sein. Sie hielt allerdings mit der historischen europäischen Entwicklung, die überwiegend zu größeren Territorialstaaten führte, kaum Schritt.

Vielleicht verbarg jener Satz von Plinius, der einen Zusammenhang zwischen Krieg und Raum herstellte, neue Bedeutungen. „Indem wir uns gegenseitig morden, machen wir die Erde geräumiger." So sehr dieser Zusammenhang auf den konfessionellen europäischen Bürgerkrieg anwendbar war, so sehr konnte er über den Horizont Europas hinausweisen und auf die anderen, in der Antike nicht bekannten, Kontinente bezogen sein. Dafür spräche der Umstand, dass der Pliniustext nicht zur Europakarte, sondern zur Weltkarte gehörte. Ortelius hätte mit dem gegenseitigen Morden dann nicht die Europäer unter sich, sondern die Europäer auf der einen Seite und die Einwohner der von ihnen neu entdeckten und eroberten Kontinente auf der anderen gemeint. Aus dieser Sicht wäre Europa in der Tat der eher idyllische Kontinent gewesen, als der er im Kartentext von Ortelius erschien. Das gegenseitige Morden würde sich dann auf die kriegerischen Auseinandersetzungen zwischen den Europäern und den Bewohnern der übrigen Kontinente beschränkt haben.

So gesehen, hätte das *Theatrum Orbis Terrarum* von 1570 eine Brücke zu den späteren Bänden des *Theatrum Europaeum* geschlagen, jenen Bänden, die von der nach dem Ende des Religionskriegs auftretenden Bereitschaft zu größerer Toleranz unter den christlichen Konfessionen und von einer größeren Geschlossenheit der Christen gegenüber den Türken am Ende des 17. Jahrhunderts berichteten. Wenigstens ist anzunehmen, dass der Verweis auf die Antike über das Zitat von Plinius zu einer stärkeren Gegenwartsnähe der historischen Anschauung in dem Maße beitrug, wie die europäischen Staaten in neue Räume der Erde vorzudringen begannen. Von ihnen waren keine altbekannten, sondern nur unbekannte Geschichten zu berichten. Die mit dem Krieg beabsichtigte Raumvergrößerung ließ sich auf eine vorher ungeahnte Weise außerhalb Europas ins Werk setzen und konnte als territoriales Unterpfand für eine Pazifizierung des Kriegs im europäischen Raum fungieren.

Sollten diese Überlegungen den Sinn der Subskriptionen des Kartenwerks von Ortelius annähernd zutreffend entfaltet haben, – auch das Frontispiz mit der blühenden, gar nicht in sich zerstrittenen Regina Europa spräche, falls es nicht einfach als Huldigung für Philipp II. gedacht war, für die gegebene Explikation –, dann ließe sich vom

Theatrum Orbis Terrarum auch eine Brücke zurück zu den italienischen Triumphzügen schlagen, in denen der Globus ein so bedeutendes emblematisches Gebilde darstellte. An der mit dem Abschluss des europäischen Religionskriegs sich durchsetzenden Formalisierung des Kriegsgeschehens wäre eine Tendenz abzulesen, die offenbar bis tief in die Renaissance hineinreichte. Sie wurde oben mit der an der Kugelemblematik gewonnenen Formel, dass der Frieden der Hohlraum des Krieges und der Krieg die Außenfläche des Friedens sei, umschrieben. Trotz Machiavellis Kritik an der zu vorsichtigen Kriegsführung der Condottieri, trotz seines unverblümten Eintretens für die Zerstörung der Hauptstädte, das ihn stellenweise so modern erscheinen ließ, – die Verschonung der Städte würde angeblich nur die Feigheit der Bewohner stärken (1833,69-73) –, wäre sein Konzept formaler Kriegskunst, das schließlich im 17. Jahrhundert in vielen europäischen Heeren zu Ehren gelangte, nur die systematisierte Fortführung der Kriege der Condottieri und ihrer Trionfi gewesen, und der Religionskrieg hätte sich als Episode erwiesen.

Die Herstellung solcher Längsverbindungen wäre aufgrund der rätselhaften Struktur von Emblemen durchaus vertretbar, nur würde die These von der größeren Gegenwartsnähe des *Theatrums* damit nicht gestützt, es sei denn, man unterstellte, sie sei in der gesamten Epoche der Renaissance wirksam gewesen. Doch schon das englische Beispiel spricht dagegen. Mag man dies auch mit der insularen Sonderentwicklung Englands gegenüber dem europäischen Kontinent begründen, so ist doch nicht zu übersehen, dass die englische Insel auch im *Theatrum Orbis Terrarum* als Teil Europas verzeichnet wurde. Außerdem spricht neben dem englischen Einfluss der spanische gegen die Vermutung, das Verständnis von Historie hätte sich aktualisiert. Das *Große Welttheater* von Calderon, das den ewigen Kreislauf der Zeit sowie den Auf- und Niedergang des irdischen Reiches beschwor, kam erst gut hundert Jahre nach dem *Theatrum* von Ortelius heraus.

Wenn die These von der aktualisierenden Tendenz stimmen soll, müssten sich in der Dramaturgie des *Theatrum Orbis Terrarum* weitere Spuren einer größeren Aktualität des Geschichtsverständnisses, die die vergangenheitsbezogenen Momente der Historienauffassung des *Theatrum Mundi* überlagerten, nachweisen lassen.

2.4.4 DAS AUGE DER GESCHICHTE

Im Vorwort an die Leser stufte Ortelius sein *Theatrum* mehrfach als ein Werk der Historiographie ein und stellte einige Besonderheiten heraus. Während er die Texte auf der Rückseite „historische Diskurse" nannte, bezeichnete er die geographischen Darstellungen als „das Auge der Geschichte". Das Studium der Historie würde mit dem *Theatrum* mehr Freude machen als bisher, weil man mit den Augen verfolgen könnte, wo was passiert wäre. Die Schauplätze der Geschichte kämen dem Studenten so vor, „als wären sie ganz präsent und als würden sich die Geschehnisse jetzt vor den Augen des Betrachters auf ihnen abspielen – as if they were at this time present and in doing", heißt es in der englischen Übersetzung von 1606. Anhand eines Beispiels aus dem *Theatrum* führte Ortelius dem Leser vor Augen, wie er sich fühlen würde, wenn er etwa die Karte von Palästina aufschlüge, deren zugehöriger Text einen Diskurs über die Geschichte der *Heiligen Schrift* enthielt. „Wir sehen die Geschichte beinahe so vor unseren Augen ablaufen, als wären wir dort – We doe almost as well see it as if we were there."

Das *Theatrum Orbis Terrarum* war demnach eine anschauliche Universalgeschichte vom Anfang der christlichen Welt bis zum europäischen Geschehen im 16. Jahrhundert. Dadurch unterschied es sich von einem Geschichtswerk wie dem des *Theatrum Europaeum*, das den Schwerpunkt von der *Historia universalis* auf die *Historia particularis* des 17. Jahrhunderts verlagert hatte. Insoweit wäre Ortelius mit seinem Atlanten mehr der Tradition der vergangenheitsorientierten Historiographie verhaftet geblieben. Seine auf das „Theater" der Historie, auf die „Schauplätze" der Geschichte bezogenen Formulierungen schienen jedoch die mehr gegenwartsorientierte Perspektive zu betonen. Dem Betrachter des *Theatrum Orbis Terrarum* wurde von Ortelius nicht zugemutet, sich in die alten Zeiten zu versenken, um die Geschichte vom Anfang der Welt umständlich nachzuvollziehen. Ihm wurde im Gegenteil versprochen, dass die Geschichte und die Schauplätze, auf denen sie stattgefunden hatte und stattfand, gewissermaßen zu ihm kämen, mit dem Ergebnis, dass er sie bequemer und freudiger verfolgen könnte – wie ein Zuschauer im Theater.

In der Kartographie des Ortelius boten sich Orte und Zeiten der *Historia universalis* so dar, als ob es sich um Orte und Zeiten der Gegenwart Europas im 16. Jahrhundert handelte. Diese Tendenz wurde durch die Tatsache verstärkt, dass die Zuschauer im *Theater der Erde* (= *Th.Orb.Terr.*) nicht ausschließlich Leute waren, die zu kleine Räume besaßen, um die alten Wandkarten bei sich aufzuhängen. Gewiss galt sein kommerzielles Interesse vornehmlich dem Bürgerstand, aber wichtiger war das *Theatrum*, wie es im Vorwort weiter heißt, vor allem für „Expeditionen und Reisen von großen Königen, Kapitänen und Kaisern – of great kings, Captaines and Emperours." Ihnen riet er zum Studium seines Kartenbandes, weil in den „Histories", die sie konsultierten, – den bisherigen Historiographien –, Länder und Plätze meistens falsch beschrieben und daher nicht richtig zu verstehen wären. Ein solches Studium war natürlich auch der Verbesserung der Kriegskunst dienlich, sodass die inneren Bezüge des *Theatrum Orbis Terrarum* zum THEATRUM BELLI und zur militärämtlichen Landkarte des schwedischen Königreichs für den Dreißigjährigen Krieg, dem *Theatrum Belli Tricennalis*, transparent werden.

Das Kartenwerk des Ortelius fand unter seinen Zeitgenossen große Bewunderer. Deren größter war der Pariser Kosmograph Guillaume Postel. Er nannte das *Theatrum* in einem Brief von 1579 „das Hauptwerk der Welt nach der Heiligen Schrift" (zit.v.Koeman,37). Sein Lob ließ eine Auslegung zu, in der das *Theatrum Orbis Terrarum* fast als ein Konkurrenzprodukt zur Bibel erschien. Ortelius wies im Vorwort an den Leser darauf hin, wieviel anschaulicher diesem die Geschichten aus der Bibel mit Hilfe der Palästinakarte präsentiert werden würden. Das war eine Empfehlung, die Bibel in Zukunft nur noch zu lesen, wenn daneben die entsprechende Karte des *Theatrums* aufgeschlagen lag. Den Bibelgeschichten ging die Anschaulichkeit des Bildes ab. Sie hatten zu sehr den Charakter der *Heiligen Schrift*. Ihnen fehlte die kartographische Aufbereitung als Auge der Geschichte: das *Theater der Erde*.

Der Pariser Kosmograph wertete jedoch mit dem Lob auf das Werk seines Kollegen aus Antwerpen nicht nur die neue Kartographie des ausgehenden 16. Jahrhunderts auf, er wertete dadurch, dass er ihre Leistungen neben die der Bibel stellte, indirekt auch die alte Kartographie ab. Allerdings nicht so sehr die unmittelbaren Vorläufer von Ortelius, deren Kunstwerke weitgehend ins *Theatrum* integriert worden waren, sondern vor allem jene Kartographen, die das Bild der Erde bis hinein ins späte Mittelalter geprägt hatten. Und in die indirekte Abwertung der alten Kartographie wurde ebenso indirekt auch die Bibel selbst mit einbezogen. Denn „die mittelalterliche Kartenwissenschaft ist primär theologisch ausgerichtet und dient der Bibelexegese. (…) Man will gar kein wirklichkeitsgetreues Abbild der Erde (…) geben, sondern die Welt als Ganzes malen und aufschreiben, – *describere* lautet der lateinische Fachausdruck –, um die Schauplätze des göttlichen Heilshandelns und das daraus resultierende Weltgeschehen zu verdeutlichen" (Brincken,293).

Es wäre demzufolge eine Übertreibung, der *Heiligen Schrift* und der Kartographie, die sich ihrer Auslegung widmete, erst mit dem Erscheinen des *Theatrums* von Ortelius eine bildnerische Anschaulichkeit zusprechen zu wollen. Eine gewisse Anschaulichkeit war auch schon in den vorangegangenen Jahrhunderten erreicht worden, doch es war eine von der Schrift bestimmte. Zwar bestand auch die mittelalterliche Karte, wenn sie den Ansprüchen der Zunft genügen wollte, „aus Textabschnitt und Gemälde, *scriptura et pictura*. Sie ist somit eine *mappa duplex*, deren Teile für sich allein nicht vollwertig sind" (Brincken,293). Der lateinische Fachausdruck *describere* deutete indes auf den Vorrang der Schrift vor dem Gemälde hin (Abb.28). Bei Ortelius handelte es sich dagegen um eine andere, neue Rangordnung: Nicht der *scriptura*, sondern der *pictura* auf der Karte gebührte der Vorzug, obwohl jeder einzelne Teil in sich für wiederum so schön gehalten wurde, dass man Ortelius vorschlug, Texte und Karten gesondert zu verkaufen (Koeman,25).

Mit dieser neuen Rangordnung entsprach das *Theatrum* einmal mehr der zeitgenössischen Emblematik. Auch für diese wurde eine „Priorität des Bildes" festgestellt – im Unterschied etwa zu den aus der griechischen Antike bekannten und vom Mittelalter in Form der *Anthologia Graeca* tradierten Bildepigrammen: *bebilderten Sprüchen*, bei denen der epigrammatische Charakter überwog (Schoene,26). An der Umkehrung der Rangordnung war zudem eine grundsätzliche, wenn auch versteckte Distanzierung von der Bibel und der in ihr niedergelegten Geschichtsauffassung abzulesen. Wenn der heilige Text für den Kartographen nicht mehr der leitende Gesichtspunkt war, so musste auch der Einfluss des „göttlichen Heilshandelns" in der Welt zurückgegangen sein. Heimlich wurde einer historiographischen Methode der Weg bereitet, die das Weltgeschehen nicht mehr vorwiegend aus dem Heilsplan Gottes abzuleiten trachtete.

Vereinfacht gesagt, war die Heilsgeschichte im *Theatrum* nur noch aus dem Text der Karte von Palästina, einer unter vielen anderen

Karten, zu erfahren, die anderen handelten von anderen Geschichten. Doch das ist überspitzt – auch die Karte des Mittelalters trug neben der Bibelexegese „ausgesprochen historiographische Züge" (Brinkken,293). So dürfte sie den späteren Kosmographen einen Anhaltspunkt für die tendenzielle Emanzipation der Historiographie von der Auslegung der *Heiligen Schrift* gegeben haben. Außerdem dürfte schon in der mittelalterlichen Kartenwissenschaft der für die historische Anschauung des 16. und 17. Jahrhunderts so entscheidende Raumcharakter der Zeit angelegt gewesen zu sein. Als Zeichen des Übergangs zur Renaissance mochte die Eigenheit gelten, dass die mittelalterliche Karte „Plätze aller Zeiten nebeneinander" zeigte (Brincken,293). Auch das *Theatrum* ließ sich unter diesem Blickwinkel betrachten. Die Karte von Palästina war der Schauplatz der Geschichte des Volkes Israel, die Karte von Amerika dagegen der der Geschichte von den europäischen Entdeckungen. Durch die Aneinanderreihung von Plätzen und Zeiten wurden Zeit und Raum in ein homogenes Verhältnis gebracht.

Diese Homogenität dokumentierte sich besonders deutlich in der von den Kartographen des Mittelalters gewählten Himmelsrichtung. „Die mittelalterliche Weltkarte war grundsätzlich geostet, man schaute gewissermaßen vom Felsen von Gibraltar der Sonne entgegen. (…) Im Osten, a *principio,* befand sich nach Angabe der Genesis das Paradies. (…) Theologisch hat im Mittelalter der Orient als Lichtbringer auf alttestamentlicher Grundlage den Vorrang vor dem Okzident, und damit steht Asien Europa voran. Nach Osten, in die Richtung des Paradieses, fuhr Christus gen Himmel und wurde von dort wiedererwartet. Vom Osten kamen Weltherrschaft, Studium und Mönchtum. Europas Blüte hingegen fiel in die Spätzeit dieser Welt. (…) Hugo von St.Victor verstand das zu Beginn des 12. Jahrhunderts (…) so, daß Weltkarte wie Zeit im Osten ihren Anfang haben und im Westen auslaufen, daß Lage der Orte und Ordnung der Zeiten vom gleichen Punkt, vom Paradies, ihren Ausgang nehmen und beide im Westen, am Ort des Gerichts, enden. Europa ist gewissermaßen dem Jüngsten Gericht benachbart, die Hölle wurde im Norden angenommen. Unser Kontinent, der Erdteil der Christen, symbolisiert Fortgeschrittensein der Zeit, Herrschaft des letzten Weltreichs, letzte *aetas,* christianisierte Welt, und hat in diesem Sinn, als *finis saeculi,* Zeitenende, eine Funktion in der Heilsgeschichte, die ja die mittelalterliche Kartographie letztlich erläutern will" (Brincken,296 u.303f;Hervorhebungen v.B.).

Seiner Vorrangstellung entsprechend nahm Asien die Hälfte eines Kreises oder Rades ein – Embleme, die auf den Karten des Mittelalters die Welt darstellen sollten. Das Rad wurde durch ein einbeschriebenes „T" so aufgeteilt, dass Europa und Afrika je ein unteres Viertel der Fläche beanspruchten (Abb.28 u.29). Europa spielte noch nicht die Hauptrolle, die ihr Ortelius trotz der relativen Kleinheit dieses Kontinents zugewiesen hatte. Es war Asien eindeutig untergeordnet. Auch in der Allegorese kam dieses Rangverhältnis zum Vorschein. Noch Anfang des 14. Jahrhunderts interpretierte ein Kartograph namens Opicinus de Canistris, der seine Arbeiten auf den damaligen Seekarten, den sogenannten Portolankarten, die eine große Bedeutung für die spätere Kartographie gewinnen sollten, aufgebaut hatte, „das Mittelmeer als Meermann oder *corpus peccati*, Afrika als Frau, Hure, Agar, Europa als Mann, Kleriker, Adam, *vir animo bestialis*, Mensch mit tierischem Sinn (.)." Die Lombardei und speziell die Heimat des Autors im Raume Pavia gelten ihm als Ursprungsland der Sündhaftigkeit dieser Welt. In dieser anthropomorphen Ausdeutung des Kartenbildes versteht Opicin sich selbst als das unzulängliche Europa. Er will kein Bild der Erde zeichnen, sondern lediglich eine „*Carta moralis*" entwerfen (Brincken,302;Hervorhebungen v.B.).

Auf dem Frontispiz des *Theatrums* von Ortelius spürte man dagegen nichts mehr von der Sündhaftigkeit Europas. Aus dem Mann als der wilden Bestie war eine Frau mit Herrschergebärde geworden, die sich als Königin der Erde Asien, Afrika und die anderen inzwischen bekannten Kontinente unterworfen hatte. Außerdem waren die Karten nicht mehr geostet. Manche, wie zum Beispiel die Karte Englands, waren gewestet, sie wiesen in die Richtung Amerikas und gaben damit zu verstehen, dass das Paradies nicht mehr im Osten gesucht wurde, wo der Heiland geboren war, sondern dort, wohin sich in der Zwischenzeit der Hauptakzent der Unternehmungen verlagert hatte. Die meisten Karten aber waren genordet, aus Sicht der mittelalterlichen Kartographie also am Sitz der Hölle ausgerichtet.

Die neuen geographischen Orientierungen wollten nicht mehr ins Kartenbild des Mittelalters passen. Das Feld der Bibelexegese war weitgehend verlassen worden und Europa zu neuen Kontinenten aufgebrochen, die auf den mittelalterlichen Karten überhaupt nicht verzeichnet waren. Wie sollte sich dieses Europa, der westliche Kontinent, noch als Raum der Endzeit, des Jüngsten Gerichts verstehen, wenn die Entdeckung Amerikas die Anschauung vom Westen als des Randes der

Erde räumlich so spektakulär auszuweiten vermochte? Von dorther, vom Westen aus, war nicht das Ende, sondern eine Revolution von Raum und Zeit zu erwarten, wenigstens eine langsame Anbahnung dazu. Denn wenn auch durch die Öffnung des Raumes in westlicher Richtung die biblische Figur der Endzeit Schaden leiden musste, so blieb doch in dem Lebensgefühl, das an das Bild des *Theatrum Mundi* gebunden war, eine Variante der heilsgeschichtlichen Ausrichtung von Raum und Zeit lebendig. Die Vorstellung vom Kreislauf der Zeit, die sich bis hinein ins 18. Jahrhundert erhalten sollte, bewahrte noch ein Moment des endzeitlichen Charakters, wie überhaupt der Kreis, das Rad, die Kugel und der Reichsapfel, – Accessoires des Schicksals, der stets wankelmütigen Fortuna –, gegenseitig austauschbare Embleme waren, die lange Zeit hindurch zu künstlerischer Verwendung gelangten.

Manche Andeutungen sprechen dafür, dass die Revolution der Zeitvorstellung, die von der Vergangenheitsorientierung über eine größere Gegenwartsnähe schließlich am Ende des 18. Jahrhunderts zu einer strengen Zukunftsbezogenheit führte, vom bildnerischen Denken der Renaissance ihren Ausgangspunkt nahm. Die Priorität der pictura ist offenbar entscheidend gewesen. Nachdem mit der Perspektive die bildnerische Formel für die räumliche Darstellung der Unendlichkeit gefunden war, konnte das europäische finis saeculi, die Endzeit Europas, infinit hinausgeschoben werden. Die Grenze des christlichen Säculums stand prinzipiell einer unendlichen Säkularisierung offen. Doch die Fortsetzung dieser Revolution über den Ausgangspunkt hinaus schien so lange aufgehalten worden zu sein, wie die Zeitvorstellung an das räumliche Emblem des Theaters gebunden blieb. Aus dem Bild der Unendlichkeit allein ließ sich die Zukunftsorientierung der Zeit jedenfalls nicht ableiten. Vielmehr leistete die Anschauung von der unendlichen Ausdehnung des Raums zwar ihren Beitrag zur Vergegenwärtigung des Geschehens, die Gegenwart aber konnte so vorgestellt werden, als ob sie sich bis in die Ewigkeit fortsetzen würde. Auch das könnte als säkularisierte Variante der Endzeitvisionen des Mittelalters gedeutet werden: Anstelle des Jüngsten Gerichts, das die Zukunft Europas begrenzte, öffnete sich ein neues westliches Paradies in der Gegenwart.

„Historia est theatrum universitatis rerum, speculum temporis ..." – die Definition Alsteds von 1649 begriff die ganze Theater-Emblematik mit ein, ob es sich um das *Theatrum Mundi,* das *Theatrum*

Europaeum oder das *Theatrum Orbis Terrarum* handelte. Alle diese Theaterformen waren Formen der Geschichte. Deshalb war das *Theatrum Orbis Terrarum* kein Belegstück moderner Geographie, deren betont sachliches Wissenschaftsinteresse sich am Horizont des 18. Jahrhunderts abzubilden begann. Das *Theatrum* von Ortelius war eine Form der Historiographie. Das Gleiche galt für das Bühnentheater, wie es an Shakespeares *Histories* und seinem *Hamlet* zu sehen war, und die Geschichte selbst war ihrerseits im wesentlichen eine Form des Kriegstheaters, des THEATRUM BELLI, das die über zwanzig Bände des *Theatrum Europaeum* prägte. Die Veränderungen zwischen diesen Formen sollten im Raum des Theaters selbst und mit den ihm eigenen Requisiten erfolgen.

Eines der wichtigsten Requisiten war zweifellos der Spiegel, jenes Emblem der Repräsentation und der Verdoppelung des Raums, dessen Bezüge zur Historie oben anhand der Definition des Alsted hergestellt wurden (2.3). Wenn die Historie Theater der Welt und Spiegel der Zeit zugleich sein sollte, dann musste auch das Welttheater ein Zeitspiegel sein. Das lässt sich wiederum am *Theatrum* des Ortelius nachvollziehen. Die kleine, nicht von ihm selbst edierte Ausgabe von 1577, die wie die Londoner von 1606 mit Reimen versehen war, hieß *Spieghel der Werelt,* und das große Konkurrenzunternehmen zu dem seinen, der Atlant von Gérard de Jode, der schon 1573 fertiggestellt war, aber, – offenbar auch auf Betreiben von Ortelius persönlich –, erst fünf Jahre später publiziert werden durfte, hieß *Speculum Orbis Terrarum* (Koeman,46ff). Das Kartenwerk war ein Spiegel der Welt und als Spiegel der Zeit zugleich Spiegel des Raums.

So wie dieser Raum mit den Entdeckungen und der Entwicklung der Geographie seine Grenzen ausdehnte, musste sich auch der Blickwinkel ändern, unter dem man den Spiegel betrachtete. Träfe es zu, dass die Vergegenwärtigung der Zeit durch die Ausdehnung des Raums befördert wurde, dann wäre es ebenso denkbar, den Spiegel nicht nur als Form der Repräsentation von Vergangenheit, sondern langsam auch als Form der Repräsentation von Gegenwart zu begreifen. Eine europäische Königin oder ein europäischer König waren dann nicht notwendigerweise dazu angehalten, im Spiegel immer nur ein von der Vergangenheit innerer Kriege verzerrtes Selbstbildnis betrauern zu müssen, wie Elisabeth I., sondern sie waren umgekehrt dazu ermächtigt, sich in der majestätischen Pose einer ewigen Gegenwart zu bespiegeln.

2.4.5 CERVANTES' *JORNADAS* UND BOSSUETS *EPOCHÉ*

In den Theaterstücken von Cervantes waren Anspielungen zu finden, die als Übergang zu einem deutlicheren Gegenwartsbewusstsein gewertet werden könnten. Cervantes hatte die damals in der *Commedia erudita* von Machiavelli und anderen wieder üblich gewordenen fünf Akte auf drei zusammengestrichen. Er nannte sie *Jornadas* (Tage). Außerdem verletzte er wie Shakespeare, der sein Zeitgenosse war, die Einheit von Ort und Zeit, ein auf die *Poetik* des Aristoteles zurückgehendes dramaturgisches Prinzip, auf dessen Einhaltung streng geachtet wurde (cf.3.l).

Den Grund für die Verletzung teilte Cervantes in einer seiner Komödien mit, die den Regeln völlig widersprach. Im *El Rufian dichoso* (Der glückliche Gauner) entspann sich „ein Dialog zwischen der Neugier und der personifizierten Komödie. Die Neugier fragt die Komödie: ,(...) Aus welchen Gründen hast du die fünf Akte, die dich eh**emals so stattlich, anmutig und ehrwürdig machten, auf drei zurückgeführt? Jetzt sehe ich dich den einen Augenblick in Spanien agieren und gleich darauf in Flandern; du wirfst ohne allen Grund Zeiten, Schauplätze und Orte durcheinander; kurz, ich kenne dich gar nicht wieder.' Die Komödie aber antwortet: 'Die Zeit verändert alle Dinge und vervollkommnet die Kunst, weshalb also an der Abänderung alter Erfindungen Anstoß nehmen? (...) Ich habe nur einen Teil von ihren (der Griechen) Regeln beibehalten, einen anderen aber aufgegeben, wie es der Gebrauch verlangt, der sich den Regeln nicht unterwerfen will. Ich schildere heutzutage tausend Begebenheiten, nicht wie ehemals durch Erzählungen (d.h. Botenberichte), sondern durch Handlung, und das macht mir eine Veränderung des Ortes notwendig. Die Komödie ist gegenwärtig wie eine Landkarte, auf der Rom und London, Valladolid und Madrid nur einen Fingerbreit voneinander entfernt sind. Was kümmern sich meine Zuschauer darum, ob ich in einem Augenblick von Deutschland nach Guinea überspringe, während ich doch immer auf demselben Theater bleibe? Die Gedanken sind schnell und können mir überallhin folgen, wohin ich sie führe, ohne mich aus dem Gesicht zu verlieren oder müde zu werden'" (zit.v.Kindermann 1967², 200f).

Dieser Dialog konnte nur deshalb so ablaufen, weil es inzwischen tatsächlich Landkarten in handlicher Größe gab, auf denen die Entfernung zwischen den Kontinenten auf Fingerbreite zusammengeschrumpft war. Auf den ehemaligen Wandkarten war das nicht möglich. Der Vergleich der Komödie mit einer geographischen Karte, der von heute aus betrachtet etwas absonderlich anmutet, spielte auf die neuen Atlanten an, die sich ihrerseits als Theater oder Spiegel der Welt ausgaben. Damit verschaffte Cervantes seiner Komödie eine Berechtigung, die nur noch zum Teil auf den Vorgaben antiker Schriftsteller basierte. Das Beispiel der Landkarte war ein Beispiel aus der Gegenwart, deren Novitäten nun gegen die Alten ausgespielt wurden. So begann in dem Zeitraum, der von der Antike bis ins 16. Jahrhundert reichte, eine klarere Unterscheidung zwischen „ehemals" und „heutzutage" erkennbar zu werden als sie etwa bei Machiavelli vorgeherrscht hatte.

Mit dieser Unterscheidung wurde die Antike einer neuen Bewertung unterzogen. Sie war nicht mehr alleiniges Richtmaß für alles Kommende, auch nicht für die Kunst. Cervantes setzte sich einfach über die alten Regeln hinweg, weil er seine Kunst für vollkommener hielt. Schon der Gedanke der Vervollkommnung zeugte von einem eigenen Wertbewusstsein, und wenn Cervantes zufolge die Zeit alle Dinge veränderte, so veränderte sich zum Schluss die Vorstellung von der Zeit selber.

Gerade der Gedanke der Veränderung hob, neben dem der Vervollkommnung, die Gegenwart über die Vergangenheit hinaus. Das Bild der mittelalterlichen Karte durfte keinesfalls verändert werden. Der Venezianer Paulinus Minorita vom Anfang des 14. Jahrhunderts „war es {.), der es strengstens verbot, die pictura, das Gemälde, zu variieren. Dieses Vorgehen hat Gervasius von Tilbury ein Jahrhundert zuvor schon mit der Fälschung von Zeugenaussagen verglichen. Die neuen Erkenntnisse der Mongolenmissionare über den Fernen Osten vermeldete Paulin daher nur im Text, nicht auf der Karte. So konnte die Kartographie des Abendlandes keinerlei Entwicklung durchmachen, sondern beharrte auf ihren antiken Formen" (Brincken, 293).

Solange die Karte nichts als eine malerische Exegese der Bibel sein sollte, war eine solche Entwicklung auch nicht notwendig. Sobald sie aber das Feld der Bibelexegese verließ und die verschiedenen Regionen der Erde in ihren wirklichen Umrissen darstellte, trug jede neue Beobachtung potenziell zur Veränderung und Verbesserung des Kartenwerks bei. Doch diese Entwicklung begann erst mit dem neuen Unternehmungsgeist der Renaissance und erlebte ihren ersten Höhepunkt, als sich das Zentrum des Handels vom Mittelmeer an den Atlantik verlagert hatte. Vor diesem Hintergrund ist der

Schwerpunkt, den Cervantes auf die Handlung legte, besser zu verstehen. Er redete von den „tausend Begebenheiten", die sich „heutzutage" ereignen würden und die den augenblicklichen Wechsel von einem Ort zum nächsten nach sich zögen. Die ruhige Erzählung, die auf dem alten Theater im Botenbericht zum Ausdruck kam, wurde auf dem neuen Theater durch die Handlung abgelöst.

Unter anderem durch diese Veränderung ging die Kontinuität des Zeitraums, der bei Machiavelli noch ohne Schwierigkeiten Jahrtausende überspannte, tendenziell verloren. Er wurde in diskrete Zeiträume, die dem gegenwärtigen Moment mehr Aufmerksamkeit verschafften, zerlegt. Im einen Augenblick spielte die Komödie in Deutschland, im nächsten schon in Guinea, das heißt, der Zeitraum des Geschehens wurde kleiner, während sich zugleich das Gefühl für den Raum der Erde ausweitete. Dennoch behielten Zeit und Raum ihr vom Mittelalter tradiertes homogenes Verhältnis bei, weil sie im Emblem des *Theatrums* bildlich zusammengehalten wurden. So konnte die ‚Komödie' der ‚Neugier' auf ihre der Antike verpflichteten Fragen in nonchalanter Weise zur Antwort geben, die Zuschauer kümmerten sich nicht um den raschen Ortswechsel. Schließlich finde ja alles auf dem selben Theater statt.

Der Übergang des Zeitgefühls zu einem größeren Gegenwartsbewusstsein bei Cervantes nahm bei Bossuet knapp hundert Jahre später deutlichere Konturen an. Bossuet hatte die Aufgabe, den französischen Kronprinzen im Studium der Historie zu unterweisen. Ihm war sein *Diskurs über die Universalgeschichte* gewidmet. Wie Ortelius sein *Theatrum Orbis Terrarum* vor allem Königen und Kaisern, besonders Philipp II., zur Ansicht und Lektüre empfahl, so Bossuet seinen Diskurs dem künftigen König von Frankreich. „Wenn die Historie (l'histoire) auch für andere Menschen unnütz wäre", heißt es zu Beginn des Vorworts, „so müsste man sie den Prinzen zur Pflichtlektüre machen. Es gibt kein Mittel, das ihnen besser entdecken könnte, was die Leidenschaften und Umstände, die guten und schlechten Ratschläge über sie vermögen. Die Geschichten (les histoires) sind nur aus Handlungen (actions) zusammengesetzt, die sie unternehmen, und alles scheint ausschließlich zu ihrem Nutzen geschehen zu sein. Wenn sie Erfahrung brauchen, um die Klugheit zu erlangen, die zu einer guten Regierung befähigt, so gibt es zu ihrer Unterweisung nichts Nützlicheres als den Beispielen aus den vergangenen Jahrhunderten (siècles passées) die Erfahrungen hinzuzufügen, die sie alle Tage (tous les jours) machen" (1961,665).

Bei Bossuet zeichnete sich nicht nur, wie bei Cervantes, eine klare Unterscheidung zwischen Gegenwart und Vergangenheit ab, er traf auch Unterscheidungen in der Vergangenheit selbst. Bereits in der zweiten Hälfte des 17. Jahrhunderts hatte sich ein Begriff durchgesetzt, der diese Unterscheidung zu denken erlaubte. Es war der Begriff *Jahrhundert*. Mit ihm konnte eine bequeme Einteilung der Zeit vorgenommen werden. Das *finis saeculi* christologischer Herkunft meinte nicht das Ende eines Jahrhunderts, sondern das Ende der Zeit überhaupt: das Jüngste Gericht. Dieses Ende schien jetzt nicht mehr nur ein hinausgeschobenes zu sein, das irgendwann doch noch zu erwarten war. Es ging in ein anderes Ende über, das in säkularisierter Gestalt nunmehr am Ausgang eines jeden Jahrhunderts, eines jeden Säkulums, periodisch zu erwarten war.

Ähnlich wie Cervantes legte Bossuet Wert auf die „denkwürdigen Veränderungen, die die Folge der Zeiten in der Welt hervorgebracht hat" (Bossuet,665). Doch mit der Einteilung der Zeiten in Jahrhunderte hatte er ein besseres Mittel zur Darstellung der einzelnen Veränderungen gefunden. Nichts lag ihm mehr am Herzen als seinen Prinzen vor Konfusionen, die beim Studium der vom Anfang der Welt bis zur französischen Monarchie im 17. Jahrhundert reichenden Universalgeschichte unversehens auftreten könnten, zu bewahren. „(.) damit nicht zu befürchten ist, dass sie diese Geschichten und die, die sie noch zu lernen haben, in ihrem Kopf durcheinanderbringen, ist nichts notwendiger als Ihnen die ganze Folge der Jahrhunderte im einzelnen (distinctement), dafür aber in abgekürzter Form, darzustellen (représenter" (666).

Zum Vergleich für die von ihm in seinem Geschichtsdiskurs angewandte Methode zog Bossuet das heran, was auch Cervantes als Vergleich für seine Komödie eingefallen war: die Landkarte. „Diese Handhabung von Universalgeschichte ist im Hinblick auf Geschichten eines jeden Landes und eines jeden Volkes das, was eine Generalkarte (carte générale) im Hinblick auf Einzelkarten ist. Auf den Einzelkarten sehen Sie das Detail eines Königreichs oder einer Provinz für sich; auf den Universalkarten (cartes universelles) lernen Sie, diese Teile der Welt in ihrem Ganzen zu begreifen. Sie sehen, wo Paris oder die Ile-de-France im Königreich, wo das Königreich in Europa und wo Europa in der Welt (l'univers) liegt" (666).

Hatte sich das geographische Werk von Ortelius zugleich als historiographisches angeboten, so bot sich die Universalgeschichte Bossuets nun als geographische an. Der Zusammenhang von Raum und Zeit blieb auch im fortgeschrittenen 17. Jahrhundert erhalten. Er zeichnete sich nicht nur in der für die alte *Historia Magistra Vitae* typischen Identität von Geschichten und Geschichte, von Plural und Singular desselben Wortes ab (cf.Koselleck,1979a). Bossuet unterstrich diesen Zusammenhang sogar, indem er ihn in einem Begriff verankert sah, der sein neues Zeitgefühl bestätigte. „So wie man sich, um dem Gedächtnis bei der Ortskenntnis aufzuhelfen, gewisse Hauptstädte merkt, um die man die anderen, jede ihrer Entfernung gemäß, gruppiert, so muß man sich bei der Ordnung der Jahrhunderte gewisse Zeiten merken, die durch ein großes Ereignis, dem man die ganze übrige Zeit zuordnet, herausragen. Das ist das, was man mit einem griechischen Wort *époché* nennt. époché bedeutet *anhalten;* man hält dort an, um wie von einem Ruhepunkt aus alles das zu betrachten, was vorher oder nachher (devant (!) ou après) geschehen ist und um die Anachronismen, das heißt, jene Art von Irrtum zu vermeiden, der die Zeiten durcheinanderbringt" (667;Hervorhebungen v.B.).

Der kartographisch interpretierte Begriff der Epoche ermöglichte es, gleichsam räumliche Entfernungen zwischen den einzelnen Zeitabschnitten anzugeben. Nur so konnte das Hauptanliegen Bossuets gelingen, den Prinzen, der sich dabei allerdings in „Apathie" und „unaufhörliche Somnolenz" geflüchtet haben soll, die richtige Ordnung der Zeit zu lehren (Bossuet,1472,Anm.2 d.Hrsg.zu S.668). Darauf lag der neue Akzent. Auch die älteren Chroniken bemühten sich um eine Chronologie der Ereignisse, aber ein Wort wie Anachronismus dürfte ihnen und wohl auch noch dem *Theatrum Europaeum* fremd gewesen sein, weil es eine Zeitvorstellung voraussetzte, die von einem klaren Gefühl für Ordnung und Folge ausging.

Dieses Zeitgefühl war vorher noch nicht vorhanden. Elisabeth von England hatte, als sie Richard II. zu repräsentieren glaubte, durchaus nicht den Eindruck, eine anachronistische Existenz zu sein. Vielmehr erlaubte es ihr die allgemeine Vergangenheitsorientierung ihrer Zeit, die Repräsentation des zwei Jahrhunderte früher lebenden Vorgängers als Synchronismus wahrzunehmen. Sie hatte noch nicht gelernt, die Vergangenheit in einzelne Jahrhunderte zu zerlegen.

Für Ludwig XIV. wäre es einer Majestätsbeleidigung gleichgekommen, wenn er einen König hätte repräsentieren sollen, der schon so lange tot gewesen wäre wie Richard II. zur Regierungszeit Elisabeths I. Zumindest wäre es ein Vergehen gegen die Lehre Bossuets gewesen. Für diesen begann das Vergehen sogar schon viel eher. Er warnte vor den Folgen mangelnden universalgeschichtlichen Distinktionsvermögens. Es würde beispielsweise dazu führen, die von Alexander geschlagenen Perser mit den siegreichen Persern unter Cyrus zu verwechseln. Die einzelnen Epochen der griechischen und römischen Geschichte würden durcheinandergeworfen, und schließlich hielte man „das zur Zeit Karls IX. und Heinrichs III. von Bürgerkriegen geschüttelte Frankreich für ebenso mächtig wie das zur Zeit Ludwigs XIV., in der es, vereinigt unter einem so großen König, allein über ganz Europa triumphiert" (666).

Nicht einmal Vorgänger, die weniger als hundert Jahre früher geherrscht hatten, wollte Bossuet als Repräsentationsfiguren für Ludwig gelten lassen. Einzig seinen Vater, Ludwig XIII., dessen „unsterbliche Handlungen" er lobte, schien er akzeptieren zu wollen (668). Unter seiner Regentschaft hatte Richelieu durch den Eintritt Frankreichs in den Dreißigjährigen Krieg den entscheidenden Schritt zu einem europäischen Frieden eingeleitet, einem Frieden, der die künftige Vorrangstellung der französischen Monarchie auf dem europäischen Kontinent absichern sollte.

Diese neue Machtkonstellation lag dem Diskurs Bossuets zugrunde. In den Jahren der Niederschrift, 1678/79, hatte Frankreich, - nach dem 2. Eroberungskrieg gegen Holland im Frieden von Nimwegen -, seine Vormachtstellung ausbauen können und Ludwig XIV. den Beinamen *der Große* bekommen. Darauf spielte die Formulierung, dass Frankreich unter einem so großen König allein über ganz Europa triumphierte, an (Bossuet,1471f,Anm.2 d.Hrsg.zu S.666). Es war nicht nur die reine Unterwürfigkeit seinem Monarchen gegenüber, die Bossuet dazu veranlasste, das 17. Jahrhundert als eine Epoche, der es an Einzigartigkeit keines der vergangenen Jahrhunderte gleichtat, herauszuheben. Die Zeit des europäischen Religionskriegs war vorbei und damit die Gefahr, die jeden europäischen Staat von innen zu entmächtigen drohte. Deshalb konnte ein König wie Heinrich III., der dem Religionskrieg in Frankreich zum Opfer gefallen war, keine repräsentative Macht über Ludwig XIV. ausüben, wie es noch Richard II. über Elisabeth von England vermochte.

Die Repräsentationsformen hatten sich gewandelt. Ludwig XIV. repräsentierte nicht mehr einen vorangegangenen, sondern den gegenwärtigen König. Er repräsentierte den König des französischen Staates der zweiten Hälfte des 17. Jahrhunderts, der sich seiner Vorrangstellung wohl bewusst war. Damit ist noch nicht gesagt, seine staatliche Repräsentanz wäre schon der Logik einer Präsenz gefolgt, wie sie Carl Schmitt am *Hamlet* zu dechiffrieren glaubte. Eine Präsenz der Staatsgeschäfte im tagespolitischen Sinn von heute hatte es weder in der Darstellung des *Theatrum Europaeum*, noch am Hofe Ludwigs XIV. gegeben. Zwar war mit Karl dem Großen Bossuet zufolge ein neues Reich entstanden, das den Historiografen dazu zwang, das alte Römische Imperium und die alte Geschichte als ein definitiv abgeschlossenes und der Vergangenheit angehörendes Kapitel zu betrachten (Bossuet,667f), aber dem Aktualitätsschub, der sich in dieser Behauptung zu erkennen gab, fehlte der für moderne Tagespolitik typische Zukunftsbezug. Aller Wahrscheinlichkeit nach wird es sich so verhalten haben, dass die von ihrer Bindung an vergangene Geschichten gelöste Gegenwart erst einmal sich selbst als Gegenwart begreifen konnte.

Das Moment räumlicher Zeitlosigkeit, das die Zeitanschauung der vergangenen Jahrhunderte seit der italienischen Renaissance, ja seit dem Mittelalter geprägt hatte, ging im 17. Jahrhundert nicht völlig verloren. Es wurde aufgehoben und erlebte in seiner reflexiven Struktur sogar einen Höhepunkt: im Spiegelsaal von Versailles. Die üppige Verwendung des Spiegels war die besonders dekorative Anordnung eines Requisits, das im *Theatrum Emblematicum* Europa, die Welt, die Zeit, einfach alles repräsentieren konnte, was es zu repräsentieren gab, auch das *Theatrum* selber. Der *Spieghel der Werelt*, die Handausgabe des Kartenwerks von Ortelius, war ein Beleg dafür.

So konnte es kein Zufall sein, dass Bossuet seinerseits auf den Vergleich, der sich im bildnerischen Denken der Zeit von selbst anbot, zu sprechen kam. Er pries seine Universalgeschichte als einen „Abriss (abrégé), bei dem man mit einem Blick die ganze Ordnung der Zeit erkennen kann" (666). Und als wollte er den Atlanten von Ortelius, dessen Meisterleistung, wie bekannt, in Uniformierung wie Reduzierung der übergroßen Karten bestanden hatte, aus der Ferne grüßen, setzte er hinzu: „Ein solcher Abriss, Monseigneur, stellt Ihnen ein großes Schauspiel vor (vous propose un grand spectacle). Sie sehen alle vergangenen Jahrhunderte sich sozusagen in wenigen Stunden vor Ihren Augen entwickeln" (666).

Zur Übersicht der Ordnung des Raumes, die Ortelius in seinem *Theatrum Orbis Terrarum* geliefert hatte, fügte Bossuet die Übersicht der Ordnung der Zeit. Der eine ergänzte die Historie durch das Auge der Geografie, der andere machte die Geografie zum inneren Ordnungsprinzip seiner historischen Universaldarstellung, und beide boten ihren Königen das geografische Theatrum als Schauplatz zur Bewunderung an. Auf ihm sollten die Herrscher lernen, sich, wie Bossuet eingangs des Vorwortes hervorhob, als Akteure zu begreifen. Zwar wurde dafür die Reflexivität der Präsenz beibehalten, aber die Steigerung, die sie am Hof Ludwigs XIV. erfuhr, war das Anzeichen eines neuen Bewusstseins, das sich in neuen Repräsentationsformen niederschlug.

Diesem formenreichen Zusammenhang ordnete sich der Krieg in seiner emblematischen Gestalt als THEATRUM BELLI ein. Wie der Hinweis Bossuets zeigte, wurde der Zweite Eroberungskrieg Frankreichs gegen Holland zum Anlass für Lobeshymnen auf den Monarchen genommen, der zugleich der oberste Heerführer war. Da der Krieg den Charakter des religiösen Kampfes unterdessen in ganz Europa verloren hatte, konnte er nun das *spettacolo* entfalten, das ihm Machiavelli so früh vorausgesagt hatte. Das Zeitalter der sogenannten Kabinettskriege war endgültig angebrochen.

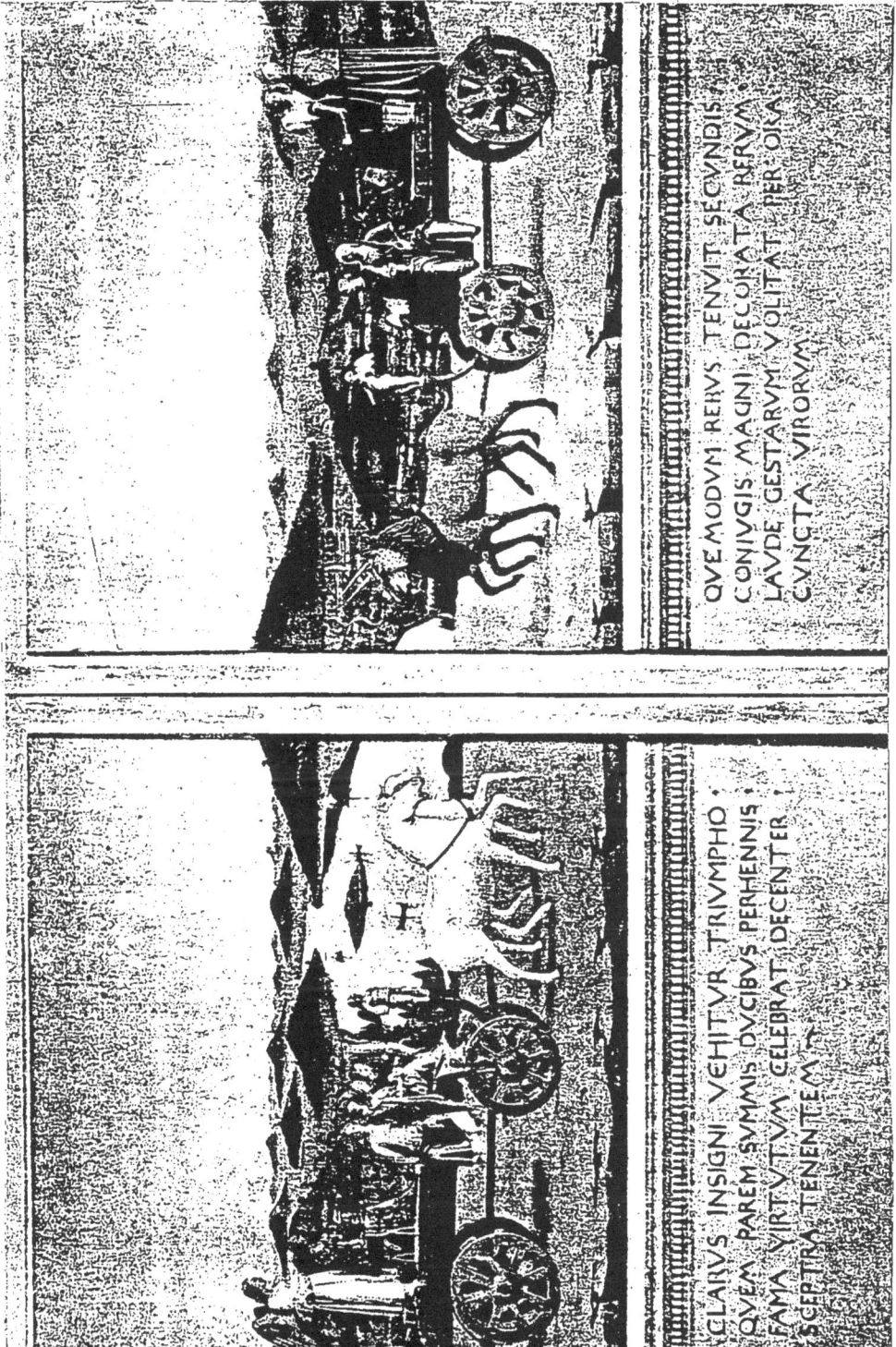

Abb. 1

Abb. 2

Abb. 3

Abb. 4

Abb. 5

Abb. 6

Abb. 7

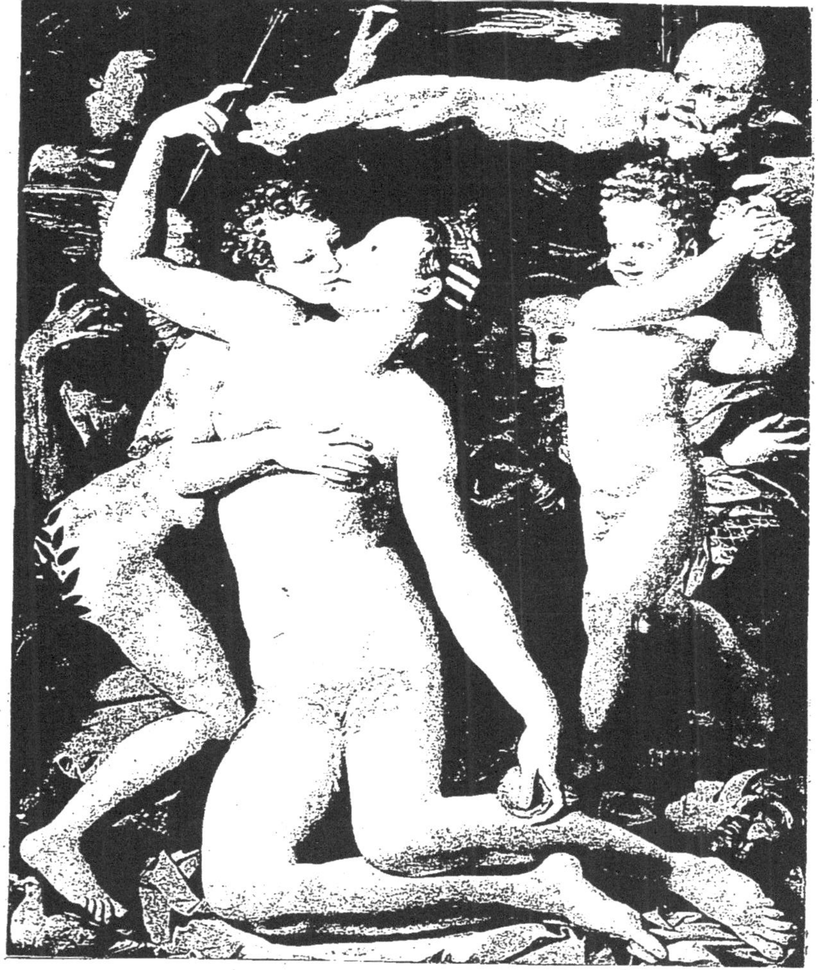

Abb. 8

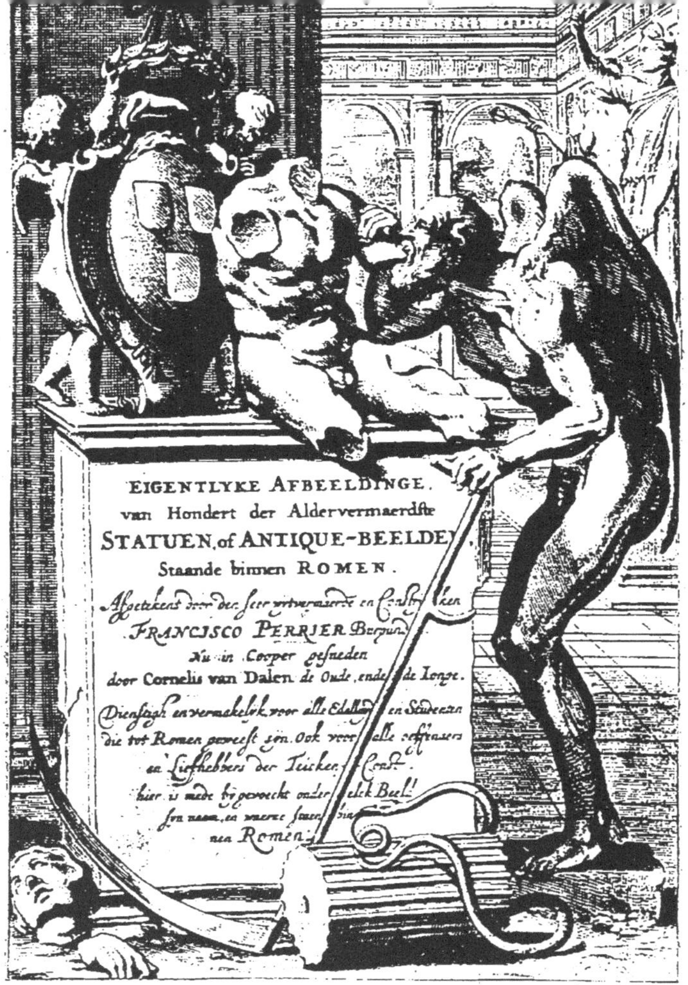
EIGENTLYKE AFBEELDINGE.
van Hondert der Aldervermaerdste
STATUEN, of ANTIQUE-BEELDEN,
Staande binnen ROMEN.
FRANCISCO PERRIER
Nu in Coeper gesneden
door Cornelis van Dalen de Oude, ende de Ionge.

Abb. 9

Abb. 10

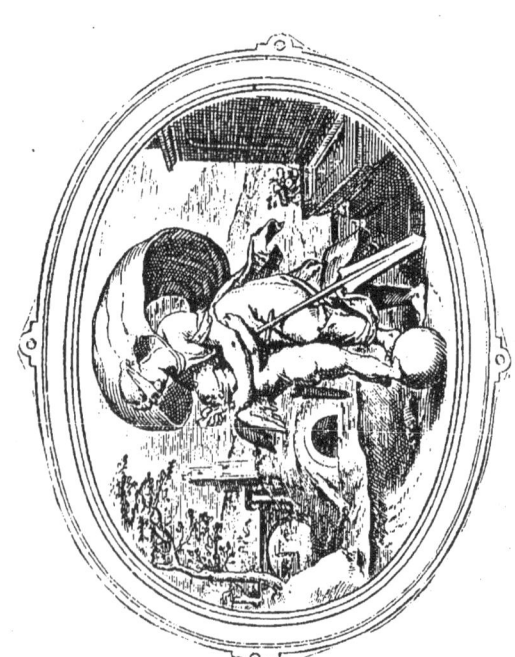

Abb. 11

Abb. 12

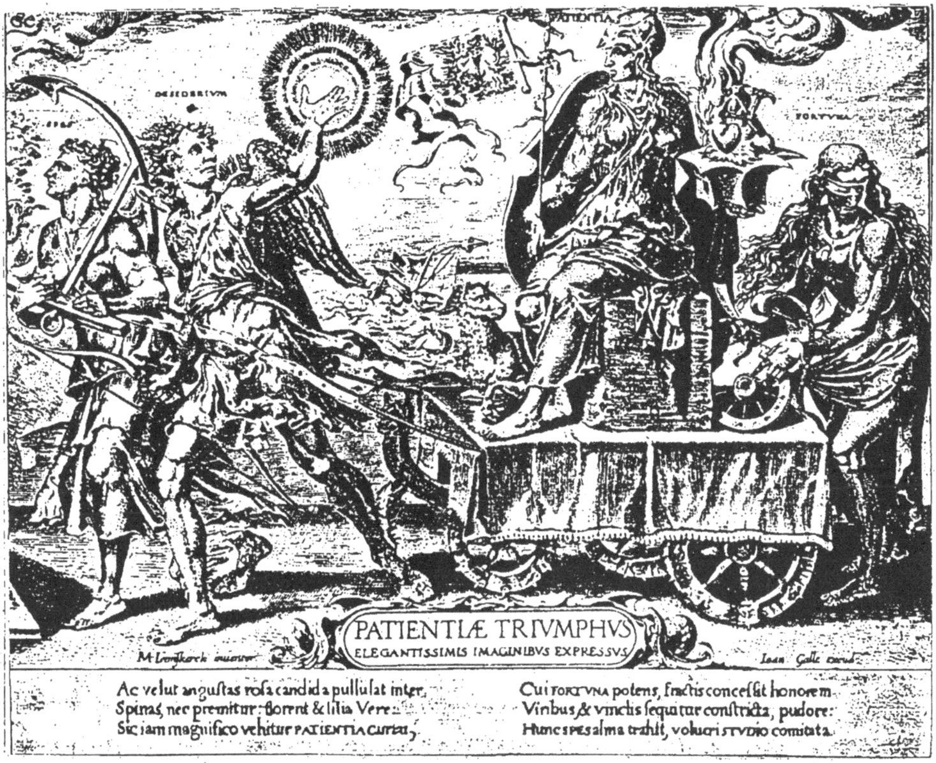
DESIDERIVM
FORTVNA
PATIENTIA
PATIENTIÆ TRIVMPHVS
ELEGANTISSIMIS IMAGINIBVS EXPRESSVS
Ioan Galle excud.
Ac velut angustas rosa candida pullulat inter,
Spinas, nec premitur: florent & lilia Vere:
Sic iam magnifico vehitur PATIENTIA curru,
Cui FORTVNA potens, fractis concessit honorem
Viribus & vinclis sequitur constricta, pudore:
Hunc SPES alma trahit, volucri STVDIO comitata.

Abb. 13

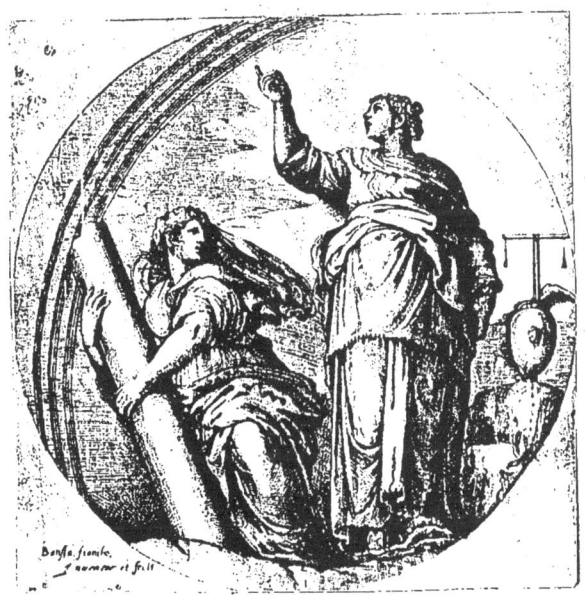

Abb. 14

 Abb. 15

 Abb. 16

Abb. 17

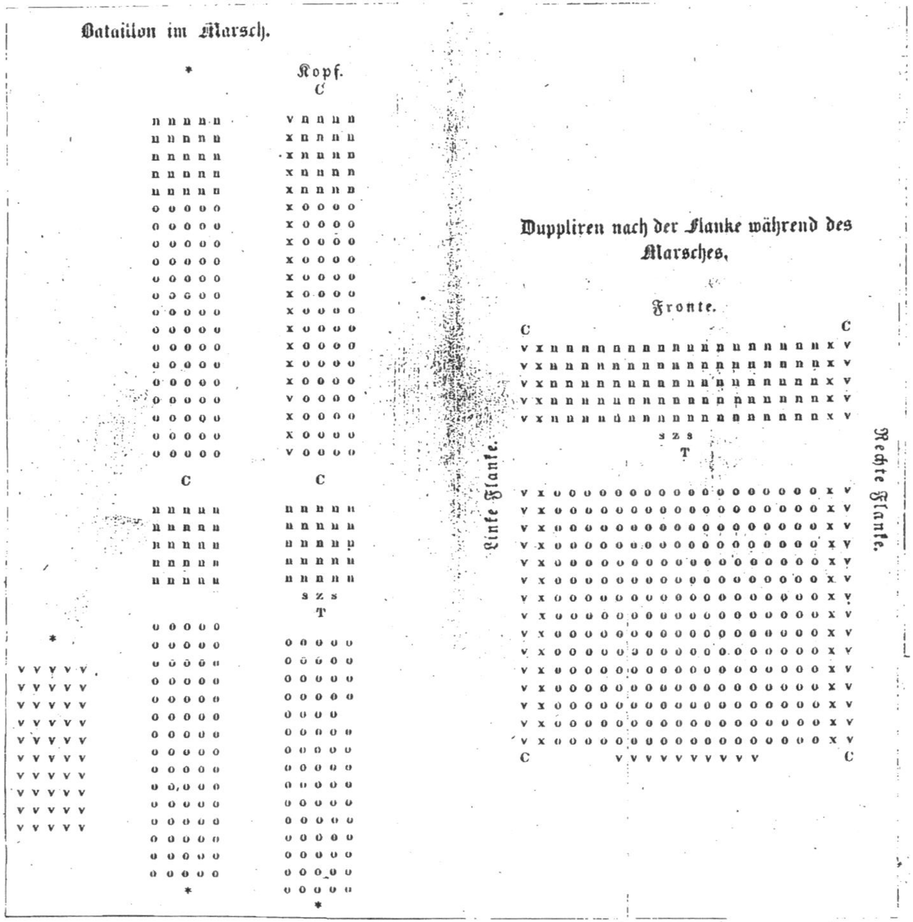
Bataillon im Marsch.
Kopf.
Dupplirun nach der Flanke während des Marsches.
Fronte.
Linke Flanke.
Rechte Flanke.

Abb. 18

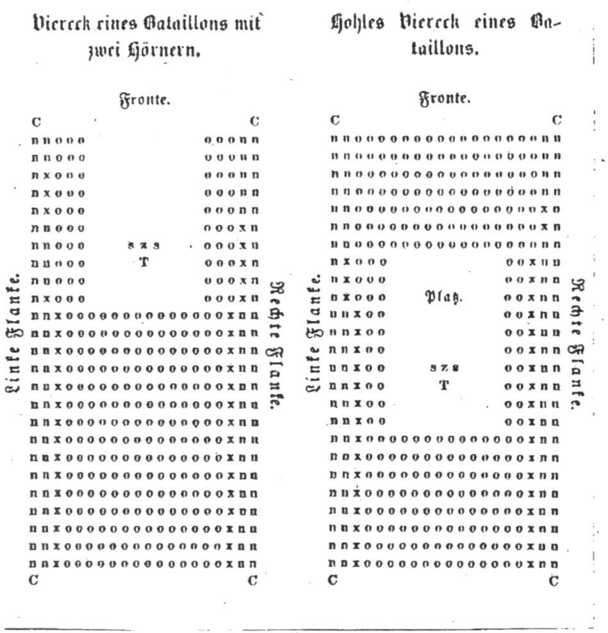
Viereck eines Bataillons mit zwei Hörnern.
Fronte.
Linke Flanke.
Rechte Flanke.
Hohles Viereck eines Bataillons.
Fronte.
Platz.
Linke Flanke.
Rechte Flanke.

Abb. 19

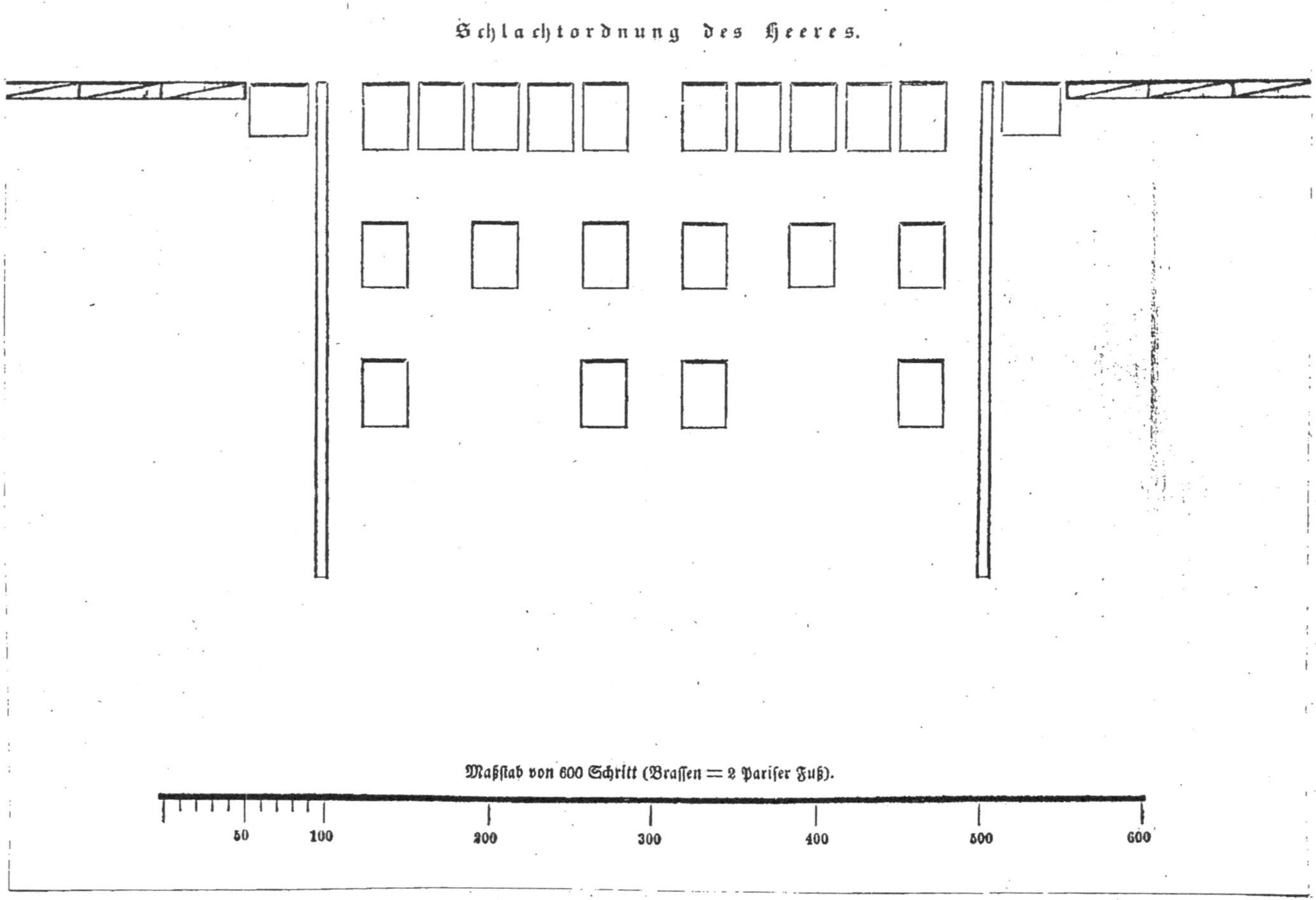

Schlachtordnung des Heeres.

Maßstab von 600 Schritt (Braßen = 2 Pariser Fuß).

Abb. 20

Abb. 21

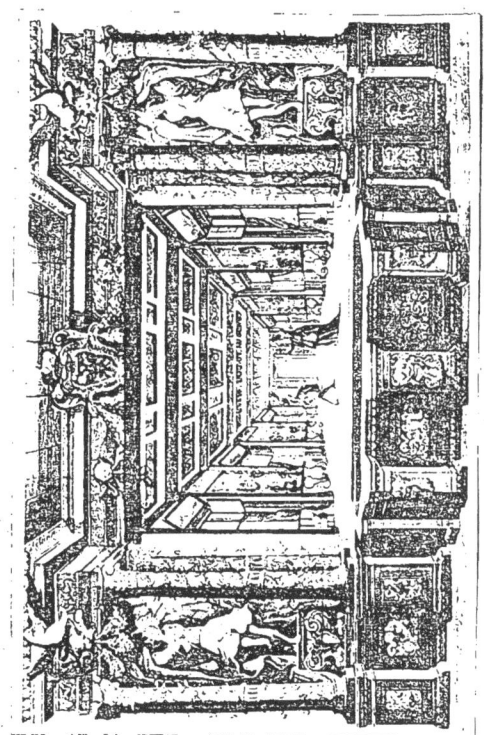

Abb. 22

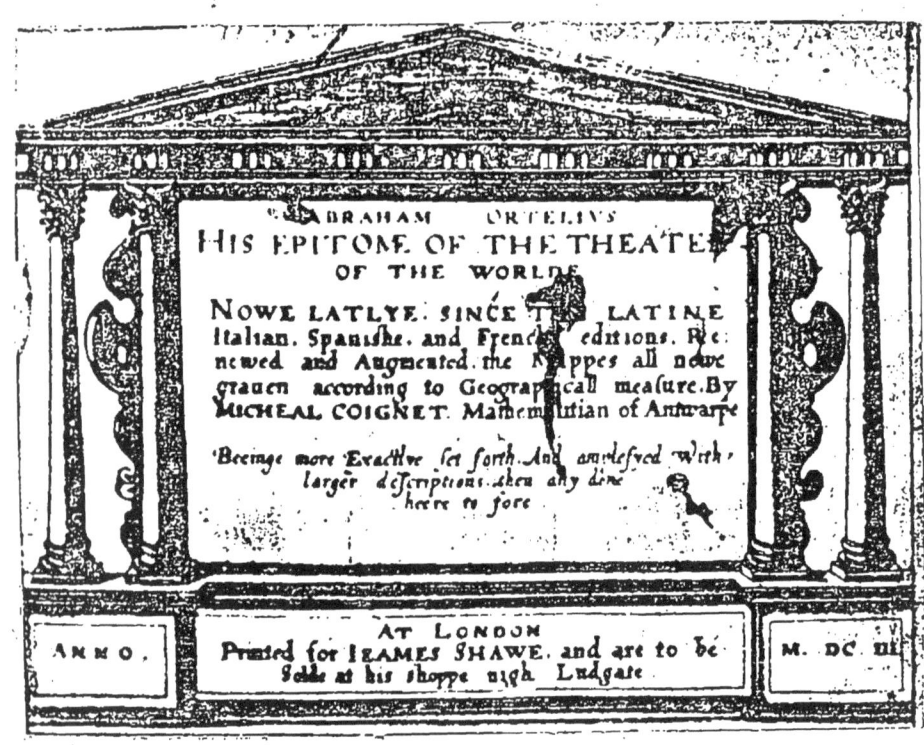

Abb. 23

Abb. 24

Abb. 25

EVROPA.

EVROPA vnde hoc nomen acceperit, neque quis nominis auctor extiterit, ab aliquo mortalium compertum est, nisi quòd dicimus ab Europa Tyria nomen accepisse Regionem, inquit Herodotus libro quarto. Hanc Plinius altricem victoris omnium gentium populi, terrarumque pulcherrimam nominat. Asiæ & Africæ aliquando non magnitudine, sed virtute comparatam. Certum est, eam, cùm habitatissima sit, gentium frequentia non multò alterutra inferiorem esse. Huius latus Septentrionalior & Occidentalior, Oceano alluitur; Meridionale, mari Mediterraneo ab Africa sciungitur. Deinde Orientem versus mari Ægæo (nunc, Archipelago) Ponto Euxino, (hodie, mare Maggiore) Palude Meotide (hodie, mare delle Zabacche) & Isthmo, qui est à fontibus Tanais fluuij (vulgo Don) recta ad Septentrionem ab Asia dirimitur, Glareano teste. Habetque hoc modo Peninsulæ effigiem, vti ipsa in tabula videre licet. Huius caput Roma, olim totius Orbis domitrix.

Habet hæc nostra Europa, præter Romanum Imperium toto terrarum Orbe reuerendum, vltra viginti octo, si quatuordecim, quæ Damianus à Goes in sola Hispania numerat, adiunxeris, in vniuersum Regna, Christiana Religione imbuta: vnde huius Regionis dignitatem æstimare liceat.

Regio vltra modum fertilis, naturalem temperiem, cælumque satis clemens habens. Frugum omnigenum, vini, & arborum copia nullis posthabenda, sed optimis Regionibus comparanda est: adeò amœna, cultissimisque Orbibus, pagis, & vicis exornata, vt populorum, gentiumque virtute aliis terræ partibus, & si forma minor, tamen præstantior habetur, atque semper habita fuit. Ab omnibus priscis Scriptoribus, cùm ob Macedonum Imperium, tum ob Romanorum potentiam maximè celebrata. Eius laudes apud Strabonem videre licet, qui eam libro tertio, septemque sequentibus libris elegantissimè describit. Vide etiam ceteros veteres Geographos. Ex recentioribus eam inter cetera describere conati sunt, Volaterranus, Seb. Munsterus, Dominicus Niger, Georgius Rithaymerus, in suis Geographiis. Sed peculiariter eam descripserunt Pius.II., Christophorus & Ancelmus Cellæ.

Multa per vniuersam ferè Europam itineraria, locorumque distantiis annotatis, litteris mandarunt, Cherubinus Stella, Iohannes Herbaceus, & Georgius Meyerus. Idem Guilielmus Gratarolus fecit in calce libri, qui inscribitur De Regimine iter agentium.

EUROPA · EUROPA

NIEMAND WEISS, woher Europa seinen Namen hat, noch wer den Namen erfunden hat; es sei denn, wir sagen, daß dieser Kontinent nach der Tyrerin Europe benannt sei«, schreibt Herodot im 4. Buch. Plinius nennt Europa die Nährmutter des Volkes, das den Sieg über alle anderen Völker davontrug, und den schönsten aller Erdteile. Europa hält nicht mit seiner Größe, jedoch mit seinen Vorzügen den Vergleich mit Asien und Afrika aus. Fest steht, daß es, da am bewohnbarsten, keinem dieser beiden Erdteile an Einwohnerzahl unterlegen ist. Der Atlantik bespült die westliche und nördliche Seite, der Süden wird durch das Mittelmeer von Afrika getrennt. Im Osten bilden die Grenze gegen Asien, nach dem Zeugnis des Glareanus, das Ägäische Meer, das Schwarze Meer, das Asowsche Meer und die Landbrücke, die von den Quellen des Don genau nach Norden führt. Der Erdteil hat so die Form einer Halbinsel, wie man auf der Karte erkennen kann. Die größte Stadt ist Rom, das einst die Herrin des ganzen Erdkreises war. Dieses, unser Europa, dem über das Römische Reich hinaus der ganze Erdkreis Verehrung schuldet, hat insgesamt über achtundzwanzig christliche Königreiche, wenn man die vierzehn, die Damian von Goes allein in Spanien zählt, hinzurechnet. Daran läßt sich die große Würde dieses Kontinents ermessen. Der Erdteil ist über die Maßen fruchtbar und hat ein ausgewogenes, hinreichend mildes Klima. Keinem anderen Erdteil steht es nach in der Menge von Früchten aller Art, von Wein und Bäumen; vielmehr ist es den besten Gebieten vergleichbar: es hat eine anmutige Landschaft, ist geschmückt mit den schönsten Städten, Dörfern und Siedlungen; der besonders hervorragenden Eigenschaften der Völker und Stämme wegen zieht man Europa, auch wenn es kleiner an Umfang ist, allen anderen Erdteilen vor. Es wurde gerühmt von den alten Schriftstellern ob des Makedonischen Weltreiches, vor allem aber des Römischen Imperiums. Seinen Ruhm kann man bei Strabo nachlesen, der im 3., im 7. und den folgenden Büchern Europa auf glänzendste Weise beschrieben hat. Man schlage auch bei den übrigen antiken Geographen nach. Von den Neueren haben über diesen und andere Erdteile geschrieben: Volterra, Sebastian Münster, Dominicus Niger und Georg Ritheymer in ihren Erdbeschreibungen. Speziell Europa haben Pius II., Christophorus und Anselmus Cella beschrieben.

Es gibt viele Reisebeschreibungen für fast ganz Europa, in denen die Entfernungen der Orte verzeichnet sind, von Cherubinus Stella, Johannes Herbaceus und Georg Meyer. Hinzu kommt noch Guilielmus Gratarolus am Ende seines Buches, das »Der Reiseführer« genannt wird.

Abb. 27

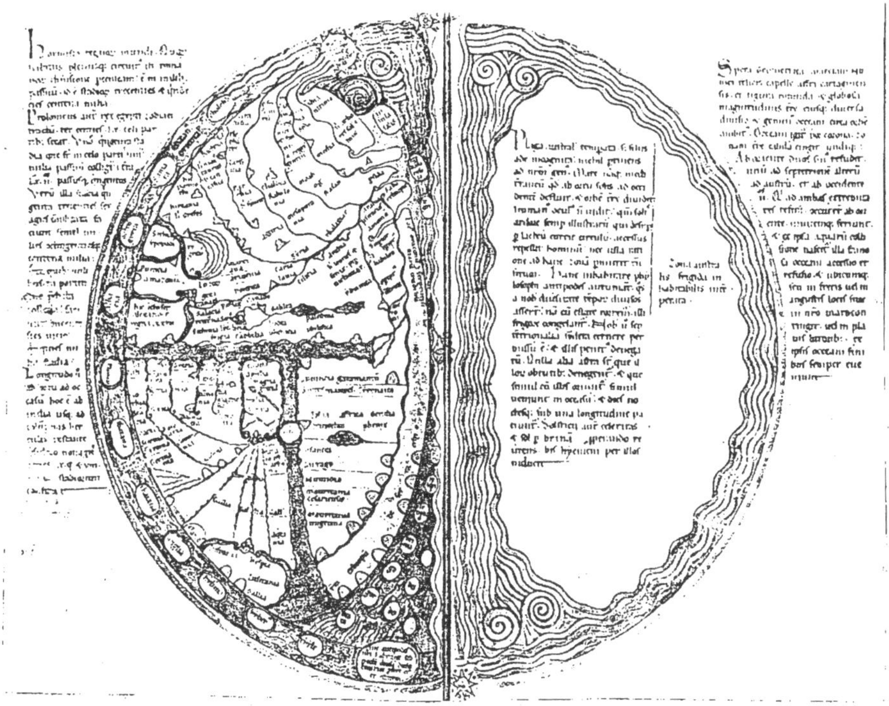

Abb. 28

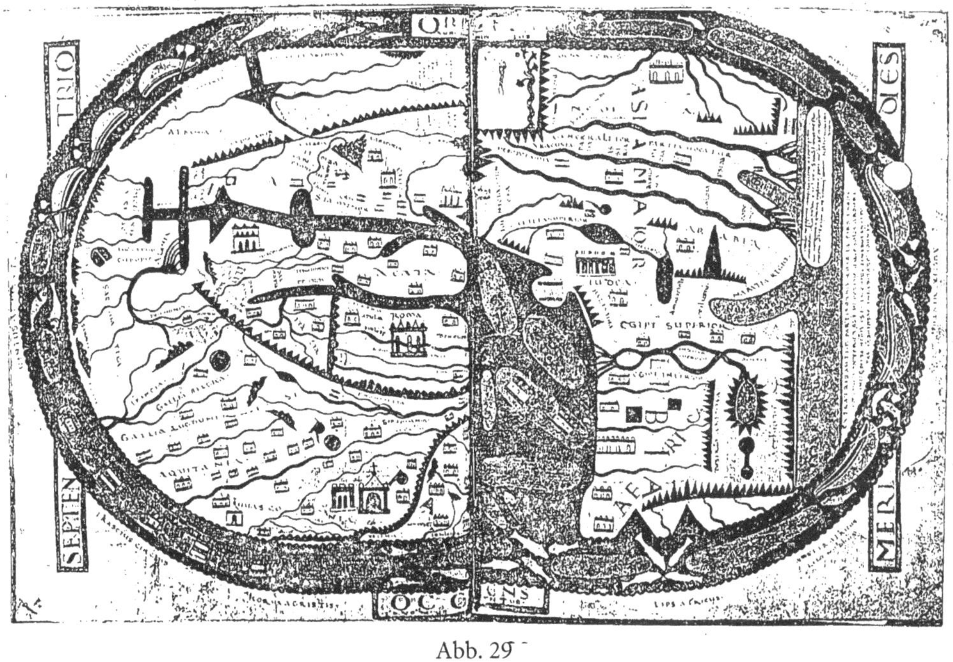

Abb. 29

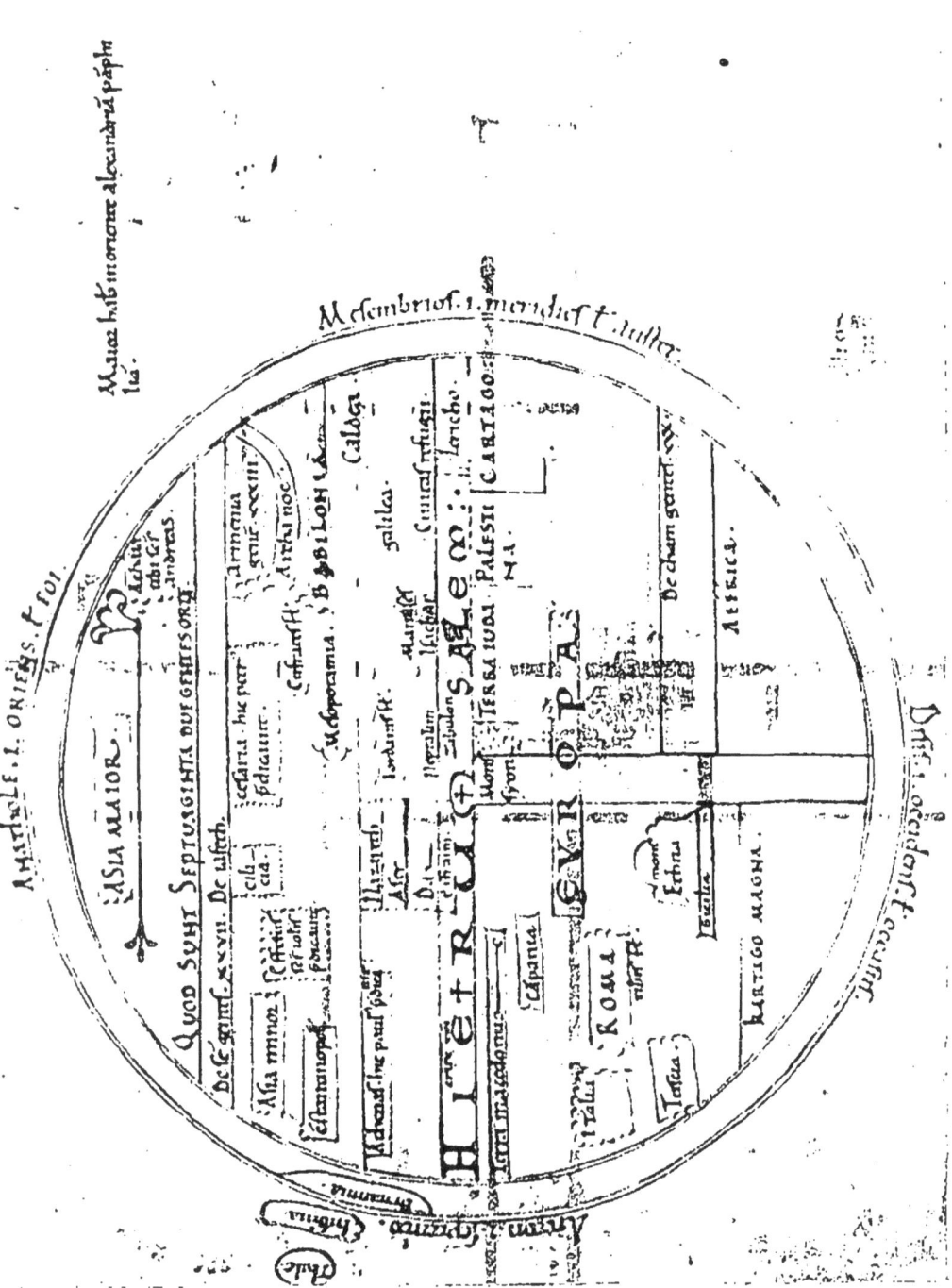

Abb. 30

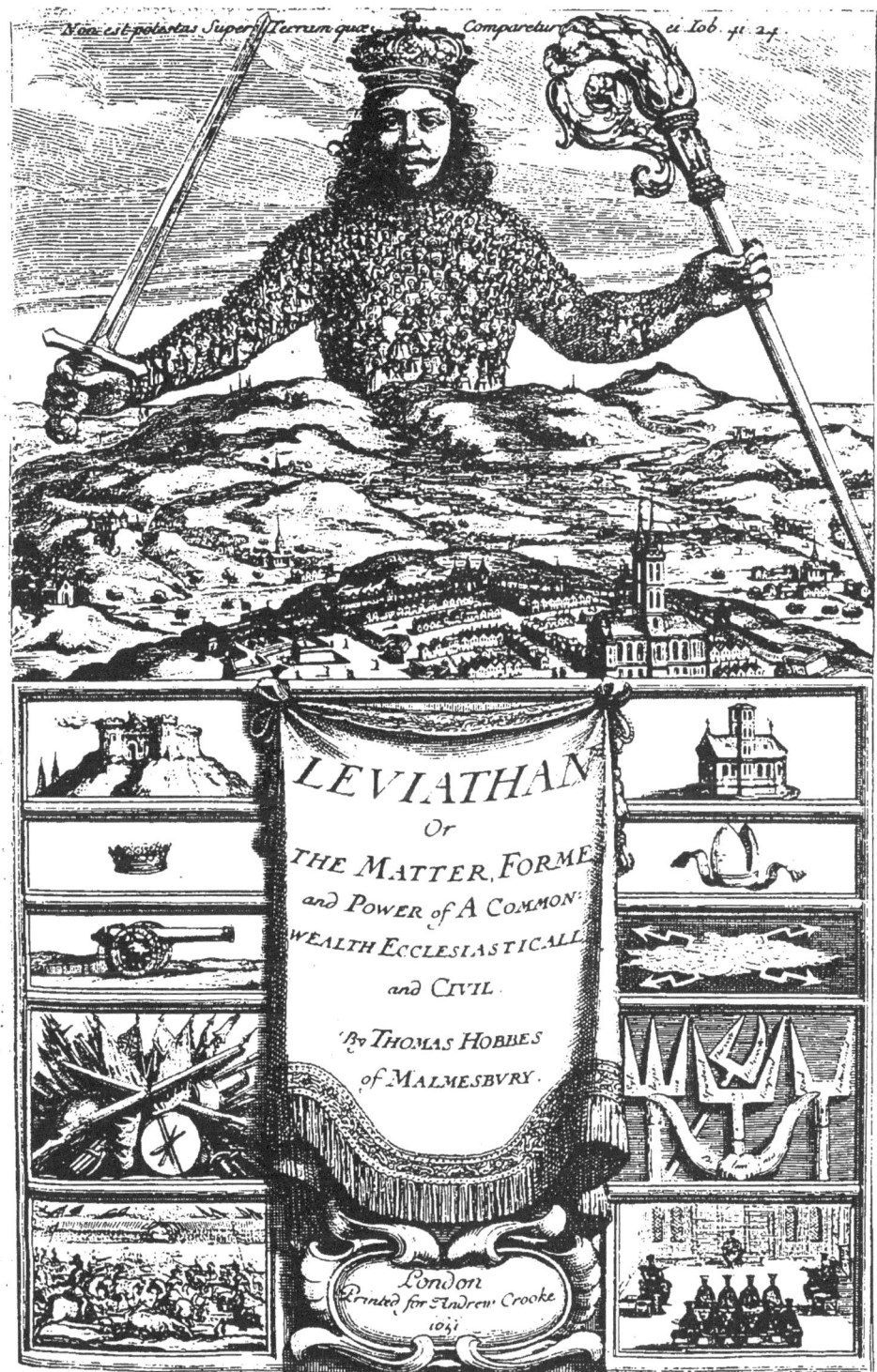

Abb. 31

Abb. 32

Abb. 33

Abb. 34

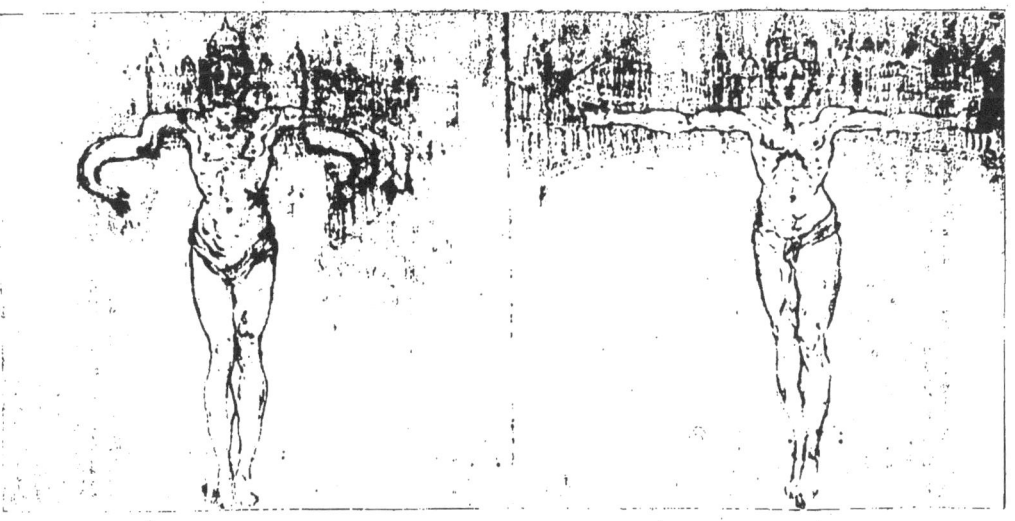

Abb. 35

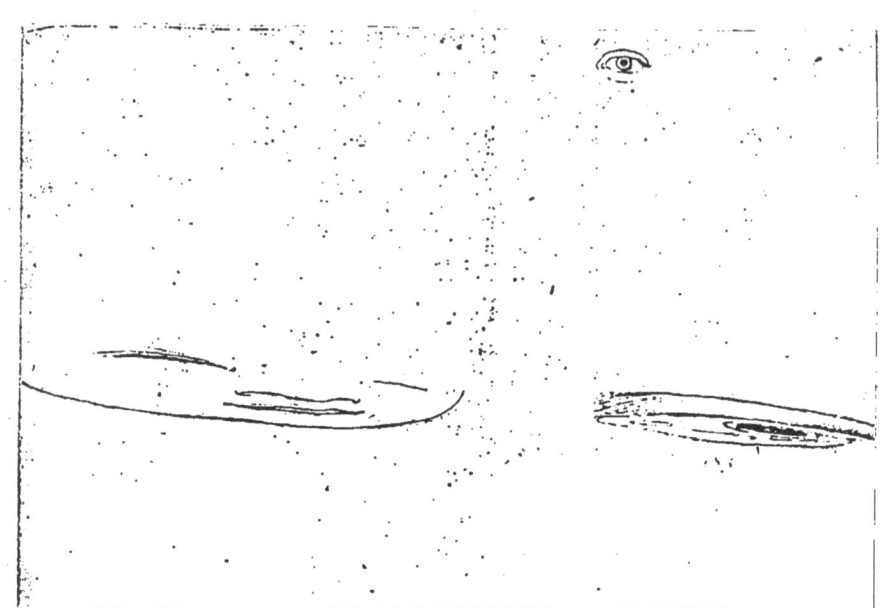

Abb. 36

Abb. 37

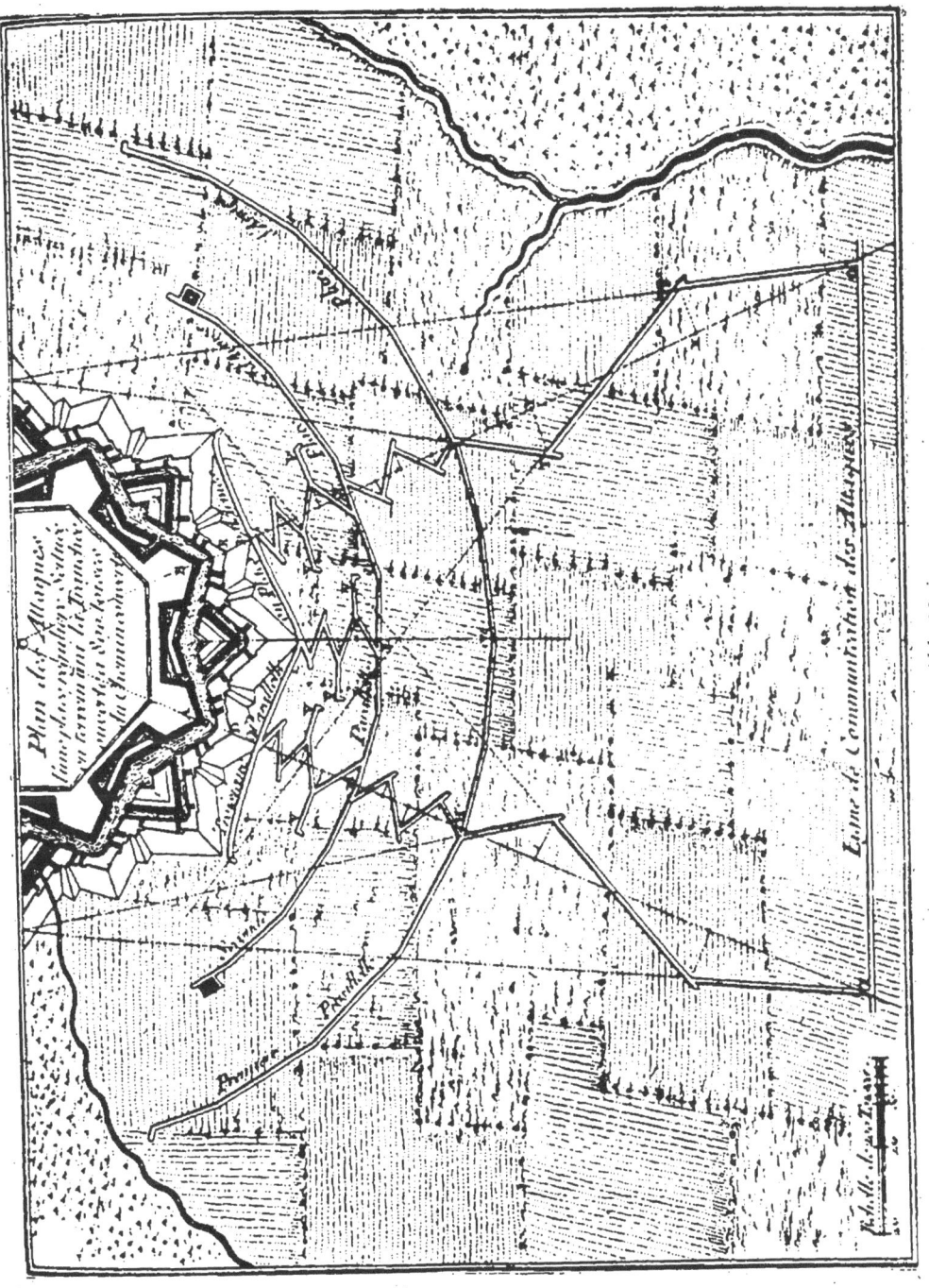

Abb. 38

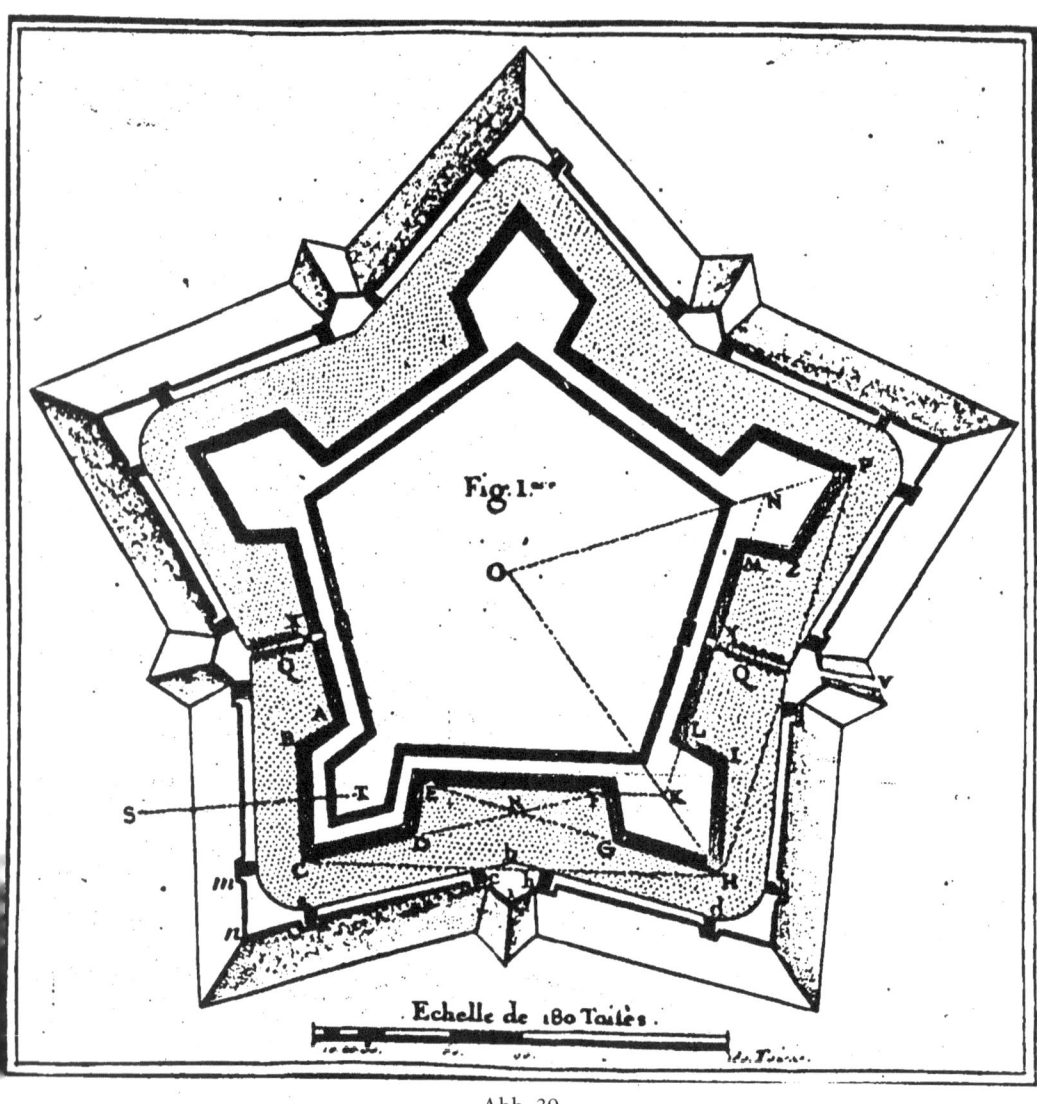

Abb. 39

C bzw. H = Spitze (Pünte)
CD " GH = Facen (Gesichtslinien)
DE " FG = Planken
FC " EH = Defensionslinien
LM " EF = Wall (Kurtine)

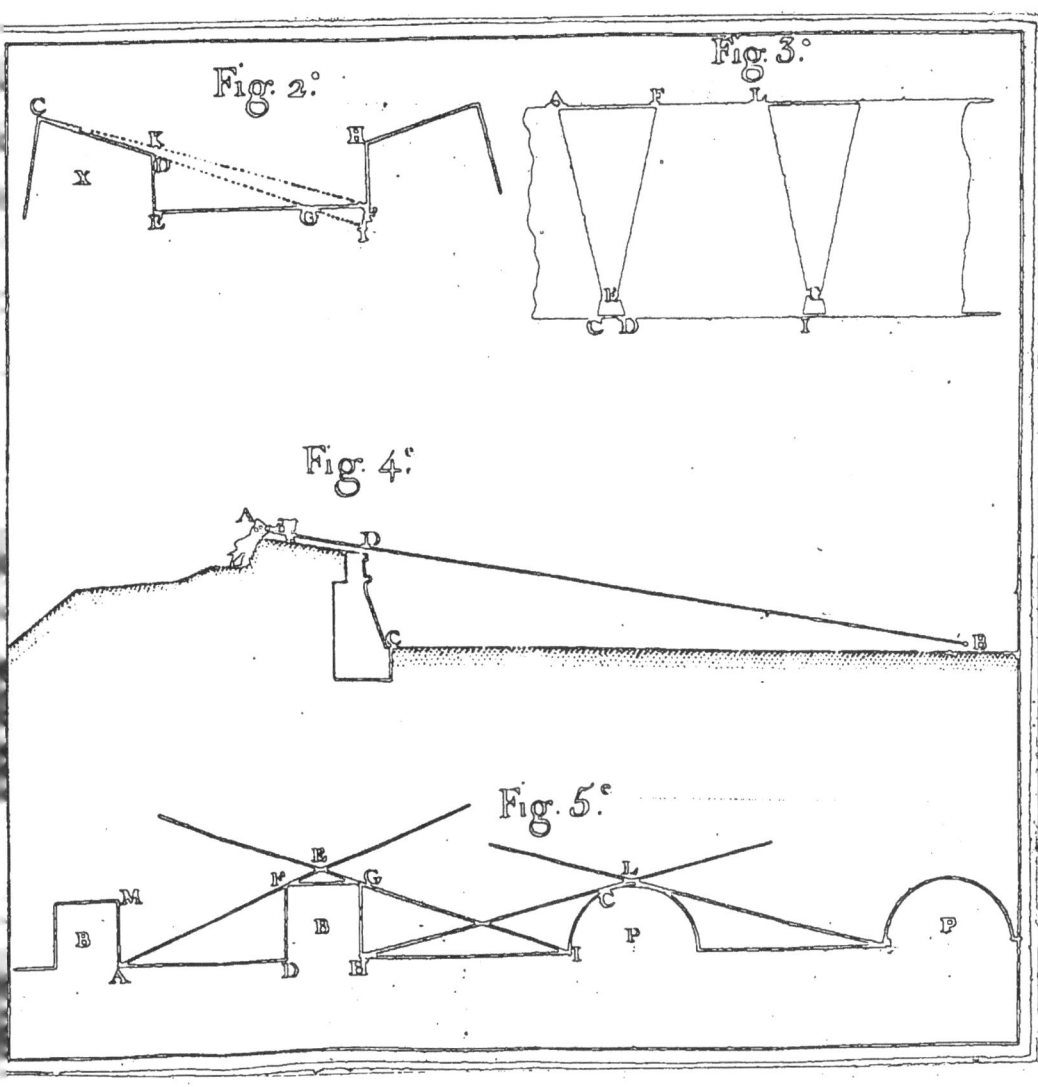

Abb. 40

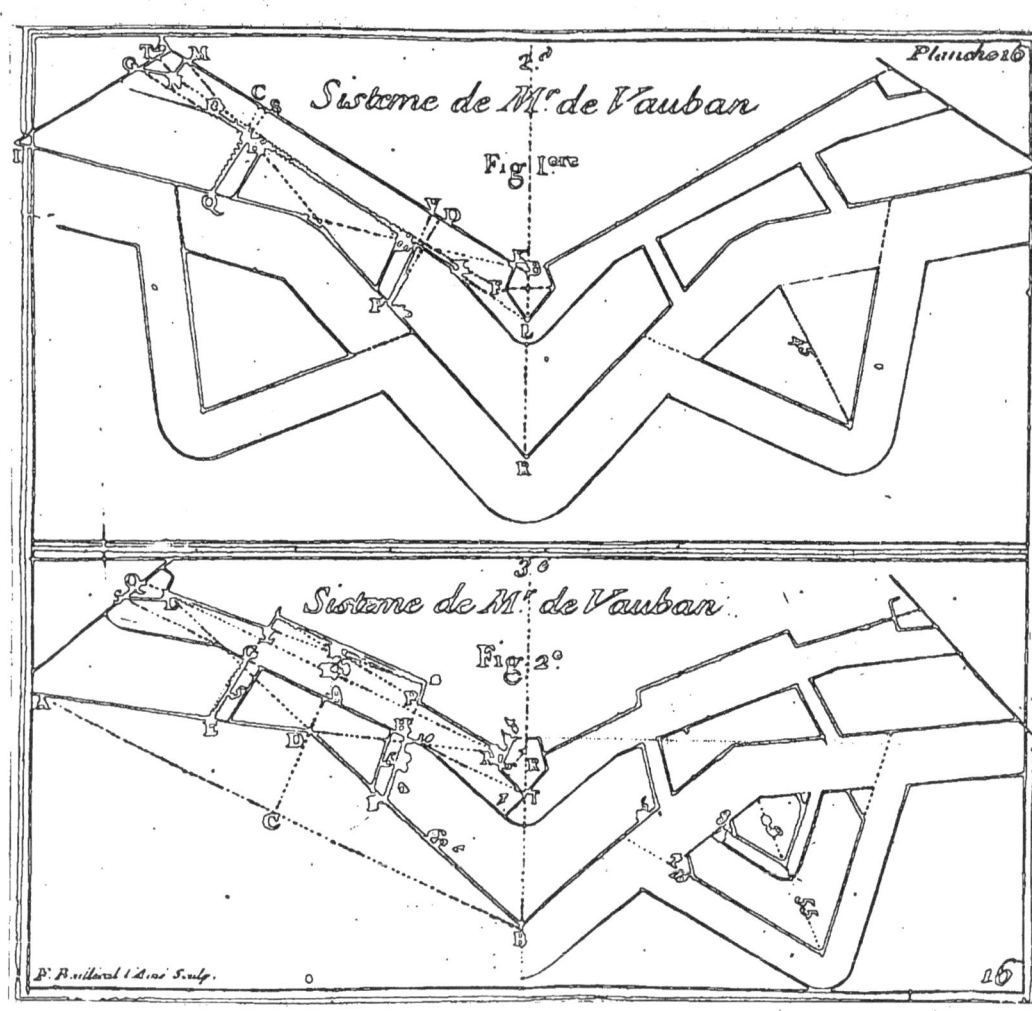

Abb. 41

Abb. 42

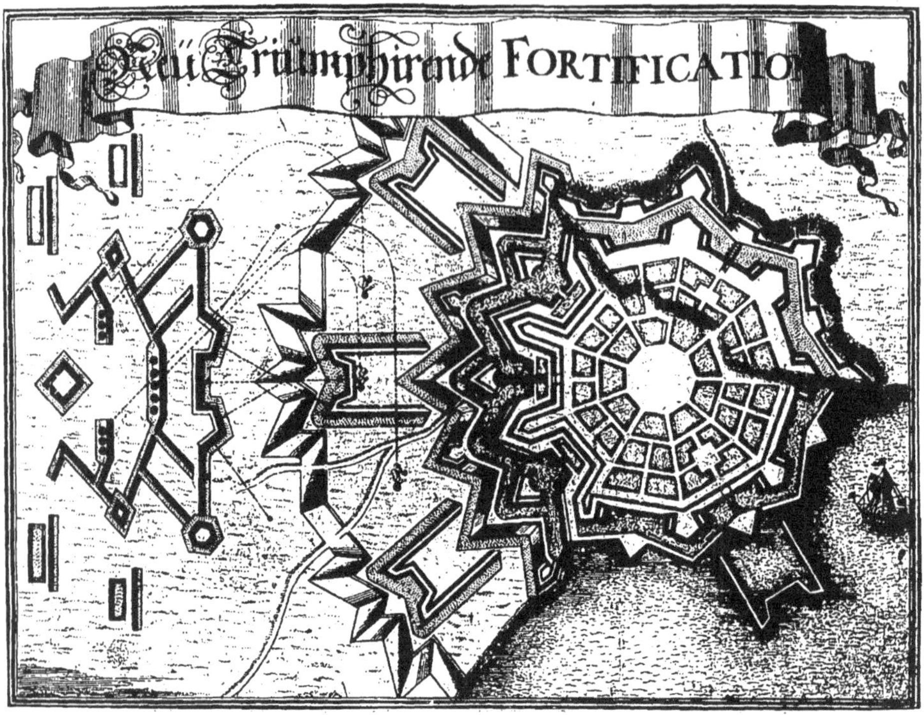

Abb. 43

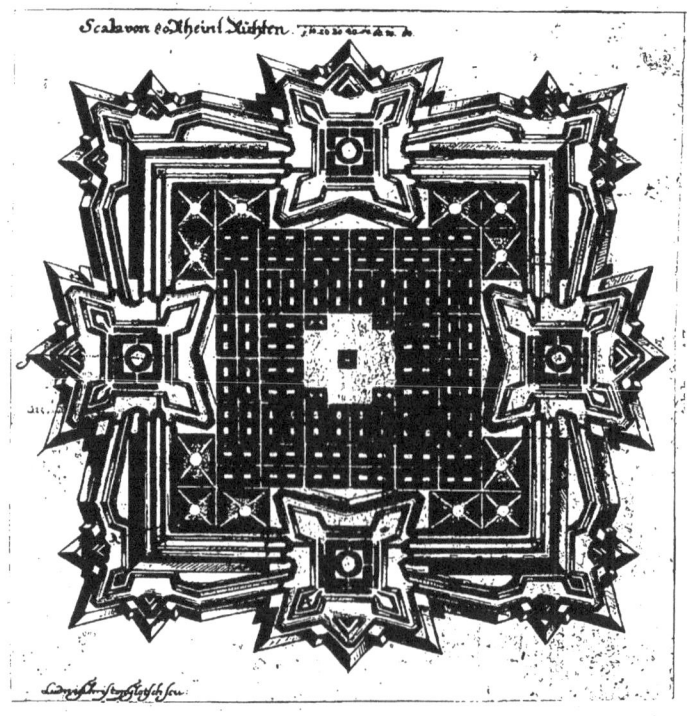

Abb. 43a

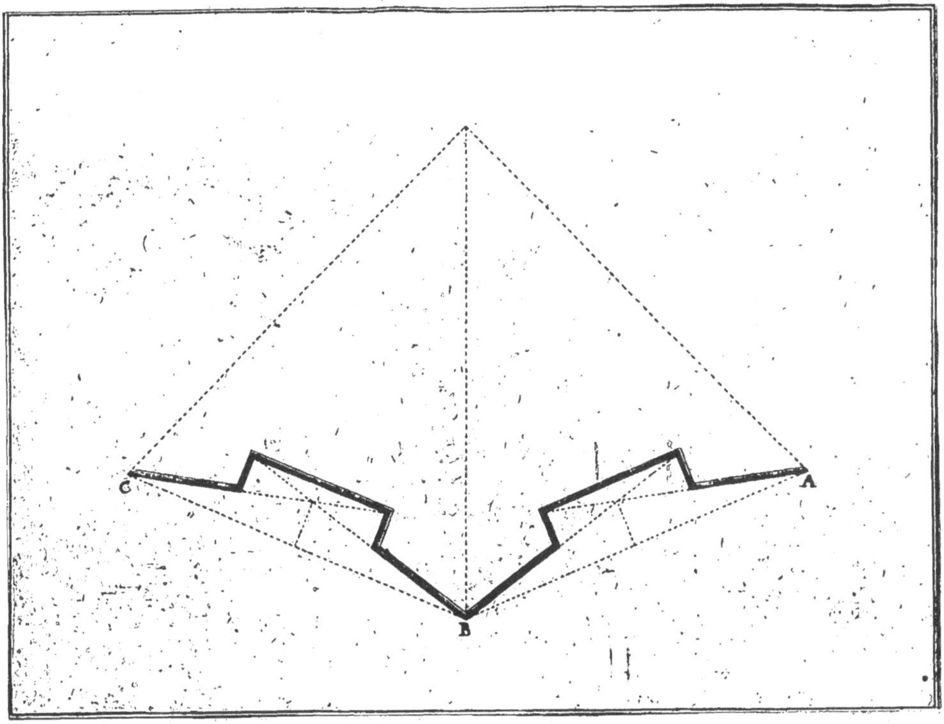

Abb. 44

Abb. 45

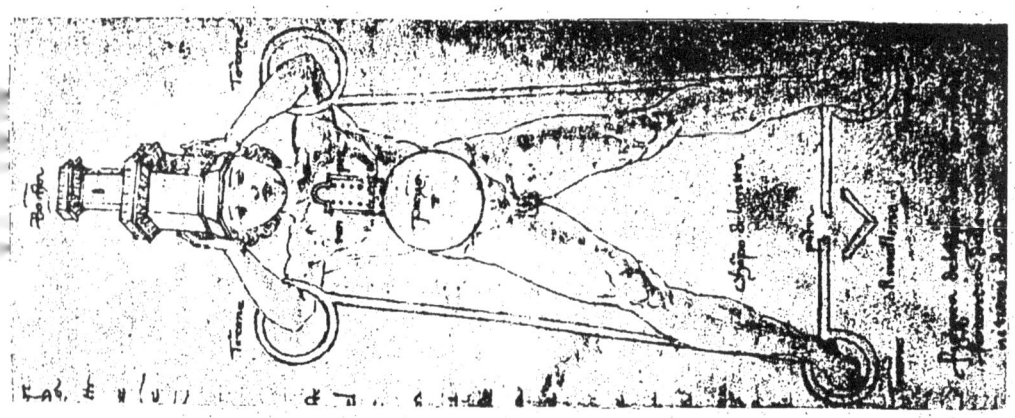

Abb. 46

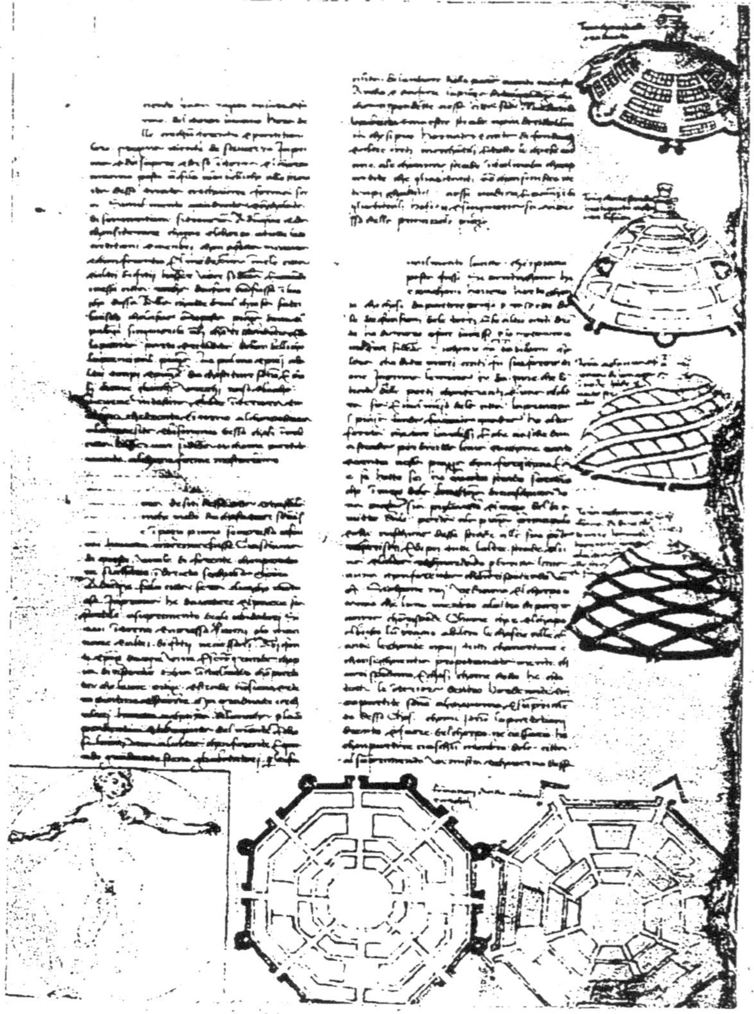

Abb. 47

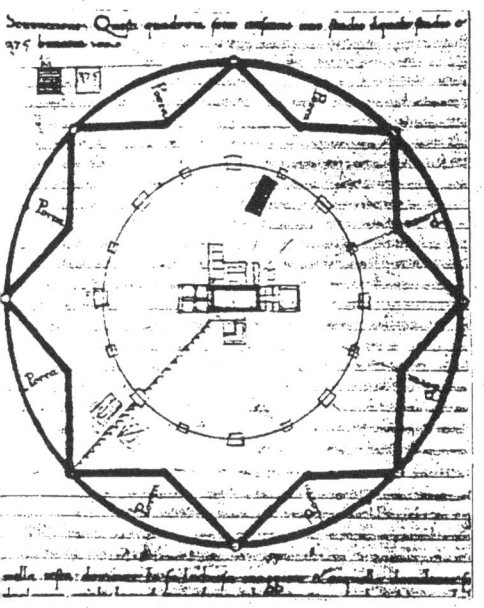

Abb. 48

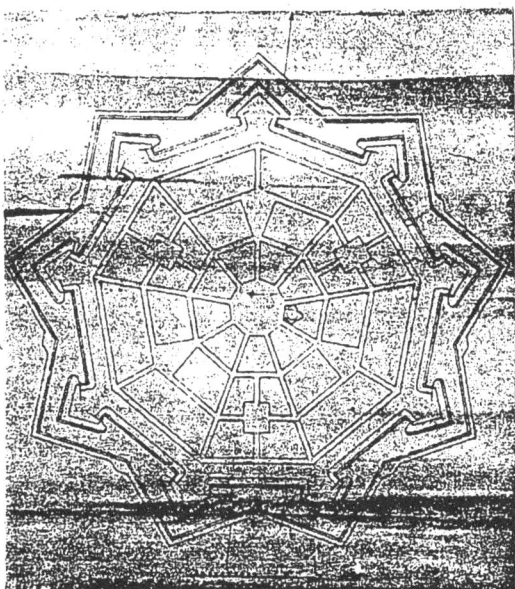

Abb. 49

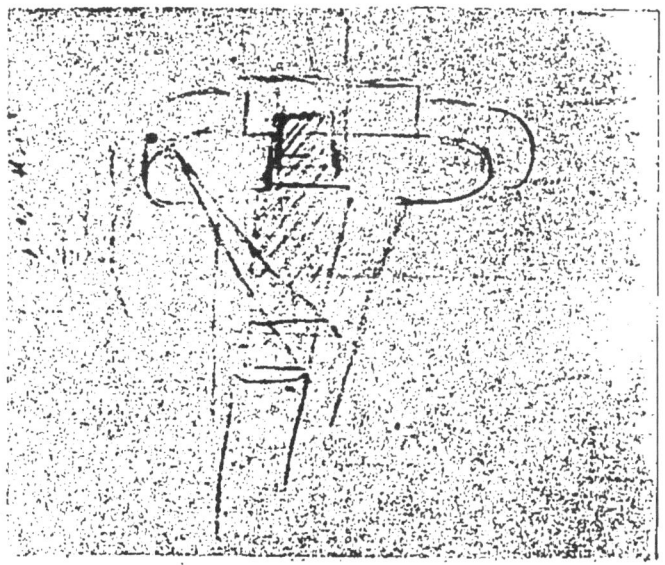

Abb. 50

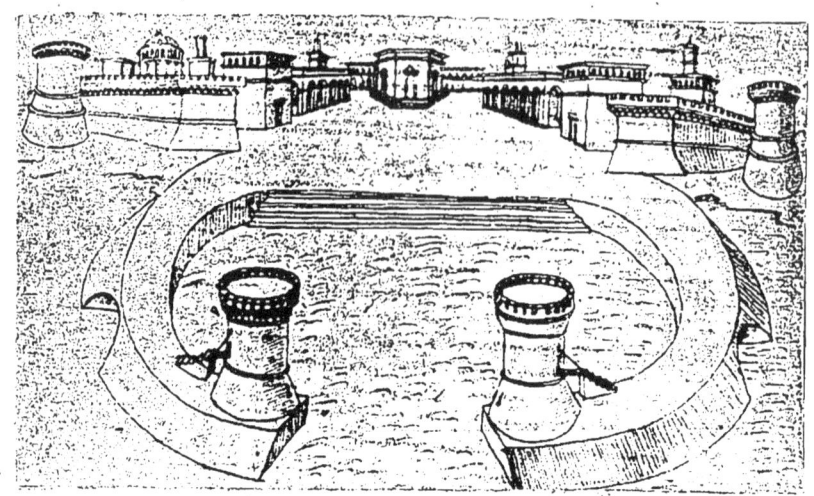

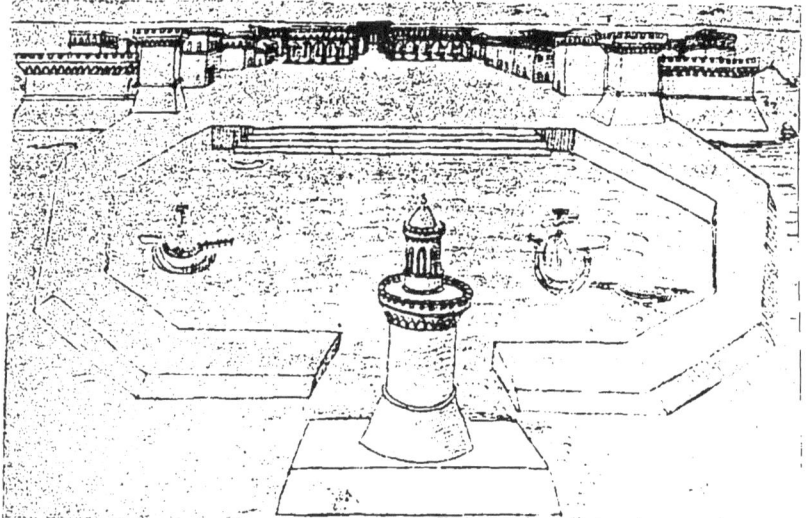

Abb. 51

Abb. 52

3 FORMALES KRIEGSTHEATER

3.1 CORNEILLE, DER GEFESSELTE SHAKESPEARE

In dem Rat Bossuets an den Kronprinzen, sich die einzelnen Epochen einzuprägen, damit er die Zeiten nicht durcheinanderwirft und keinen Anachronismus begeht, offenbarte sich ein neues Ordnungsdenken. Es berührte das Verhältnis von Theater und Geschichte. Die Definition Alsteds, in der die *Historia* und das *Theatrum* emblematisch aufeinander bezogen waren, ging nicht nur davon aus, dass die Geschichte als ein theatralischer Raum vorzustellen sei, sie besagte auch, dass sich die Zeit in diesem Raum im Kreis bewegte, weil ihre Spiegelung auf der Bühne des Lebens die Gegenwart für eine Wiederholung der Vergangenheit ausgab. Da diese Vorstellung nun als Anachronismus verworfen wurde, musste sich die Form der Spiegelung geändert haben. Eine Definition, die den emblematischen Charakter der Historie besonders betonte, war nicht mehr haltbar.

So pries Bossuet seine Universalgeschichte nicht als Welttheater an, sondern er schlug dem König vor, sie wie ein Schauspiel im Theater zu betrachten. Ein Theaterstück war etwas, was man sich anschauen konnte, ohne unmittelbar in das Theater einbezogen zu sein. Auf der Bühne spielte das Stück, und im Publikum saßen die Zuschauer. Es waren zwei verschiedene Bereiche. Der emblematische Zusammenhang zwischen Theater und Leben hatte sich gelockert, und das Verhältnis zwischen Theater und Historie war davon mitbetroffen.

3.1.1 PORTRÄT DER REALITÄT

Eines der Schlüsselworte für die eingetretenen Veränderungen war das der Chronologie. An ihrer Logik kam ein Theaterdichter selbst dann nicht vorbei, wenn er sich gewisse Freizügigkeiten im Umgang mit bestimmten historischen Aktionen gestattete. Zwar durfte er Cäsar oder Augustus Unternehmungen andichten, die sie nie gemacht hatten, aber er durfte die theatralische Aktion nicht so gestalten, dass etwa Alexander in der Zeit Cäsars gelebt hätte. „Il ne peut pas renverser la Chronologie – er kann die Chronologie nicht umstürzen" (Corneille,1862c,89).

Wie für Bossuet war für Corneille die Zeitenfolge klar in Jahrhunderte aufgeteilt. Verwechslungen eines Jahrhunderts mit dem anderen konnte es nicht geben, weder in der Gegenwart, die von dem Bewusstsein getragen wurde, besser zu sein als alles, was ihr vorauf gegangen war, noch in der Vergangenheit. Die Historie hatte sich in eine geordnete Folge von Zeitabschnitten verwandelt, in der es keine Wiederholungen mehr gab. Sie waren ausgeschlossen, da sie das Prinzip der Folge verletzt hätten. Jede Zeit hatte nur einen Augenblick für sich, bis sie von der nächsten abgelöst wurde. „Die Historie gehört zu den Dingen, die vorübergehen (des choses qui passent) und die, jedes auf das andere folgend, nur einen Moment lang andauern" (1862c,90).

Ein anderes Schlüsselwort war das der Lage der Orte, die man für das Theaterstück, hier die Tragödie, aussuchte, „la situation des lieux". Die Namen der Königreiche, der Provinzen, Städte, Berge und bekannten Flüsse schloss Corneille in diese „Situation" mit ein. An ihnen durfte der Dichter noch weniger verändern als an den Zeiten. „Der Grund dafür ist der, dass diese Provinzen, diese Berge, diese Flüsse zu den andauernden Dingen gehören (des choses permanentes). Das, was wir über ihre Lage wissen, war so seit Beginn der Welt. Wir müssen annehmen, dass sich daran nichts geändert hat, es sei denn, die Historie deutete es an. Und die Geografie lehrt uns alle die alten und neuen Namen (1862c,89f).

Corneille hielt Zeiten und Orte auseinander. Sie waren nicht mehr umstandslos einander zuzuordnen, weil sie nicht mehr der gleichen Ordnung angehörten. Die Zeiten vergingen, die Orte blieben. Während Bossuet die Universalgeschichte anhand der Geografie erklärte, machte Corneille auf einen Unterschied zwischen ihnen aufmerksam. Ihr Bezug zueinander und zum Theater wurde von neuen Markierungen durchkreuzt. Zwar waren Historie und Geografie die Künste, ohne die kein Theater auskam; ein Poet könnte schließlich „keine einzige Aktion auf die Bühne bringen (représenter), ohne sie an einem bestimmten Ort und in einer bestimmten Zeit zu plazieren" (91). Die Vorrangstellung, die sie im Theater einnahmen, blieb also gesichert, auch ihre unauflösliche Verbindung. Doch indem Corneille die Unterschiede zwischen Raum und Zeit betonte, wurde durchsichtig, dass der Index der Historie nicht mehr länger als ein räumlicher verstanden zu werden brauchte.

Wenn die Historie trotzdem vorzugsweise durch das Theater veranschaulicht wurde, so musste auch das Theater einen anderen Stellenwert eingenommen haben. Historie, Geografie und Theater waren in ein neues Bezugssystem getreten, das jedem von ihnen einen eigenen, von den anderen getrennten Bereich zuwies, ohne sie indes völlig auseinanderzureißen. Näherungsweise könnte man sagen, dass Geografie und Historie zwar immanente Elemente des Theaters blieben, ohne jedoch von sich aus noch Theater zu sein. Sie wurden nur auf dem Theater aufgeführt. Sie repräsentierten nicht das Theater, sondern das Theater war der Ort ihrer Repräsentation.

Der Diskurs über die Tragödie war einer von dreien, in denen sich Corneille mit der von den zeitgenössischen französischen Dramaturgen geforderten Regel der drei Einheiten (Zeit-Ort-Handlung) auseinandersetzte. Möglichst jedes Theaterstück sollte sie einhalten. Obwohl Corneilles Zeitgenossen ihn arger Verletzungen dieser Regel bezichtigten, befolgte er sie doch im großen und ganzen so sehr, dass er im Bewusstsein der Kritiker aus dem 18. Jahrhundert als ein Dramatiker von künstlicher Regeltreue angesehen wurde. Aus Corneilles Sicht hätte sich ein Stück wie der *Glückliche Gauner* von Cervantes, das sowohl in Deutschland als auch in Guinea spielte, von selber verboten, weil es die Einheit des Ortes verletzte. Die andere Eigenheit des Spaniers, die Dauer des dramatischen Vorgangs über die Länge eines Tages auszudehnen, hätte Corneille nicht so stark kritisiert, da er die Regel der Einheit der Zeit (l'unité de jour) selber als zu drückend empfand. Er dehnte sie, die auf einen „künstlichen" (12 Stunden) bzw. „natürlichen Tag" (24 Stunden) festgelegt war, gern auf 30 Stunden aus, um mehr Freiheit für die Ausführung der Aktionen zu haben (1862e). Freilich wären die drei Tage (Jornadas), auf die Cervantes seine Stücke auszulegen pflegte, auch für Corneille, der schon über zusätzliche Stunden Rechenschaft ablegte, zu lang gewesen.

Shakespeares *Histories*, die sich über Jahrzehnte erstrecken konnten, wären gewiss völlig aus dem Rahmen gefallen.

Nun war es nichts Neues, dass die Franzosen auf die Einhaltung der Regeln achteten. Schon die *Commedia erudita* versuchte, sie zu befolgen, wie überhaupt die italienische Renaissance in ihrer Auseinandersetzung mit den antiken Schriftstellern auch die Beschäftigung mit Aristoteles wiederbelebte, vor allem mit dem Aristoteles der *Poetik*, einer Schrift, die im theaterarmen Mittelalter in Vergessenheit geraten war (Gigon,17f). Auf die *Poetik* des Aristoteles wurde die Forderung nach den drei Einheiten zurückgeführt. Auch den Spaniern waren die Regeln vertraut, weshalb sich Cervantes ausdrücklich über sie hinwegsetzen musste. Neu war, dass die Franzosen die Einhaltung der Regeln zur unausweichlichen Bedingung ihrer Theaterproduktion gemacht hatten. Wenn das dramatische Geschehen an einem und demselben Tag begonnen und abgeschlossen werden sollte, wenn, was daraus folgte, der dargestellte Ort kaum die Grenzen einer Stadt überschreiten durfte, weil ein größerer Raum wegen des für die Zurücklegung der Strecken benötigten Aufwands zu viel Zeit erfordert hätte, dann musste diese Anordnung, – Einheit der Handlung vorausgesetzt –, die dramatische Spannung steigern und die Gegenwart des Bühnengeschehens im Sinne einer größeren Präsenz der Repräsentation erhöhen.

Corneille zählte sich trotz der Regelübertretungen, die er sich gelegentlich gestattete, offenbar nicht zu denen, die diese Regel allzu tyrannisch fanden. Am liebsten hätte er sie noch unterboten und seinem Stück einen dramatischen Stoff zugrundegelegt, der zu seiner Entwicklung exakt die zwei Stunden benötigte, die auch die Vorstellung im Theater dauerte. Das schrieb ihm die „raison naturelle", die natürliche Vernunft, vor.

„Das dramatische Gedicht (poème dramatique) ist eine Nachahmung, oder um es besser zu sagen, ein Porträt der Handlung der Menschen, und es besteht kein Zweifel daran, dass die Porträts um so trefflicher sind, je mehr sie dem Original ähneln. Die Vorstellung (représentation) dauert zwei Stunden, und ihre Ähnlichkeit wäre dann perfekt, wenn die Handlung, die sie repräsentiert (représente), in der Realität (réalité) auch nicht mehr Zeit beanspruchte. Lasst uns dementsprechend weder bei zwölf, noch bei vierundzwanzig Stunden haltmachen; sondern pressen wir (resserrons) die Handlung des Gedichts auf die kürzeste Dauer zusammen, die uns möglich sein wird, damit ihre Repräsentation ähnlicher und vollkommener werde. Lassen wir die eine nur die zwei Stunden dauern, die die andere benötigt. (...) Wenn wir sie nicht in diese zwei Stunden einschließen können (renfermer), dann sollten wir vier, sechs, zehn, aber nicht viel mehr als vierundzwanzig nehmen, aus Sorge darüber, gegen das Reglement zu verstoßen und das Porträt so sehr zu verkleinern, dass es seine angemessenen Proportionen verlöre (dimensions proportionnées) und nur noch aus Unvollkommenheit bestünde" (1862e,113).

Der Vergleich des Theaters mit der Porträtmalerei war bezeichnend, wenn man bedenkt, dass schon die *Trionfi* von Petrarca die Zeitgenossen zu bildnerischer Darstellung animiert hatte (Carnicelli,38ff). Das *Poème dramatique* wurde wie ein Bild betrachtet, das die Realität des Originals möglichst genau imitieren sollte. Aber das Bild, das das Theater zeichnete, verlor seinen emblematischen Charakter. Im *Theatrum Emblematicum* war eine klare Differenzierung zwischen der Realität und dem Theater bzw. zwischen dem Original und seiner Abbildung nicht denkbar, weil die Realität selbst Theater war. Es lebte von der tendenziellen Ununterscheidbarkeit beider Bereiche. Die wurden nun getrennt, wodurch Leben und Theater eine Dimension der Spiegelung, die das Welttheater kennzeichnete, einbüßten. Für ein potenziertes Theater, wie das Theater auf dem Theater in Shakespeares *Hamlet* oder das Leben als Rolle im *Gran Teatro del Mundo* von Calderon, hatte die Bühne keinen Raum mehr.

Corneilles Stück *L'Illusion Comique* von 1636 schien seinen neuen Differenzierungen allerdings zu widersprechen, da es im letzten Akt ein ausgesprochenes Theater auf dem Theater gibt. Pridamant, der Vater des verlorenen Sohnes Clindor, glaubt diesen im Trubel der Kämpfe, die vor seinen Augen stattfinden, getötet, erfährt aber zu seiner Überraschung von Aléandre, dem Zauberer, sein Sohn sei Mitglied einer Schauspieltruppe, die diese Kämpfe nur fingiere (V/5,Vers 1641). Die Grenze zwischen Realität und Repräsentation, die Corneille in seinem zweiten Theaterdiskurs so deutlich markierte, war in diesem Stück auf den ersten Blick gar nicht vorhanden.

Bei genauerer Betrachtung wird die Grenze jedoch sichtbar. Jürgen von Stackelberg hat die treffende Beobachtung gemacht, dass „(auffälligerweise) der alte Topos von der Bühne Welt in der *Illusion Comique* nicht vor(kommt) (1968a,71). Die *Illusion* sei eine reine Theaterillusion, die durch das Beiwort *comique*, – im 17. Jahrhundert als Synonym für *schauspielerisch* gebraucht –, noch bekräftigt werde.

Es sei unrichtig, das Stück, wie es andere getan hätten, ein barockes Lustspiel zu nennen, weil damit sein „klassische(r) Geist" übersehen werde. Klassisch seien seine klaren, einem Triptychon vergleichbaren Proportionen: Vorspiel, Mittelteil und Nachspiel, wobei Vor- und Nachspiel der Länge nach jeweils ein Drittel des Mittelteils ausmachten. Entsprechend hält er die Komödie für Corneilles „barocke(n) *Schwanengesang*" (1968a,73;Hervorhebung v.S.).

Lässt man die schwer durchzuhaltende Typisierung von Barock und Klassik einmal beiseite, – Stackelberg hatte sie anderenorts vorsichtiger (und genauer) lediglich als „Tendenzen" bezeichnet, „von denen hier die eine, dort die andere überwiegt" (1968b,25) –, so wird man dem Urteil zustimmen können. Die Distanz, die die *Illusion Comique* zum Welttheater einnahm, war vor allem in Aléandres Ortsbestimmung des neuen Theaters zu erkennen (V/5,Verse 1645f u.1649-1656):

(…) /A présent le théâtre
Est en un point si haut/que chacun l'idolâtre. (…)
L'entretien de Paris,/le souhait des provinces,
Le divertissement/le plus doux de nos princes,
Les délices du peuple,/et le plaisir des grands:
Il tient le premier rang/parmi leurs passe-temps;
Et ceux dont nous voyons/la sagesse profonde
Par ses illustres soins/conserver tout le monde,
Trouvent dans les douceurs/d'un spectacle si beau
De quoi se délasser/d'un si pesant fardeau.
(…) *Gegenwärtig steht das Theater*
So hoch im Kurs, dass jeder es verherrlicht. (…)
Es ist die Unterhaltung von Paris, der Wunsch der Provinzen,
Die süßeste Ablenkung der Prinzen,
Das Entzücken des Volkes und das Vergnügen der Großen:
Es ist ihr wichtigster Zeitvertreib;
Und die, die in ihrer tiefen Weisheit
Sich um die Erhaltung der ganzen Welt bemühen,
Finden in der Anmut eines so schönen Schauspiels
Etwas, das sie von einer schweren Bürde befreit.

Unterhaltung, Vergnügen, süßer Zeitvertreib und Entlastung – das Theater war zum bevorzugten Unterhaltungsinstrument geworden, und wenn auch die Unterhaltung im Frankreich des 17. Jahrhunderts wenig mit modernem Entertainement zu tun hatte, so ist die Distanz zum *Theatrum Mundi* doch nicht zu übersehen.

Der Schlüssel für das Verständnis dieser Passage liegt in dem Wort Zeitvertreib: *passe-temps*. Vergleicht man den Ausdruck mit der oben erwähnten Stelle aus dem *Diskurs über die drei Einheiten*, an der Corneille von der Historie als den Dingen, die vorübergehen, sprach (des choses qui passent), dann erhält man eines der Elemente, die das Theater mit der neuen Historienauffassung verbanden. Die Zeit kehrte nicht mehr wie im Welttheater wieder, um zu ihrem Ausgangspunkt, der auch ihr Endpunkt sein konnte, zurückzugelangen, sondern sie verging. Aber sie verging nicht als eine Lebenszeit, die unwiederbringlich ihrem Ende zustrebte, – so wurde sie zur selben Zeit im deutschen Barock empfunden –, sie ging vorüber, ohne dass ein Ende schon abzusehen war. In der Geschichte folgte ein Ding auf das andere, jedes war nur mit der Dauer eines Moments versehen. Der Geschichtsauffassung von Corneille war kein Hinweis auf den Kreislauf, auf die Vergänglichkeit des Lebens zu entnehmen. Die Gegenwart, von der Corneille sprach, war nicht von vornherein vergangen. Auch sie verging, aber sie verging fortwährend. In dieser Gegenwart gab es gleichsam eine Öffnung, in die eine mögliche Zukunft, die noch nicht konturiert war, eindringen konnte. Die Gegenwart, die der Zeitvorstellung Corneilles zugrundelag, war prinzipiell unabgeschlossen.

Eine Zeit, die zwar nicht zum ersten Mal überhaupt, aber zum ersten Mal unvermischt mit anderen Vorstellungen als Linie verstanden wurde, musste aus sich heraus die Idee der Langeweile erzeugen. Daher der Wert, den Corneille auf ihre Vermeidung im Theater legte (1862d,104f). Zeit war zu etwas geworden, das zum Verweilen einlud. Sie verlor den Charakter einer drängenden und bedrängenden Instanz, die einen ständig von hinten einzuholen drohte. Sie war ein Ding, das man verschwenden konnte, ohne etwas dabei zu verlieren, und wenn man sich die Zeit vertrieb, so nur, damit sie um so besser vorüberging. Aber es wurde auch um so notwendiger, sie so auszufüllen, dass sie sich nicht in ihrer Leere bemerkbar machte. Daraus resultierte eine Form der Ablenkung, die zur Kunst des Divertissement perfektioniert wurde.

3.1.2 REGULIERUNG DER ZEIT

Man versteht Corneilles Regeltreue besser, wenn man das neue Zeitverständnis in Betracht zieht. Wieso entstand auf einmal diese Sorge um die Zeitgerechtigkeit, woher kam die Angst, gegen die Regel zu verstoßen bzw., um es wörtlicher zu übersetzen, „die Angst, in die Unregelmäßigkeit zu fallen" (peur de tomber dans le dérèglement), wenn nicht auch durch die neu entstandene Leere? Diese Leere der Zeit mochte, falls man sich nicht genügend gegen sie absicherte, die alten Unklarheiten des Welttheaters, die dunklen Mischungen des Lebens mit dem Theater, wieder heraufbeschwören, oder einen in jenen Abgrund hineinziehen, auf den Pascal wenig später in seinen *Pensées* so irritierend hinwies (31f u.51f). Die Hinwendung zur Regel galt auch der Bewahrung des Lebens vor dem unendlichen Strom der Gegenwart. Corneille wollte den Verlauf der dramatischen Aktion in die zwei Stunden der Vorstellungsdauer zusammenpressen und einschließen – „resserrer" und „renfermer" standen dafür im Original. Er wollte die Zeit in Fesseln legen.

Wie die andern Dramaturgen der Epoche, schien Corneille die Tyrannei der Zeit, die paradoxerweise erst so empfunden wurde, als sie unendlich verfügbar geworden war, auf dem Theater für unentbehrlich zu halten. Die Autorität der Aristotelischen Lehre, auf die die Regeln zurückgeführt wurden, gab nur bedingten Aufschluss über die fast hartnäckige Befolgung der drei Einheiten, zumal diese aus Aristoteles' *Poetik* erst herausgelesen werden mussten. Aristoteles gestattete weit mehr als die zwei Stunden der Aufführung, nämlich einen ganzen Tag, und die Einheit des Ortes war bei ihm gar nicht zu finden, sie wurde einfach hinzugefügt. Man betrachtete sie jedoch nicht als autonome Einheit, sondern als Abhängige der Zeit. Daher der geringe Aktionsspielraum, der dem Dramaturgen zur Verfügung stand – oft genug ging er über die verschiedenen Zimmer eines Schlosses nicht hinaus.

Auch die Einheit der Handlung war in der *Poetik* anders konzipiert. Mit Genugtuung stellte Corneille fest, dass die von den Alten geforderte Hauptaktion bei ihm mit mehreren Nebenaktionen verflochten wurde. Die wären indes alle unvollständig und müssten auf die allein vollständige Hauptaktion bezogen bleiben, damit der Zuschauer in einem angenehmen Schwebezustand (agréable suspension) verharren konnte (1862e,99). Außerdem hätte sich, so Corneille, die Anzahl der Szenen gegenüber der Antike erhöht, – von dreien auf bis zu zehn –, weshalb ihre Verknüpfung schwieriger geworden sei. Auf die Verknüpfung kam es jedoch an, um die Kontinuität der dramatischen Aktion und die Kontinuität der Repräsentation dieser Aktion in der Aufführung auf dem Theater zu wahren – ohne

Kontinuität keine Einheit der Aktion (101f). Zwischen den einzelnen Szenen eines Aktes durfte es keine Pause geben. Das war schon deshalb unmöglich, weil die Szene oft mitten in der Zeile endete und die nächste sie fortsetzte. Da alle Stücke in gereimten Alexandrinern verfasst waren, hätte ein zeitlicher Zwischenraum die Erinnerung an den Reim verblassen lassen.

Ebensowenig gab es Pausen innerhalb der Szenen. Die Verse mussten quasi an einem Stück gesprochen werden. Aus diesem Grund war es auch möglich, die Dauer einer Aufführung relativ genau zu bestimmen. Die 1600-1800 Verse, auf die man sich als Regel festgelegt hatte, entsprachen etwa den zwei Stunden einer Vorstellung – die Unterbrechung zwischen den Akten nicht mitgerechnet. In die Zwischenakte (entr'actes) verbannte Corneille, der sich manchmal über 2000 Verse erlaubte, alle dramatischen Vorgänge, die für das Verständnis der Handlung unerläßlich waren, aber nicht auf der Bühne repräsentiert wurden. Beanspruchte eine Aktion zehn Stunden statt der vorgesehenen zwei, so sollte sich das Publikum die übrigen acht, die nicht in der reinen Aufführungszeit von zwei Stunden unterkamen, auf die vier Pausen zwischen den Akten verteilt denken (114). Mit diesem Trick konnte die angemessene Proportion zwischen der Realität der Originalhandlung und ihrer Repräsentation in der Aufführung eingehalten werden. Die Repräsentation selbst, die reine Sprechzeit, duldete, zumal bei Szenenverknüpfung durch Reime, keine Unterbrechung. „Sie duldet keine Leere", schrieb Corneille – „cette liaison ne souffre point de vide" (114).

In dem Bestreben, diese Leere zu vermeiden und die Zeit auszufüllen, kam es bei Corneille weder zur Aktionsvielfalt des Shakespearetheaters, noch zu einem Aktionismus, der dem auf modernen Bühnen vergleichbar gewesen wäre. Die größere Gegenwartsnähe der Zeitempfindung erlaubte es, eine einzelne Stunde länger auszukosten als es früher und später möglich war. Rhythmus und Paarreim des Alexandriners hatten den größten Anteil daran. Ausnahmen vom Alexandriner gab es selten bei Corneille. Shakespeare hatte dagegen meistens reimlose Blankverse verwandt, die allerdings oft, am Schluss von Monologen, in Paarreimen ausliefen, aber der Blankvers dominierte. Außerdem war der Blankvers in einem Zug zu rezitieren, er hatte keine metrische Zäsur wie der Alexandriner. Der wurde durch diese Zäsur in zwei Hälften geteilt (cf.Schrägstrich in der Mitte der oben zitierten Corneilleverse). Rechnet man die wiederholten

Prosapassagen in Shakespeares Dramen hinzu, so wird die unterschiedliche Zeitbehandlung der beiden Dramaturgen sichtbar.

Trotz Corneilles Vorkehrung gegen die Leere in und zwischen den Szenen eines Aktes hatte sie eine durch die Zäsur im Vers selbst vorgegebene Stelle. Doch die Zäsur war keine einfache Leere mehr, sie war eine Pause, d.h. eine geregelte Leere der Zeit. Sie kehrte innerhalb von etwa zwei Stünden 1600-2000 mal in demselben Poem wieder, weder durch Blankverse noch durch Prosa unterbrochen. Das veranlasste den Schauspieler, vom einfachen Sprechen in eine getragene, dem Gesang ähnliche Deklamation überzugehen. Ein gegenseitiges Ankläffen der Akteure wie auf der Shakespearebühne war bei Corneille allein schon durch das unterbrochene Versmaß des Alexandriners unmöglich geworden.

Diese Überlegungen zeigen, wie sehr die auf Aristoteles' *Poetik* gegründeten Anforderungen an das französische Drama mit der Zeit des 17. Jahrhunderts in Verbindung stehen. Die Anforderungen schienen nur auf das Ansehen eines geschätzten Autors gestützt zu sein, um die neue Zeitauffassung desto besser durchzusetzen. Ohne die formale Organisation des Dramentextes wären sie gar nicht zu erfüllen gewesen. Daher ist es zutreffender, sie nicht so sehr als ein aus der Antike an die französischen Poeten herangetragenes Anliegen zu betrachten, sondern sie aus deren eigenem zeitlichen Kontext zu verstehen. Welchen Stellenwert immer die Furcht Corneilles vor der Leere der Zeit, vor dem Déréglement, haben mochte, sie war nur die andere Seite einer poetischen Liebe zur Form, in der sich die Regel ausdrückte. Die Abneigung Ficinos gegen alles Deformierte und seine Neigung, überall nach Formen zu suchen, war seit der italienischen Renaissance erhalten geblieben. Nur die Gestalt der Formen und ihr Bezug zum Leben der Menschen, das sie repräsentieren sollten, hatten sich geändert und in einen Stil à la française verwandelt.

Wo aber liegt genau der Unterschied zur Vorstellung des Welttheaters, wenn Corneille doch darauf bedacht war, die dramatische Repräsentation dem Original vollständig ähnlich zu machen? Wie waren Realität und Nachahmung dieser Realität auf dem Theater auseinanderzuhalten, wenn die Imitation so perfekt wie möglich sein sollte? Gaben die zwei Stunden Theater von Corneille nicht genau den Eindruck zweier Stunden aus dem Handlungsablauf der Menschen, die er in Szene setzen wollte, wieder und durfte man diese menschlichen

Aktionen dann nicht mit vollem Recht für ebenso theatralisch halten wie die, die auf der Theaterbühne dargestellt wurden?

Der Unterschied findet sich in dem, was die Repräsentation von der Präsentation trennte. In der Shakespearezeit hätte man diese Trennung nicht akzeptiert. Die Präsentation der Königin Elisabeth war zugleich die Repräsentation dessen, was auf der Bühne gespielt wurde, nämlich Richards II. Deshalb konnte der Raum des Theaters nicht für sich in Anspruch nehmen, ausschließlieh für die Repräsentation zuständig zu sein. Leben und Bühne repräsentierten einander, sodaß es keine reine Präsenz gab, von der sich das *Re* der Repräsentation hätte abheben können. Bühne und Leben waren in ein Spiel von Repräsentationen eingefangen. Niemand war in der Lage zu unterscheiden, welcher der beiden Könige das Original, welcher das Porträt vom Original war, am wenigsten Elisabeth selbst, es sei denn, sie hätte sich dafür entschieden, den auf der Bühne dargestellten Richard II. für das Original zu halten und sich selbst für sein Porträt, für seine Repräsentation. Doch so war es nicht. Beide waren Originale, wenn man so will, aber es hatte keinen Sinn, von einem Original zu reden, wenn es das Porträt nicht gab. Sie waren weder Originale noch Porträts, sondern Figuren im *Theatrum Emblematicum* der Welt.

Corneille war es dagegen schon geläufig, zwischen Original und Porträt, zwischen Realität und proportionaler Abbildung zu differenzieren. Die Veränderung der Zeitvorstellung hatte das Ihre dazu beigetragen. Eine Unterscheidung zwischen Bühnenrepräsentation und Präsentation des Lebens konnte sich erst herausbilden, als das Leben sich selbst präsent geworden war. Der doppelte Bezug von Bühne und Leben zum emblematischen Bild, in dem sich beide wie in einem gemeinsamen Dritten wiedererkannten, löste sich auf und damit die Ähnlichkeit, die beide mit diesem Bild hatten. An die Stelle der Ähnlichkeit beider untereinander mit dem Dritten, dem Emblem, trat die Unterscheidung zwischen Theater und Leben, wobei das Theater die Funktion des Bildes in sich absorbierte, während das Leben, wenn es sich verbildlichen – repräsentieren – wollte, nun auf das Theater angewiesen war.

Um sich den Vorgang zu verdeutlichen, kann man sich das *Theatrum Emblematicum* als ternäre und das Theater Corneilles als binäre Ähnlichkeitsstruktur vorstellen (cf.bezüglich der Denksysteme Foucault 1971,98f). Wenn das Porträt, das Corneille von den Handlungen der Menschen zeichnen wollte, alle Bildfunktionen auf sich vereinigte, so ließ sich eine Beziehung der Ähnlichkeit nur noch zwischen dem

Porträt und dem Original herstellen, nicht mehr umgekehrt zwischen dem Original und dem Porträt – ganz so, wie man sagt, ein Porträt sei dem Menschen ähnlich. Die Umkehrung aber, dass der Mensch dem Porträt ähnlich sehe, ist ausgeschlossen. Doch obwohl das Theater Corneilles von seinem Selbstverständnis her das möglichst ähnliche Porträt der menschlichen Aktionen war, obwohl es durch die Repräsentation der Realität die Bildlichkeit absorbierte, war diese Realität, – das muss man im Unterschied zur Moderne feststellen –, offenbar noch so theaterbesessen, dass das Theater seinen ganzen Ehrgeiz daran setzte, ihr vollkommen ähnlich zu werden.

3.1.3 LA QUERELLE DU *CID* – DIE *DOUCEUR*

Das Stück, mit dem Corneille den ersten Ruhm erwarb, war der *Cid*. Es war nicht sein erstes überhaupt. Eine Tragödie und fünf Komödien hatte er schon geschrieben, darunter die *Illusion Comique* von 1636. Der *Cid* stammte aus dem gleichen Jahr, er folgte auf die *Illusion*. Aber obgleich das Stück von der Masse des Publikums mit Begeisterung aufgenommen wurde, entsprach es keineswegs den strengen Regeln, die Corneille knapp fünfundzwanzig Jahre später in seinem *Diskurs über die drei Einheiten* festgelegt hatte. Die Menschen, deren Handlungen auf der Bühne abzubilden waren, merkten augenscheinlich nicht, dass ihre Aktionen von Corneille in die Länge gezogen wurden. Das 2-Stunden-Stück brauchte für den dramaturgischen Ablauf mehr als 24.

Diese Irregularität bewog einen Monsieur Scudéry zu seinen *Beobachtungen über den Cid (Observations sur le Cid)*. Sie sollten die gerade zuvor von Richelieu gegründete Académie Française zu jener berühmt gewordenen Antwort provozieren, die großen Einfluss auf den Geschmack des Publikums gewann (1971,463-501). Allerdings spielte der Verstoß gegen die Einheit der Zeit eher eine untergeordnete Rolle. Er wurde von der Akademie nur am Rande erwähnt (482). Der größte Fehler, dessen Corneille sich der Akademie zufolge schuldig gemacht hatte, war nicht in den 24 oder noch mehr Stunden zu suchen, die die Handlung zu ihrer Abwicklung benötigte, sondern in dem Stoff des Cid. Die Akademie fand das „Sujet" verfehlt.

Mit dem Sujet war die Tatsache gemeint, dass Chimène, die weibliche Hauptperson, ihrem Geliebten, Rodrigue, der ihren Vater im Duell getötet hatte, nicht entschieden genug den Tod wünschte, sondern sich am Ende noch dazu hergab, ihn, wie es vor dem Duell schon beabsichtigt war, zu heiraten. Sie wäre als Tochter ihres Vaters, so die Académie Française, dazu verpflichtet gewesen, die Interessen ihres Blutes zu verteidigen und die Ehre ihres Vaters, – zugleich ihre eigene –, über die Liebe zu Rodrigue zu stellen. Nicht, dass sie den Mörder ihres Vaters liebte, stellte die Akademie infrage. Was sie monierte, war, dass der Standpunkt der Ehre nicht über den der Liebe gesiegt hatte und auf diese Weise der ermordete Vater ungesühnt blieb.

Hätte die Untersuchung der Akademie allein aus dieser Feststellung bestanden, wäre man berechtigt gewesen, ihr einen Rückfall, wenn nicht in die Barbarei, so doch hinter Corneille vorzuwerfen. Was das Publikum an seinem *Cid* so begeisterte, das war gerade die „douceur", die Milde der Chimène. Man war überrascht, dass eine Frau ihren Geliebten auch dann nicht fallen ließ, als er sich in den Mörder ihres Vaters verwandelte. Die Leidenschaft einer Liebe, die über die Rache für den Mord an dem Vater die Oberhand behielt, machte den Charme aus, den Chimène ausstrahlte. Sie liebte den Freund auch dann noch, als er ihr ärgster Feind, d.h. jemand geworden war, den sie mehr hätte hassen als lieben sollen, und es war diese Kraft zur Versöhnung durch anhaltende Liebe, die das Publikum bewunderte. Wollte die Akademie ausgerechnet diesen neuen Charme, den das französische Theater des 17. Jahrhunderts zu versprühen begann, bekämpfen und dem Standpunkt der Ehre wieder die volle Gewalt über alles andere außer ihr zurückgeben? Wollte sie, mit einem Wort, das Theater Shakespeares in Frankreich reaktivieren?

Um die Antwort vorwegzunehmen: Sie wollte es nicht. Was sie wollte, war das Gegenteil. Corneille war ihr im *Cid* nicht weit genug gegangen. Das, worin er vom Publikum so geschätzt wurde, die douceur, hätte er noch ausbauen sollen. Die Akademie sah sich nur deshalb dazu gezwungen, der Figur der Chimène eine vergleichsweise martialische Haltung abzuverlangen, weil Corneille den Mord an ihrem Vater ausgerechnet ihren eigenen Geliebten ausüben ließ. Das hätte Corneille dramaturgisch nicht zulassen dürfen. Da er es jedoch zuließ, müsste Chimène aus Ehrerbietung ihrem toten Vater gegenüber die Liebe zum Mörder vernachlässigen und auf den Tod des Mörders dringen, obwohl er ihr Geliebter war. Ihn aber zu heiraten bzw. in die Heirat mit dem Mörder ihres Vaters einzuwilligen und dies zu tun, obwohl noch keine vierundzwanzig Stunden seit dem Mord vergangen waren, verstieße gegen die Wohlanständigkeit, die „bienseance".

Aus der Perspektive der Akademie hatte Corneille gut daran getan, die Regel der Einheit der Zeit zu verletzen. Es wäre nicht auszudenken gewesen, welche Kritik Corneille zu gewärtigen gehabt hätte, wäre Chimène schon zwei Stunden nach dem Mord zur Heirat mit dem Mörder bereit gewesen. Auch die vierundzwanzig Stunden waren immer noch wenig genug. Corneille spürte das Problem und ließ Don Fernand, den König von Castilien, am Schluss die Ordre ausgeben, Rodrigue möge seine Tapferkeit noch ein Jahr im Kampf mit den feindlichen Mauren unter Beweis stellen, um seine Tat zu sühnen und Chimène die Gelegenheit zu geben, ihr Leid zu vergessen (V/5,Verse 1814-1832). Trotzdem blieb für die Akademie die Anstößigkeit bestehen.

Die Akademie beließ es jedoch nicht bei einer bloß negativen Beurteilung der Corneilleschen Lösung. Sie übte insofern konstruktive Kritik, als sie am entscheidenden Punkt des Dramas einen anderen Handlungsverlauf vorschlug. Statt des Mordes von Rodrigue am Vater seiner Geliebten hätte Rodrigue ihn nur besiegen, nicht töten sollen. Die Akademie hielt den für Corneilles Dramen typischen Konflikt zwischen Pflicht und Liebe bei der Figur des Rodrigue zu sehr zugunsten der Pflicht entschieden. Rodrigue hätte zwar die Pflicht gehabt, seinen eigenen Vater, Don Diègue, der vom Vater Chimènes, dem Grafen Don Gomès, geohrfeigt worden war, zu rächen, – dazu wäre er nach dem Ehrgesetz verpflichtet gewesen –, aber er hätte der Rache nicht so blindwütig nachkommen dürfen, wie er es schließlich tat. Er hätte seiner Liebe zu Chimène, die immerhin die Tochter desjenigen war, an dem er seine Rache auszuführen hatte, gedenken und seine Pflicht nicht so ernst nehmen sollen. Bei Rodrigue verfolgte die Akademie demnach eine zu Chimène umgekehrte Argumentation. Bei ihr bemängelte sie das Vernachlässigen der Pflicht gegenüber der Liebe, bei ihm das der Liebe gegenüber der Pflicht. Der Grund war für sie naheliegend: Chimène, als Tochter ohnehin mehr als ein Sohn dem Vater gegenüber verpflichtet, hatte einen ermordeten, Rodrigue bloß einen geohrfeigten Vater zu rächen.

Hier die Argumentation im Wortlaut: „Wenn dem Dichter erlaubt gewesen wäre, so vorzugehen, dass der eine der beiden Liebenden seine Liebe der Pflicht vorzog, so wäre es entschuldbarer gewesen, diesen Fehler Rodrigue als ihn Chimène begehen zu lassen. Rodrigue war ein Mann, und sein Geschlecht, das in der Lage zu sein scheint, die Augen vor allem zu verschließen, um sich in den Dingen der Liebe Genugtuung zu verschaffen, hätte seine Handlung weniger befremdlich und weniger unerträglich erscheinen lassen. Rodrigue indes bezeugt, dass seine Pflicht völlig den Sieg über seine Liebe davonträgt und vergisst Chimène oder denkt nicht mehr an sie. Es genügt ihm nicht, den Grafen besiegen zu wollen, um die Beleidigung an seinem Blut (race) zu rächen, er handelt darüberhinaus so, als hätte er die Absicht, ihm das Leben zu nehmen, obwohl der Tod für seine Genugtuung nicht notwendig war. Er konnte den Grafen zugunsten von dessen Tochter achten, ohne seinen Hass, den er fortan gegen ihn zu hegen verpflichtet war, zu vermindern. Und da infolge desselben Gesetzes der Ehre, das Rodrigue zum Ressentiment verpflichtete, mehr Ruhm darin bestand, den Grafen zu besiegen als darin, ihn zu töten, musste er einzig mit dem Wunsch in den Kampf gehen, einen Vorteil zu gewinnen und mit der Absicht, den Grafen, so weit es ihm möglich wäre, zu schonen, damit er in der Hitze der Rache, die er seinem Vater nicht verweigern konnte, Chimène jene Achtung erwiese, die er sich selbst schuldete und damit er sich durch dieses Mittel in der Hoffnung bestärkte, sie eines Tages heiraten zu können. Indes sieht dieser selbe Rodrigue, zum Feind seiner Mätresse und zum Feind seiner selbst geworden und blinder vor Wut als vor Liebe, nichts außer seiner Beleidigung und denkt nur noch an seine Rache. In seinem Wahn (transport) tut er Dinge, zu denen er nicht verpflichtet war und hört ohne Notwendigkeit auf, Liebender zu sein, um allein als Mann der Ehre zu erscheinen" (Académie Françoise, 473).

Mit subtilen Differenzierungen brach die Académie Française eine Lanze für die Relativierung des Ehrbegriffs, dem Rodrigue noch blindlings gefolgt war. Sie erkannte zwar seine Verpflichtung zur Rache für die Ohrfeige, die sein Vater bekommen hatte, an, plädierte aber für ein Maßhalten in der Wut. Da eine Ohrfeige kein Mord war, brauchte sie auch nicht durch einen Mord geahndet zu werden. Das Duell, das unumgänglich schien, sollte durch einen unblutigen Sieg entschieden werden. Rodrigue wurde ohne Bedenken das Kunststück zugemutet, den Grafen um seiner Töchter willen gleichzeitig zu achten und zu hassen. Ein solcher durch Achtung gemilderter Hass wäre Rodrigue nur durch eine von Liebe gemäßigte Wut möglich gewesen. Doch da seine Blindheit in der Wut größer war als in der Liebe, da seine Blindheit nicht ausbalanciert war, war er einer solchen Handlung nicht fähig. So wurde er sich und seiner Geliebten zum Feind.

Was die Akademie kritisierte, war augenscheinlich das Umsichgreifen von Hass auf Personen, die sich liebten, die aber das Pech hatten, Kinder von verfeindeten Vätern zu sein. Ihr lag etwas daran, Feindschaft nicht zu vergrößern, sondern einzudämmen. Das mochte auch das Ziel Corneilles gewesen sein. Aber seine Lösung war in der Tat gewaltsamer.

Rodrigue war ein tapferer Heroe, er war sogar der tapferste, den der König hatte. Er schlug die feindlichen Mauren zurück, die die Stadt Sevilla, in der das Drama spielt, bedrohten und erhielt dafür den Namen Cid, d.h."Großer Feldherr". Mit dem mutigen Einsatz seines Lebens für den Staat des Königs hatte er bei Corneille einen Großteil seiner Schuld am Mord des Grafen abgebüßt. Sein Heroismus betätigte sich auf zwei Ebenen: in der Verfolgung der Ehre seines Vaters und in der der Ehre seines Landes. Da die Akademie auf diese Ebenen nicht einging, den Standpunkt der Ehre aber, wie er dem Vater gegenüber vertreten wurde, missbilligte, schien sie in versteckter Form einen Schnitt zwischen Ehre der Familie und Ehre des Landes und damit zwischen innerer und äußerer Feindschaft zu legen, der bei Corneille noch nicht, wenigstens nicht so deutlich, zu erkennen war – zumindest nicht in der Figur des Cid.

Zwei Dinge erhielten so in der Optik der Akademie eine andere Gestalt: die Liebe und die Ehre. Für Corneille war typisch, dass er Liebe und Ehre untrennbar aufeinander verwies. Rodrigue glaubte, Chimènes Liebe zu ihm nicht anders würdig werden zu können als dadurch, dass er seinen Ehrenstandpunkt durchsetzte und ihren Vater tötete. Eines war nicht ohne das andere zu haben (1/6,Verse 323-350). Bei Chimène war es ebenso. Sie glaubte, dass sie seiner nicht wert gewesen wäre, wenn sie nach dem Mord an ihrem Vater nicht ihrerseits den Tod des Geliebten gefordert hätte (II/3,Verse 487-492). Nicht nur aus Pflicht dem jeweiligen Vater gegenüber, sondern auch aus Liebe zueinander waren Rodrigue und Chimène gezwungen zu töten: der eine den Vater seiner Geliebten, die andere ihren Geliebten selber. Für beide gab es keine Chance, sich in der Liebe zu finden, es sei denn durch gemeinsamen Tod.

Die Akademie dagegen versuchte, wenigstens in der Person des Cid die Liebe von der Ehrauffassung zu trennen. Allerdings erwähnte sie nicht, dass die Mordabsicht Rodrigues auch ein Moment seiner Liebesabsichten war. Indem sie ihm vorwarf, statt blind vor Liebe blind vor Wut zu sein, hielt sie Mord und Liebe auseinander. Die Liebe des Cid durfte in ihrem Konflikt mit der Wut ruhig dominieren, weil zum einen die Ohrfeige keinen Mord verlangte und zum andern dem Mann als solchem schon aufgrund seines Geschlechts die größere Blindheit in der Liebe nachgesehen wurde. Im Konflikt zwischen Liebe und Ehre bzw. Liebe und Pflicht wäre die Vernachlässigung der Pflicht ein Kavaliersdelikt gewesen. Damit befreite die Akademie den Cid von einem der wichtigsten Mordmotive: den Vater seiner Geliebten zu töten, um sich ihrer würdig zu erweisen.

Es ginge zu weit, die Positionen zwischen Corneille und Akademie so zu verteilen, dass er am Prinzip innerer Feindschaft festgehalten hätte und sie nicht. Der Zauber des Stücks bestand für das Publikum gerade darin, dass Chimène immer wieder äußerte, den Cid noch zu lieben, obwohl er ihren Vater umgebracht hatte (III/3,Verse 811f):
Ma passion s'oppose/à mon ressentiment,
Dedans mon ennemi/je trouve mon amant.
Meine Leidenschaft widersetzt sich meinem Ressentiment,
In meinem Feind finde ich meinen Liebhaber wieder.
   Zwischen Rodrigue und Chimène entwickelte sich kein Liebesverhältnis, das dem zwischen Romeo und Julia vergleichbar gewesen wäre. Die Feindschaft zwischen den Vätern, Don Diègue und Don Gomès, war nicht, wie die Feindschaft zwischen den Montagues und den Capulets, die notwendige Bedingung ihrer Liebe. Anders als bei Shakespeare war ihr Verhältnis schon vor der Entstehung der Feindschaft zwischen den Vätern beschlossene Sache gewesen und von den Vätern gutgeheißen worden. Die Feindschaft war bei Corneille etwas, das durch Liebe, wenigstens durch die Liebe Chimènes, überwunden werden konnte. Aber sie stellte die Liebenden vor ihre größte Bewährungsprobe.
   War die Feindschaft auch keine Bedingung für die Entstehung der Liebe, so doch eine für ihre äußerste Entfaltung. Davon rückte die Akademie allerdings ab, auch wenn sie, ausgehend von der Logik Corneilles, die Rolle Chimènes ihres Charmes beraubte und auf den ersten Blick am Element der Feindschaft in der Liebe festerhielt als er. Damit zog sie jedoch nur einen Schluss, der in der dramaturgischen Logik Corneilles selber lag. Sie legte das Moment der Wut frei, das hinter dem Zauber des Stücks verborgen blieb. Es war durchaus nicht gleichgültig, wer der Liebe den Vorrang vor der Pflicht gab, Rodrigue oder Chimène. Wenn diese Rolle, wie die Akademie es befürwortete,

Rodrigue zugefallen wäre und nicht Chimène, wie bei Corneille, dann hätte sich die gesamte Dramaturgie des Stücks geändert, und alle Figuren wären von größerer Milde gezeichnet worden. Ein nur besiegter, nicht getöteter Graf hätte den Konflikt zwischen Liebe und Pflicht erheblich entschärft und allen Figuren eine größere douceur im Umgang miteinander auferlegt. Der *Cid* der Academie Française wäre nicht mehr so heroisch gewesen.

Ob er deshalb auch den Menschen, besonders den Männern mehr geähnelt hätte, deren Handlungen Corneille auf der Bühne repräsentieren wollte, ist nicht sicher. Der Religionskrieg hatte zwar in Frankreich am Ausgang des 16. Jahrhunderts seine Schärfe verloren und Heinrich IV. (von Bourbon) die monarchische Macht wieder halbwegs stabilisieren können, aber die Gefahr, die namentlich von dem durch den neuen Amtsadel langsam verdrängten Geblütsadel für die innere Ruhe des französischen Staates ausging, blieb bis zur Niederlage der Fronde in den fünfziger Jahren des 17. Jahrhunderts bestehen. Erst die Herrschaft Ludwigs XIV. war absolut gesichert.

Das Entstehungsjahr des *Cid,* 1636, fiel mitten in diese Zeit. Daher wurde Corneille seinem poetischen Anspruch, die Realität zu porträtieren, möglicherweise eher gerecht als die Academie Française. Gerade der Adel von Geblüt, die noblesse d'épée, pochte auf die Interessen des Blutes, les interêts du sang. Auch das von Richelieu veranlasste Edikt von 1626 über die Abschaffung des Duells konnte ihnen noch keinen überall wirksamen Einhalt gebieten (Bourde,810). Der Degen war schnell bei der Hand, die Rache schnell vollzogen, der auf Blutrechten gegründete Ehrenstandpunkt immer noch vorherrschend. Das war immer noch die Realität.

Die Akademie, die demgegenüber mehr den Standpunkt unbesonnener männlicher Liebe in den Vordergrund rückte, berief sich ihrerseits auf reelle Tendenzen im zeitgenössischen französischen Leben. Ihr Ziel mochte indes entschiedener als bei Corneille darauf gerichtet sein, jenen Tendenzen, die sich noch nicht genügend Raum hatten verschaffen können, zum Durchbruch zu verhelfen. Ihre in der Kritik am *Cid* deutlich gewordenen Bemühungen, die innere Feindschaft zwischen den handelnden Hauptfiguren einzugrenzen, schien auf das Bestreben hinauszulaufen, mit einem regelkonformen poetischen Drama auf die Realität so einzuwirken, dass die letzten Reste des Bürgerkriegs in Frankreich beseitigt würden.

Bezeichnenderweise war das Mittel, dessen sich die Akademie zu diesem Zweck bediente, ein literarischer Disput. Er ist als „querelle du Cid", als „Streit über den Cid" in die Literaturgeschichte eingegangen. Der Akademie war bewusst, dass sie als Störenfried auftrat. Schon zu Beginn der Urteilsbegründung versuchte sie, den Leser von der wohltuenden Wirkung eines solchen Streits auf das dramatische Gedicht zu überzeugen. „Es ist sogar zu wünschen, dass über unklare Behauptungen ein ehrbarer Wettstreit (contestations honnêtes) entsteht, dessen Hitze in kurzer Zeit das aufdeckt, was eine kalte Untersuchung in mehreren Jahren nicht hätte aufdecken können; und dass jener menschliche Verstand, der Anstrengungen unternimmt, sich von den beunruhigenden Zweifeln zu befreien, durch die Bewegtheit des Streitgesprächs (par l'agitation de la dispute) schnell die angenehme Ruhe erwirbt, die in der Sicherheit seiner Erkenntnisse zu finden ist. Diejenigen (sc.Erkenntnisse), die man für die schönsten hält, sind fast alle aus dem Kampf des Geistes (de la contention des esprits) hervorgegangen; und es ist vorgekommen, dass man durch diese willkommene Gewalt (heureuse violence) die Wahrheit aus der Tiefe der Abgründe gezogen und die Zeit dazu gezwungen hat, sie schneller hervorzutreiben" (464). Und wie um diese Vorzüge in einem Wort zusammenzufassen, fährt die Akademie fort: „Es ist eine Art von Krieg (une espèce de guerre), der vorteilhaft für alle ist, wenn er höflich (civilement) geführt wird und die vergifteten Waffen dabei verboten sind" (464).

In diesen Sätzen sprach sich die Erkenntnis aus, dass ein Krieg, der weder höflich noch mit unvergifteten Waffen geführt würde, nicht vorteilhaft, sondern nachteilig für alle wäre. Mit dem Adverb „civilement" legte die Akademie den Unterschied fest, der zwischen ihrem Krieg und dem Bürgerkrieg, der „guerre civile", bestand, ohne den Unterschied ausdrücklich zu benennen. Er dürfte jedoch jedem Leser klar gewesen sein – die Betonung auf der wohltuenden Wirkung des literarischen Streits unterstrich es. Die „guerre civile", deren Gefahren in der Realität der französischen Verhältnisse noch keineswegs gebannt waren, sollte in einen zivilisierten Krieg überführt werden.

Später, als Corneille jedes einzelne seiner Dramen zwecks Einhaltung der Regeln untersuchte, gab er der Kritik der Akademie an seinem *Cid* in der Frage der Schicklichkeit, der bienséance, Recht. Es sei wahr, schrieb er, dass er sein Sujet nicht bis zur Heirat Rodrigues mit Chimène hätte ausweiten dürfen. „Es (sc.das Sujet) ist historisch und hat seiner Zeit gefallen; aber ganz sicher mißfiele es der unsrigen; und mir ist es nicht wohl zu sehen, wie Chimène bei dem spanischen Autor in die Heirat einwilligt, obgleich er dem Stück – er hat eine Komödie daraus gemacht – einen Handlungsverlauf von mehr als drei Jahren gibt. Um der Geschichte nicht zu widersprechen, habe ich geglaubt, etwas davon übernehmen zu müssen, doch ohne der Wirkung sicher zu sein; nur durch diese Übernahme war es mir möglich, die Schicklichkeit des Theaters mit der Wahrheit des Ereignisses in Einklang zu bringen" (1862f,93f).

Corneille bekannte mit diesen Worten, dass er in einen Zwiespalt geraten war. Er betraf das Verhältnis von Theater und Geschichte. Auch die Akademie hatte ihn genau bemerkt und war für seine Überwindung eingetreten. Sie verurteilte den *Cid* nämlich insbesondere deshalb, weil er zu sklavisch die Wahrheit der historischen Vorlage des Spaniers Castillo nachgeahmt hätte. Der auf dem Theater zu beobachtenden Regel des Anstands (bienséance) entsprechend, wäre es richtiger gewesen, von der historischen Wahrheit abzurücken und an ihrer Stelle die Wahrscheinlichkeit walten zu lassen. Denn wenn die historische Wahrheit, wie im Fall des *Cid* eine Unschicklichkeit enthielte, würde sie nicht zur Verbesserung der Sitten des Publikums beitragen. Eine Frau, die den Mörder ihres Vaters heiratete, war keine Bühnenfigur, die die Schicklichkeit repräsentieren konnte.

„Es gibt monströse Wahrheiten, die man entweder um des Wohls der Gesellschaft willen (pour le bien de la société) unterdrücken, oder bei denen man sich, wenn man sie nicht versteckt halten kann, damit zufrieden geben muss, sie wie befremdliche Dinge zu betrachten: Hauptsächlich in diesen Fällen hat der Dichter das Recht, die Wahrscheinlichkeit der Wahrheit vorzuziehen und eher einen fingierten und vernünftigen Gegenstand zu bearbeiten, als einen wahren, der mit der Vernunft nicht konform geht. Wenn er verpflichtet ist, einen historischen Stoff dieser Art zu behandeln, dann muss er ihn den Erfordernissen der Schicklichkeit anpassen, ohne auf die Wahrheit zu achten, und er hat ihn eher völlig zu verändern als ihm etwas zu belassen, das mit den Regeln seiner Kunst unvereinbar wäre, einer Kunst, deren Ziel es ist, die universelle Vorstellung der Dinge zu zeigen (l'idée universelle des choses) und sie von Fehlern und besonderen Unregelmäßigkeiten (irrégularités), die die Historie aufgrund der Strenge ihrer Gesetze zu erdulden hat, zu reinigen" (Academie Françoise,468f). In diesem Sinn war die Heirat zwischen Chimène und Rodrigue eine zu monströse Wahrheit, um auf der Bühne gezeigt werden zu dürfen. Der Autor hatte das Recht, er hatte im Interesse des gesellschaftlichen Wohls sogar die Pflicht, die Heirat zu verhindern, so wahr sie auch aus historischer Sicht gewesen sein mochte.

3.1.4 ANSTÄNDIGER OREST – ABWEICHUNG VON ARISTOTELES

Damit deutete die Akademie Française ein neues Verhältnis von Theater und Geschichte an. Auch darauf ließ Corneille sich in den späteren Diskursen ein. Im *Cid* klebte er noch zu sehr an der spanischen Vorlage. Er war noch nicht imstande, sich entschieden über die historische Wahrheit hinwegzusetzen und sie dem Gebot der Schicklichkeit zu unterwerfen. Das sollte sich bald ändern. Am Beispiel des Orest-Mythos, den Aristoteles in der *Poetik* für sakrosankt erklärt hatte, belegte er seinen von Aristoteles abweichenden Standpunkt. Bei Sophokles hätte Orest aus Rache für den Mord an seinem Vater, Agamemnon, die eigene Mutter, Klytemnestra, nebst ihrem Buhlen, Ägisth, mit dem sie ihren rechtmäßigen Gemahl während dessen Abwesenheit in Troja betrogen hatte, umgebracht. Das musste den französischen Geschmack verletzen. Corneille brachte daher folgende Änderung am Orest-Mythos an: „Um diesen Gegenstand nach unserer Weise zu berichten (rectifier), wäre es notwendig, dass Orest es nur auf Ägisth absähe; dass ein Rest von achtungsvoller Zärtlichkeit für seine Mutter ihn dazu veranlasste, ihre Bestrafung den Göttern zu überantworten; dass diese Königin sich auf den Schutz ihres Buhlen versteifte und sich so unglücklich zwischen ihn und ihren Sohn stellte, daß sie den Schlag erhielte, den dieser Prinz (sc. Orest) dem Mörder seines Vaters beibringen wollte. So stürbe sie von seiner Hand, wie Aristoteles es will, ohne dass die Barbarei von Orest uns wie bei Sophokles Schrecken (horreur) einjagte und ohne dass seine Aktion die rächenden Furien verdiente, die ihn quälen sollen, da er ja unschuldig bliebe" (1862c,81).

Eine kleine Verschiebung der Positionen von Klytemnestra und Orest genügte Corneille, um den Mythos grundlegend umzudeuten. Auf der Bühne brauchte sich nur eine Nuance zu ändern. Diese Nuance aber gab die Richtung an, in der die Historie zu modifizieren war.

Das Wort, welches diese Absicht am besten verdeutlichte, war das Wort „berichtigen": rectifier. Die Modifikation der Historie bestand in einer Korrektur, deren Wirkung die Rektifizierung der Sitten sein sollte. Oder, um es mit den Worten der Akademie zu sagen: Die Historie sollte von den Unregelmäßigkeiten, den Irregularitäten, gereinigt werden, da sie mit den Regeln der Kunst nicht zu vereinbaren waren. Rektifizieren hieß regulieren. Die Kunst, welche die Regeln erfüllte, bedurfte eines historischen Stoffs, der selber den Regeln entsprach, und wenn er es nicht tat, musste der Dichter ihn diesen Regeln entsprechend zurechtstutzen. Die erste Regel aber war nicht die Regel der drei Einheiten. Nicht umsonst hatte die Akademie dafür nur wenige Worte verwandt. Die erste Regel war die Regel der Schicklichkeit, der die Regel der drei Einheiten untergeordnet wurde. Die Akademie gebrauchte dazu den Ausdruck „Schicklichkeit der Zeit, des Ortes ..." (bienséance du temps, du lieu...) (468). Geschichte und Theater traten auseinander wie Wahrheit und Wahrscheinlichkeit. Alles, was schicklich war, sollte nach dem Willen der Akademie auch wahrscheinlich sein.

Das Auseinandertreten von geschichtlicher Wahrheit und theatergemäßer Wahrscheinlichkeit war jedoch nicht so zu verstehen, dass sie sich wie die Realität und ihr Bühnenporträt unterschieden hätten. Die historische Wahrheit, dass der Cid den Vater seiner zukünftigen Braut erschlug, durfte sich gerade nicht auf die Realität der französischen Verhältnisse erstrecken, selbst wenn sie noch so sehr in ihnen aufzufinden war. Das Wohl der Gesellschaft erforderte es, dieser Wahrheit ein Ende zu bereiten. Die Realität sollte selber wahrscheinlich werden.

Am Begriff der Wahrscheinlichkeit (vraisemblance) wurde klar, dass, obwohl die Vorstellung des *Theatrum Mundi* der Vergangenheit angehörte, Leben und Theater noch nicht als ein Verhältnis von Sein und Schein zu beschreiben war. Das Sein sollte selber vom Schein durchdrungen, es sollte nach den Regeln des Theaters reguliert werden. Insofern wäre es doch zulässig, von einem Rückbezug des Porträts auf die Realität zu sprechen: das Porträt sollte nicht nur der Realität, die Realität sollte auch dem Porträt entsprechen, allerdings ohne in die dreifache Spiegelung des Welttheaters zurückzufallen. Es ging um unterschiedliche Modi des Scheins.

Auch Shakespeare hatte die Historie dramaturgisch aufbereitet und dem Zeitgeschmack angepasst. Richard III. war auf der Bühne grausamer gewesen als in der englischen Wirklichkeit des 15. Jahrhunderts. Aber Shakespeare hatte sich nicht nur nicht um die Regel der drei Einheiten gekümmert, er hatte auch die Hauptregel der

Schicklichkeit nicht in sein Theater eingeführt. Und mochte er noch so sehr mit den Königsdramen von der Gefahr des Bürgerkriegs in England abschrecken wollen, es war doch eine ganz andere Art der Abschreckung, die die Unschicklichkeit – im französischen Sinn – geradezu zum Bühnenprinzip erhob. Deshalb waren die *Histories* aus der französischen Sicht des 17. Jahrhunderts eher ein Ausdruck des in der Elisabethanischen Epoche stets latenten englischen Bürgerkriegs als ein Versuch ihrer Eindämmung. Es wurde eifrig gemordet und Krieg geführt und zwar, was bei Corneille undenkbar war, auf offener Szene. Den Leidenschaften wurden keine Schranken gesetzt. In Shakespeares Dramen gab es keine Corneillesche Regulierung der Geschichte. Corneille wurde deshalb auch ein „Shakespeare in Fesseln" genannt (cf.Croce,371f).

Die Bedeutung, welche die Einhaltung der Regel(n) für das französische Theater und den französischen Staat im 17. Jahrhundert hatte, ist nicht zu überschätzen. Am entschiedensten kam sie der Person des Königs (roi) zugute, der im Leben und auf dem Theater die Hauptperson war. Das lateinische *rex* war als Wortstamm etymologisch in *roi* und *Regel* enthalten. Der König war der Regierende, das richtungweisende Element der Regel (rex-regula-regere) (Duden,Etymologisches Wörterbuch,Stichwort *regieren).* Auf ihn war alles bezogen, von ihm ging alles aus. Er hatte das letzte Wort, auch im *Cid*. Im *Cid* war es sogar so, dass der König nicht nur das letzte Wort hatte, sondern dass auch das letzte Wort des ganzen Dramas „König" hieß. Das war die Stelle, an der Don Fernand den Cid aufforderte, noch ein Jahr gegen die Mauren zu kämpfen, um seine Tat, die die Hochzeit mit Chimène noch nicht zuließ, gebührend zu sühnen. Die letzten beiden an Rodrigue gerichteten Verse Don Fernands, des ersten Königs von Castilien, lauten (V/7,Verse 1839f):
Pour vaincre un point d'honneur/qui combat contre toi,
Laisse faire le temps,/ta vaillance et ton roi.
Um deine verletzte Ehre wiedergutzumachen,
Lass die Zeit, deine Tapferkeit und deinen König für Dich arbeiten.
 Trotzdem konnte das letzte Wort, das Don Fernand im *Cid* behielt, nicht darüber hinwegtäuschen, dass auch diese Figur noch zu sehr an die aus dem spanischen Theaterstück von Guillem de Castro erinnerte. Bei ihm wurde der Streit zwischen den Vätern der beiden Liebenden in Gegenwart des Königs ausgetragen.

Bei Castro war der Don Fernand offensichtlich nicht nur nicht stark genug, um den Streit des Grafen mit Don Diègue im Keim zu ersticken, er war auch zu schwach, um seine absehbaren Folgen zu verhindern. Schließlich ließ er sich von Zweien seiner Ratgeber dazu bestimmen, in diesem Fall der Ausübung des Rechts zu entsagen, „aus Angst, seine Macht vor einem mächtigen Vasallen bloßgestellt zu sehen" (1862f,211). Deshalb vermutete Corneille in seinem *Examen du Cid,* dass der historische Don Fernand für eine durchgreifende Aktion „nicht absolut genug" war (1862f,95). Corneille hätte sich gewünscht, dass es in der spanischen Vorlage zu einer Verhaftung des Grafen durch den König gekommen wäre, aber da Guillem de Castro als Spanier nach Auffassung Corneilles besser wissen musste als er, wie stark der erste König von Castilien wirklich gewesen war, richtete er sich in diesem Punkt nach Castros Figurenführung. Er änderte die Vorlage nur darin ab, dass er den Streit aus der Gegenwart des Königs verbannte, damit dessen Machtposition nicht so offenkundig geschwächt würde. Doch auch bei Corneille konnte der König die tödlichen Folgen des Streits nicht unterbinden.

Der Academie Française, die die Einhaltung der Regeln mit Argusaugen beobachtete, war dieses Vorgehen selbstverständlich nicht entgangen. Sie fragte sich, warum der König dem Grafen keine Wachen schickte, die Rodrigue an der Ausübung seiner Rache gehindert hätten und tadelte den Autor für die Unterlassungshandlung des Souveräns (475). Auch diesen Tadel ließ Corneille sich später gefallen. Zwar rechtfertigte er sich noch mit einem Verweis auf das historische Beispiel, das ihm Castro gegeben hatte, aber er tat es nur mehr in hinhaltender Form. Im Grunde sah er seinen Fehler ein: Die Figur des Königs war ihm „schwächer" (plus mollement) geraten, „als man es in unserer Zeit, in der die königliche Autorität absoluter ist, zuließe" (1862f,96).

Der Punkt, um den es ging, war heikel genug und verdiente die peinlichste Beachtung. Denn die Angst des Don Fernand im spanischen Stück, seine Ohnmacht einem mächtigen Vasallen gegenüber eingestehen zu müssen, hatte einen starken Beweggrund. Da der Vater Chimènes „viele Freunde in Asturien hatte, die gegen ihn (sc.den König) revoltieren und gemeinsame Sache mit den Mauren machen könnten, von denen sein Staat umzingelt war" (1862f,96), befürchtete er den Ausbruch eines Bürgerkriegs. Auch an dieser Stelle dürfte das tiefere Motiv für die Kritik am *Cid* die Furcht davor gewesen sein, dass die Dramaturgie Corneilles den noch nicht beendeten innerfranzösischen Auseinandersetzungen von der Bühne aus nicht entschieden genug vorbeugte. Die Repräsentation eines schwachen Königs war geeignet, die Macht des realen Königs, Ludwigs XIII., zu schwächen.

Diese Interpretation dürfte etwas pointiert sein. Wie sollte das französische Theater den Worten des Aléandre aus der *Illusion Comique* gerecht werden, wie als Medium der Unterhaltung von Paris, ja als Zeitvertreib von Prinzen dienen können, wenn der Zuschauer hinter jeder Aktion im *Cid* die inneren Kämpfe Frankreichs ausbrechen sah? Denen war die Intensität des Religionskriegs zwar hier und da noch anzumerken, aber sie hatte doch merklich abgenommen, und die Aussicht, die Auseinandersetzungen würden die Schärfe des vorangegangenen Jahrhunderts wiedererreichen, scheiterte schon an der inzwischen erstarkten französischen Monarchie selber.

Obwohl die Gefahr des Bürgerkriegs für den Staat noch knapp zwanzig Jahre bestand, wäre eine Gleichsetzung Frankreichs unter Ludwig XIII. mit dem Ausgang der Elisabethanischen Epoche verfehlt gewesen. Von einer Latenz des Bürgerkriegs, die den dunklen Hintergrund der Dramen Shakespeares ausmachte, waren die Dramen Corneilles weit entfernt. Auch der *Cid* bildete da keine Ausnahme. Die spanische Historie, die er dramatisierte, war trotz der von der Akademie monierten Fehlhandlungen bereits weitgehend französisch reguliert. Es fehlte nur der letzte Schliff, die letzte Politur, die den *Cid* zu einem perfekt geregelten, gegen jede Kritik gefeiten Stück gemacht hätte.

Auch die Rolle des Königs war davon nicht ausgenommen. Er hatte das letzte Wort, er war das letzte Wort, er war weitgehend absolut, nur eben noch nicht absolut genug. Es galt ihn in den folgenden Stücken so darzustellen, dass auch die letzten Schwächen, die im *Cid* deutlich geworden waren, vermieden wurden. Solche Bestrebungen trafen sich mit dem übergeordneten Ziel Corneilles, seine Hauptakteure, die in der Regel königlichen Geblüts waren, so in Szene zu setzen, dass das Publikum sie lieben konnte. Eine entsprechende Bemerkung fiel im Zusammenhang mit seinem Vorwurf gegen Sophokles' Version des Orest-Mythos. „Die Maxime, unsere Hauptdarsteller zu Geliebten des Publikums zu machen (de faire aimer nos principaux acteurs), war bei den Alten nicht in Gebrauch. Diese Republikaner hatten einen so starken Hass gegen die Könige, dass sie mit Freuden zusahen, wie die unschuldigsten Sprosse des königlichen Geschlechts Verbrechen

213

begingen (1862c,80f). Auf einer französischen Bühne durfte folglich der Orest die eigene Mutter nicht ermorden! Liebe konnte nur demjenigen entgegengebracht werden, der seine Leidenschaften zu regulieren wusste. Die Figur der Chimène zog daher immer eine größere Bewunderung auf sich als die Figur des Rodrigue. Die Hauptdarsteller mussten die Schicklichkeit verkörpern. Begingen sie Verbrechen, verdienten sie keine Liebe, obschon sie durch ihr Verbrechen eine andere Hauptperson in um so besseres Licht setzten.

Die Kritik Corneilles an den Königen der antiken griechischen Autoren hätte auch den Königen Shakespeares gelten können, wenn sich der Franzose mit ihnen auseinandergesetzt hätte. Aus der Sicht Corneilles wäre die Existenz der Königsdramen kaum anders zu erklären gewesen als die der antiken Tragödien, nämlich aus dem Hass gegen die eigenen Könige. Wie sonst sollte man die von ihnen begangenen Verbrechen verstehen? Zwar waren die englischen Könige keine unschuldigen Täter wie Orest. Eher waren ihre Opfer unschuldig – so Richard II., dessen Schuld allein in zu großer Verschwendung bestanden hatte. Dennoch waren genug Ähnlichkeiten mit dem antiken Stück übriggeblieben. Auf der französischen Bühne durfte es weder einen Orest nach Art der Griechen, noch einen *Richard II.* nach der Art Shakespeares geben. Da es das Ziel der Dramaturgie war, den König beim Publikum beliebt zu machen, verboten sich Dramen wie von selbst, die gelungene Thron-Usurpationen bzw. Mutter-, ja gar Königsmorde zeigten.

3.1.5 REGULIERTE FEINDSCHAFT – DIE *RÖMERTRAGÖDIEN*

Obwohl Corneille seine Dramenstoffe, vor allem die der Tragödien, nicht, wie Shakespeare, der eigenen Landesgeschichte entnahm, waren die meisten Stücke von ihm doch Dramatisierungen historischer Begebenheiten. Sie entstammten in der Regel einer fremden, zeitlich weit entlegenen Geschichte, vorzugsweise der Römischen, was sich alsbald in den auf den *Cid* folgenden Römertragödien, *Horace* und *Cinna*, zeigen sollte. Auch Shakespeare hatte Römertragödien geschrieben, doch waren aufgrund der Vergangenheitsorientierung der zeitgenössischen englischen Gegenwart Römertragödien und *Histories* in einem homogenen Zeitraum angesiedelt. Ganz inhomogen durfte der

Zeitraum indes auch bei Corneille nicht sein, wenn anders die Aktionen auf dem französischen Theater die Realität Frankreichs unter der Monarchie Lugwigs XIII. repräsentieren sollten. Bei beiden, bei Shakespeare wie bei Corneille, war die Zeit der römischen Geschichte mit der jeweiligen Gegenwart verbunden. Der Unterschied zwischen ihnen konnte nur im Charakter der Zeit selber liegen.

Mit Bossuets *Diskurs über die Universalgeschichte* war dieser Charakter bereits angedeutet worden. Indem er König und Kronprinz nahelegte, den Thron Frankreichs nicht im Licht der Vorgänger Ludwigs XIII. zu betrachten, da sie an den Glanz des gegenwärtigen Imperiums nicht heranreichten, demonstrierte er im Bereich der Historiografie, dass die französische Historie der letzten zweihundert Jahre für eine Repräsentation der Gegenwart nur um den Preis jener Konfusionen infrage kam, vor denen Bossuet seinen Monarchen gerade bewahren wollte.

Der Weg, den Shakespeare mit seinen Königsdramen gewählt hatte, war Corneille damit versperrt. Während in England eine Glorifizierung der – wenn auch stets bedrohten – Herrschaft Elisabeths nach dem Sieg über die spanische Armada durch die Dramatisierung einer Art englischer Zeitgeschichte möglich war, wurde in Frankreich der Dramatiker zur Glorifizierung der französischen Monarchie auf eine historische Zeit verwiesen, die mit der Gegenwart unmittelbar nichts mehr zu tun hatte. Der Zeitraum, der das alte Rom noch mit dem London Elisabeths I. verbunden hatte, erschien nun als in einzelne Jahrhunderte aufgeteilt, durch die die Homogenität des Zeitraums langsam verlorenging. Das antike Rom konnte unmöglich in Paris so wiederauferstehen, wie es dies in London getan hatte, wo etwa der Mord an Cäsar immer auch gleichzeitig den Mord an Elisabeth mitzumeinen drohte. Wenn die römische Geschichte die bevorzugte Materie der Dramen Corneilles geworden war, so nicht deshalb, weil sie sich im Frankreich seiner Zeit wiederholen würde, sondern weil sie sich zur Repräsentation des glorreichen Königs am besten eignete. Die römische Geschichte wiederholte sich schon deshalb nicht in der französischen, weil Frankreich als unvergleichlich galt, sie schien nur die für die Repräsentationsaufgaben des französischen Dramas geeignetste historische Materie zu sein. Die Gegenwart wurde der Tendenz nach nicht mehr von der Vergangenheit bestimmt, sondern die Vergangenheit von der Gegenwart. Deshalb musste das alte Rom im Stil des gegenwärtigen Paris reguliert werden.

Gewiss konnte die Regulierung nicht jene Fakten der römischen Geschichte verändern, die dem inzwischen in historischen Dingen gebildeteren Publikum bekannt und geläufig waren. Die Chronologie durfte, wie gesagt, keinesfalls umgestoßen, Alexander nicht in die Zeiten Cäsars versetzt werden. Aus dem gleichen Grund war es dem Dramatiker verwehrt, berühmten Schlachten einen anderen Verlauf zu geben als den, den sie wirklich gehabt hatten. Das hätte die Geschichte "geschockt" (ce qui choque l'histoire) und wäre dem Auditorium unwahrscheinlich vorgekommen. "Es ist nicht wahrscheinlich, dass sich Cäsar nach der Schlacht von Pharsala mit Pompejus versöhnte oder Augustus nach der von Actium mit Antonius"(Corneille 1862c,89). Wenn der Poet an diesen Fakten nicht vorbeikam, so blieb ihm die Freiheit, sie unberücksichtigt zu lassen, oder Stoffe auszuwählen, die unbekannt genug waren, dass er sie ändern durfte. Waren sie bekannt, lag es am Talent des Dichters, sie nach den Regeln seiner Kunst so auszuschmücken, dass der Zuschauer es nicht merkte.

Ihm blieb im übrigen unbenommen, Personen hinzuzuerfinden und in die überlieferte Geschichte einzufügen. Solche frei erfundenen Figuren ordnete Corneille in Anlehnung an eine der vier von Aristoteles unterschiedenen Arten des Wahrscheinlichen der *allgemeinen Wahrscheinlichkeit* zu. „Das allgemein Wahrscheinliche ist das, was ein König, ein Armeegeneral, ein Liebender, ein Ehrgeiziger usw. machen kann und was man im Bedarfsfall von ihm erwartet" (1862c,88). Cäsar und Alexander dagegen, – herausragenden Personen, die nicht erfunden waren –, ordnete er der *besonderen Wahrscheinlichkeit* zu. Es war dieser Unterteilung zufolge also unwahrscheinlich, dass Cäsar und Pompejus oder Augustus und Antonius sich nach den besonderen Schlachten von Pharsala und Actium versöhnten, „obwohl", fuhr Corneille fort, „es, um in allgemeinen Begriffen zu reden, wahrscheinlich ist, dass sich Häupter gegnerischer Parteien in einem Bürgerkrieg oder nach einer gewonnenen Schlacht versöhnen, besonders dann, wenn sie beide großzügig (généreux) sind" (89).

Mit der Generosität war eine Tugend angesprochen, in der sich die Heroen des Corneilleschen Theaters in erster Linie auszuzeichnen hatten. Aus der Generosität der Helden folgte die Versöhnung zwischen den von ihnen angeführten feindlichen Parteien, bei denen es sich in der Regel um Bürgerkriegsparteien handelte. Auffälligerweise waren die Beispiele, die Corneille in seinen Diskursen über das Theater heranzog, um seine Auffassung von dramatischer

Historie klarzumachen, Beispiele des Bürgerkriegs. Vielleicht entsprachen sie am ehesten dem Ziel der Corneilleschen Tragödie, eine illustre Tat, die von einem illustren Helden an einem denkwürdigen Tag begangen wurde, dramatisch umzusetzen. Das gegebene Sujet dafür waren „Schlachten, die Einnahme von Städten, große Gefahren und Staatsumwälzungen"(1862c,96). Ebenso auffällig aber war der Gedanke der Versöhnung, der den Bürgerkrieg zu einem friedlichen Abschluss bringen sollte. Da dieser Gedanke Ausdruck der *allgemeinen Wahrscheinlichkeit* war, dominierte er, sodass Schlachten wie die von Pharsala und Actium nicht in Betracht kamen.

Für seine erste Römertragödie, den *Horace* von 1640, benutzte Corneille eine Vorlage von Livius, die über den Bürgerkrieg zwischen den Römern und ihren Nachbarn, den Albanern, berichtete. Die beiden feindlichen Parteien waren durch viele verwandtschaftliche Beziehungen einander verbunden und ließen sich genealogisch sogar auf den selben Stamm zurückführen. Der Krieg wurde schon bei Livius durch die Übereinkunft der beiden Feldherrn vermieden, statt der beiden Armeen nur drei Soldaten auf jeder Seite gegeneinander kämpfen zu lassen und vom Ausgang des Kampfes abhängig zu machen, welche Partei der anderen untertan werden solle.

Es traf sich gut, dass es auf beiden Seiten ein Gespann von Drillingen gab – die drei Brüder Curiace bei den Albanern, die drei Brüder Horace bei den Römern. Sie willigten ein, den Kampf miteinander zu führen, um größeres Blutvergießen zu verhindern. Am Ende blieb einer der drei Brüder Horace Sieger, alle anderen fielen im Kampf: seine beiden Brüder auf der römischen, alle drei Brüder Curiace auf der albanischen Seite. Der Krieg hatte tatsächlich einen verhältnismäßig unblutigen Verlauf genommen, und Alba wurde Rom Untertan. Nur ein einziges zusätzliches Opfer war zu beklagen: Camille, die Schwester des siegreichen Römers Horace. Sie war schon vor Beginn des Kampfes einem der drei Curiace versprochen worden. Angesichts des toten Geliebten beschimpfte sie ihren dafür verantwortlichen Bruder so sehr, dass er sie, die eigene Schwester, mit seinem Schwert durchbohrte.

Corneille folgte der von Livius überlieferten Geschichte außer in Kleinigkeiten relativ genau, sogar bis zur Ermordung Camilles durch ihren Bruder Horace – eine Tatsache, die ihm wegen der wiederholten Verletzung der *bienséance* auf dem französischen Theater erneute

Kritik eintrug. Die *besondere Wahrscheinlichkeit* der Fakten wurde demnach von ihm nicht angetastet.

Was dem Ganzen jedoch den Charakter einer *allgemeinen Wahrscheinlichkeit,* d.h. einer auf Versöhnung angelegten Geschichte gab, war die Ausschmückung der einzelnen Figuren, etwas, das Corneille als Verschönerung der Aktionen bezeichnete (1862c,95). Während in der Fassung des Livius nur die nicht namentlich genannte Camille ein Liebesverhältnis zu einem der Feinde hatte, es also nur eine einzige die Fronten vermittelnde Beziehung gab, fügte Corneille ein dazu annähernd symmetrisches Verhältnis zwischen Sabine, einer Albanerin, und dem Römer Horace, der Hauptfigur, hinzu, sodass von der dramatischen Situation her auf beiden Seiten je zwei Personen lebhaftes Interesse an einer unblutigen Auseinandersetzung haben mussten: auf der römischen Seite Horace selbst (wegen Sabine, seiner albanischen Frau) und Camille, seine Schwester (wegen ihres albanischen Geliebten), auf der albanischen Seite Curiace (wegen seiner Geliebten Camille) und Sabine, ihrerseits die Schwester von Curiace (wegen ihres Mannes Horace) und beide Frauen zusätzlich wegen ihrer Brüder.

Ein dichteres Geflecht von Beziehungen zur Verhinderung von Feindseligkeiten hätte Corneille nicht erfinden können. Das Interesse der Hauptpersonen musste darauf ausgerichtet sein, nicht nur den Bürgerkrieg, sondern auch den Kampf der Brüder, der ihn ersetzen sollte, zu vermeiden. Doch selbst in Corneilles Drama führte nichts an dem Tod der Personen, die bei Livius genannt waren, vorbei, auch wenn der Schlachtverlauf wie schon im *Cid* nie auf offener Bühne dargestellt, sondern nur in Monologen berichtet wurde. Und ebenfalls, wie schon im *Cid*, war die Hauptperson, Horace, so konzipiert, dass die Eindämmung des Blutvergießens an ihren Aktionen zu scheitern drohte. Horace, dem Römer, ging die Ehre, für den Ruhm seines Vaterlands zu kämpfen, vor. Die Liebe zu seiner Frau Sabine, der Albanerin, reichte an diese Ehre nicht heran. Sie durfte den Gatten an der Erfüllung seiner Pflicht, die immerhin auch darin bestand, gegen seinen eigenen Schwager zum Kampf anzutreten, nicht hindern. An ihm war eine ähnliche Blindheit bei der Pflichterfüllung zu beobachten, wie sie die Akademie an Rodrigue kritisiert hatte.

Horace war die einzige der vier in Liebes- und Verwandtschaftsbeziehungen untereinander verbundenen Hauptpersonen, die ohne zu zögern in den Kampf ging. Die anderen, vornehmlich die Frauen, betonten an mehreren Stellen, dass sie dem Kampf die Liebe vorzögen.

Selbst Curiace, der männliche Gegenpart zu Horace auf der Seite Albas, sprach eine andere Sprache. Auch wenn er wie Horace dem Kampf nicht ausweichen wollte, sah er ihm doch mit Bitterkeit entgegen. Horace gegenüber vertrat er den milderen Part. Er nannte dessen Pflichtauffassung „ein wenig barbarisch" (II/3,Vers 456) und sagte den Göttern Dank dafür, kein Römer zu sein – so könne er sich noch „etwas Humanes bewahren" (II/3,Verse 481f).

Der Gegensatz von barbarischer und humaner Kampfhaltung kam auf dem Höhepunkt des Dialogs zwischen den beiden Protagonisten, die Feinde wider Willen waren, in folgenden Versen zum Ausdruck (III/3,Verse 502f):
HORACE:
Albe vous a nominé,/je ne vous connois plus
CURIACE:
Je vous connois encore,/et c'est ce qui me tue
HORACE:
Alba hat sie als Kämpfer benannt, ich kenne sie nicht mehr.
CURIACE:
Ich kenne sie noch, und das tötet mich.

Voltaire berichtete später, es hätte im Pulikum bei den Worten „je ne vous connois plus – je vous connois encore" vor lauter Bewunderung eine Art leisen Aufschrei gegeben (Corneille 1862h,303,Anm.l). Offensichtlich galt die Bewunderung nicht nur der Humanität des Curiace, der in seinem Feind noch den Schwager wiedererkannte, sondern auch der Anordnung der gegnerischen Positionen in einer Antithese. Das Publikum hätte die Entgegnung von Curiace nicht mit einem artikulierten Entzücken quittieren können, wäre ihr das trotzige Wort von Horace nicht in der Form eines Alexandriners vorauf gegangen. Mochte der Römer in dieser Situation auch die barbarische und der Albaner die humane Haltung verkörpern, die Barbarei von Horace war der Humanität von Curiace verwandter als etwa der Barbarei des Coriolan von Shakespeare. Die Worte „je ne vous connois plus" hatten die gleiche Anzahl von Silben wie die Worte „je vous connois encore", und sie folgten dem gleichen Rhythmus. Die Reime der Verse und die Zäsuren in der Mitte (cf.Schrägstrich) taten das übrige, um den Eindruck der Bewunderung zu bestärken. Doch erst die dramaturgische Anordnung Corneilles, diese Worte unmittelbar aufeinander folgen zu lassen, dürfte die entzückte Reaktion des Publikums hervorgerufen haben. Barbarei und Humanität verhielten sich zueinander wie Position und Gegenposition, sie waren eingebunden in eine rhetorische Figur. Die Feindschaft zwischen Horace und Curiace war eine regulierte Feindschaft. Sie folgte den Regeln klassischer französischer Poetik. Kampf und Krieg auf dem Theater wurden zu einer formalen Angelegenheit, formal im Sinne formvollendeter Austragung von Konflikten.

Wäre Horace ein Barbar nach der Art Coriolans gewesen, so hätte er kein potentielles Objekt der Liebe des Publikums werden können. Horace zeichnete sich gerade dadurch aus, dass er die Liebe zu seiner Frau Sabine bedingungslos der Ehre opferte, für den Ruhm seiner Vaterstadt Rom zu kämpfen. Dass er der Liebe entsagte, um einer Ehrenpflicht zu folgen, war den Zeitgenossen, obwohl die Pflichtauffassung in diesem Fall zu weit ging, aller Bewunderung wert, zeigte es doch, dass er die Fähigkeit besaß, seine Leidenschaften durch die Vernunft im Zaum zu halten. Die Ehre, für die der Held mit seinem Schwert einstand, war nicht länger mit persönlicher Leidenschaft verbunden. Die Hauptakteure auf der Bühne kämpften nicht für ihre private Ehre, sie kämpften für die Ehre des Königs und damit zugleich für den Ruhm des Staates. So war das Festhalten an Ehrenstandpunkten im Unterschied zum *Coriolan* nahezu vernünftig geworden.

Das englische Publikum der Elisabethanischen Epoche hätte sich angesichts der Aufführung solcher Ehrenhändel auf der Shakespearebühne vermutlich zu Tode gelangweilt. Jedenfalls hätte es für die Protagonisten bestimmt keine Bewunderung übriggehabt, geschweige denn Töne des Entzückens von sich gegeben. Ein Theater, auf dem kein Mord, keine mit Leidenschaft verfolgten Kämpfe für die persönliche Ehre stattfanden, hätte sich nicht erfolgreich gegen die Konkurrenz der Bullen- und Bärenhetze durchsetzen können. Auf dem Globetheatre konnte, wenigstens wenn Tragödien von Shakespeare aufgeführt wurden, immer auch das englische Staatsgefüge ins Wanken geraten. Genau das Gegenteil war im Frankreich Corneilles der Fall, und das Gegenteil war auch beabsichtigt. Der auf der Bühne dargestellte Bürgerkrieg nahm dort allmählich jene Konturen an, die die Academie Française mit ihrem Hinweis auf die zivilisierte Form literarischer Auseinandersetzungen anvisiert hatte: die Konturen einer zivilisierten Kriegführung, wie sie nach dem Dreißigjährigen Krieg in den Staatenkriegen des 17. Jahrhunderts üblich wurde.

Ein Publikum wie das französische, welches sich dort zur Bewunderung hinreißen ließ, wo das englische vor ihm zur Langeweile geneigt hätte, musste auch sonst seine Leidenschaften besser der Vernunft unterordnen können als jenes. Die Bewunderung war ja selbst ein Akt leidenschaftsloser Teilnahme. Im Zusammenhang mit dem *Nicomède,* der Tragödie von 1651, erklärte Corneille dazu, ein Held nach seiner Facon, – beispielsweise der alles Unglück standhaft ertragende Nicomède –, errege kein Mitleid (compassion) im Zuschauer, wie es nach den Regeln des Aristoteles für die Tragödie vorgeschrieben sei, sondern eben nur Bewunderung. Aber in dieser Bewunderung für die Tugend des Helden hätte er ein Mittel zur Reinigung der Leidenschaften gefunden, das, obschon von Aristoteles nirgends erwähnt, einen sichereren Effekt erzielen würde als das vorgeschriebene Mitleid und die Furcht (1862m,507f). Das Entzücken des Publikums über die antithetischen Halbsätze von Horace und Curiace bewies es: Die Zuschauerreaktionen entsprachen der dramaturgischen Anlage Corneilles. Jener *leise Aufschrei* war nicht der passionierte Schrei eines passionierten Auditoriums, sondern eher eine Art galanter Verlautbarung, die ausdrücken sollte, dass man den poetischen Wert der rhetorischen Figur zu schätzen wusste. Er war eine generöse Geste, ein Akt literarischer Kennerschaft.

Selbst wenn die Reaktion des Publikums, von der Voltaire berichtete, nur eine des Publikums seiner Zeit, des 18. Jahrhunderts, gewesen sein sollte, selbst wenn das Publikum des 17. Jahrhunderts zur Zeit Corneilles noch nicht einer so deutlichen Reaktion fähig gewesen wäre, dass es an der besagten Stelle die Kunstfertigkeit des Autors hörbar belohnt hätte, so wäre diese Reaktionsweise doch in der dramaturgischen Logik des Stücks von vornherein angelegt gewesen. Die Symmetrie der Verwandtschafts- und Liebesbeziehungen; die Symmetrie des Alexandriners selbst, sowohl nach seiner inneren Faktur, der Halbierung des Verses, wie nach seiner äußeren, der Paarreime; die Antithesen der heroischen Positionen – diese dramaturgische Anordnung untermalte die Generosität der Hauptfiguren, durch die ein drohender Bürgerkrieg im allgemeinen ein versöhnliches Ende fand. Das generöse Verhalten der Hauptpersonen machte die Beilegung des Konflikts wahrscheinlich. Wenn darüberhinaus die Besonderheit der wahren, historisch überlieferten Ausgangslage bereits in einer weitgehend friedlichen Konfliktregelung bestand, trug die verschwenderische Ausstattung des Stoffs und die Ausrichtung des Handlungsverlaufs auf die Großzügigkeit des Helden noch zur Bekräftigung der friedlichen Regulierung bei.

Auch bei diesem Stück glückte es Corneille noch nicht, die stets wachen Theaterzensoren voll zu befriedigen. Das war bei einem Mord wie dem des Horace an Camille vorauszusehen. Ein Hauptakteur, der seine eigene Schwester erstach, konnte so wenig mit der ungeteilten Liebe des Publikums rechnen, wie Orest, der seine eigene Mutter umbrachte. Solche Szenen mochten nach Corneilles eigener Logik eher zu jenem Hass auf die ersten Akteure anregen, der dem von ihm vermuteten Hass der Athener auf ihre Könige ungefähr entsprach.

Corneille, der seine Stücke nach wie vor selbstkritisch beurteilte, sah aber auch später keine Möglichkeit, die anstößige Stelle zu verändern. Beachtenswert ist, was er diesbezüglich auf die Einwände des Abbé d'Aubignac entgegnete. Der kritisierte in seiner einflussreichen Schrift *Pratique du Théâtre* von 1657 den *Horace* ganz im Stil der Academie Française und erinnerte Corneille an die Regeln der Kunst, die er mit dem Geschwistermord verletzt hatte. Wenn schon der Tod Camilles aus Rücksicht auf die Wahrheit der Historie nicht zu vermeiden gewesen wäre, so hätte der Autor die Szene wenigstens so gestalten können, dass Camille sich in das Schwert ihres Bruders stürzte, anstatt von ihm erstochen zu werden – die *bienséance* der Bühne wäre gerettet gewesen und die Wahrheit der Geschichte mit der Wahrscheinlichkeit des Theaters in Einklang gebracht worden. Zum Vergleich für die von der Schicklichkeit geforderte Anpassung der historischen Wahrheit an die Wahrscheinlichkeit des Theaters zog auch er die Malerei heran. Der Poet sollte es halten „wie ein Maler, wenn er ein unzureichendes Modell bearbeitet" (zit.v.Mongredien,87).

Corneille, der die Analogie der Argumentation von d'Aubignac zu seiner eigenen Kritik an dem *Orest* bemerkt hatte, gab darauf zu bedenken, für Camille wäre die Regulierung der Geschichte, wie sie ihm für Klytemnestra vorgeschwebt hatte, nicht anwendbar gewesen. Es fehlte im *Horace* die dritte Person, es fehlte eine dem Ägisth vergleichbare Figur. Horace war in der fünften Szene des vierten Akts, in der der Mord geschah, nur seiner Schwester konfrontiert. Allein die Tatsache, dass er das Schwert zückte und auf sie gerichtet hielt, machte ihn schuldig, ob sie sich nun von selbst hineinstürzte oder nicht, während Orest neben Klytemnestra noch den Ägisth zu töten hatte – ein Mord, der seine Ehre nicht befleckte, weil er einen Ehebrecher strafte. Horace aber wäre ohne Alibi gewesen. Außerdem hätte dann der Auftritt des Vaters von Horace in der letzten Szene des fünften Akts gestrichen werden müssen, ein Auftritt, in dem der Vater den König von Rom, Tulle, um Beistand für seinen schuldig gewordenen Sohn bat, nicht ohne dessen Mut gegen die Albaner noch einmal als Ausdruck römischer Tugend zu preisen (1862h,273f).

Im Zweifelsfall hielt sich Corneille demnach eher an die historische Wahrheit als an die von ihm erwartete Wahrscheinlichkeit. An der Unbekümmertheit eines d'Aubignac, der offen für eine das Original verfälschende Porträtmalerei plädierte, schien ihn schon sein Bekenntnis zu möglichst perfekter Originaltreue zu hindern, obgleich d'Aubignacs Eintreten für das Abweichen der Kunst vom Modell nur den Regeln entsprach, denen sich Corneille selber verpflichtet fühlte. So hatte er auch im Fall des *Horace* seinen Kritikern recht geben müssen, und es war wohl neben der gebotenen Unterwürfigkeit auch die Ahnung von den Mängeln seines Stücks, die ihn in seinem Widmungsschreiben an Richelieu von „diesem schlechten Porträt des Horace" sprechen ließ. Er hätte es dem Kardinal nie übergeben, wäre er ihm nicht zu Dank für die von ihm erhaltene Pension verpflichtet gewesen (1862h,258). Zwar war Corneille davon überzeugt, dass die Figur des Königs im *Horace* eine im Vergleich zur Figur des Königs im *Cid* souveränere Position einnahm, da er „ein Interesse für seinen Staat insgesamt" bekundete (279), aber den Mord an Camille konnte auch dieser König nicht verhindern.

Was Corneille in seiner ersten Römertragödie nicht gelang, sollte ihm in seiner zweiten gelingen: im *Cinna* von 1640, einem Stück aus dem gleichen Jahr wie der *Horace*. Es gehörte zu jenen Dramen, die Corneille für seine perfektesten hielt. Außer im *Cinna* glaubte er nur noch in der *Rodogune* von 1644 die Regeln so vollkommen erfüllt zu haben, dass die Aktionen auf der Bühne tatsächlich nur die zwei Stunden repräsentierten, die sie in der Realität dafür beanspruchen würden. Auch die Einheit des Ortes und der Handlung würde gewahrt (1862e,113). Nicolas Boileau, der mit seiner *Art poétique* von 1674 die Regeln der französischen Dichtkunst kanonisierte, rühmte den *Cinna* in einer *Epistel* an Racine als ein Stück, dessen Glanz sich der literarischen Kritik am *Cid* verdankte. Sie hätte Corneille zu den größten künstlerischen Leistungen angeregt.

Die Tragödie fand von Anfang an große Zustimmung im Publikum. Mit der Reaktion auf den *Horace* war sie nicht zu vergleichen. Es gab keine missbilligenden Äußerungen, jedenfalls keine, die die Verletzung der Schicklichkeit angeprangert hätten. Dazu war auch kein Anlass. Ein Geschwistermord kam nicht darin vor, auch kein gewöhnlicher Mord, aber es wurde etwas geplant, das weit darüber hinausging, und zwar ein Mord an Kaiser Auguste. Cinnas Geliebte, Émilie, wollte ihren von Auguste in den vorangegangenen Bürgerkriegen umgebrachten Vater rächen und verlangte von Cinna, dem Haupt einer Verschwörung gegen den Kaiser, die Ausführung des Mordes. Als Preis dafür sollte er sie zur Frau bekommen. Doch schon der Untertitel der Originalausgabe, *Cinna oder die Milde von Auguste,* deutete darauf hin, dass der Racheplan Émilies und die Verschwörung Cinnas nicht zum Ziel führten. Die Tragödie hatte einen glücklichen Ausgang.

So etwas war typisch für die Tragödien von Corneille. Auch der *Cid* endete glücklich – trotz oder wegen der forcierten Hochzeit, die den Geschmack der Kritiker verletzte. Im Original wurde er deshalb nicht als Tragödie, sondern als Tragikomödie geführt. Erst einige Jahre später firmierte das Stück als reine Tragödie, wenigstens im Untertitel. Der *Horace* dagegen wurde einer Tragödie noch am ehesten gerecht, doch auch in ihm gab es komödiantische Elemente, die von den im Kampf getöteten Brüdern und von dem Mord an der Schwester nur verdeckt wurden. Allen Hauptfiguren Corneilles haftete eine latente Komik an. Das lag an der dramaturgischen Situation. Ein für den Ruhm des Königs und seines Staates kämpfender Held, der zugleich in Liebe zu einer hochherzigen Spanierin oder Römerin entbrannte, war vom Publikum nicht durchweg ernstzunehmen, gerade weil er seine Sache so ernstnahm. Das überhöhte Porträt der Pflichtauffassung und die überhöhte Darstellung passionierter Liebe, deren dramaturgische Verwicklung zwischendurch für manche hochgemute Überraschung sorgte, dies alles trug zu einer Stimmung unter den Zuschauern bei, die, wenn sie auch nicht gleich zum Lachen anregte, wenigstens keinen Anlass zum Weinen bot.

3.1.6 POETISCHE FORMUNG DES GEHORSAMS

Selbst bei einer Aufführung des *Horace* also dürfte das Publikum nicht in Tränen ausgebrochen sein. Sie hätten der Bewunderung widersprochen, auf die es Corneille vor allem ankam. Seine Konzeption von einer Eindämmung der Leidenschaften war ja darauf abgestellt, Mitleid und Furcht, von Aristoteles als kathartische Mittel empfohlen, zu umgehen. Das Mitleid, die compassion, war selbst eine Leidenschaft. Die Leidenschaften sollten nach Aristoteles also durch Leidenschaften gereinigt werden. Für einen französischen Dramaturgen wie Corneille, der der Vernunft zum Sieg über die Leidenschaften verhelfen wollte, war das unannehmbar. Die Passage, in der er anlässlich der Prüfung seines *Nicomède* die Bewunderung als ein der Aristotelischen Katharsis überlegenes dramaturgisches Mittel pries, enthielt die entsprechende Erklärung. „Sie (sc.die Bewunderung) lasse zwar eine Art von Mitleid (in der Seele des Zuschauers) entstehen, gehe jedoch nicht so weit, ihm Tränen zu entreißen (tirer des larmes). Ihre Wirkung begrenze sich darauf, den Hörern das Interesse des Prinzen (sc.Nicomèdes) zu vermitteln und in ihnen Wünsche für sein Wohlergehen entstehen zu lassen (faire former) (1862m,507f).

„Faire former" – man sollte das Wort *former* statt mit *entstehen* besser wörtlich mit *formieren* übersetzen. Die hauptsächliche Wirkung der Corneilleschen Dramen war die einer Formierung des Publikums. Sein ganzes Oeuvre bestand aus einer kaum endenden Reihe selten unterbrochener Alexandriner, mit der charakteristischen Pause in der Mitte und den Paarreimen am Ende. Keine einzige auftretende Person sprach je anders als in der Form dieser Verse (mit Ausnahme einiger Stanzen), die einzelnen Akteure konnten sich also durch die Form der Sprache nicht voneinander unterscheiden. Die Versform hatte den Vorrang vor der Charakterisierung der Personen. Sie dominierte das gesamte Drama – zwei Stunden lang (cf. Böhm,660f), nur unterbrochen vom Geigenspiel in den Entr'actes. Und da die Schauspieler während der Deklamation der Verse bekanntlich ganze Oktaven überwanden, verbreitete sich im Theater ein gleichförmig regulierter, hochgestimmter Sprechgesang, der die Wirkung eines Ohrwurms gehabt haben musste.

Corneille sprach in seinen *Diskursen* mindestens so oft von den Zuhörern (l'auditoire), wie von den Zuschauern (spectateurs). Vermutlich hatte daher die von ihm beabsichtigte Formierung des Publikums sehr viel mit dem Gehör zu tun. Die Verse richteten sich zunächst an das Ohr. Auch das Entzücken des Publikums bei dem Vernehmen der Antithese im *Horace* galt wohl zunächst nur der rhetorischen Figur. Die Formierung von Wünschen für das Wohlergehen des Prinzen hatte es daher wahrscheinlich mehr auf den Zuhörer als auf den Zuschauer abgesehen. Berücksichtigt man ferner, dass das Wohlergehen des Prinzen und anderer erster Akteure auf der Bühne das der höchsten Personen im Staat repräsentierte, dann wird eines erkennbar: Bei der von Corneille erwünschten Formung des Publikums handelte es sich um eine Nahtstelle seines ganzen Werkes. Es ging um den Zusammenhang zwischen dem *Gehör* der Zuhörer und dem *Gehorsam* der Untertanen des französischen Königs; es ging um die absolutistische Formung eines Staates, der die Gefahr des Bürgerkriegs bannen wollte.

Der unterhaltende Charakter des Theaters blieb jedoch gewahrt, da der Gehorsam nicht erzwungen werden musste, sondern über die offenen Ohren eines kunstliebenden Publikums, – durch eine poetische Formung des Gehörs –, genussvoll aufgenommen wurde. Damit konnte der auf Furcht beruhende Gehorsam zum König unmerklich einem Gehorsam aus Liebe zu ihm Platz machen. So wie Corneille sich in seinen dramaturgischen Mitteln nicht auf Mitleid und Furcht stützen wollte, so sollte auch die Liebe zu und zwischen den Hauptdarstellern von Furcht und Mitleid frei sein.

Das berührte die dramaturgische Wirkung auf paradoxe Weise. Eine auf Furcht und Mitleid nicht angewiesene Liebe war auch keine leidenschaftlich erregte, sodass der dramatische Konflikt zwischen den Liebesleidenschaften und der Ruhmespflicht, den die Corneilleschen Helden auszutragen hatten, im Grunde kein Konflikt war. Durch die gleichförmigen Verse wurden die Leidenschaften einem Regime der Formung unterworfen, das vor der Liebe von Chimène und Rodrigue so wenig haltmachte, wie vor der von Camille und Curiace, Émilie und Cinna. Es formte Leidenschaften wie Pflichten. Da die Liebe von Leidenschaften weitgehend gereinigt war, konnten die Hauptakteure so prompt auf ihre Liebe verzichten (cf.Ott,90). Die Liebe war eine von der Vernunft geprägte Leidenschaft – eine leidenschaftslose Leidenschaft.

Die Zuschauer, die Augen- und Ohrenzeugen solcher paradoxen Eigenschaften wurden, dürften kaum geneigt gewesen sein, sich in Tränen zu ergießen und den Helden zu beweinen. Dafür wollte Corneille ihre Gemütskräfte zu sehr in der Schwebe halten (suspens). Der *suspens* war eine Art gemütlicher Zwischenzustand, der bei den von Corneille vorgesehenen Überraschungen (surprises) plötzlich, wenn eine besonders gelungene Formulierung zu bewundern war, – so im *Horace* –, zu jenen leisen Schreien des Entzückens führen konnte. Und diese Schreie waren dem Lachen näher als dem Weinen. Das schwebende Gemüt, das sich des Publikums bemächtigte, wurde durch eine Dramaturgie bewirkt, die mit den Aktionen ihrer Darsteller weder reine Tragik, noch reine Komik bezweckte. Insofern hatten alle Heroen Corneilles mehr oder weniger tragikomische Züge (cf. Croce,368).

Was für die Tragödie galt, galt umgekehrt für die Komödie. Die *Illusion Comique* endete nicht komisch, auch wenn der Zauberer, Aléandre, das Geschehen nachträglich als Spiel einer Schauspieltruppe auf dem Theater ausgab. Der ganze fünfte Akt, in dem Pridamant den Tod seines Sohnes Clindor mit anschauen musste, war eine Tragödie. Sie war nach den Erklärungen Corneilles nur dazu ausgedacht, den Wechsel vom Leid um den getöteten Sohn zur Freude darüber, dass der Tod nur gespielt war, für den Vater „überraschender" und „angenehmer" zu machen (1862i,432). Während also der *Cid* beinahe komisch endet, endete die *Illusion Comique,* – das *Comique* des Titels wurde 1660 von Corneille gestrichen –, beinahe tragisch.

Von ähnlicher Nachbarschaft war auch das Verhältnis der beiden Hauptpersonen: von Matamore, dem Hauptmann aus der Gascogne (capitan gascon) in der *Illusion* und von Rodrigue, dem Cid. Den Zeitgenossen fiel sehr schnell die ähnliche Rhetorik der beiden Helden auf, was zunächst nicht erstaunlich ist, da beide Stücke von dem selben Autor in dem selben Jahr geschrieben wurden und die Hauptakteure spanische Krieger waren. Erst bei der Typisierung der Personen wird man stutzig. Matamore sollte den militärischen Aufschneider charakterisieren, der unablässig über seine heroischen Taten schwadronierte, im entscheidenden Fall aber feige war und kniff. Er rühmte sich dessen, dass bereits bei der leisesten Ankündigung seines Namens (Matamore bedeutet Maurentöter) die Mauern einstürzten, Schwadronen sich auflösten und Schlachten gewonnen wären (II/2,Verse 233f):
Le seul bruit de mon nom/renverse les murailles,
Défait les escadrons/et gagne les batailles.
Die Figur ging auf den *miles gloriosus* des Plautus zurück, der durch die übertriebene Darstellung seiner Taten das Publikum zum Lachen brachte. Sie wurde seit der Renaissance in ganz Europa literarisch nachgeahmt. Lord Falstaff war eine englische Ausprägung dieser Figur, Matamore eine von spanischen Vorläufern übernommene französische. Aber während es die strenge Vorstellung von der

Würde des englischen Throns Shakespeare nicht erlaubte, Falstaff neben König Heinrich V. zu dulden, war Matamore ein Held, der Rodrigue im Stil offenbar so ähnelte, dass die Zeitgenossen in seinen Tiraden die Reden des Cid erahnen konnten.

Matamore war nicht nur ein Held, – besser: ein Maulheld –, er war auch in heftiger Liebe zu Isabelle entbrannt, die einen anderen, nämlich Clindor, den verlorenen Sohn, liebte und die von ihm wiedergeliebt wurde, ohne dass Matamore es wusste. Isabelles Vater, Géronte, dem Matamore die Liebe zu dessen Tochter gestand, zieh den Maulhelden jedoch der Feigheit und machte ihn damit vertraut, dass Isabelle schon einem anderen versprochen sei. Darauf Matamore, ganz kleinlaut geworden (III/4,Verse 735-738):
Respect de ma maîtresse,/incommode vertu,
Tyran de ma vaillance,/à quoi me réduis-tu?
Que n'ai-je eu cent rivaux/en la place d'un père,
Sur qui sans t'offenser,/laisser choir ma colère?
Wie verkleinert mich diese Achtung vor meiner Angebeteten,
diese unangenehme Tugend, dieser Tyrann über meine Tapferkeit?
Habe ich nicht anstelle Deines Vaters
hundert Rivalen, ohne dich zu beleidigen, getrotzt?

Der Herausgeber der Werke Corneilles von 1862 meinte, nachdem er ähnliche Verse aus der *Illusion* und dem *Cid* zitiert hatte: „Diese Annäherungen genügen, um klarzumachen, dass die Rede (la parole) des Matamore bei Corneille an sich nicht immer lächerlich ist, und dass es in der outrierten Sprache (langage), die er ihm leiht, jene stolzen Übertreibungen (Hyperboles) gibt, die er später veredelt hat (ennoblir), indem er sie wahren Heroen in den Mund legte." (1862i,424). In der Tat hatte Matamore des öfteren den Tonfall des Rodrigue im *Cid* getroffen, auch, ja gerade an der Stelle von dem schlachtentscheidenden Namen des Maurentöters. Aber das war kein Beweis für den Ernst bzw. kein Gegenbeweis für die Lächerlichkeit der Figur des Matamore. Vielmehr wohnten Lächerlichkeit und Ernst so eng beieinander, dass die Übergänge fließend waren.

Gewiss hatte Corneille beim *Cid* die meisten Übertreibungen des Matamore fortgelassen, doch die Verwendung rhetorischer Hyperbeln bei beiden Figuren bewies, dass in der künstlichen Form der Rede selber der Grund für die an Komik grenzenden Outriertheiten lag. Matamore und Rodrigue sprachen die gleiche Sprache. Sie waren in dramaturgischer Hinsicht ganz ähnlichen, für Corneille typischen

Konflikten zwischen Liebe und Kampfespflicht ausgesetzt. Wenn man auch sagen kann, dass Corneille im *Cid* die Hyperbeln veredelte und sie einem wahren Heroen in den Mund legte, so äußerte sich die Wahrheit dieses Heroismus doch am deutlichsten in den Übertreibungen des Matamore aus der *Illusion Comique*.

Die Bewunderung für die Helden, der schwebende Gemütszustand, in dem das Publikum sich befand, stand daher sozusagen ständig auf der Kippe zur Komik, selbst wenn in einer Tragödie vielleicht nie gelacht wurde. Das dürfte in der Tragödie *Cinna* kaum anders gewesen sein, zumal eine nicht ganz unwichtige Person des Stücks, Maxime, – neben Cinna immerhin das andere Haupt der Verschwörung gegen Auguste –, an einem Konflikt litt, der dem des Matamore im einzelnen mehr ähnelte als dem des Cid. Aus Liebe zu Émilie, der Geliebten Cinnas, wurde er feige, verriet Cinna an den Herrscher und versuchte, mit Émilie zu entkommen. Sie antwortet ihm als echte Römerin (IV/5,Vers 1352):
Tu m'oses aimer,/et tu n'oses mourir.
Du wagst, mich zu lieben, und du wagst nicht zu sterben.

(Auch hier war die Antithese: *m'oses-n'oses* und *aimer-mourir* nicht zu überhören.) Selbst Cinna wurde wankelmütig, er begann sogar im dritten Akt zu zittern und zu seufzen (Vers 918), nur ging er nicht so weit, seine Verschwörung aufzugeben. Doch sollte es auch bei ihm nicht ohne eine Ermahnung durch Émilie, die an ihren Preis, die Ermordung von Auguste, erinnerte, abgehen (III/4). Beide Heroen wurden von der Frau, die sie liebten, an Festigkeit des Willens übertroffen, bei beiden gab es den Kontrast zwischen großem Heroentum und Kleinmütigkeit, wie Corneille ihn hyperbolisch in der Figur des Matamore dargestellt hatte.

Cinnas Position unterschied sich allerdings dadurch von der Maximes und Matamores, dass er nicht aus Liebe, sondern aus Dankbarkeit dem Herrscher gegenüber kleinmütig geworden war. Der hatte in seiner Generosität, ohne von der Verschwörung zu wissen, ausgerechnet ihn und den Maxime zuvor befördert (II/2). Aber auch nach dem Verrat Maximes bezwang Auguste, nach anfänglichem Zögern, seine Wut gegen die Verschwörer. Er rang sich dazu durch, sie nicht zu bestrafen, sondern Milde walten zu lassen und sie nochmals zu befördern – eine Großzügigkeit, die sie ihm dadurch dankten, dass sie von nun an seine treuesten Diener zu werden versprachen. Hass wandelte sich in Liebe, Feinde wurden zu Freunden und statt des abermaligen

Ausbruchs eines Bürgerkriegs wurde die Monarchie stabilisiert. „Von einem langen Irrtum vollkommen befreit", sagt Livie, die Herrscherin, gegen Ende des Stücks, „hat Rom nun nur noch den Wunsch, die Monarchie zu festigen" (V/3,Verse 1769f):
D'une si longue erreur/pleinement affranchie,
Elle n'a plus de voeux/que pour la monarchie.

Eine Tragödie ohne gelungenen Mord, in der die Mordabsicht nicht nur nicht bestraft, sondern sogar belohnt wurde, war aller Bewunderung wert. Die Bewunderung durfte nun ohne Einschränkung dem König selbst entgegengebracht werden, einem König, dessen klare Souveränität sich in der Großherzigkeit äußerte, mit der er sich seine Feinde unterwarf. Eine größere Versöhnung schien nicht vorstellbar, eine bessere Befriedung der Feindseligkeiten innerhalb der Monarchie nicht denkbar. Trotzdem wird sich auch in diesem Stück die Bewunderung, selbst die für einen so großzügigen Monarchen wie Auguste, in den Grenzen gehalten haben, die von der tragikomischen Form vorgegeben waren. Vielleicht war auch im *Cinna* ein (allerdings nicht, jedenfalls nicht von Voltaire bezeugter) Aufschrei des Entzückens im Publikum zu hören, da nämlich, wo der Imperator statt der erwarteten Strafe die Verschwörer mit noch ehrenvolleren Ämtern betraute als denen, die sie sowieso schon innehatten.

Die Milde im Stil des Herrschers war eine Überraschung, die dem voraufgegangenen Surprisen Corneilles dramaturgisch ähnelte und als solche auch einen ähnlich hyperbolischen Charakter besaß. Insofern war nicht nur die Liebe des Publikums zu den Prinzen, Generälen und den anderen Hauptakteuren, sondern auch die zum Monarchen eine komisch schwebende, jederzeit zurücknehmbare Größe. Der König war in den vorangegangenen Stücken regelmäßig aus den Konflikten herausgehalten worden. Seine über den Parteien stehende Position sicherte ihm die kühle Verehrung der Zuschauer. Im *Cinna* wurde nun auch er, – weil prospektives Opfer der Rachepläne –, in einen Kampf von Leidenschaften und Pflichten hineingezogen und dadurch um so mehr den tragikomischen Effekten einer Rhetorik hyperbolischer Formen ausgesetzt. Da die Liebe des Publikums zu ihm auf den gleichen rhetorischen Formen basierte, konnte sie ebensowenig leidenschaftlich werden wie die Liebe zu den anderen Hauptpersonen. Überspitzt gesagt, handelte es sich eher um eine Liebe zur Form, in der sich der Monarch darstellte, als um eine Liebe zum Monarchen selber.

Auch das Verhältnis zum Gehorsam war davon berührt. Für eine funktionierende absolute Monarchie war der Gehorsam gegenüber dem Monarchen die Voraussetzung. Ohne den Gehorsam, vornehmlich den der Adeligen von Geblüt, die dem König bislang den ersten Rang im Staate streitig gemacht hatten, war die Beendigung des Bürgerkriegs nicht zu erwarten, gerade dann nicht, wenn Verschwörungen gegen den Herrscher, wie im *Cinna*, mit der Rache für die Opfer vorangegangener Bürgerkriege begründet wurden. Keiner stand eifriger für die Monarchie Roms ein als der, der den herrschenden Monarchen ermorden wollte: Cinna. Für ihn war der schlimmste aller Staaten der „État populaire" (II/l,Vers 521), die Republik, in welcher mit dem Volk auch der Tumult regiere, wo die Ehrenaufgaben den ehrgeizigsten Leuten überlassen blieben und die Autorität den größten Aufrührern ausgeliefert wäre. „Die Stimme der Vernunft" würde in der Republik nicht zu Rate gezogen (II/l,Verse 500-512).

Sicher war Cinnas Plädoyer für eine stabile Monarchie auch eine Finte, um den schon abdankungsbereiten Auguste in Sicherheit zu wiegen und zur Weiterführung seiner Staatsgeschäfte zu ermutigen. Aber ebenso sprach daraus wohl die Überzeugung, nach der gelungenen Verschwörung, das heißt, nach der Ermordung des Monarchen nicht nur die Hand von Émilie zu erhalten, sondern auch die Spitzenposition einzunehmen und Rom besser zu regieren als es der Ermordete getan haben würde.

Erst die Milde von Auguste bereitete diesen Überlegungen ein Ende. Dadurch, dass der Herrscher selbst der Stimme der Vernunft gehorchte und die Leidenschaften seiner Rache bezwang, verschaffte er sich den Gehorsam seiner Nebenbuhler. Aber der Gehorsam von Cinna und den anderen Hauptakteuren beruhte nicht so sehr auf einer tiefgehenden Umwandlung der Herzen, die auf die Güte des Monarchen zurückgegangen wäre, er beruhte eher auf der Bewunderung für das Überraschungsmoment, das seinen Aktionen zugrundelag. Die Wünsche, die Cinna wie das Publikum für Auguste zu hegen begann, waren das Ergebnis der gleichen poetischen Formung, die Corneille mit seiner Dramaturgie erreichen wollte. Und der Gehorsam, der aus dieser Formierung resultierte, war kein absoluter, wie man ihn im Absolutismus eigentlich erwartet hätte, sondern ein formaler Gehorsam.

3.1.7 AMNESTIE ALS AUSDRUCK DES POLITISCHEN

Betrachtet man die Realitäten des französischen Hofes, vor allem in der zweiten Hälfte des 17. Jahrhunderts, so ergibt sich ein annähernd ähnliches Bild. Der Adel, ob nun die neu geschaffene Noblesse de robe oder die alte Noblesse d'épée, deren ökonomische Position sich zusehends verschlechterte, konnte auf Dauer nur durch jene Art von Vergünstigungen an den Hof des französischen Königs gebunden werden, die Cinna und Maxime von Auguste gewährt wurden. Allerdings musste eine Versöhnung zwischen den streitenden Parteien vorangegangen sein oder eine Vergebung seitens des dem Parteienstreit gewöhnlich enthobenen Monarchen, wenn er ausnahmsweise in den Streit, wie hier im *Cinna*, hineingezogen wurde. Ohne Vergebung hätte auch ein formaler Gehorsam sich nicht bilden können. So war im *Cinna* das letzte Wort des Auguste und zugleich das letzte Wort der Tragödie insgesamt das Wort *oublier;* der Monarch wollte die Verschwörung vergessen.

Die Fähigkeit zu vergessen gehörte zu den Tugenden des *honnête homme* bzw. des *homme généreux*. Generosität wurde zuallererst vom Monarchen erwartet. Bei ihm, der obersten Instanz der irdischen Gerechtigkeit, war das Vergessen von Straftaten aber nicht bloß ein einfaches Vergessen, es war zugleich ein Rechtsakt des obersten Richters – eine Amnestie. In Frankreich hatte sich bereits während des Religionskriegs im 16. Jahrhundert eine Bewegung gleichen Namens gebildet. Sie trug wesentlich zur Beendigung des Krieges bei. Zu ihr gehörte Bodin, dem neben den berühmten *Sechs Büchern über den Staat*, in denen ihm die grundlegende Definition des französischen Absolutismus gelungen war, unter anderem der *Heptaplomeres* zu verdanken ist, eine Schrift in Form eines Colloquiums, das zwischen einem Lutheraner, einem Juden und einem Vertreter der natürlichen Religion stattfindet. Eine dogmatische Entscheidung für diese oder jene bestimmte Religion wird nicht getroffen, vielmehr die „Position eines konfessionellen Pluralismus" vertreten (cf.Cassirer 1939,190 u.Niedhart,128). Vor diesem Hintergrund wird die dreimalige Konversion Heinrichs IV. verständlich, der Frankreich aus dem religiösen Bürgerkrieg herausführte. Die Bestimmtheit eines Dogmas trat hinter der Einsicht, den Frieden wieder herzustellen, zurück – eine Einsicht, die vor allem der Amnestiebewegung zu danken war. Ihre Anhänger gaben sich den bezeichnenden Namen *les Politiques*. Sie waren Mitglieder der ersten politischen Bewegung in Frankreich.

Für die Geschichte des Verhältnisses von Politik und Krieg in der Neuzeit ist die Tatsache des Ursprungs dieser Bewegung im religiösen Bürgerkrieg des 16. Jahrhunderts von großer Bedeutung. Mit ihrem Plädoyer für das Vergessen der während der Kriege begangenen Straftaten und ihrem Eintreten für monarchische Milde ebnete sie dem Frieden den Weg (Schnur 1959,197ff,206 u.214f). Selber ein Produkt des Kriegs, zeichnete sie einen Frieden vor, der in Zukunft möglichst vor erneuter Ausartung in einen Bürgerkrieg bewahrt werden sollte. An der Durchsetzungskraft der *Politiques* war, – trotz aller Anfeindungen seitens der katholischen Liga –, ein Symptom für die im europäischen Vergleich relativ frühe Machtentfaltung des französischen Absolutismus zu erkennen. Das dramatische Werk Corneilles, das Versöhnung und Vergessen in den Mittelpunkt rückte, schien von dieser frühen Amnestiebewegung besondere Impulse empfangen zu haben und dies offenbar in einem Maße, dass man den *Othon* von 1664, eine seiner späteren Tragödien, „le bréviaire des rois", das Gebetbuch der Könige, genannt hat (1862s,568f). Die Dramen Corneilles waren weitgehend politische Dramen, auch, ja besonders der *Cinna*.

Schon die Auswahl des historischen Materials war vermutlich von politischen Erwägungen geleitet. Sie fiel auf eine Verschwörung, die von Auguste, dem wirklichen Augustus der römischen Geschichte, tatsächlich durch Milde beantwortet worden war. Verglichen mit Shakespeares *Julius Cäsar* wurde von Corneille eben keine Verschwörung dramatisiert, die Erfolg hatte. Der Herrscher wurde nicht ermordet, er blieb am Leben und konnte seine Großzügigkeit unter Beweis stellen. Seine Generosität war eine politische Tugend, die den englischen Helden meistens fehlte. Selbst ein politischer Kopf wie Brutus zögerte nicht länger, seinen gleichwohl geliebten Cäsar zu ermorden, nachdem er, von Cassius angestiftet, den Entschluss dazu gefasst hatte, jedenfalls zögerte er nicht länger bei Shakespeare. Das Bedauern seiner Tat kam zu spät. Und dort, wo ein Shakespearescher Held zögerte, machte er sich sein Zögern zum Vorwurf – der Fall Hamlets. Der Cinna Corneilles, der von Émilie mit Brutus verglichen wurde, um ihn zu der blutigen Tat zu ermutigen (1/3,Vers 265), berief sich dagegen in seinem Wankelmut gerade darauf, dass selbst Brutus vor seinem Mord an Cäsar gezaudert hätte (III/2,Verse 829-832).

Eine Tragödie, wie die des Coriolan, wäre für Corneille undenkbar gewesen, schon deshalb, weil der Römer sich selbst nach größter Fürsprache seiner Mutter Volumnia noch weigerte, die *policy,* die er im Krieg anwandte, auf den Frieden auszudehnen. Der Coriolan von Shakespeare war nicht fähig, das Interesse an seinem eigenen Ehrenstandpunkt zu vernachlässigen, er konnte nicht vergessen. Seinem Volk gegenüber handelte er nicht großzügig. Die Politik hatte im Frieden keine Chance, weil in England die Verteidigung der eigenen Ehre mit dem Kampf für die Ehre des Staates weitgehend unverbunden blieb. Dort, wo, wie bei Brutus, die Ehre Roms verteidigt werden sollte, geschah es aus republikanischer Gesinnung gegen die drohende Monarchie Cäsars, und ein neuer Bürgerkrieg war die Folge. Deshalb sprach Volumnia von *honour* und *policy* als von zwei verschiedenen Größen, die neben dem Krieg nun auch dem Frieden nutzbar gemacht werden sollten. Sie waren jedoch im England der Elisabethanischen Ära und auch danach noch viel zu gegensätzlich, als dass sie in einer einzelnen Person friedlich vereint hätten auftreten können.

Bei den Heroen Corneilles und im Frankreich seiner Zeit gehörten dagegen Ehre und Politik bereits tendenziell zusammen, da der *honnête homme* seine persönliche Ehre zugleich für den Staat einlegte. In der unterschiedlichen Dramaturgie, der das Theater Shakespeares und Corneilles folgt, werden die politischen Verschiebungen zwischen dem europäischen Kontinent und der englischen Insel erkennbar: England hatte zur Zeit Shakespeares seinen religiösen Bürgerkrieg noch vor sich, Frankreich hatte ihn zur Zeit des frühen Corneille schon nahezu hinter sich. Aber eben nur nahezu. Der im *Cinna* beschriebene Zustand war real noch nicht erreicht, namentlich die Milde des Herrschers ließ noch auf sich warten. Trotz der vollkommenen Einheit von Zeit, Ort und Handlung war das Drama dem Original nicht vollkommen ähnlich. Es handelte sich vielmehr um ein idealisiertes Porträt. Corneille hatte sich die Kritik der Akademie und d'Aubignacs am *Cid* und am *Horace* augenscheinlich zu Herzen genommen und ein verschönertes Bild der französischen Verhältnisse entworfen. *Cinna* war der politische Vorgriff auf einen inneren Friedenszustand, der auch in Frankreich noch nicht völlig erreicht war.

3.2 NEUTRALITÄT DES *LEVIATHAN*

3.2.1 AUFSTAND IN ROUEN

Rouen, die Stadt, in der Corneille lebte und hauptberuflich als Advokat tätig war, wurde in den Jahren 1639/40, zur Zeit der Abfassung des *Cinna*, Schauplatz einer Revolte gegen die Zentralregierung. Anlass war eine Überlastung der Einwohner durch Steuern auf Salz und Brot, die die Bauern der Umgebung nicht mehr zu zahlen bereit waren. Die Anführer wurden verhaftet. Nachdem sie aber das Parlament von Rouen wieder freigelassen hatte, breitete sich die Revolte, die ihre Sache durch den parlamentarischen Akt der Freilassung bestätigt glaubte, in der ganzen Provinz aus. Die Häuser der Steuerkommissare wurden zerstört, die Kommissare selber, sofern man ihrer habhaft wurde, gehängt.

Richelieu ließ diese Revolte blutig unterdrücken. Die Stadt wurde militärisch besetzt, die Steuern noch einmal erhöht, das Parlament verboten und eine große Anzahl von Einwohnern verhaftet. „Sie bekamen einen Prozess, und sechsundvierzig wurden verurteilt: vier von ihnen zum Rad, zwanzig zum Galgen, zweiundzwanzig zur Verbannung auf Lebenszeit" (Corneille 1862g,363;Notiz des Hrsg.). Man nimmt an, dass Corneille, der in seiner Eigenschaft als Advokat Mitglied des Parlaments von Rouen war, unter den Verhafteten und Verurteilten möglicherweise Freunde oder sogar Verwandte hatte und dass er daher lebhaft daran interessiert sein musste, „die Rachegefühle Richelieus zu mäßigen" (aaO). Der *Cinna* mochte ein Versuch in dieser Richtung sein. Doch das Plädoyer für die Milde des Herrschers hatte keinen Erfolg, wenigstens keinen direkt wahrnehmbaren: Richelieu und Ludwig XIII. ließen keine Milde, sondern unnachsichtige Härte walten.

Es ist jedoch fraglich, ob Corneille mit dem *Cinna* direkt in die Geschehnisse eingreifen wollte. Das war wohl auch von einem Theater, welches nach den Worten des Aléandre aus der *Illusion Comique* ein Instrument der Unterhaltung sein sollte, kaum zu erwarten. In der Corneilleforschung wird die Revolte in Rouen auch nur als Parabel verstanden. Die Feststellung der unmittelbaren Zeitbezogenheit des Stücks erstreckt sich nahezu auf die gesamte Regierungsperiode Richelieus. So sieht Heitmann geschichtliche Bezüge zwischen Émilie, der Anstifterin der Verschwörung und Geliebten von Cinna, und „Madame de Chevreuse, die 1626 die sogenannte *Conspiration des Dames* ins Werk setzte und den jungen Marquis de Chalais zu einem Attentat gegen Richelieu anstiftete". Doch sei der *Cinna* „kein Schlüsselstück", es nähme keinen „direkten Bezug auf eines dieser Ereignisse" (Heitmann,113).

George Couton, der die Aufmerksamkeit der Interpreten besonders auf den politischen Corneille gelenkt hat, geht allerdings weiter und nennt den *Cinna* und den *Polyeucte* von 1642 „Gesinnungsstücke", mit denen der Dramatiker auf die besondere Situation zu Beginn der vierziger Jahre des 17. Jahrhunderts habe anspielen wollen, auf eine Situation, in der Frankreich gleichzeitig einen Krieg nach außen und nach innen zu führen hatte. Der Rat, den Corneille mit seinem Stück an Richelieu gegeben habe, sei der gewesen, den Zirkel von Verschwörung und Unterdrückung dieser Verschwörung durch Großmut zu zerbrechen (296f).

Sicher ist der Hinweis auf die Kriegssituation für die Einschätzung der jeweiligen Dramen Corneilles von Belang, doch Frankreich war in der von Couton geschilderten Lage schon seit 1635, dem Jahr seines Eintritts in den Dreißigjährigen Krieg. Die sporadischen inneren Unruhen waren ohnehin keine Besonderheit der vierziger Jahre, sondern wirkten vom Beginn des Jahrhunderts bis zu den Zeiten der Fronde fort, sodass von einer Aktualität Corneilles im Sinne Coutons nicht die Rede sein kann. Trotz des verstärkten Präsenzcharakters der Gegenwartsauffassung in der französischen Klassik geht die Projektion modernen Aktualitätsverständnisses auf die damalige Zeit am Vorstellunghorizont des 17. Jahrhunderts vorbei.

Der Gedanke einer unmittelbaren Zeitbezogenheit des Stücks, sofern er nicht wie bei Heitmann die ganze Ära Richelieu mit einschließt und dadurch den Bezug zwischen Drama und Gegenwart verallgemeinert, dürfte noch aus einem anderen Grund zu weit gehen. Wie sehr auch die Römerstücke Corneilles die historische Konjunktur der Gegenwart repräsentieren mochten, sie waren nicht geeignet, die in einem bestimmten Jahr herrschende geschichtliche Situation zu reflektieren. Trotz aller Regulierung der römischen Geschichte im französischen Sinn war schwerlich an der grundlegenden Struktur der römischen Historie vorbeizukommen. Stegmann nennt Rom einen „Mikrokosmos der Universalgeschichte" (159), der *Historia universalis* also, die in der zeitgenössischen Historiografie, wie oben betont, zunehmend durch die *Historia particularis* abgelöst wurde. Das, was sich in den auf 1640 folgenden Jahren, ja während der gesamten Regierungszeit Richelieus ereignete, war partikulare Geschichte, zumal seit dem französischen Kriegseintritt von 1635, der den Übergang vom Theatrum Mundi zum Theatrum Europaeum markierte (2.4). Voltaire machte die historisch zutreffende Bemerkung, dass es im alten Rom nur um eine Nation, die römische, gegangen sei, es im 17. Jahrhundert aber mehrere gegeben habe. Frankreich sei nicht die einzige gewesen, sondern neben ihr habe eine ganze Anzahl anderer existiert (Mandrou 1976a,371). Davon ließ sich die Erwägung ableiten, jeder Vergleich Frankreichs mit dem antiken Rom müsse hinken.

Man wird daher den Rückgriff Corneilles auf Stoffe aus der römischen Geschichte besser als Versuch werten, eine repräsentative Grundlage für den Ruhm der französischen Könige zur Hand zu haben – für ihren Ruhm, nicht für ihre Kritik. Im übrigen ließe sich mit Cinnas eigenen Worten über den verdammenswerten *État populaire*, der nur den Tumult heraufbeschwöre, aus dem Stück auch eine Verteidigung der unnachsichtigen Bestrafungsaktion Richelieus in Rouen herausinterpretieren. Das Politische an Corneilles Theater ist nicht, dass er unmittelbar auf die Ereignisse eines bestimmten Jahres in einer bestimmten Stadt reagierte, das Politische an ihm ist, dass er ganz allgemein für die Generosität im Verhalten des *honnête homme* plädierte (cf.dagg.Couton,298ff). Da war es dann nicht auszuschließen, dass ein Stück wie der *Cinna* auch eine versteckte und dem Autor vielleicht selber verborgene Kritik an einer der ersten Personen des Staates enthalten konnte. Die Hauptfunktion des Theaters sollte das Lob der ersten Akteure, nicht deren Tadel sein.

Eine der anderen europäischen Nationen, von denen Voltaire gesprochen hatte, war England. Richelieu befürchtete offenbar, England könnte sich die Revolte in Rouen zunutze machen. „Die Gefahr, die überall groß gewesen wäre, war es dort (sc. in Rouen) mehr als anderswo, und zwar wegen der Nachbarschaft der Engländer, die stets darauf bedacht waren, von unseren Unruhen zu profitieren", heißt es in den Notizen des Corneille-Herausgebers zum *Cinna* (1862g,362). Der Aufstand in Rouen war mit der Verschwörung Cinnas nicht vergleichbar, da Cinna nicht auf die Hilfe einer auswärtigen Macht vertrauen konnte. Unter diesem Aspekt erschien die

Milde von Auguste seinem Verschwörer gegenüber zwar immer noch als generös, aber doch zugleich als ein Verhalten, das es mit der Generosität relativ leicht hatte. Es fehlten die Staaten, die es Auguste hätten schwer machen können, so einfach generös zu sein.

Richelieu und Ludwig XIII. waren in einer anderen, einer schwierigeren Lage, für deren Bewältigung die Vorgänge im *Cinna* keine Antwort gaben. Der von Couton erwähnte Krieg nach außen und innen stellte den französischen Hof vor Probleme, die erst dann mit Nachsicht seitens des Königs und seines ersten Ministers bewältigt wurden, als der letzte große innere Aufstand der Fronde gescheitert war. Die Amnestie der Verschwörer, die Mazarin aussprach, trug wesentlich zur definitiven Beseitigung des Bürgerkriegs in Frankreich bei und schuf die Voraussetzung für die vorläufige Beendigung des Kriegs nach außen, der bis dahin meist mit den inneren Unruhen zusammenhing (cf.Bourde,833f). Aus dem Pyrenäenfrieden mit Spanien von 1659 ging Frankreich gestärkt hervor. Die hegemoniale Stellung Spaniens auf dem europäischen Kontinent war endgültig beseitigt und auf die französische Monarchie übergegangen.

Ein Großteil der Härte Richelieus gegenüber den inneren Feinden erklärt sich denn auch daraus, dass die spanische Hegemonie zu seiner Zeit noch nicht gebrochen war. Das lag auch am Verhalten Englands. England hatte Spanien zwar mit dem Sieg über die Armada eine für dessen Stellung in Europa entscheidende Niederlage beigebracht, aber es hatte, zumal unter den Stuarts, diesen Sieg nicht zur Stärkung seiner eigenen Machtposition ausnutzen können. Vom Freundschaftsvertrag Jakobs I. mit Spanien (bald nach seiner Thronbesteigung) über die gescheiterten Heiratspläne seines Nachfolgers, Karls I., mit einer spanischen Prinzessin bis zu dessen Bündnisneigungen mit seinem Konkurrenten auf der iberischen Halbinsel – das Verhalten des englischen Königshauses ermöglichte es Spanien, den durch England selbst verursachten Hegemonieverlust wenigstens auf dem europäischen Kontinent bis in die Mitte des 17. Jahrhunderts hinauszuschieben. Solange diese Hegemonie nicht gebrochen war, war auch kein definitives Ende des Bürgerkriegs in Frankreich zu erwarten und umgekehrt: solange die Gefahr eines Bürgerkriegs nicht völlig beseitigt war, war auch kein definitives Ende des Kriegs mit Spanien und seinen Verbündeten zu erwarten. Mit seiner Unnachsichtigkeit im Umgang mit Verschwörern gegen das eigene Regime wollte Richelieu möglichst beiden Kriegen zugleich Einhalt gebieten:

dem inneren wie dem äußeren, da beide sich ständig zu vermischen drohten. Die Härte nach innen sollte dazu beitragen, nicht nur den inneren Frieden, sondern über die endgültige Schwächung Spaniens auch den äußeren Frieden herbeizuführen. Das Ziel der Politik Richelieus war die allgemeine europäische Friedenssicherung, sowohl nach innen wie nach außen. Damit steht nicht in Widerspruch, dass er den Hauptfeind Frankreichs in Spanien sah, – im „Maison d'Autriche", den beiden Häusern Österreich –, und dass er deren Übergewicht zugunsten Frankreichs einschränken wollte (cf.Engel,353).

Aus diesen Gründen dürfte Richelieu der *Cinna* nicht sonderlich gefallen haben. Im Jahr der Erstaufführung, 1640, konnte die Darstellung des milden Herrschers, Auguste, trotz des Verweises auf die römische Universalgeschichte partiell als heimliche Kritik an der Niederwerfung des Aufstands von Rouen verstanden werden. Richelieu musste das Stück um so weniger willkommen sein, als er bestrebt war, Ludwig XIII. von allzu nachsichtigem Umgang mit Verschwörern abzubringen. Auch wenn das Theater nurmehr der schönste Zeitvertreib des Hofes war, stand zu vermuten, dass der König sich das Drama Corneilles zu Herzen nahm und sich in seiner milden Haltung bestätigt fühlte.

3.2.2 RICHELIEUS STAATSRÄSON

In seinem *Politischen Testament,* das lediglich für den internen Gebrauch des Königs gedacht war, setzte sich Richelieu mit den Staatsverbrechen, deren mitleidlose Bestrafung er forderte, auseinander. Er unterschied dabei zwischen beabsichtigten und unbeabsichtigten Verbrechen. „Ich spreche von Dingen, die den Staat nach einem wohlüberlegten Plan verletzen und nicht von solchen, die durch Zufall und Missgeschick passieren und in denen die Fürsten (princes) oft Nachsicht walten lassen können und müssen. Wenn es eine lobenswerte Tat ist, in letzterem Fall zu verzeihen, so ist es eine kriminelle Unterlassung, ein folgenreiches Vergehen, dessen Straffreiheit die Tür zu weitergehenden Verbrechen öffnet, nicht zu sühnen" (339;cf.Dickmann,266). Richelieu verwarf demnach nicht jede Form von Milde, er verwarf sie nur in den Fällen, hinter denen ein ausgeprägter Wille zur Verletzung des Staates erkennbar wurde. Er glaubte, seine Auffassung durch die Erfahrung der Zeit zwischen dem Mord an Heinrich IV. und dem Beginn des eigenen Ministeramts gerechtfertigt zu sehen, einer Zeit, in der der innere Frieden erst wegen Minderjährigkeit, dann wegen zu großer Nachgiebigkeit Ludwigs XIII. bedroht war. Der König hätte nie eine angemessene Strafe ausgesprochen. Die Passage ließ sich sinngemäß auch auf die Vorgänge in Rouen beziehen, bei denen das Parlament offenbar erst durch die Freilassung der Verhafteten die Revolte richtig in Gang brachte.

Nachsicht gegenüber absichtsvollen Staatsverbrechen nannte Richelieu eine falsche Milde, „une fausse clémence". Von ihr riet er dem König ab. „Ich habe es Eurer Majestät oft vorgehalten und bitte sie noch einmal dringend, sich dessen sorgsam zu erinnern, dass, so wie es eine Menge Fürsten gibt, die von der Strenge (sévérité) abgebracht werden müssen, damit sie die Grausamkeit, auf die sie durch Neigung (inclination) verfallen, vermeiden, Eure Majestät von einer falschen Milde abgelenkt werden muss, die gefährlicher ist als die Grausamkeit selbst, da ja die Straffreiheit zu so viel Verbrechen Anlass gibt, dass man sie nicht anders verhindern kann als durch die Züchtigung" (341).

Das entscheidende Wort in diesem Zusammenhang ist die „Neigung" des Fürsten zur Grausamkeit. Dem Fürsten durfte so wenig erlaubt sein, aus Neigung grausam und streng, wie aus Neigung milde zu sein, d.h. Staatsverbrechen unbestraft zu lassen, wobei im Zweifelsfall die Straffreiheit, da sie weitere Verbrechen nach sich zog, für schlimmer erachtet wurde als die Grausamkeit. Insgesamt aber sollte der Fürst möglichst überhaupt keinen Neigungen folgen. Neigungen waren nicht von der Vernunft gelenkt, sie waren halbe Leidenschaften. Wenn der Fürst streng sein wollte, sollte er es nicht aus Neigung, sondern aus vernünftiger Einsicht in den Gang der Staatsgeschäfte sein. Richelieu appellierte an die Vernunft des Königs. Er wollte ihn in einem bestimmten Sinn zur Räson bringen. Diese Räson war nichts anderes als die Staatsräson.

Des öfteren – so auch hier – griff Richelieu mit Nachdruck auf Worte zurück, die für das Theater Corneilles charakteristisch sind. „(...) die Straffreiheit, die in Frankreich bislang (jusqu'à présent) sehr verbreitet war, ist der einzige Grund, weshalb die Ordnung und die Regel (l'ordre et la règle) hier niemals einen Platz gehabt haben" (341). Einer der obersten Regierungsgrundsätze Richelieus bestand darin, die inneren und äußeren Verhältnisse zu regulieren. Das erste allgemeine Prinzip einer glücklichen Staatslenkung sollte die Herrschaft Gottes sein (321ff), das zweite die Herrschaft der Räson. „Die Regel und das Verhalten (la règle et la conduite) eines Staates muss die

Räson sein" (325). Das Wort *Regel* in den Staatsmaximen Richelieus hat nichts mit der Auffassung zu tun, die in dem heute üblich gewordenen Sprachgebrauch zum Ausdruck kommt. Richelieu meinte nicht, dass der Staat in der Regel von der Räson geleitet werden müsse, er meinte vielmehr, dass die Räson das Regulierungs- und Verhaltensprinzip des Staates zu sein hätte. Mit anderen Worten, die Räson war in dem Sinn die Regel, als die Regel in der Räson aufging. Die Räson war ein Regel-, d.h. Regierungsprinzip, welches das Verhalten des Staates leitete.

In der Sprache Richelieus nahm die Verwendung des Wortes *Regel* den ganzen Umfang an, den Corneille ihm in seinen Dramen beilegte. Das wird durch die Nachbarschaft von „la règle" und „la conduite" bestätigt. „La conduite" bezeichnete kein neben der Regel für sich bestehendes Verhalten, sondern war als eine Verstärkung oder eine Erläuterung der Regel gedacht, die ihrerseits auf eine Regulierung des Verhaltens zielte. Mit dem „Verhalten des Staates" war vor allem die Person des Königs als Repräsentant des Staatskörpers angesprochen. Man kann sagen, dass, wie Corneille als Dramaturg mit der Souveränität seiner Königsfiguren kämpfte, so Richelieu als erster Minister mit der Souveränität Ludwigs XIII. Der König war erst dann ein Souverän, wenn er sich regelgemäß, das heißt vernünftig verhielt. „Wenn der Mensch in souveräner Weise vernünftig ist (si l'homme est souverainement raisonnable), muss er die Vernunft souverän regieren lassen (il doit souverainement faire régner la raison)" (325).

Die Vernunft war mit der Leidenschaft unvereinbar, sie war geradezu ihr Gegenbegriff. „Wenn es wahr ist, dass die Vernunft die Fackel (le flambeau) ist, die die Fürsten in ihrem Verhalten und in dem ihrer Staaten erleuchtet (éclaire), dann ist es ebenso wahr, dass, da nichts auf der Welt sich weniger mit dem Verhalten aus Leidenschaft (passion) verträgt (compâtisse) als die Vernunft, ein Fürst unbedingt vermeiden muss, nach einem solchen Prinzip zu handeln. Die Leidenschaft macht so blind, dass sie einen manchmal den Schatten für den Körper nehmen lässt" (326).

Die Räson verträgt sich nicht mit der Passion, sagt Richelieu. Für „vertragen" verwendet er das Wort „compâtir", sodass man die Stelle wörtlich auch so übersetzen könnte: Mit nichts hat die Vernunft weniger Mitleid als mit der Leidenschaft. Eigentlich hat sie daher gar kein Mitleid. Die Räson verträgt sich nur mit der Räson, und dabei ist das Mitleid überflüssig.

Das Bild Richelieus wäre unscharf, wollte man sein Werben für ein mitleidloses Verhalten des Souveräns ausschließlich mit den Ermahnungen zu größerer Härte im Umgang mit Verschwörern gegen den Staat assoziieren. Zwar steht das Eintreten des Kardinals für die harte Bestrafung von Staatsverbrechen mit der Mitleidlosigkeit in engem Zusammenhang, aber diese Mitleidlosigkeit ist mit der Eiseskälte eines modernen Gefühlsmenschen nicht zu verwechseln. Die Mitleidlosigkeit des Kardinals war nicht die Konsequenz einer historisch erst später möglich gewordenen Mischung aus Gefühl und Härte. Gefühle waren nicht beteiligt. Richelieu warb vielmehr für ein Verhalten, das gefühllos sein sollte, seine Mitleidlosigkeit war, genauer, eine Passionslosigkeit. Deshalb folgte daraus auch keineswegs ein totales Regierungsprinzip mit Zwang zu absolutem Gehorsam. Richelieu ließ sich darin ganz anders vernehmen. „Die Autorität zwingt zum Gehorsam, aber die Vernunft überredet dazu (l'autorité contraint à l'obéissance, mais la raison y persuade). Es ist sehr viel dienlicher, die Menschen mit Mitteln zu führen (conduire), die unmerklich (insensiblement) ihren Willen gewinnen, als mit solchen, die sie meistens nur zum Handeln veranlassen, solange man sie zwingt" (326).

Die Untertanen ließen sich von dem Minister oder König indes nur dann unmerklich leiten, wenn die Logik der Staatsräson geheimblieb und sich möglichst rasch in die Tat umsetzte. „Das ist es, was mich zwingt, an dieser Stelle vom Geheimnis und von der Eile zu reden. Sie sind so notwendige Voraussetzungen für einen guten Erfolg in den Staatsgeschäften, dass sie von nichts anderem übertroffen werden können" (328) Zur Bekräftigung dieser Aussage und gleichsam, um den König, für den ja alle diese Überlegungen bestimmt waren, an die Höhepunkte eines Amüsements, das zum schönsten Zeitvertreib des Hofes geworden war, zu erinnern, fügte Richelieu hinzu: „Außer dass dies die Erfahrung belegt, hat es die klaren Vernunftgründe für sich (la raison est évidente), denn was einen überrascht, erstaunt einen gewöhnlich in der Weise (vu ce qui surprend étonne d'ordinaire), dass es einen oft der Widerstandsmittel beraubt, während die langsame Ausführung eines Plans und dessen offene Erörterung dasselbe ist wie von einer Sache reden, sie aber nicht tun" (328).

In knappen Sätzen erläuterte Richelieu dem König das, was man die klassische *Form* der Politik nennen könnte. Auch Corneille wollte mit seinen Überraschungen im Publikum ein leidenschaftsloses Erstaunen hervorrufen, und er rief es hervor. Den Surprisen folgte eine ebenso mitleidlose Bewunderung des Auditoriums. Sie galt den gleichen Figuren, die Richelieu zitierte, nämlich dem König und den anderen ersten Akteuren – mit dem Unterschied, dass der Kardinal von der Realität handelte, während Corneille sie nur porträtierte und in seinem Porträt von idealen Vereinfachungen ausging, die Richelieu nicht gestattet waren. Wegen dieser nicht zu übersehenden Differenz ginge es zu weit, von einer klassischen *Dramaturgie* der Politik Richelieus zu sprechen und ihn für einen Corneilleschen Akteur, nur nicht auf dem französischen Theater, sondern auf der Bühne des französischen Lebens zu halten. Diese Vorstellung begann ja im Laufe des 17. Jahrhunderts, wie in 2.4 beschrieben, langsam zu verblassen. Richelieu war kein Regent im Theatrum Mundi, sondern erster Minister des Königs von Frankreich im Theatrum Europaeum.

Wie, um auf diesen Unterschied aufmerksam zu machen und sein Räsonnement zu krönen, kam der Kardinal zum Schluss des Kapitels über die „Raison d'État" auf die Frauen zu sprechen, vor deren Einsatz in der Administration des Staates er seinen König warnte, „(...) die Schwäche ihres Geschlechts ist der Grund für Ungerechtigkeit und Grausamkeit ihrer Regierung, deren wahre Quelle die Unregelmäßigkeit ihrer Leidenschaften ist. Sie nehmen bei ihnen den Platz der Vernunft ein (le dérèglement de leurs passions, qui leur tient lieu de raison)" (329).

Der Herausgeber des *Politischen Testaments* (Pariser Edition von 1947), Louis André, notierte an dieser Stelle die Frage: „Will Richelieu mit Ungerechtigkeit und Grausamkeit die Regierung der Elisabeth von England charakterisieren?" (329,Anm.l) Gesetzt, die Vermutung Andrés wäre richtig, so hätte Richelieu vielleicht die Turbulenzen ihrer letzten Regierungsjahre zu Beginn des 17. Jahrhunderts gemeint und bei aller mangelnden Würdigung ihres sonstigen Regierungsstils wenigstens die Ereignisse um die Verschwörung und Hinrichtung von Essex richtig getroffen. Sich als Königin einen Favoriten wie Essex zu halten, wäre nach Richelieu fast einem Staatsverbrechen gleichgekommen (cf.361f). Im seinem Tadel an den Passionen von Königinnen zeichnete sich wie in einem Negativ jene neue Form spezieller Europapolitik ab, die jedes Dérèglement als Verstoß gegen die Regelgemäßheit der staatlichen Konduite verstand.

Die Regel war der Inbegriff der Staatsräson. Gerade im häufigen Verweis auf sie ist die Ähnlichkeit des *Politischen Testaments* von Richelieu mit dem poetischen Drama Corneilles zu erkennen. Das französische Theater schien prinzipiell geeignet, ein privilegierter Ort jener Einübung formalen, zwanglosen Gehorsams zu sein, der auf die Kunst regelgebundener Überredung setzte.

Dass damit nicht von vornherein die Stücke Corneilles gemeint sein mussten, ging schon aus der lebhaften Kritik der Academie Française am *Cid* hervor (3.l). Mangels anderer bedeutender Dramaturgen hatte sich Richelieu jedoch mit ihm zu arrangieren, zumal das Publikum ihn liebte. Man weiß aber, dass der Kardinal nicht nur der Gründer der Akademie gewesen ist, sondern auch deren Kritik am *Cid* voll unterstützte. Die Gründung der Akademie erfolgte 1635, im Jahr des französischen Kriegseintritts, der *Cid* wurde 1636 zum ersten Mal gegeben, die Kritik der Akademie erschien ein Jahr darauf. Auf ungefähr dieselbe Zeit wird auch die Arbeit Richelieus am *Politischen Testament* datiert, sodass die Passage über die Passion der Frauen auch als ein heimlicher Querverweis auf die Kritik der Akademie an Chimènes zu leidenschaftlicher Liebe, die sie die Pflichten gegenüber dem von Rodrigue ermordeten Vater vergessen ließ, verstanden werden könnte.

Entsprechend lässt die Stelle aus dem *Politischen Testament* über die zu große Grausamkeit mancher Prinzen, die abgemildert gehöre, einen Seitenblick auf die Kritik der Akademie an Rodrigues zu großer Pflichtversessenheit zu. Sein Mord am Vater der eigenen Geliebten gehorchte ihr zufolge einer zu grausamen Pflichtauffassung. Da eine weniger drastische Aktion genügt hätte, war sein Verhalten nicht schicklich, nicht regelgemäß. Rodrigue hatte, mit einem Wort, noch nicht genügend Räson, um als vollendet zivilisierter *honnête homme* angesehen werden zu können.

Der Einschätzung des *Cid* durch die Academie Française fehlte jedoch ein Aspekt, der Richelieu besonders beschäftigte. Es war Fontenelle, der ihn in seiner *Vie de M. Corneille* mitteilte. „Als der *Cid* erschien, war der Kardinal so beunruhigt (alarmé), als hätte er die Spanier vor Paris gesehen" (zit.v.Hrsg.in den *Notizen zum Cid,*Corneille 1862f,16). Bei diesen Worten fühlt man sich an das Vorwort von Ortelius zu seinem *Theatrum Orbis Terrarum* von 1570 erinnert, in welchem er die Geografie als Auge der Geschichte bezeichnet. Die Leser, besonders aber der spanische König Philipp II., dem das Werk gewidmet ist, würden beim Anblick der einzelnen Landkarten die Historien, die sich in den Ländern ereignet hätten, so wahrnehmen, als fänden sie gegenwärtig statt.

Der Fiktion des Ortelius lag noch die dem Vorstellungskreis des Welttheaters angehörende Auffassung des *Theatrum Historiae* zugrunde (2.4). Hatte sich diese also doch noch bis in die französische Klassik fortgesetzt? War das Porträt, das Corneille im *Cid* entwarf, von der Realität, die es so genau abbilden wollte, am Ende doch weniger entfernt als hier angenommen wurde, sodass die Spanier auf der Bühne mühelos mit spanischen Truppen vor Paris verwechselt werden konnten? Und war Richelieu in seinem politischen Bewusstsein der englischen Königin, die sich durch eine Aufführung von Shakespeares *Richard II.* so beunruhigt gezeigt hatte, schließlich doch näher, als es seine verschlüsselte Kritik an ihr wahrhaben wollte? War der *Cid* Corneilles ein dem englischen so verwandtes Kriegstheater, dass der französische König bei der Aufführung des Stücks um seinen Thron bangen musste?

Behält man den Blick frei, erstens für die Übergänge zwischen Theatrum Mundi und Theatrum Europaeum, die sich bereits im Präsenzcharakter des Werkes von Ortelius abzuzeichnen begannen, zweitens für die Gleichzeitigkeit der Kriegs- und Theaterereignisse, so kann man die Fragen vorsichtig verneinen, ohne dem Kardinal eine übertriebene Reaktion vorhalten zu müssen.

Wie er ein paar Jahre später gute Gründe gehabt haben dürfte, der dramaturgischen Lösung im *Cinna* zu misstrauen, obschon er sich an dessen Regelgemäßheit hätte erfreuen können, so hatte er auch jetzt gute Gründe, durch den *Cid* alarmiert zu sein. Die Gründe von 1640 waren nicht wesentlich andere als die von 1636. Es ging letztlich beide Male um den Krieg gegen Spanien, gegen das Haus Habsburg: das eine Mal, 1640, indirekt, – gegen England, Spaniens möglichen Verbündeten, der die Unruhen in Rouen hätte ausnützen können –, das andere Mal, vier Jahre früher, direkt. Tatsächlich standen die Spanier seit Frankreichs Kriegseintritt, der gerade ein Jahr zuvor erfolgt war, nie so dicht vor Paris wie 1636. Sie hatten längst Corbie, das in der Nähe von Amiens, an der Nordgrenze Frankreichs, lag, eingenommen, hatten die Somme überschritten und „das Land bis an die Oise mit Verwüstung (erfüllt)", wie Ranke in seiner *Französischen Geschichte* berichtet (63). „Der Schrecken erreichte Paris, wo viele auch deshalb in dringender Gefahr zu sein meinten, weil eben ein Teil der Befestigungen der Stadt durch den Kardinal, der des Platzes zu seinen Bauten bedurfte, niedergerissen war. Man gab ihm schuld, daß sein Ehrgeiz den Feind herbeirufe und seine Prachtliebe die Verteidigung unmöglich mache" (Ranke, 63).

Angesichts der Situation in der französischen Hauptstadt war die Reaktion Richelieus auf den *Cid* durchaus verständlich. Ranke fügte in seine Berichterstattung von den Ereignissen eine Anekdote ein, die erzählt, dass „der Kardinal, in dieser Verwirrung selbst erschüttert, nur durch die Einreden des Pater Joseph seine ruhige Haltung wiedergewonnen" hätte (63). Pater Joseph war der Mann, dem Richelieu die wichtigsten Geschäfte anvertraute, der aber eindeutig von ihm dominiert wurde. Ranke setzt denn auch hinzu: „Ich finde das nicht so glaubwürdig überliefert, daß ich es wiederholen möchte", schließt aber folgende Erwägung an: „Wohl ist es gewiß, daß die Spanier gerade ihm (sc.Richelieu) zu Leibe gehen wollten. In ihrem Manifest rufen sie die Antipathien gegen den Ehrgeizigen auf, der den Ketzern Geld gebe und sein eigenes Land dadurch in Armut stürze. Mußte aber nicht, wenn es ein Nationalgefühl im Lande gab, ein solcher Angriff ihn gerade fester stellen als bisher? (…) Jetzt war nicht mehr an eine Empörung im Sinne der eindringenden Feinde, wie einst in den Zeiten der Ligue, zu denken; die genealogischen und religiösen Sympathien hatten die alte Kraft nicht mehr; unter den Großen selbst gab es keinen, der das Haupt hätte erheben können" (63).

Rankes Vermutung, die Situation des Kardinals sei in der Anekdote übertrieben worden, scheint richtig zu sein. Schwächt man die Rede vom „Nationalgefühl im Lande" ab und setzt dafür, um die Verwechslung mit entsprechenden Gefühlen im 19. Jahrhundert auszuschließen, das Staatsgefühl oder besser noch das Staatsinteresse ein, so wird man auch Rankes Darstellung der Lage Frankreichs ungefähr akzeptieren können. Die Spanier fielen nicht in Paris ein, sie beschränkten sich auf Grenzbefestigungen, es kam zu keinem „entscheidenden Kampf im Felde". Corbie wurde sogar von den Franzosen zurückerobert. Der König selbst führte die Belagerung zu einem glücklichen Ende (63ff).

In einem Punkt aber könnte Ranke untertrieben haben. Wenn man ihm auch darin folgen möchte, dass Richelieu zur Beruhigung seiner selbst nicht auf die Hilfe des Père Joseph angewiesen war, so blieb er doch bis zu seinem Tod verschwörerischen Umtrieben ausgesetzt, die nicht nur ihn, sondern seiner Machtposition wegen auch den König und damit den ganzen Staat bedrohten. Alarmiert durfte er also sein, auch durch den *Cid*, der vor der Wiedereroberung von Corbie erschienen war. Trotzdem herrschten im französischen Theater keine englischen Zustände. Obwohl die Situation in Paris nicht ungefährlich war, war sie doch weniger gefährlich als im London der letzten Jahre Elisabethanischer Herrschaft. Ludwig XIII. musste als Zuschauer des *Cid* nicht wie Elisabeth als Zuschauerin *Richards II.* um seinen Thron zittern und Richelieu nicht um seine eigene Stellung als Minister am französischen Hof. Der *Cid* brauchte auch nicht, wie Shakespeares Stück, verboten zu werden, da ihm die dramatische Brisanz fehlte. Corneilles Stück war der Charme von Paris, und auch der Kardinal wird sich ihm, so wenig wie die Akademie, ganz entzogen haben können.

Im übrigen war Richelieus Alarmzustand durchaus nicht nur darauf zurückzuführen, dass er angesichts der Spanier auf der Bühne wähnte, die spanischen Truppen vor den Toren von Paris zu sehen, sondern auch darauf, dass ihm in Corneille ein großer, auf dem Feld des Theaters zu großer Konkurrent herangewachsen war. Richelieu schrieb ebenfalls Theaterstücke, ja, er war der erste Politiker nach Machiavelli, der Komödien verfasste, und diese Tatsache lässt die schönsten Rückschlüsse zu. Seine Stücke hatten aber nicht entfernt das Echo im Publikum, das Corneilles Dramen fanden. Die Beunruhigung des Kardinals setzte sich folglich aus einer Mischung von Besorgnissen zusammen, die sich treffend in den schon genannten *Notizen zum Cid* ausgedrückt finden: „Er (sc.Richelieu) war in jeder Hinsicht verletzt (froissé), und die Eitelkeit des Poeten hatte ebenso zu leiden wie die Reizbarkeit des Politikers (les susceptibilités de l'homme politique)" (Corneille 1862f,16). Der *Cid* wurde außerdem in seinem eigenen Palais gespielt, dem Palais Cardinal, alias Palais Royal, in das Richelieu für viel Geld ein eigenes prächtiges Theater hatte einbauen lassen. Es wurde mit einer italienischen Maschinerie ausgerüstet, – der besten, die damals in Paris verfügbar war –, und trug den Namen des Hausherrn: Théâtre de Richelieu. Der Umbau erfolgte allerdings erst nach dem Erscheinen des *Cid*.

Schon vor dem *Cid* hatte Richelieu jedoch für die Belebung des französischen Theaters gesorgt. Und zwar stellte er eine Gruppe von fünf Autoren zusammen, – unter ihnen eine Zeit lang Corneille selber –, die jeden Monat ein fünfaktiges Drama produzieren sollte, jeder Autor jeweils einen Akt. Die Produktionen waren erfolgreich, nur nicht so, wie Corneilles eigene Stücke. Er verließ die Gruppe denn auch bald und brillierte allein – zum Beispiel mit dem *Cid*.

Die Kenntnis dieser Vorgänge ist wichtig, um Größe und Art der Beunruhigung Richelieus annähernd genau einschätzen zu können.

Wichtig ist auch zu wissen, dass Richelieu sich köstlich amüsierte, wenn Boisrobert in Gegenwart des Kardinals Spottverse auf den *Cid* vortragen ließ, wobei die Verse von Dienern gesprochen wurden (Corneille 1862f,17). Boisrobert war eines der Mitglieder der Akademie und derjenige, der Richelieu überhaupt auf den schon früher zusammengekommenen Autorenkreis aufmerksam gemacht hatte. Wichtig ist dieses Detail nicht nur deshalb, weil das Amüsement den Neid des Kardinals in angenehmere Bahnen lenkte, sondern auch, weil es die Tragikomik der Stücke Corneilles bestätigte. Der Spott war das Salz des literarischen Disputs, den die Academie Française in glänzender Form beherrschte. Er gehörte zu dem von ihr propagierten Bereich „zivilisierter Kriegsführung", bei der nicht Blut, sondern Tinte fließen sollte.

Auch das Amüsement jedoch, bzw. der Neid, der ihm vorausging, war nur die eine Seite der Beunruhigung Richelieus. Richelieu war zwar, wie eingebildet immer, ein Poet, doch vorwiegend war er Politiker, und diese beiden kamen trotz aller Nachbarschaft, die sie im 17. Jahrhundert eingingen, so wenig zur Deckung wie das Porträt Corneilles mit der Realität. Die Waagschale schlüge zu sehr zugunsten des Poeten aus, wenn man die Situation Richelieus als Zuschauer des *Cid* für tragikomisch hielte. Sie mochte Spuren der Tragikomik aufweisen, aber die Lage war doch andererseits für Richelieu auch wieder viel zu ernst, als dass sie darin allein hätte aufgehen können. Es stand durchaus nicht nur die Tinte, sondern reelles Blut auf dem Spiel. Das Blut wurde zur betreffenden Zeit im Norden Frankreichs auch real vergossen und nicht nur dort, auch nicht nur im Jahre 1636. Frankreich konnte sich zwar aus dem Dreißigjährigen Krieg weitgehend heraushalten, und dies vornehmlich durch die Politik des Kardinals, aber paradoxerweise nur um den Preis, irgendwann doch an ihm teilnehmen zu müssen. Dieser Zeitpunkt war bereits gekommen, und die Reaktionen auf den *Cid,* nicht nur die Richelieus, auch die anderer einflussreicher Personen am französischen Hof, brachten dieses Paradox fast zu sinnlicher Anschauung.

Im Gegensatz zum Kardinal hatte man am französischen Hof den *Cid* mit uneingeschränkter Begeisterung aufgenommen. Bei genauerer Betrachtung der Begeisterung fällt auf, dass ihr Beweggrund ebenfalls nicht zuerst im Stück, sondern außerhalb, in der Realität, zu suchen war. Es kam schon sehr darauf an, welche Person den *Cid* sah und welchen Geblüts sie war. So ist von der Königin Anna folgendes bezeugt. „Anna von Österreich, die glücklich war, die Leidenschaften und die Charaktere des ihr teuren Spaniens mit so viel Könnerschaft (génie) reproduziert und mit so viel Wärme aufgenommen zu sehen, war entschlossen, dem Poeten, der sie so bezaubert hatte, einen auffälligen Beweis ihrer Billigung (approbation) zu geben" (1862f,15). Corneille sollte in den Adelsstand erhoben werden.

Auf Richelieu konnte die Reaktion der Königin nicht besänftigend wirken. Sie musste ihn, im Gegenteil, noch unruhiger machen. Die Tatsache, eine Österreicherin so dicht am Herzen der Macht zu wissen, zeigte, wie delikat seine Situation und die Frankreichs wirklich war, auch wenn sich der König selbst bis dahin keiner besonderen Spanienfreundlichkeit verdächtig gemacht hatte. Er war gegen Einreden von interessierter Seite jedoch nie gefeit.

So schien die Aufführung des *Cid* die spanische Fraktion am französischen Hof zu stärken und die Macht Frankreichs zu lähmen, sich gegen Spanien zu behaupten und durchzusetzen. Von dieser Fraktion hatte Richelieu nichts Gutes zu erwarten, da seine antispanische Haltung die prospanisch Gesinnten schon in der Vergangenheit zu Verschwörungen und Unruhen hingerissen hatte. Sie zielten auf seinen Sturz. Zwar herrschte seit der Hinrichtung des Herzogs von Montmorency im Jahre 1632 eine gewisse Ruhe in dieser Hinsicht, weil die einflussreichsten Prospanier am Hof, Maria di Medici, die Mutter Ludwigs XIII. und Gaston, sein Bruder, ins Ausland geflüchtet waren, aber die Gefahr neuer Unruhen musste in dem Maße zunehmen, wie Frankreichs Stellung nach außen geschwächt wurde.

Diese Schwächung war spätestens im Jahre 1634 eingetreten, als die schwedischen Truppen von den Kaiserlichen in der Schlacht bei Nördlingen geschlagen wurden. Wie aus einem Brief Ludwigs XIII. an Richelieu hervorgeht, riet der König schon in diesem Jahr zum offenen Krieg gegen Spanien, weil er glaubte, einem möglichen Angriff der Spanier, die die Schwäche Frankreichs ausnutzen würden, zuvorkommen zu können. An erster Stelle seiner Begründung für den Kriegseintritt stand die Befürchtung, seine zwei Jahre zuvor außer Landes geflohene Mutter und sein ebenfalls flüchtiger Bruder könnten sich mit den Spaniern verbünden, indem sie ihnen, offen oder heimlich, spanische Truppen überließen (Ludwig III.,18ff). An zweiter Stelle verwies er auf die fortgesetzten Bemühungen der Spanier, mit England einen Bündnisvertrag gegen Frankreich abzuschließen, dem Karl I., der englische König, entgegen dem Willen der öffentlichen

Meinung und des Parlaments seines Landes, offenbar wohlwollend gegenüberstand (19, Anm.1 der Bearbeiter).

Der Eintritt Frankreichs in den Dreißigjährigen Krieg erfolgte in dem Jahr darauf. Es ist erwiesen, dass Richelieu zwar die von Ludwig XIII. gegebene Einschätzung ablehnte und dadurch den Kriegseintritt Frankreichs hinauszögerte, ja, dass er auch noch 1635 bestrebt blieb, allein den König für die endgültige Entscheidung verantwortlich zu machen, dass aber auch er selber schließlich von der Notwendigkeit eines nunmehr offen gegen Spanien zu führenden Kriegs überzeugt war (Dickmann,317f).

Die Haltung Richelieus und der relativ späte Kriegseintritt, der damit zusammenhängt, zeigen, wie weit Frankreich den Religionskrieg bereits hinter sich gelassen hatte und wie sehr es dazu prädestiniert war, seine in diesen Krieg verstrickten europäischen Nachbarn zu überflügeln. Die Haltung Richelieus zeigt außerdem politische Kontur. Gemessen an den poetischen Porträts von Corneille mag man das bezweifeln. Wenn das Politische an einem Drama wie *Cinna* vorzugsweise in der Milde des Auguste bestehen soll, wie hier behauptet wurde (3.1), dann scheinen die strengen Bestrafungen, mit denen Richelieu Verschwörungen unterdrückte, nicht gleichfalls den Rang politischen Verhaltens in Anspruch nehmen zu können. Berücksichtigt man jedoch die, – gemessen an den spanischen und römischen Verhältnissen in Corneilles Stücken –, kompliziertere Realität des französischen Staates während des Dreißigjährigen Kriegs, so lassen sich die ministeriellen Bemühungen Richelieus auf die selbe Amnestiebewegung im 16. Jahrhundert zurückführen, die auch auf das Werk von Corneille bestimmend gewirkt haben muss und in der sich der für das 17. Jahrhundert typisch werdende Begriff des Politischen neu formiert hatte.

Selbst der Kriegseintritt von 1635, der die negativen Konsequenzen der Schwächung Frankreichs auffangen sollte, lässt sich so verstehen. Diese Schwächung war durch die Niederlage der schwedischen Truppen in Deutschland eingetreten, d.h. durch die Niederlage eines protestantischen Staates, der für seinen Krieg gegen das katholische Haus Habsburg von den Franzosen hohe Subsidien bezog. Die neue Dimension der Ereignisse lag darin, dass eine katholische Macht wie Frankreich daraufhin nicht bloß geheim, sondern öffentlich an die Seite einer protestantischen Macht, an die Seite also von „Ketzern", trat und Spanien, dem bis dahin bedeutendsten katholischen Staat, öffentlich den Krieg erklärte. Um aber in offene Bündnisse zwischen

Staaten unterschiedlicher Religionsausübung einzutreten, musste eine Art äußerer Amnestie vorangegangen sein. Auch die Staaten begannen nun, die unterschiedlichen Konfessionen, denen sie angehörten, zu vergessen, und Frankreich war unter Richelieu darin führend geworden.

3.2.3 ROHANS VERSTELLUNGSKUNST

Aber basierte diese Amnestie nach außen nicht auf ihrem krassen Gegenteil im Innern des Landes, waren nicht, wenn das Vergessen religiöser Differenzen als wesentliches Element in den Begriff des Politischen eingehen sollte, ausschließlich die Handlungen gegenüber anderen Staaten im definitorischen Sinn politische, sodass es definitionsgemäß wohl eine Außenpolitik des Kardinals, doch keine Innenpolitik gegeben hätte? Die erfolgreiche Belagerung der Festung La Rochelle im Jahre 1628, der wichtigsten Festung der Hugenotten in Frankreich, und der Gnadenfrieden von Alais im Jahre 1629 sprechen auf den ersten Blick für diese Ansicht. Die Hugenotten verloren ihre militärischen Vorrechte, und ihr Anführer, der Herzog Henri de Rohan, musste außer Landes gehen. Sie blieben künftig jener Stellung beraubt, die ihnen durch die Milde König Heinrichs IV. und als Ergebnis jahrzehntelangen religiösen Bürgerkriegs in Frankreich zugefallen war.

Die Bündnisse Frankreichs mit den protestantischen deutschen Kurfürsten und mit den Schweden unter Gustav Adolf sind indes erst nach einer Befriedung der Protestanten im Innern möglich geworden, wofür die Einnahme von La Rochelle die notwendige Voraussetzung war. So wenig Richelieu katholische Verschwörer dulden konnte, da sie Spanien sofort die Handhabe zum indirekten oder direkten Eingriff in die französischen Machtverhältnisse geliefert hätten, so wenig konnte er protestantische Verschwörer dulden, da sie ebenfalls von Spanien unterstützt wurden und zudem die zur Austarierung der Machtbalance in Europa nötigen Bündnisse mit den protestantischen Staaten gefährdet hätten. Andererseits musste ihm gerade wegen solcher Bündnisambitionen an einer Versöhnung mit den Protestanten im Innern gelegen sein. Die Einnahme von La Rochelle war denn auch beides: Sie führte zwar zur Abschaffung der Vorrechte der Hugenotten, sicherte ihnen aber die weitere Religionsausübung zu. Auf den zweiten Blick verletzte der Erfolg von 1629 den neuen Begriff des Politischen nicht, er war vielmehr die notwendige innenpolitische Voraussetzung für die neuen außenpolitischen Aktionen.

So dürfte Richelieu in seinem *Testament* nicht übertrieben haben, als er auf die obigen Ereignisse anspielte und seinem König folgendes Lob spendete: „Sie (sc.Ihre Majestät) hat durch ihre Entschlossenheit (fermeté) den Rest der Hugenottenpartei ihres Königreichs zum Gehorsam zurückgebracht und durch ihre Milde (clémence) denen den Frieden gegeben, die gewagt hatten, gegen sie Krieg zu führen, und sie tat dies, ohne ihnen jene für den Staat schädlichen Vorteile aus der Vergangenheit zu gewähren, sondern indem sie den, der das Haupt dieser unglücklichen Partei war und der sie immer zur Zwietracht angestiftet hatte, aus dem Königreich jagte" (107).

Mit dem „Haupt dieser unglücklichen Partei" war der schon genannte Rohan gemeint. Der zog sich zunächst nach Venedig zurück, trat aber bald danach in die Dienste des Kardinals ein und verließ sie bis zu seinem Tod im Jahre 1638 nicht wieder. Der Fall Rohan war ein sichtbarer Beleg dafür, dass Richelieu in seinem Lob auf Ludwig XIII. nicht nur nicht übertrieben, sondern auch die richtigen Worte gewählt hatte. Denn nicht der *clémence* allein, wie sie später im *Cinna* Corneilles poetisch konzipiert wurde, war die erfolgreiche Beschneidung der Vorrechte der Hugenotten zuzurechnen, sondern der *clémence* in Verbindung mit der *fermeté,* d.h. in Verbindung mit der Belagerung der Festung La Rochelle. Wäre sie samt den anderen innerfranzösischen Festungen stehengeblieben, dann hätte von ihnen aus, also aus dem Innern des französischen Königreichs, der Kampf der Spanier gegen die Franzosen vermutlich eine noch größere Unterstützung bekommen. So aber wurde Rohan für den Kampf der Franzosen gegen die Spanier gewonnen, und wenn er auch selber bei der siegreichen Belagerung des von den Spaniern zur Zeit der Aufführungen des *Cid* besetzten Corbie nicht beteiligt gewesen zu sein schien, ist er doch, so oft es der ihm immer wieder misstrauende Richelieu erlaubte, als militärischer Führer französischer Truppen gegen die Spanier zu Felde gezogen, zumal nach 1635, dem Jahr des offenen Eintritts Frankreichs in den Dreißigjährigen Krieg (Meinecke,193f).

Der Fall des Herzogs von Rohan bedarf einer eingehenderen Erörterung, weil in ihm nicht nur die Wirkung der Politik Richelieus besonders markant zum Ausdruck kommt, sondern auch das, was man ihren verborgenen Kern nennen könnte: anhaltende Verstellung. Meinecke, der in seiner Abhandlung über die *Idee der Staatsräson* Rohan einen ausführlichen Abschnitt widmet, hat den Positionswechsel des Herzogs von einem der gefährlichsten Opponenten Richelieus zu einem seiner verlässlichsten Anhänger mit diesem Kern in Verbindung gebracht. Er nennt ihn jedoch nicht Verstellung, er nennt ihn Grundsatzlosigkeit. „Diese Verleugnung seines (sc.Rohans) früheren Wirkens würde fast charakterlos anmuten, wenn man sich nicht klarmachte, daß eine gewisse Grundsatzlosigkeit zum innersten Wesen der neuen Staatsinteressenpolitik gehörte. Sie trat bei Machiavelli auf als reine Rechenkunst des staatlichen Egoismus, die ganz rationell und ungestört durch ethische Grundsätze und Ziele zu betreiben war. Nur die Betrachtung der Gesamtpersönlichkeit Machiavellis ließ erkennen, daß das ethische Motiv des virtù-Ideals und eines leidenschaftlichen italienischen Patriotismus dahinter verborgen lag. Ähnlich steht es auch mit Rohan. Der feurige Vorkämpfer für Frankreichs Ruhm und Größe war in ihm von vornherein lebendig neben dem stolzen und zähen Verteidiger des feudalen Hugenottentums. Aber die Interessenpolitik selber, die er im Geiste seiner Zeitgenossen lehrte, war eine nüchterne rationelle Kalkulation der Kräfte von Freund und Feind. Wir meinen, daß eben auch dieser kalkulatorische Charakter der Interessenlehre es ihm erleichterte, sie zu vertreten und die Palinodie (sc.den Widerruf) seiner eigenen Vergangenheit damit zu singen. Weil es sich um eine rein technische Aufgabe handelte, konnte er mit so kühler Sachlichkeit Rezepte gegen sein eigenes früheres Rebellentum angeben" (229f).

Meineckes Machiavellibild stand einerseits zu sehr in der Tradition von Clausewitz und Fichte, die die virtù als Ausdruck ihres eigenen republikanischen Tugendideals verstanden hatten, und es war andererseits zu sehr an den Studien Max Webers über den *Geist des protestantischen Kapitalismus* orientiert, als dass er bereit gewesen wäre, die Staatsräson Richelieus, für die der von ihm mit Machiavelli verglichene Rohan eintrat, anders als im Sinn einer nüchternen, rechenmäßigen Rationalität zu interpretieren. Weder verträgt der virtù-Begriff Machiavellis eine Verbrämung mit ethischen Zusätzen aus der Epoche der Nationalstaaten des 19. und 20. Jahrhunderts, noch verträgt die Raison d'État Richelieus eine Identifizierung mit deren politischen Interessenkalkül. Beide waren dagegen an einer regelgemäßen politischen Kunstform ausgerichtet. Sie sollte auf der

Ebene der Religionsausübung zu einer Reform jenseits leidenschaftlich vertretener Glaubensinhalte führen.

Man möchte Meinecke deshalb fast in dem, was er Grundsatzlosigkeit nennt, folgen, wäre nicht seine Kritik am angeblichen Technizismus der Politik im 16. und 17. Jahrhundert mit ihr verbunden. Grundsatzlos waren Machiavelli, Rohan und Richelieu insofern, als sie keine leidenschaftlich geteilten Überzeugungen besaßen, da jede Art von Leidenschaft aus dem auf Regeltreue aufbauenden Verhaltenskanon eines *honnête homme* (bzw.*homme d'État)* ausgeschlossen war. Sie waren deshalb sicher auch charakterlos, wenn man unter Charakter im modernen Sinn eine Anzahl von Grundüberzeugungen versteht, für die jemand bereit ist, jedes Opfer auf sich zu nehmen. Doch so wenig Machiavelli einem „leidenschaftlichen italienischen Patriotismus" anhing, so wenig war Rohan „der feurige Vorkämpfer für Frankreichs Ruhm und Größe". Vielmehr plädierte er in seinem Diskurs *Über das Interesse von Fürsten und Staaten der Christenheit* aus dem Jahre 1638 ganz im Sinn Richelieus für eine „wohl geregelte" Vernunft, die, zumal in politischen Angelegenheiten, an die Stelle von Ungeduld und heftigen Leidenschaften treten sollte (Meinecke,205,211 u.220).

Rohan war ein Mann von Ehre, sofern man unter Ehre weder die Ehre Coriolans versteht, der es nicht gelernt hatte, im Frieden *honour* und *policy* zu versöhnen, noch die Ehre eines aufopferungsvollen nationalen Freiheitskämpfers aus dem 19. und 20. Jahrhundert, der nicht wie Coriolan für die eigene, sondern für die Ehre des Vaterlandes starb. Zwar starb auch Rohan für Frankreich, – 1638 in der Schlacht bei Rheinfelden –, aber er starb nicht im eigenen, auch nicht im Nationalinteresse, sondern im Interesse des Königs und des Staates von Frankreich. Obwohl dieses Interesse mit dem späteren Nationalinteresse identisch zu sein scheint, war es doch etwas völlig von ihm Verschiedenes, sodass Meineckes Ehrenrettung von Rohan zum Teil ihr Objekt verfehlt. Rohan starb im Interesse der französischen Staatsräson, die zur Räson seines eigenen Lebens geworden war, und diese Räson bestand in nichts anderem als in jenen regulierten, leidenschaftslosen Aktionen, deren Verlauf Corneille mit poetischer Überhöhung in seinen Dramen dargestellt hatte. Der Kern dieser Räson bestand nicht aus Grundsatzlosigkeit, er folgte regelkonformen Verhaltensprinzipien, die einer grundsätzlichen Verstellung gehorchten.

Ein Zeitgenosse Rohans, Gabriel Naudé, forderte in seiner Abhandlung über die *Sciences des Princes,* die Verstellung müsse zu einer der wesentlichen Fähigkeiten wenn nicht des Königs selbst, so zumindest seines Ersten Ministers gehören. Drei Eigenschaften verlangte er von diesem, wobei ihm Meinecke zufolge ein idealisiertes Porträt von Richelieu vor Augen stand: „*la force, la justice et la prudence*. Unter *force* verstand er eine immer gleichmäßig feste, heroische Disposition des Geistes, fähig alles zu sehen, alles zu hören und alles zu tun, ohne sich zu erregen. (...) Die Mittel, mit denen er (sc.der Erste Minister) andere täuscht, dürfen ihn nicht selber täuschen. (...) Die zweite Fundamentaltugend der Gerechtigkeit erfordert, daß man den Gesetzen Gottes und der Natur gemäß lebe (...). Da aber diese natürliche und vornehme Gerechtigkeit in der Praxis zuweilen außer Gebrauch und inkommod ist, so muß man sich oft, der Staatsnotwendigkeit *(la nécessité des polices et Estates)* zufolge, einer künstlichen partikularen und politischen Gerechtigkeit bedienen und wird zu vielen Dingen gezwungen, die die natürliche Gerechtigkeit absolut verdammen würde. (...) Die dritte Fundamentaltugend, die Klugheit, die Königin der politischen Tugenden, wird daran erkannt, daß man vermag, das geheimzuhalten, was nicht angebracht ist zu sagen, daß man niemanden schlecht macht oder verachtet, mehr seine Genossen als sich selber lobt" (zit.v.Meinecke,238ff). Man sieht, wie sehr Naudé den Ersten Minister des Königs als einen Mann von Grundsätzen versteht, aber diese Grundsätze lassen sich alle auf einen einzigen reduzieren: „Se défier de tout le monde et dissimuler avec un chacun" (zit.v.Schnur 1963,53), das heißt: „Aller Welt mißtrauen und sich jedem gegenüber verstellen."

Tatsächlich zeichnete Naudé nicht nur das Porträt Richelieus, sondern gab zum Teil bis ins Einzelne gehende Gedanken aus dessen *Testament Politique* wieder. Schließlich ließ sich das Verhalten Richelieus vor dem Eintritt Frankreichs in den Dreißigjährigen Krieg als eine Form der Verstellung deuten. Die verdeckte Kriegsführung im Bündnis mit den Schweden zum Beispiel war ein fortwährendes Dissimulieren des offenen Kriegs, der erst in einer Zeit erklärt wurde, als Frankreich seine Interessen mit weiterer Verstellung nicht mehr ausreichend vertreten zu sehen glaubte. Darauf scheint jene Stelle im *Politischen Testament,* die sich mit der allgemeinen Frage auseinandersetzt, wann ein Staat Krieg zu führen habe, anzuspielen. „Wenn man gezwungen ist, zu den Waffen zu greifen, muß man zuerst prüfen, ob es der Gerechtigkeit entspricht" (382). Richelieu prüft hier das, was Naudé als zweite Eigenschaft des Ersten Ministers ansieht, aber wie Naudé wird er eher die „politische Gerechtigkeit", die von der „nécessité des polices et Estates" nahegelegt wurde, gemeint haben. Er fährt nämlich nach seiner Empfehlung, die Frage der Gerechtigkeit des Kriegs von den Doktoren der Theologie prüfen zu lassen, fort: „Unter dieser Voraussetzung hat man nur noch an die Mittel zu denken, die zu einer guten Kriegsführung gehören; unter ihnen ist das der richtigen Wahl des Zeitpunktes (prendre bien son temps) nicht das schlechteste" (382).

Damit kommt Richelieu auf die Naudésche Haupteigenschaft zu sprechen. „Zwischen einem, der aus Wut und einem, der aus Räson Rache übt, besteht folgender Unterschied, daß Ersterer Böses zufügt auf die Gefahr hin, daß ihm das Gleiche geschieht, da er es für besser hält, selber Schaden zu nehmen als die Gelegenheit zu verpassen, seinem Feind welchen zuzufügen, während Letzterer seine Gefühle (sentiments) bis zu dem Punkt geheimhält (dissimule), an dem er den, der ihm Böses zugefügt hat, die Strafe für seinen Fehler büßen lassen kann, ohne selber Schaden zu erleiden. Der Erste handelt wie ein Tier, das seinen natürlichen Trieben folgt, der Zweite wie ein Mensch, der sich von der Räson leiten läßt (se laissant conduire par la raison)" (382).

„Die Räson muß die Regel und das Verhalten des Staates sein", heißt eine der oben zitierten Kapitelüberschriften aus dem zweiten Teil des *Politischen Testaments*. Die Räson ist so etwas wie die oberste Verhaltensregel nicht nur des Ersten Ministers und des Königs, sondern des Staates im Ganzen, und in dieser obersten Verhaltensregel kommt das zum Vorschein, was Naudé die „Königin der politischen Tugenden" nennt: *La prudence* – die Klugheit. Sie äußerte sich vor allem in der Beherrschung raffinierter Verstellungsformen. Die Staatsräson war demnach selber ein Ausdruck der *dissimulation,* da sie per definitionem das Ergebnis einer Verheimlichung von Leidenschaften war, Ergebnis also eines Raffinements, das die Unmittelbarkeit von Äußerungen jeweils zu korrigieren oder zu regulieren, das heißt, klug zu regeln wusste. Der zeitgenössische Begriff des Politischen ging vollkommen in dieser Verstellungskunst auf.

Auch die religiöse Haltung war davon nicht ausgenommen – das hätte der Souveränitätslehre widersprochen. Denn wenn die Räson, wie Richelieu es wünschte, Souverän sein sollte, dann durfte es trotz des Vorrangs der Herrschaft Gottes, der selbst der König sich zu beugen hatte (321ff), keine Institution im Staate geben, die der Räson den Rang streitig machte, auch nicht die Kirche. Die Betonung des Primats der Gottes- über die Königsherrschaft ist gleichfalls als Form eines Raffinements zu deuten, das es erlaubte, den Herrschaftsanspruch der Kirche um so besser zu parieren. Daher ist dort, wo Richelieu ausdrücklich von religiösem Gehorsam spricht, nicht von einem Gehorsam gegenüber der Kirche die Rede, sondern von einem Gehorsam der Räson gegenüber (325ff). Auf sie wird die religiöse Haltung wie auf eine säkularisierte Gottheit übertragen. Der Räson Gehorsam zu schulden und zwar religiösen Gehorsam, das konnte nur heißen, in religiöser Weise die Regeln der Dissimulation zu befolgen, und dies wiederum schloss ein, dass die katholische Religion selber als eine verstellte Form christlichen Glaubens begriffen wurde – eine versierte Abart der von Machiavelli befürworteten *credulità*. Der Katholizismus in Frankreich hatte die Form eines zivilisierten Aberglaubens angenommen.

Gewiss stellte sich die Glaubensfrage aus der Sicht der Hugenotten anders dar. Wenn man Meineckes materialreicher Darstellung des Falls Rohan folgt, entdeckt man jedoch mehr Gemeinsamkeiten als Unterschiede. Rohan war ein großer Verehrer Heinrichs IV., aber diese Verehrung basierte nicht allein auf der Tatsache, dass der französische König den Hugenotten jene staatlichen Vorrechte gewährt hatte, die 1628 mit der Eroberung von La Rochelle und ein Jahr später mit dem Gnadenfrieden von Alais wieder beseitigt worden waren, sondern auch, vielleicht sogar mehr, auf dem Umstand, dass Heinrich IV. Frankreich aus dem religiösen Bürgerkrieg herausgeführt und zu einem neben England und den Niederlanden anerkannten europäischen Staat gemacht hatte.

Der begann sich nun wie seine mächtigen Nachbarn wirkungsvoll gegen das Übergewicht Spaniens in Europa zur Wehr zu setzen. Spanien als dem gefährlichsten Gegner des Protestantismus galt die ganze Aufmerksamkeit Rohans. Meinecke schlägt sie so hoch an, dass er in dieser von Richelieu geteilten Gegnerschaft die materiale Basis für die Bereitschaft Rohans sieht, so schnell nach der Einnahme von La Rochelle für Frankreich einzutreten. „Er (sc. Rohan) wünschte schon seit Jahren sehnlichst, seine und seiner Glaubensgenossen Waffen im Dienste des Königs einmal über die Alpen (sc. nach Spanien) zu tragen. Nicht als Neubekehrter trat er nach 1629 in den Dienst der Richelieuschen Politik und verkündete die eherne Lehre von den Interessen der Staaten, sondern als ein schon immer von ihr Durchdrungener" (221).

Mit Ausnahme des Wortes von der „ehernen Lehre" der Staatsinteressen, die wiederum zu sehr an das moderne Nationalinteresse erinnert, möchte man Meinecke zustimmen. In der Tat bedurfte es nach 1629 keiner ausdrücklich neuen Bekehrung, weil Bekehrungen dieser Art für einen Anhänger Heinrichs IV. etwas Altvertrautes waren. Heinrich IV., ursprünglich Protestant, konvertierte dreimal, um schließlich als französischer König den katholischen Glauben anzunehmen – eine Entscheidung, die Rohan guthieß, da ein König die Interessen ganz Frankreichs und nicht nur einer Minderheit, wie der der Hugenotten, vertreten musste. Das häufige Konvertieren Heinrichs IV. kann daher als Paradigma der Verstellung, aus der die Richelieusche Staatsräson bestand, gewertet werden. Einem Protestanten war sie offenbar nicht weniger geläufig als einem Katholiken, von dem ehemaligen Protestanten Heinrich IV. ist sie sogar erstmals in dieser spektakulären Form, die wesentlich zur Befriedung des Bürgerkriegs beigetragen hatte, praktiziert worden. Die Zeit seiner Konversionen war außerdem, wie oben angedeutet, die Zeit der Entstehung der Gruppe der *Politiques*, der *Politiker* in Frankreich, sodass man einmal mehr die enge Verwandtschaft des zeitgenössischen Begriffs des Politischen mit der Verstellungskunst historisch belegt findet.

Nach 1610, dem Jahr der Ermordung Heinrichs IV., durch die Rohan sich sehr getroffen fühlte (cf.Meinecke,217f), setzte der die Tradition des Konvertitentums auf anderer Ebene fort: Er wechselte nicht das Glaubensbekenntnis, aber die Bündnispartner. Wie Richelieu, der ihm in seiner Verehrung für den ermordeten König nicht nachstand, war Rohan gegen die prospanische Politik Marias, der Witwe Heinrichs IV. Aber das hinderte ihn nicht daran, im Laufe der zwanziger Jahre Kontakte mit Spanien zu knüpfen. Sie führten nach der Eroberung von La Rochelle zu einem förmlichen Vertrag, in dem sich Rohan „gegen jährliche Subsidien von 300.000 Dukaten zur Unterhaltung eines Korps von 6000 Mann (verpflichtete). (…) Und falls er und seine Partei", hieß es weiter, „so stark werden sollten, daß sie einen besonderen Staat bilden könnten (…), so würden sie in ihm den Katholiken freie Religionsausübung und volle Gleichberechtigung in der Ämterbesetzung gewähren" (Meinecke,214).

Rohan kam mit der Absicht, einen eigenen Staat in Frankreich zu bilden, den Interessen Spaniens in einer Weise entgegen, wie es von einem Anhänger Heinrichs IV. nicht zu erwarten gewesen wäre. Auch zu England wurden Beziehungen aufgenommen, mit dem Resultat, dass es die Hugenotten während der Belagerung von La Rochelle unterstützte. Es war dasselbe England, das in der Rohanschen Abhandlung über den *Interest des Princes* von 1634 als schwankender Staat dargestellt wurde, der unter den Stuarts zu sehr mit Spanien kooperiert und dadurch die Interessenbasis der von Rohan bewunderten Politik der Elisabethanischen Ära verlassen hätte (217). 1634 aber stand Rohan schon ein paar Jahre in den Diensten Richelieus. All die wechselnden Bündnisse mussten in kürzester Zeit erfolgt sein.

Die Kenntnis der von Meinecke dargestellten Vorgänge erlaubt es, den Grund für diese Bündniskonversionen auszumachen. In einem frühen Diskurs vom Jahre 1612 hatte Rohan ihn selbst angegeben. Es heißt da, in den Worten Meineckes: „Jeden Tag, den wir uns von seiner (sc.Heinrichs IV.) Regierung entfernen, geht es weiter abwärts. Europa nimmt ein ganz anderes Gesicht an. Einst war es im Gleichgewichte zwischen den beiden Mächten Frankreich und Spanien. Frankreich hatte ohne Widerspruch alle Protestanten in seinem Schutze oder auf seiner Seite und teilte sich den Schutz der Katholiken mit Spanien; es sind zwei Mächte, die sich nicht ertragen und die auch durch Ehebündnisse nicht geeinigt werden können, wenn die eine wächst und die andere abnimmt. Die Gleichheit dieser beiden Mächte aber gibt ferner allen übrigen Mächten Schutz, die deshalb ein großes Interesse daran haben, weil sie ohne diese Gleichheit in Abhängigkeit von der stärkeren Macht geraten würden. Jetzt beginnen wir die große Veränderung zu bemerken, die vorgegangen ist. Die jetzige Allianz Frankreichs mit Spanien öffnet allen ihren Verbündeten und insbesondere denen Frankreichs die Augen, denn sie sehen wohl, daß diese Allianz nur zu seinem und folglich auch zu ihrem Verderben angestrebt worden ist" (218f).

Mit diesen Überlegungen bewegte sich Rohan genau im Rahmen der Politik Heinrichs IV., die von Richelieu fortgesetzt wurde und am Ende zu den Friedensverhandlungen in Münster und Osnabrück geführt hat. Ohne Balance der Macht und der unterschiedlichen religiösen Bestrebungen war eine Austarierung der säkularen Interessen der europäischen Staaten und damit ein Ende des Dreißigjährigen Kriegs nicht möglich. Rohans Verhalten vom Tod Heinrichs IV. bis zum Eintritt in die Dienste Richelieus ließe sich daher auch als ein, allerdings von vornherein aussichtsloser, Versuch verstehen, in einem eigenen französischen Hugenottenstaat für jene Politik des Gleichgewichts oder zumindest des Ausgleichs zu sorgen, die Frankreich in der Zwischenzeit aufgegeben hatte. Streng genommen kann selbst sein Vertrag mit Spanien, in dem er den Katholiken freie Religionsausübung und gleiche Amtsberechtigung zusicherte, in dieser Perspektive gesehen werden. Im Prinzip hätte er demnach die von den *Politiques* vorgezeichnete Bahn nie verlassen, und das Konvertieren auf die Seite Richelieus, der die prospanischen Bestrebungen Marias wie er bekämpfte, wäre tatsächlich nur eine Formsache gewesen.

Für diese Version spräche nicht zuletzt Rohans Verehrung für Elisabeth I. von England, eine Verehrung, die offenbar trotz seiner Kontakte zu den Stuarts nicht nachgelassen hatte. Er verglich die englische Königin mit seinem Heinrich IV. Dagegen sah er die Periode nach dessen Ermordung bis zu Richelieu wie die Herrschaft Jakobs und Karls I. als Verirrung an. Die prospanische Politik Marias schien ihm von dem durch Heinrich IV. vertretenen französischen Interesse genauso abzuweichen wie „die Politik der Stuarts (...) von dem (.) durch Elisabeth repräsentierten Systeme englischer Politik. (...) Elisabeth wählte als Hauptmaxime", so Rohan in der Wiedergabe Meinekkes, „die Ausübung der katholischen Religion im Lande zu unterdrükken, als das einzige Mittel, um die spanischen Machenschaften, die unter diesem Vorwande die Rebellion gegen sie nährten, unwirksam zu machen. Und der Gegensatz gegen Spanien war für sie zwangsläufig gegeben, weil nur durch ihn England sich zur großen und reichen Seemacht emporschwingen konnte. Daraus folgte, daß sie auch Frankreich unterstützen, der werdenden Freiheit der Vereinigten Niederlande zu Hilfe kommen und mit den französischen Protestanten enge Fühlung halten mußte. Wie Spanien sich auf den Katholizismus, so muß sich England allgemein auf den Protestantismus stützen" (217 u.209f).

Vielleicht hat Meinecke in seiner Darstellung der Überlegungen Rohans der von ihm selbst diagnostizierten Grundsatzlosigkeit im zeitgenössischen politischen Denken nicht ganz das Gewicht zukommen lassen, das ihr gebührte. Rohan schien gerade auch am Beispiel der Politik Elisabeths zu sehr „die erforderlichen Mittel (...) kluger Staatskunst" (209) zu erwähnen, als dass er sich für eine Unterdrückung der katholischen Religion in England hätte begeistern können. Das Entscheidende an der Politik der Elisabethanischen Ära war nicht, dass die Ausübung katholischer Religion unterdrückt worden wäre, sondern dass jener milde Synkretismus der anglikanischen Kirche, der es gestattete, den Katholizismus auch weiterhin der Form nach auszuüben, zur Staatsreligion erhoben wurde. Vermutlich ist es besonders diese Mischbildung des Anglikanismus, die Rohan zum Anhänger der Regierungszeit Elisabeths werden ließ. Als Mischung zweier Konfessionen stellte der Anglikanismus die heimliche Möglichkeit zu ständiger Konversion ohne offenes Konvertitentum dar, er erlaubte eine fortwährende Verstellung, ohne dass es jemand merkte. Erst das dürfte dem Vergleich Elisabeths mit Heinrich wie mit Richelieu die eigentliche Basis und der gemeinsamen Aversion gegen den strengen, unvermischten Katholizismus Spaniens den rechten Halt gegeben haben – die Politik der Verstellung als Staatsräson.

Die Verehrung Rohans für Elisabeth schließt nicht aus, dass er den von Louis André, dem französischen Herausgeber des *Testament Politique*, gemutmaßten Vorbehalt Richelieus gegen die Essexaffäre der englischen Königin teilte. Wie für Richelieu ließ auch für ihn die Politik per se keine Äußerung von Leidenschaften zu. Doch da es sich um die letzten, ohnehin schwierigen und schon von der Nachfolgefrage überschatteten Jahre der Elisabethanischen Epoche handelte, könnte er sie im Stillen schon zur ungeliebten Ära der Stuartkönige gezählt haben, unter deren Herrschaft England das bevorstand, was Frankreich mit dem Regierungsantritt Heinrichs IV. nahezu hinter sich gebracht hatte und der europäische Kontinent als ganzer, mit Unterstützung der Politik Richelieus, langsam zu überwinden begann: der Krieg zwischen den Konfessionen. Er fand während der vierziger Jahre des 17. Jahrhunderts statt, zu einer Zeit, als der Dreißigjährige Krieg seinem Ende zuging. Ein Jahr nach dem Abschluss des Westfälischen Friedens strebte in England der religiöse Bürgerkrieg mit der Hinrichtung Karls I. seinem Höhepunkt zu.

3.2.4 DAS TYRANNISCHE TIER

Bezeichnend ist in diesem Zusammenhang, woran Rohan als Anhänger der Tudorkönigin und Gegner der Stuarts erinnert haben soll; „er zitierte", so Meinecke, „das angebliche Wort Elisabeths, daß England ein großes Tier sei, das nie sterben könne, wenn es sich nicht selbst töte" (210). Sollte dieses Wort wirklich von der englischen Königin stammen, so hätte es womöglich auf jenes Wesen prophetisch vorausgewiesen, das bis heute als Emblem des Despotismus missverstanden wird: auf den Leviathan, mit dem Thomas Hobbes in seiner gleichnamigen Schrift den absoluten Souverän Englands verglich. Die Schrift kam 1651 in London heraus, zwei Jahre nach der Hinrichtung Karls I., des zweiten Stuartkönigs. England, das große Tier, wäre also nicht erst nach einer Ewigkeit, sondern kaum ein halbes Jahrhundert nach dem Tod Elisabeths, gestorben, da es seinen König und damit sich selbst getötet hatte. Der Leviathan wäre im englischen Bürgerkrieg zugrundegegangen – er hätte sich selbst zerfleischt.

Elisabeth könnte dieses ahnungsvolle Wort während der Essexverschwörung gesprochen haben. Man fühlt sich dabei unwillkürlich in das Theater Shakespeares versetzt, das so erfolgreich mit dem *bearbaiting*, dem Kampf der Doggen mit dem Bär, konkurrierte. Etwas von dem hetzenden Hundegebell und von gegenseitiger Zerfleischung, kurz, etwas Bürgerkriegsähnliches, haben, wie oben (2.3) beschrieben, alle Shakespearetragödien an sich, und nun hatten sich die Engländer nicht nur gegen ihr Staatsoberhaupt verschworen, wie Essex 1601, sondern sie hatten es sogar köpfen lassen. Kehrte die Geschichte Richards II., dessen Schicksal Elisabeth erleiden zu müssen glaubte, im Zyklus der Zeit zurück? Und traf es jetzt statt der Tudorkönigin den Stuartkönig Karl I.?

Im Unterschied zur Essexverschwörung ist von einer Aufführung *Richards II.* am Vorabend der Hinrichtung Karls I. nichts bekannt. Der Grund dafür dürfte nicht nur in der einmaligen historischen Konfiguration der Bekanntschaft von Essex und Shakespeare gelegen haben, auch die Zeitvorstellung hatte inzwischen den Zykluscharakter weitgehend verloren und einen stärkeren Gegenwartsindex angenommen. Die Vorstellung, einer stärkeren Präsenz des Zeitgeschehens beizuwohnen, beschränkte sich nicht auf Frankreich, auch nicht auf das Frankreich des von Bossuet zu größerer Zeitgerechtigkeit ermahnten Kronprinzen (2. 4), sondern war erstens schon unter Ludwig XIII. anzutreffen und zweitens ein offenkundig in ganz Europa, also auch in England verbreitetes Phänomen. Bereits Rohan und Richelieu betonen ausdrücklich, die den alten Büchern über die Regierung entnommenen politischen Maximen seien für die eigene Zeit eher verderblich als nützlich, da, so Richelieu, „die Vergangenheit keine Beziehung zur Gegenwart hat (parce que le passé ne se rapporte pas au présent) und die Verfassung von Zeiten, Orten und Personen unterschiedlich ist" (289;für Rohan cf.Meinecke,196f).

„Parce que le passé ne se rapporte pas au présent" – klarer ließ sich der inzwischen eingetretene Bruch zwischen Vergangenheit und

Gegenwart nicht ausdrücken. Anders als für Machiavelli, Shakespeare und Elisabeth hatten weder die Antike noch die Historien der vergangenen Jahrhunderte der neuen Zeit etwas zu sagen.

Hobbes hat es nicht klarer, sondern nur krasser formuliert, wenn er mit Blick auf den religiösen Bürgerkrieg in seinem Lande schrieb: „In unserer westlichen Welt entnehmen wir gewöhnlich unsere Ansichten über die Einsetzung und Rechte von Staaten aus *Aristoteles, Cicero* und anderen Griechen und Römern, die in Demokratien lebten und deshalb diese Rechte nicht aus den natürlichen Prinzipien ableiteten, sondern aus der Praxis ihrer eigenen demokratischen Staaten in ihre Bücher übertrugen, wie die Grammatiker die Regeln der Sprache nach der Zeitgewohnheit beschreiben oder die Regeln der Poetik nach den Gedichten *Homers* und *Vergils*. Und da man die Athener lehrte, um den Wunsch nach einer Änderung der Regierungsform (government) nicht aufkommen zu lassen, sie seien frei und alle, die unter einer Monarchie lebten, Sklaven, schrieb *Aristoteles* in seiner *Politik* (6.Buch,2.Kap.), *in einer Demokratie müsse Freiheit vorausgesetzt werden, denn allgemein werde die Ansicht vertreten, daß unter einer anderen Regierung niemand frei sein könne.* Und wie *Aristoteles,* so gründeten auch *Cicero* und andere Schriftsteller ihre Staatslehre auf die Ansichten der Römer, denen zuerst von solchen Leuten gelehrt wurde, die Monarchie zu hassen, die nach Absetzung ihres Souveräns die *römische* Souveränität unter sich aufteilten, und später von ihren Nachfolgern. Und durch Lektüre dieser griechischen und römischen Schriftsteller wurde es den Menschen von Kindheit an unter dem Einfluß eines falschen Freiheitsbilds zur Gewohnheit, Aufruhr gutzuheißen und die Handlungen ihres Souveräns sowie die Kritik der Kritiker zu kritisieren, was mit so viel Blutvergießen verbunden ist, daß ich wohl recht habe, wenn ich sage, daß niemals etwas so teuer erkauft wurde, wie das Erlernen der griechischen und lateinischen Sprache von der westlichen Welt" (1976,167;Hervorhebungen v.H.).

Es spricht für die zeitgenössische Affinität zwischen Kunst und Politik, dass Hobbes die politische Praxis nicht nur mit den grammatischen Regeln der Sprache, sondern auch mit den Regeln der Poetik vergleicht. Daher liegt es in diesem Kontext nahe, Corneilles Kritik an der Aristotelischen Poetik mit Hobbes' Kritik an den Büchern des Aristoteles über die Politik kurzzuschließen. Was der eine nicht mehr dem französischen Theater, glaubte der andere nicht mehr der englischen Regierung zumuten zu können. Für beide war Aristoteles unzeitgemäß geworden. Während sich Corneille jedoch mit einer fast galanten Kritik begnügte, da er sich auf die zivilisierten, bürgerkriegsfernen Zustände im Frankreich Richelieus berufen konnte, ist in der Argumentation von Hobbes die ganze Wucht des konfessionellen Konflikts in England zu spüren. Er scheint Aristoteles und den anderen antiken Schriftstellern die Verantwortung für den Ausbruch dieses Konflikts wie für den Mord an Karl I. geradezu zuschieben zu wollen. „Die Lektüre dieser Bücher (...)", schreibt er an anderer Stelle, „brachte die Menschen dazu, ihre Könige zu töten, weil die griechischen und römischen Schriftsteller in ihren Büchern und Abhandlungen über Politik dies zu einer rechtmäßigen und lobenswerten Handlung für jedermann machten, vorausgesetzt, er nenne ihn vor der Tat einen Tyrannen. Sie sagen nämlich nicht *regicidium,* das Töten eines Königs, sondern *tyrannicidium,* das Töten eines Tyrannen, sei rechtmäßig" (1976,249f;Hervorhebungen v.H.).

Da Hobbes besonders „junge Leute und alle anderen, die mit dem Gegengift einer gesunden Vernunft nicht ausgestattet sind" (249), für anfällig hält, sich von den alten Büchern beeindrucken zu lassen, empfiehlt er, diese mit Korrekturen zu versehen. „Kurz, ich kann mir nicht vorstellen, was für eine Monarchie schädlicher wäre als zu erlauben, daß diese Bücher ohne die Beifügung richtigstellender Kommentare umsichtiger Gelehrter, die ihnen ihr Gift nehmen können, öffentlich gelesen werden" (250). Dann kommt jene Stelle, bei der man an die dramatischen Vorgänge einer Shakespearetragödie erinnert wird. „Ich stehe nicht an, dieses Gift mit dem Biß eines tollwütigen Hundes zu vergleichen, der zu der Krankheit führt, welche die Ärzte *Hydrophobia* oder Wasserscheu nennen. Denn so wie derjenige, welcher so gebissen wurde, unter ständigem Durst leidet und doch Wasser verabscheut und sich in einer Verfassung befindet, als wolle ihn das Gift in einen Hund verwandeln, so fehlt, wenn eine Monarchie von jenen demokratischen, diese Verfassung ständig anknurrenden Schriftstellern einmal ins Fleisch gebissen wurde, ihnen nichts mehr als ein starker Monarch, den sie aber, wenn sie ihn haben, trotzdem aus einer gewissen *Tyrannophobie* oder Furcht vor einer strengen Regierung verabscheuen" (250;Hervorhebungen v.H.).

„Der Biß eines tollwütigen Hundes" heißt im Original: „the biting of a mad Dogge" (1651,171). So wird der von Shakespeare in seinen Königsdramen dargestellte Kampf der Doggen gegen den Bären wieder sichtbar, nur dass die Hunde diesmal die antiken Schriftsteller sind und nicht die Prinzen von Geblüt, die ihre usurpatorischen Ansprüche auf den englischen Thron verteidigen. In jedem Fall wurde die Monarchie zerstört. England, dargestellt als großes Tier, wurde zerfleischt.

Vielleicht meinte Königin Elisabeth mit ihrem von Rohan zitierten Wort doch nicht den Leviathan, vielleicht meinte sie eher den im zeitgenössischen Theater noch hier und da, wenn gerade kein Shakespearestück gespielt wurde, auftretenden Bären, der sich der vielen Doggen nur schwer zu erwehren wusste, während Hobbes absichtlich auf ein größeres Tier als Emblem der Monarchie ausgewichen sein könnte, um von vornherein den Vergleich mit dem gehetzten Bären auszuschließen: an den Leviathan des Buches Hiob aus dem *Alten Testament*, der Walfisch, Schlange oder Drache bedeuten mochte (cf. Schmitt 1982a,9-23). Doch ob Schlange, Drache, Walfisch oder Bär – keines der Tiere schien dem Angriff der Doggen gewachsen zu sein.

Die Aussichtslosigkeit, dem im Vergleich zum Kontinent verspäteten Ausbruch des religiösen Bürgerkriegs in England durch die Schrift über den *Leviathan* beizukommen, dürfte mit dazu geführt haben, dass der zeitgenössische Begriff des Politischen bei Hobbes in mancher Hinsicht treffender oder wenigstens theoretisch reiner in Erscheinung tritt als bei Richelieu, von dessen Ideen er während seines Aufenthaltes in Paris geprägt wurde (cf.Schnur 1963,25-29). Das ist bereits an der schon angeführten Stelle zu spüren, wo vom Gegengift die Rede ist. Die jungen Leute, die sich von den alten Schriftstellern anstecken ließen, seien nicht mit dem Gegengift einer gesunden Vernunft ausgestattet – „are unprovided of the Antidote of solid Reason", steht im Original (1651,170). Diese *solid Reason* ist der *Raison* aus dem *Testament Politique* ganz ähnlich, aber da sie explizit als Antidote gegen das Gift der alten Schriften fungieren soll, werden die Gegensätze zum Teil besser herausgearbeitet. Wenn Corneille der gefesselte Shakespeare ist und Richelieu ein Corneille benachbarter Politiker, dann ist Hobbes jemand, bei dem man nicht nur, um im Bild zu bleiben, den gefesselten Zustand, sondern auch den Vorgang studieren kann, wie das, wofür Shakespeare steht, gefesselt werden soll. Aufgrund der historischen Konstellation Englands im 17. Jahrhundert hat Hobbes' Werk mehr Kontakt zum Bürgerkrieg, und daher steht der Wille zur Neutralisierung, d.h. zur Beendigung der religiösen Auseinandersetzungen, mehr im Vordergrund.

Um diesen Willen genauer kennenzulernen, muss man sich, ehe die Frage wieder aufgenommen wird, welcher Zeitindex zum *Leviathan* gehört, in die Kapitel 16 und 17 dieses Werks vertiefen. In ihnen als den Angelpunkten der gesamten Schrift ist dargestellt, in welcher Form sich die Bürger zwecks Herstellung des inneren Friedens von ihrem Souverän repräsentieren lassen sollten. Hobbes beginnt das 16. Kapitel, das von „Personen, Autoren und der Vertretung von Dingen (of things personated)" handelt, folgendermaßen: „Eine Person ist der, dessen Worte, oder Handlungen entweder als seine eigenen angesehen werden, oder als solche, die die Worte oder Handlungen eines anderen Menschen oder Dinges vertreten (representing), denen man sie tatsächlich oder durch Fiktion zuschreibt (Truly or by Fiction). Werden sie als seine eigenen angesehen, so wird sie als *natürliche Person* (Naturall Person) bezeichnet, und sieht man sie als solche an, die die Worte oder Handlungen eines anderen vertreten (representing), so ist sie eine *fingierte* oder *künstliche Person* (a Feigned or Artificial Person)" (1976,123 u.1651,80;Hervorhebungen v.H.).

3.2.5 DER HERRSCHER ALS HAUPTAKTEUR

Es geht Hobbes also zunächst um den Unterschied zwischen den wirklichen oder wahrhaftigen (Truly) Äußerungen einer natürlichen Person und den repräsentativen Äußerungen einer scheinbaren, fiktiven oder künstlichen Person. Beide Äußerungsformen würden von dem abgedeckt, was eine Person ist. „Das Wort *Person*", fährt Hobbes fort, „ist lateinischer Herkunft – Die Griechen sagen dazu *prosopon,* was das *Gesicht* (Face) bedeutet, wie auch *persona* auf lateinisch eine *Verkleidung* (disguise) oder die *äußere Erscheinung* (outward appearance) eines Menschen bedeutet, der auf der Bühne dargestellt wird (counterfeited on the stage), und manchmal auch in einem engeren Sinn den Teil, der das Gesicht verkleidet, wie eine Maske oder ein Visier. Und von der Bühne wurde dieser Begriff auf jeden übertragen, der stellvertretend redet oder handelt, im Gerichtssaal wie im Theater (as well in Tribunalls, as Theaters). So ist also eine *Person* dasselbe wie ein Darsteller (an Actor), sowohl auf der Bühne, als auch im gewöhnlichen Verkehr, und *als Person auftreten* heißt so viel wie sich selbst oder einen anderen darstellen oder vertreten (and to Personate, is to Act, or Represent himself, or another). Und stellt jemand einen anderen dar, so sagt man, er verkörpere seine Person oder handele in seinem Namen (and he that acteth another, is said to beare his Person, or act in his name)" (aaO;Hervorhebungen v.H.).

Der Übersetzer, Walter Euchner, hätte für das englische *Actor* vielleicht besser statt des Wortes *Darsteller* das Wort *Schauspieler* einsetzen sollen, dann wäre bei der Übertragung ins Deutsche der Umstand noch klarer hervorgetreten, dass es sich bei Hobbes' Theorie der Repräsentation des Volkes durch den Souverän, deren einleitende Passage oben zitiert wurde, um eine Art Theorie schauspielerischer Aktionen, mit einem Wort, um eine Theorie des Theaters und zwar eines besonderen Theaters, handelt. Schon die ersten Sätze, mit denen Hobbes sein Repräsentationsmodell skizziert, lassen erkennen, dass durchaus nicht nur die fiktive oder künstliche Person, die als Verkörperung anderer, natürlicher Personen verstanden wird, schauspielert, sondern es streng genommen auch die natürlichen Personen selber tun. „Als Person auftreten", lautet die Definition, „heißt soviel wie sich selbst oder einen anderen darstellen."

Bedenkt man, dass die künstliche Person im Modell von Hobbes niemand anderes ist als der Leviathan, also der absolute Souverän, der die Bürger in ihrer Eigenschaft als natürliche Personen verkörpert, d.h. repräsentiert, dann sieht man, wie sich im Zentrum der politischen Theorie von Hobbes die Umrisse eines fast an Calderons Autos sagramentales erinnernden Bühnenspiels abzuzeichnen beginnen. Der Leviathan repräsentiert die natürlichen Personen seines Staates, er stellt die Bürger seines Landes dar, während diese ihrerseits sich selbst darstellen. Beide geben ein Schauspiel: die einen, die Bürger, von sich selbst, der andere dagegen, der Souverän, nicht von sich selbst, sondern von ihnen. Das ist das Antidot der *solid Reason,* das „Gegengift der gesunden Vernunft", das Hobbes den antiken Schriften entgegenhalten will. Und der Kern dieser *Reason* lässt sich sehr gut mit der *Raison d'État* Rohans und Richelieus vergleichen. Die Verkleidungskünste des Leviathan (disguise, counterfeit) stehen der Verstellungskunst (dissimulation), die dem französischen Monarchen angeraten wird, in nichts nach, sie scheinen sogar um eine Spur dem Erfahrungshorizont des Theatrum Mundi zuzugehören.

Allerdings ist die Argumentation von Hobbes im ganzen weitaus nüchterner, wie denn auch das, was er die Person nennt, nicht nur als Akteur auf der Bühne, sondern auch als Richter im Gerichtssaal auftreten kann. Bühne und Gerichtssaal sind wie zwei verschiedene

Institutionen nebeneinandergestellt, und die Formulierung, dass der Personbegriff „von der Bühne (...) auf jeden übertragen (wurde), der stellvertretend redet und handelt", lässt das Theater als eine fast schon ferne Instanz erscheinen, von der das Leben nicht, wie im Theatrum Mundi, gänzlich eingenommen, sondern von der es nur noch am Rande berührt wird. Man gewinnt den Eindruck, Hobbes müsse die Etymologie des Wortes Person extra bemühen, um seine Argumentation zu rechtfertigen, so, als verstünde es sich nicht mehr von selbst, dass der Mensch, ob als natürliche oder künstliche Person, ein Schauspieler sei.

Ist diese Einschränkung gemacht, muss man wiederum sagen, dass es keine Theorie politischer Repräsentation gibt, die so sehr mit dem Modell des Theaters operiert, wie die von Hobbes. „Die Worte und Handlungen einiger künstlicher Personen werden von den durch sie Vertretenen (whom they represent) *als eigene anerkannt*. Damit ist die Person der *Vertreter* (Actor) und derjenige, welcher dessen Worte und Handlungen als eigene anerkennt, der *Autor* (Author); in diesem Falle handelt der Vertreter mit Autorität (In which case the Actor acteth by Authority)" (1976,123 u.1651,81;Hervorhebungen v.H.). Die Autorität einer künstlichen Person gründet sich demnach nicht auf ihre natürliche Autorität, sondern allein auf die Autorität jener natürlichen Personen, die sich als Bürger eines Staates von einem Souverän repräsentieren lassen wollen. Sie sind die Autoren der Repräsentation, und wenn man hier das Wort *Repräsentation* einmal in seiner auf die Bühne bezogenen Bedeutung als Theatervorstellung begreift, könnte man sagen, dass die Bürger für eine Aufführung oder ein Stück sorgen, dessen Autorschaft bei ihnen selber liegt. Das, was auf der Bühne gespielt wird, geht auf sie zurück. Sie haben den Hauptakteur überhaupt erst in die Lage versetzt, spielen zu können – in Hobbes' Worten: „Eine Menge von Menschen wird zu *einer* Person gemacht, wenn sie von einem Menschen oder einer Person vertreten wird (represented) und sofern dies mit der besonderen Zustimmung jedes einzelnen dieser Menge geschieht" (1976;125f u.1651,82;Hervorhebung v.H.)

Es fehlt nur noch der Titel des Stücks, doch der ist, wie die ganze Theorie, von Hobbes vorgegeben und mit dem Titel seiner Schrift identisch. Der eben zitierte Satz steht fast am Ende des ersten Teils über den Menschen (Of Man) und leitet über zum zweiten über den Staat (Of Commonwealth), der mit dem 17. Kapitel, „Von den Ursachen, der Erzeugung und der Definition eines Staates", beginnt (Of the Causes, Generation and Definition of a Common-wealth). Der Zweck der Staatsgründung wird gleich am Anfang des Kapitels erörtert. „Die Menschen, die von Natur aus Freiheit und Herrschaft über andere lieben, führten die Selbstbeschränkung (restraint), unter der sie, wie wir wissen, in Staaten leben, letztlich allein mit dem Ziel und der Absicht ein, dadurch für ihre Selbsterhaltung zu sorgen und ein zufriedeneres Leben zu führen – das heißt, dem elenden Kriegszustand zu entkommen, der (…) aus den natürlichen Leidenschaften der Menschen (naturall Passions of men) notwendig folgt, dann nämlich, wenn es keine sichtbare Gewalt gibt, die sie im Zaume zu halten und durch Furcht vor Strafe an die Erfüllung ihrer Verträge und an die Beachtung der natürlichen Gesetze zu binden vermag (when there is no visible Power to keep them in awe, and tye them by feare of punishment to the performance of their Covenants)" (1976,131 u.1651,85). Obwohl die Formulierung sehr allgemein ausfällt, ist nicht zu übersehen, dass Hobbes vor allem den religiösen Bürgerkrieg in England meint. Der Zweck der Staatsgründung ist es, diesen Krieg zu beenden, und er ist Hobbes zufolge nur zu beenden, wenn der Staat durch eine sichtbare Macht verkörpert wird, die die Bürger durch die Verbreitung von Furcht und Schrecken (feare and awe) am Ausbruch der für den Religionskrieg verantwortlichen Leidenschaften hindert.

Auch an dieser Stelle, beim Problem der Eindämmung der Leidenschaften, fällt die Verwandtschaft der *solid Reason* von Hobbes mit der *Raison d'État* von Richelieu ins Auge. Jedoch setzte die Staatsgründung bereits eine erfolgreiche Abkühlung der *Passions* in gewissem Umfang voraus. Es bedurfte zumindest eines Königs, der die Verstellungskunst nach den Regeln der Räson so beherrschte, wie Heinrich IV. bei der Beendigung des französischen Religionskriegs mit seiner dreimaligen Konversion. Die von Hobbes vorgeschlagene Lösung, – der König in der Rolle der künstlichen, der Bürger in der der natürlichen Person, die den König zur Ausübung seiner Herrschaft autorisiert –, scheint im Vergleich dazu anspruchsvoller zu sein, da einem Volk, wie dem englischen, das sich schon unter der von Rohan mit Heinrich IV. verglichenen Elisabeth kaum in seinen Leidenschaften zügeln ließ, eine solche Autorisierung schwerfallen musste.

Hobbes bietet diese Lösung am Ende des 17. Kapitels an. „Der alleinige Weg zur Errichtung einer solchen allgemeinen Gewalt, die in der Lage ist, die Menschen vor dem Angriff Fremder und vor gegenseitigen Übergriffen zu schützen und ihnen dadurch eine solche

Sicherheit zu verschaffen, daß sie sich durch eigenen Fleiß und von den Früchten der Erde ernähren und zufrieden leben können, liegt in der Übertragung der gesamten Macht und Stärke auf einen Menschen oder eine Versammlung von Menschen, die ihre Einzelwillen durch Stimmenmehrheit auf einen Willen reduzieren können. Das heißt soviel wie einen Menschen oder eine Versammlung von Menschen bestimmen, die deren Person verkörpern sollen, und bedeutet, daß jedermann alles als eigen anerkennt, was derjenige, der auf diese Weise seine Person verkörpert, in Dingen des allgemeinen Friedens oder der allgemeinen Sicherheit tun oder veranlassen wird, und sich selbst als Autor alles dessen bekennt und dabei den eigenen Willen und das eigene Urteil seinem Willen und Urteil unterwirft. Dies ist mehr als Zustimmung oder Übereinstimmung: es ist eine wirkliche Einheit aller in ein und derselben Person, die durch Vertrag eines jeden mit jedem zustandekam, als hätte jeder zu jedem gesagt: *Ich autorisiere diesen Menschen oder diese Versammlung von Menschen und übertrage ihnen mein Recht, mich zu regieren, unter der Bedingung, daß du ihnen ebenso dein Recht überträgst und alle ihre Handlungen autorisierst"* (1976,134 u.1651,87).

Da diese fingierte Rede, die jeder jedem hält, das Zentrum des Werkes bildet, gibt Hobbes nun den Titel dieses von König und Bürgern aufzuführenden Stückes preis: „Ist dies geschehen, so nennt man diese zu einer Person vereinte Menge *Staat,* auf lateinisch *civitas.* Dies ist die Erzeugung jenes großen *Leviathan* oder besser, um es ehrerbietiger auszudrücken, jenes *sterblichen Gottes,* dem wir unter dem unsterblichen Gott unseren Frieden und Schutz verdanken. Denn durch diese ihm von jedem Einzelnen im Staate verliehene Autorität steht ihm so viel Macht und Stärke zur Verfügung, die auf ihn übertragen worden sind, daß er durch den dadurch erzeugten Schrecken in die Lage versetzt wird, den Willen aller auf den innerstaatlichen Frieden und auf gegenseitige Hilfe gegen auswärtige Feinde hinzulenken (that by the terrour thereof, he is inabled to forme the wills of them all, to Peace at home, and mutual ayd against their ennemies abroad). Hierin liegt das Wesen des Staates, der, um eine Definition zu geben, *eine Person ist, bei der sich jeder einzelne einer großen Menge durch gegenseitigen Vertrag eines jeden mit jedem zum Autor ihrer Handlungen gemacht hat, zu dem Zweck, daß sie die Stärke und Hilfsmittel aller so wie sie es für zweckmäßig hält, für den Frieden und die gemeinsame Verteidigung einsetzt.* Wer diese Person verkörpert, wird *Souverän* genannt und besitzt, wie man sagt, *höchste Gewalt,* und jeder andere daneben ist sein *Untertan* (And he that carryeth this Person, is called *Soveraigne,* and said to have *Soveraigne Power;* and every one besides, his *Subject)"* (1976,134f u.l651,87f;Hervorhebungen v.H.). Diese höchste Gewalt, die *Soveraigne Power,* die durch gegenseitige Übereinkunft der Menschen zustandekommt, bezeichnet Hobbes schließlich als „politischen Staat oder Staat durch Einsetzung" (Politicall Commonwealth or Commonwealth by Institution) (1976,135 u.1651,88).

Beim Begriff des Politischen, der der Hobbesschen Staatskonstruktion zugrundeliegt, handelt es sich um eine höchst fiktive Angelegenheit. Das folgt schon aus der Definition der Person. Der Monarch oder die Versammlung, die als absoluter Souverän den Staat verkörpern soll, ist keine natürliche, sondern eine künstliche Person, deren Natürlichkeit für das Politische keine Rolle spielt. Die künstliche Person hat deshalb auch keine Leidenschaften. Sie darf keine Leidenschaften haben, weil sie sonst nicht jene *solid Reason,* das englische Gegenstück zur *Raison d'État,* repräsentieren könnte. In seiner Analyse der Geometrie des Titelblatts vom *Leviathan* hat Reinhard Brandt auf den leidenschaftslosen Augenausdruck des den Leviathan darstellenden Souveräns hingewiesen (Brandt 1982,201ff). Das große Tier, – Walfisch, Schlange oder Drache –, stand als Allegorie für ein dem *Alten Testament* entnommenes Emblem, das der Betrachter des Titelblatts und Leser von Hobbes' Schrift mit dem König, dessen Leib man aus den Körpern der Untertanen zusammengesetzt sieht, assoziieren sollte, damit die absolute Macht des Souveräns sinnfälliger zum Ausdruck kam (Abb.31).

Es folgt aus der Künstlichkeit der fiktiven Person, deren Autorität allein auf den Verträgen basiert, die die Bürger miteinander, also ohne den König, geschlossen haben, dass der Hobbessche Entwurf absolutistischer Herrschaft, will er der Künstlichkeit der Konstruktion gerecht werden, nicht despotisch oder tyrannisch sein darf. Um es anders auszudrücken: Die Wahrheit dieser Konstruktion kann der von Hobbes gelegentlich der Personbestimmung eingeführten Alternative von *Truly* oder *by Fiction* nicht entrinnen, ohne die Haltbarkeit der Konstruktion selbst zu gefährden, wobei immer wieder hinzuzufügen ist, dass nicht nur das *by Fiction,* sondern auch das *Truly* Ergebnis einer spielerischen Darstellung, eben der Repräsentation, ist, die ja sowohl Repräsentation von anderen als auch von sich selbst sein kann.

So ist es im Rahmen der Staatskonzeption von Hobbes nur stimmig, wenn er bei der Staatsreligion, dem Herzstück der vom Souverän erlassenen Gesetze, zwar Gehorsam verlangt, – besonders auch in der Ausübung des öffentlichen Gottesdienstes, da er eine Demonstration der friedlichen Einheit des Staatskörpers ist –, den Glauben daran aber jedem freistellt. „Denn wenn das verkündete Gesetz dem Gesetz der Natur – das unzweifelhaft göttliches Gesetz ist – nicht widerspricht, und man gehorcht ihm, so ist man durch die eigene Handlung dazu verpflichtet – ich meine zum Gehorsam verpflichtet, aber nicht daran zu glauben (I say to obey it, but not bound to believe it). Der Glaube der Menschen und ihr inneres Denken (interiour cogitations) sind nämlich Befehlen nicht unterworfen, sondern nur dem gewöhnlichen oder außergewöhnlichen Wirken Gottes" (1976,219 u.1651,149).

Damit ist die Staatsreligion eine äußerliche Angelegenheit, die nicht zum Bereich des inneren Denkens gehört. An jedem Feiertag wird im gemeinsamen Gottesdienst aller Staatsbürger die fiktive Person des Leviathan sichtbar unter Beweis gestellt – die knienden Personen, die auf dem Titelblatt den Körper des Leviathan zusammensetzen, mögen einen solchen Gottesdienst darstellen. Das heißt, das, was Souverän und Bürger in ihrer Gesamtheit als Staatsbürger öffentlich bekennen, ist ein fiktiver, kein wahrhafter Glauben. Es ist bloß eine Konfession – in Rücksicht auf die Hugenotten könnte man sie eine andere Art des Konvertitentums nennen, mehr Glaubensform als Glaubensinhalt. Darin ist der verdeckte Sinn des Politicall Commonwealth enthalten. Der Leviathan verkörpert die Neutralität des Politischen als Voraussetzung sowohl des inneren Friedens als auch der Fähigkeit, gegen andere Staaten Krieg zu führen. Die Seele dieser Staatskonstruktion ist also in einer Form der Verstellung zu suchen – die Wahrheit des Leviathan ist eine formgerechte Lüge. Die berühmte Hobbessche Formel: *Auctoritas, non Veritas facit legem,* besagt, dass die Autorität des die Gesetze erlassenden Souveräns vor der Wahrheit rangiert – beim Bühnenspiel des Lebens kann es keine *Veritas* geben.

3.2.6 HOBBES ALS LIBERALER – MODERNE DEUTUNGEN

Wenn hier im Zusammenhang des Leviathan von Lüge gesprochen wird, so nicht, um Hobbes, wie es spätere Jahrhunderte getan haben, eines Immoralismus zu zeihen, sondern um die Klugheit und das

Raffinement, das in seiner Konzeption des Staates steckt, hervorzuheben. Die Lüge als Kern seiner politischen Theorie ist, wie bereits betont, dem *Gran Teatro del Mundo* Calderons und der von diesem propagierten Nachsicht gegenüber den lügnerischen Dingen dieser Welt benachbarter als den moralischen Theorien politischer Repräsentation, die in der Aufklärung entstanden sind. Anderseits ist sie vom Lebensgefühl des spanischen und englischen Welttheaters so weit entfernt, dass alle jene Leviathan-Interpretationen nahezuliegen scheinen, die Hobbes als frühen Aufklärer und Vorkämpfer des politischen Liberalismus verstehen. Was so weit geht, dass selbst dort, wo das dramaturgische Moment der Macht des Leviathan nicht übersehen wird, Reflektionen auf die zeitgenössische Kultur des Theatrums außer Betracht bleiben. So hat Lucien Jaume den Personbegriff von Hobbes als psychoanalytisches Symbol missdeutet und *die solid Reason* mit dem modernen Rationalismus Weberscher Prägung kürzgeschlossen (1Ollf u.l029f). Beim Leviathan handelt es sich jedoch weniger um ein Symbol aus psychoanalytischer Sicht, als um eine Allegorie aus der Perspektive *des* Theatrum Mundi.

Selbst dort allerdings, wo man heute die Perspektive des Welttheaters beachtet, wird zugleich auf die Modernität des politischen Ansatzes von Hobbes hingewiesen. Beispielhaft dafür ist Carl Schmitt. „Die berühmte Titelseite des *Leviathan* mit ihren vielen symbolischen und allegorischen Figuren ist durch und durch politische Allegorie." Einige Seiten weiter heißt es: „Hobbes ist der geistige Vater des modernen juristischen Positivismus, der Vorläufer von Jeremias Bentham und John Austin, der Wegbereiter des liberalen Gesetzesstaates" (1982b,150f u.157). Wie kann etwas, das durch und durch allegorisch ist, gleichzeitig politisch liberal sein, wenn man doch davon ausgehen muss, dass die Moderne sich gerade durch die Abwesenheit alles Allegorischen definiert? Oder anders: Wie kann Schmitt zum einen die Charakterisierung des Hobbes als Barockphilosophen zustimmend zitieren (150), ihn zum anderen aber als Vater des barockfernen Liberalismus bezeichnen?

Die erste Schwierigkeit dürfte schon mit der Formulierung Schmitts verbunden sein, die Titelseite des *Leviathan* sei „durch und durch politische Allegorie". Wäre sie das wirklich, so könnte Hobbes kaum zugleich als Vater des Liberalismus ausgegeben werden. Soll aber beides gleichzeitig möglich bleiben, so mag die Titelseite des *Leviathan* zwar durch und durch politisch, sie kann aber nicht weiterhin auch durch und durch allegorisch sein.

Reinhard Brandt hat in dem erwähnten Artikel gleich zu Beginn auf einen Umstand aufmerksam gemacht, der eine nähere Betrachtung verlangt. „Kein Titelblatt eines philosophischen Werks ist so einprägsam gestaltet wie das des Hobbesschen *Leviathan*, das, entworfen in der Spätblüte der Emblemkunst, Hobbes' Staatsphilosophie bildlich darzustellen sucht." Als Anmerkung fügt er hinzu: „Das Titelblatt stellt kein Emblem im strikten Sinn der Emblembücher dar, arbeitet jedoch mit der gleichen Technik der figürlichen Darstellung von Bedeutungen" (203 u.219,Anm.1). Brandt hat diese Behauptung nicht weiter begründet, aber vermutlich meint er mit dem „strikten Sinn der Emblembücher" das Theatrum Emblematicum, das etwa noch das Titelblatt des *Theatrum Orbis Terrarum* des Abraham Ortelius zierte, zumindest die Londoner Ausgabe von 1603 (Abb.23). Dies aber war nicht die Zeit der Spät-, sondern der Hochblüte der Emblemkunst, und deshalb könnte man die Bemerkung von Brandt dahingehend konkretisieren, dass, bildlich gesprochen, dem Titelblatt des *Leviathan* außer den Säulen auch der perspektivisch dargestellte Bühnenraum fehlt, den die Säulen einzurahmen pflegten. Mochte die Technik der figürlichen Darstellung von Bedeutungen die gleiche wie die der Emblemkunst sein, so drohte doch der Theatrumcharakter und mit ihm die Emblemkunst selber langsam verlorenzugehen.

Träfe diese Beobachtung zu, dann wäre gerade in der Tatsache, dass es sich bei dem Titelblatt nicht um eine durch und durch politische Allegorie handelt, einer der wesentlichen Ansatzpunkte für die prätendierte Zukunftsbezogenheit des *Leviathan* zu suchen. Die Figur des Fürsten und seine Gestaltung durch Hobbes könnten solche Prätentionen durchaus stützen. Im Unterschied zu den Staatsallegorien aus der Blütezeit der Emblematik sind nur der Leib und die Arme des Leviathan aus seinen Untertanen zusammengesetzt, nicht dagegen der Kopf. Den Aspekt lässt Brandt unberührt, wenn er sagt: „Im Körper des Fürsten, dem corpus civile et ecclesiasticum, sind die Bürger sinnbildlich in der Manier Arcimboldis vereinigt; sie bilden die Substanz des Körpers und sind Schutz und Panzer gegen äußere Gefährdung" (1982,203). Die Allegorien Arcimboldis, der von 1562 bis 1588 Maler und Festgestalter am Hof Maximilians und Rudolfs II. in Wien und Prag war, zeichnen sich jedoch auch dadurch aus, dass der Kopf des Fürsten in die allegorische Darstellung mit einbezogen wird (Da Costa Kaufmann,275ff,bes.286ff;Abb.32 u.33).

So nebensächlich diese Beobachtung sein mag und so wenig sie deshalb den Vergleich Brandts von Hobbes und Arcimboldi entwerten kann, so sehr könnte sie jene Interpreten, die den *Leviathan* als Modell eines liberalen Gesetzesstaates verstehen, zu der Überlegung verleiten, dass es auf den Kopf des Fürsten im Prinzip schon bei Hobbes nicht ankomme, jedenfalls nicht aus der Sicht des Titelblatts von 1651, dass folglich der *Leviathan* die englische Revolution im Kern nachvollziehe und die französische vorwegnähme. In beiden wurde schließlich das Haupt des Königs vom Körper getrennt. Und hatte Hobbes nicht schon die Bürger zu den wirklichen Autoren der Macht im Staate erkoren? Das 16. und 17. Kapitel des *Leviathan* und die Passagen über die Gewissensfreiheit lassen eine solche Deutung nicht von vornherein als Fehlinterpretation erscheinen.

Die Forderung nach Gewissensfreiheit wird inzwischen generell als Präfiguration liberalen Denkens angesehen. Das tut auch Karl Heinz Metz, dem der jüngste Versuch einer Deutung des konfessionellen Bürgerkriegs in England zu danken ist. Er sieht die Ablehnung einer uniformen Staatsreligion durch die englischen Revolutionäre und den Freiraum, den Hobbes dem Gewissen einräumt, in einer Linie. „Das Scheitern der Bestrebungen Charles' I wie später der presbyterianisch gesinnten Parlamentsmehrheit, den politischen Konsens noch einmal von der Religion her zu begründen, bildet eine der Voraussetzungen für die Entwicklung der Toleranz und für die Entstehung einer Politik des *modernen Typs* in England. Daß zwei der wichtigsten Vertreter dieser Politik, J. Harrington nämlich und Th. Hobbes, gleichfalls die Entpolitisierung der Gewissen zur unabdingbaren Voraussetzung jeder wirksamen Politik von Frieden und Ordnung erklärten, unterstützt diese Beobachtung." Etwas weiter heißt es bekräftigend: „Dieses Bestehen auf dem Schutz des individuellen *empfindsamen Gewissens* macht die Ereignisse der 1640er Jahre zu mehr als nur einer Rebellion des vormodernen Typs. Eher schon ließe sich davon als von der ersten modernen Revolution sprechen, in der viele der späteren revolutionären Kategorien gebildet wurden, wie *Gewissensfreiheit* und *parlamentarische Repräsentation*" (51 u.52f).

Metz setzt sich an dieser Stelle kritisch mit Hannah Arendts Analyse *Über die Revolution* auseinander. In einer Anmerkung steht: „H. Arendt (...) lehnt den Begriff *Revolution* für den englischen Bürgerkrieg ab, weil zum einen die Zeitgenossen dieses Wort noch im Sinne einer Rückkehr zu einer früher bereits vorhandenen *guten Ordnung* gedeutet hätten, zum anderen, weil den Rebellen eben die Vorstellung einer durch keine Vergangenheit zu übertreffenden idealen Zukunft gefehlt habe. Ihre Deutung ist, zumindest in dieser Zuspitzung, nicht haltbar." Dann folgt eine überraschende Ergänzung. „Die Allegorisierung exemplarischer Geschichte (der Bibel wie des Common Law) und die *providentielle* Parallelisierung des Heilswillens des göttlichen *Geistes* mit dem Welthandeln der Erwählten bilden ein zentrales Bindeglied im Vorgang der Umwandlung der traditionellen *revolutio* hin zur modernen *Revolution*" (52,Anm.26;Hervorhebungen v.M.).

Metz spielt auf die Independenten um Cromwell an, die das Heilsgeschehen aus der Bibel als Allegorie der Geschichte Englands verstanden und sich so auf das Millenium vorbereiteten. Überraschend ist diese Ergänzung deshalb, weil die Parallelisierung von Heils- und Weltgeschichte ebenso wie die Allegorisierung der Bibel eher die von Hannah Arendt wiedergegebene Ansicht, es handele sich nicht so sehr um Revolution als um Restauration, stützen müsste.

Der Gerechtigkeit halber und um die Verwirrung, in die einen die verschiedenen Deutungen bringen können, vielleicht noch zu vervollständigen, seien die Sätze von Hannah Arendt zitiert, auf die sich Metz unter anderem bezogen haben dürfte. „Die Tatsache, daß das Wort *Revolution* eigentlich Restauration meint, also etwas, was wir für das gerade Gegenteil einer Revolution ansehen, ist erheblich mehr als eine historische oder philologische Kuriosität. Denn die Revolutionen des 17. und 18. Jahrhunderts, die in unsern Augen so offenbar von dem Geist der Neuzeit zeugen, waren ursprünglich als Restauration gemeint und geplant. Wie sehr auch in den englischen Bürgerkriegen sich Tendenzen abzeichnen, die deutlich auf die Revolutionen des 18. Jahrhunderts hinweisen, – das Auftreten der Levellers, der Gleichmacher, und die Formierung einer Partei des niederen Volkes, deren Radikalismus sehr schnell mit der revolutionären Führung in Konflikt geriet, deutet natürlich auf den Verlauf der Französischen Revolution, während die ebenfalls von den *Gleichmachern* erhobene Forderung nach einer geschriebenen Verfassung als dem *Fundament einer gerechten Regierung*, der Cromwells *Instrument of Government* zum Zwecke der Errichtung der Protektoratsregierung dann entsprach, deutlich die vielleicht wichtigste Errungenschaft der Amerikanischen Revolution antizipiert –, sollte man doch über diesen Tendenzen und Hinweisen nicht vergessen, daß der kurze Sieg dieser ersten modernen *Revolution* öffentlich als eine Restauration gedeutet wurde, nämlich als *freedom by God's blessing restored,* wie die Inschrift auf dem großen Siegel von 1651 wörtlich lautet" (52;Hervorhebungen v.A.).

So eindeutig, wie Metz die Position Hannah Arendts darstellt, ist sie also nicht. Vielmehr macht sie auf einen entscheidenden Punkt aufmerksam, dass nämlich Restaurationsversuche, die als solche geplant waren, eher unbeabsichtigt zu Revolutionen im modernen Sinn geführt haben. Selbst noch die Väter der Französischen und Amerikanischen Revolution, schreibt sie, hätten ursprünglich alte Zustände, die zeitlich meistens nicht genau lokalisiert wurden, wiederherstellen wollen (52f). Dass dagegen Hobbes auch von Arendt als der Moderne zugehörig verstanden wird, geht aus Folgendem hervor. „(...) man (hat) den Eindruck, daß die Männer der Revolution nach den Begriffen ihrer eigenen Zeit altmodisch waren, jedenfalls an *Modernität* den Wissenschaftlern und Philosophen des 17. Jahrhunderts, – die mit Galilei *absolute Neuheit* für ihre Entdeckungen beanspruchten oder mit Hobbes erklärten, politische Philosophie *ist nicht älter als mein eigenes Buch De Cive,* oder mit Descartes behaupteten, daß kein Philosoph vor ihm es in der Philosophie sonderlich weit gebracht habe –, weit nachstanden. (...) Es ist, als hätte das seltsame Pathos des Neuen als Neuen zweihundert Jahre gebraucht, bevor es aus der relativen Abgeschlossenheit wissenschaftlicher und philosophischer Spekulationen bis in den Bereich des Politischen vordrang" (56;Hervorhebungen v.A.).

Hat Hannah Arendt mit der Betonung des Restaurativen am englischen Bürgerkrieg der Ansicht von Metz, es habe damals quasi die erste moderne Revolution stattgefunden, die nötige Korrektur hinzugefügt, so lässt ihre Vermutung über eine gegenüber Philosophie und Wissenschaft verspätete Durchsetzung der Moderne im politischen Bereich die ganze Ära des Absolutismus, zumindest die des französischen, außer Acht. Es waren nicht nur Wissenschaftler und Philosophen wie Galilei, Hobbes und Descartes, die eine absolute Neuheit für ihre Entdeckungen beanspruchten, sondern auch Politiker wie Richelieu und Rohan. Ob aber diese Neuheit bereits als Zeichen von Modernität im Sinn der Französischen und Amerikanischen Revolution gesehen werden kann, das ist genau die Frage. Sie führt zum Problem der Zeitvorstellung des *Leviathan* und dem seiner allegorischen Gestaltung, die Metz zufolge den modernen Charakter bestätigen soll, zurück.

Zwar bezieht sich Metz nicht direkt auf die Titelseite der Schrift von Hobbes, sondern auf die Allegorisierung der Bibel durch die radikalen Independenten, da aber der *Leviathan* selbst eine dem Buch Hiob entnommene Figur in allegorischer Verwendung ist, lässt sich das Titelblatt dem Argument Metzens einfügen. Der Kerngedanke dieses Arguments, der die Funktion der Bibelallegorese berührt, lautet so: „Die Allegorisierung einer bislang sozialen, Respekt erzeugenden Sprachgestalt (sc.der Bibel) ist ja ein den sozialen Wandel kennzeichnender Vorgang. Im 17. Jahrhundert ging diese Allegorisierung vornehmlich als Umdeutung der Bibel zu einer exemplarischen Geschichte vor sich. (...) Auf puritanischer Seite erreichte der allegorische Gebrauch biblischer Texte seinen Höhepunkt bei den Sektierern einer *religion of the spirit* (...). Die Bibel erscheint als Bericht einer gänzlich innerweltlichen Heilsgeschichte, deren dokumentierte Stadien symbolhaft auf die Zukunft vorausdeuten. Diese Neigung, die Heilige Schrift wie eine allegorische Geschichte zu behandeln, ist Ausdruck der Schwierigkeiten, der politischen Ordnung in einer Epoche des Glaubenszwiespalts noch eine überzeugende religiöse Rechtfertigung zuzuweisen. Dabei verbindet sich dann bei den Sektierern der *inspirierte* Bezug auf die Bibel untrennbar mit dem Bezug auf das *inspirierende* Einzelgewissen. Die mit ihm durchgeführte Allegorisierung biblischer Texte begann hier, deren Einzigartigkeit zu zerstören, d.h. sie machte sie zu einer Quelle individueller Inspiration neben anderen. Das in der Gegenwart ablaufende Geschehen bildet, so gesehen, eine Geschichte, die durch das Handeln der Gotterwählten in eine Parallele zur exemplarischen Geschichte gebracht werden soll. Auf diese Weise, aber wurde dem Königtum die Möglichkeit seiner sozusagen transpragmatischen Legitimiertheit streitig gemacht, weil die göttliche Ordnung der Welt nunmehr von jedem *der Erwählten* verwirklicht werden konnte. Die Repräsentation der göttlichen Ordnung begann so der Krone zu entgleiten und bei der Repräsentation der pragmatischen Ordnung forderte ein immer selbstbewußter werdendes Unterhaus ein Mitspracherecht" (48f).

In der Interpretation von Metz erhält das Allegorische eine weitgehend andere Funktion als in der vorliegenden Arbeit. Es wird nicht als eins der wesentlichen dramaturgischen Elemente des Theatrum Mundi, in dem die alte, zyklische Zeitvorstellung vorherrschte, angesehen, sondern als ein den sozialen Wandel zur Modernität charakterisierender Vorgang. Das ist in dieser Eindeutigkeit nicht haltbar. Schon das von Metz selbst zum Beleg seiner These herangezogene Material widerspricht dem. Die exegetische Praxis, die Zukunft des weltlichen Geschehens aus der Bibelgeschichte abzuleiten, wie bei den Millenaristen üblich, ließe sich ohne weiteres der alten, restaurativen Zeitvorstellung, nach der die Zukunft in der Vergangenheit beschlossen war, zuordnen.

Allerdings konnte schon an dem seinerzeit als neue Bibel gepriesenen Handatlas von Ortelius ein zunehmendes Präsenzbewusstsein nachgewiesen werden (2.4). Insofern hatte bereits der Raum des Welttheaters die Mittel zu seiner eigenen Auflösung parat gehalten. Warum sollte die Bibelallegorese der englischen Sektierer ihrerseits nicht die Zukunftgerichtetheit des Zeitbewusstseins forciert haben, zumal die große Zeit des Theatrum Mundi vorbei war? Im übrigen ist zu vermuten, dass die Puritaner, da sie wahrscheinlich im Sinne Calvins den bildlichen Ausdruck hinter der Stimme des Gewissens zurücktreten ließen, die Allegorisierung der Bibel ohnedies nicht im Stil der Hochblüte allegorischer Kunst betrieben haben dürften. In dem Artikel von Metz sind keine Angaben darüber enthalten. Sollte die Vermutung nicht fehlgehen, so würde sie der oben mitgeteilten Beobachtung über die Titelseite des *Leviathan,* dass es sich nicht um eine Allegorie im strengen Sinn handeln könne, entsprechen. Vielleicht diente die Allegorisierung der Bibel während des religiösen Bürgerkriegs in England nur noch einer Vorspiegelung privater Interessen. Man hätte sich bloß noch eines schon damals halb antiquierten Instruments – der Allegorese – bedient, um die politischen Angelegenheiten in eine moderne Richtung zu lenken, und der Argumentation von Metz wäre daher in diesem Punkt nur zuzustimmen.

3.2.7 DER STAAT ALS BAROCKES KUNSTWERK

Zur Klärung dieser Fragen bedürfte es einer größeren monographischen Untersuchung über die Entwicklung und unterschiedliche Gestaltung allegorischer Figuren im 17. Jahrhundert. Bis dahin wird man zwischen der Position, die Hobbes für einen Vater der Moderne hält und jener, die ihn mehr der Nähe zum Barock verpflichtet sieht, hin- und herschwanken dürfen. Einerseits ist nicht zu leugnen, dass England mit seiner merkwürdigen Mischung aus einer relativ frühen Epoche absolutistischer Herrschaft unter Elisabeth I. und einer relativ späten Phase des religiösen Bürgerkriegs (1640er Jahre) den ersten modernen parlamentarischen Staat in Europa schuf, andererseits sind, vornehmlich im *Leviathan* von Hobbes, die an die Barockkunst erinnernden Momente nicht zu übersehen.

Das ist dort am auffälligsten, wo Hobbes den Staat, der den Bürgerkrieg beenden soll, mit einem gut gebauten Haus vergleicht, den Bürgerkrieg selbst aber mit einem baufälligen Gebäude. „Wenn sie (sc. die Menschen) sich (...) nicht durch äußere Gewalt, sondern durch innere Unordnung auflösen, so liegt der Fehler nicht an den Menschen in ihrer Eigenschaft als *Stoff* (Matter), sondern in ihrer Eigenschaft als *Schöpfer* und Ordner (Makers and orderers) der Staaten. Denn werden die Menschen schließlich des regellosen gegenseitigen Hauens und Stechens (irregular justling) müde und wünschen von ganzem Herzen, sich zu einem festen und dauernden Gebäude zusammenzufügen, (to conforme themselves into one firm and lasting edifice), so können sie ohne die Hilfe eines sehr tüchtigen Architekten nur zu einem baufälligen Gebäude zusammengefügt werden, das kaum ihre eigene Lebenszeit überdauert und mit Sicherheit über den Köpfen ihrer Nachkommen zusammenstürzt, da ihnen die Kunst abgeht, zur Regelung ihrer Handlungen geeignete Gesetze zu erlassen, sowie die Bescheidenheit und Geduld, die rauen und hinderlichen Stellen ihrer augenblicklichen Gestalt glätten zu lassen" (1976,245 u.1651,167; Hervorhebungen v.H.).

Hobbes entwirft hier von sich das Bild eines guten Architekten, der in seiner Schrift die Regeln bekanntgibt, nach denen ein wohlgeordneter, den Bürgerkrieg überwindender Staat einzurichten sei. Haus und Architekt sind leicht als Embleme von Staat und Staatsgründer zu entziffern. Man erkennt auch, wie sehr der Bau des Staatskörpers von äußerer Konformität abhängt (to conforme themselves), vor allem da, wo er den zum Bürgerkrieg bereiten Menschen als einen unbehauenen Stein bezeichnet, dessen „unregelmäßige Form (irregularity of Figure) von den anderen mehr Platz verlangt, als er selbst einnimmt und wegen seiner Härte nicht leicht behauen werden kann, das Bauen behindert und deshalb von den Maurern als unnütz und lästig weggeworfen wird" (1976,116 u.1651,76). Die häufige Verwendung der Worte *irregular* und *regular* lässt ferner darauf schließen, dass es sich um genau die Regeln handeln muss, die der *solid Reason* zugrundeliegen. „Die Kunst, gut zu bauen, wurde aus den Vernunftprinzipien (principles of Reason) entwickelt, die tüchtige Menschen erkannten – Menschen, die lange die Natur des Baumaterials und der verschiedenen

Wirkungen von Figuren und Proportionen studierten, und zwar viel später als die Menschheit – wenn auch armselig – zu bauen begonnen hatte. Genauso können lange, nachdem die Menschen begonnen hatten, unvollkommene, zum Rückfall in Unordnung neigende Staaten zu errichten, durch eifriges Nachdenken Vernunftprinzipien ausfindig gemacht werden, um ihre Verfassung dauerhaft zu machen – von äußerer Gewalt einmal abgesehen. Prinzipien dieser Art habe ich in dieser Abhandlung dargelegt" (1976,256 u.1651,176). Die Regeln der geometrischen Proportionen zeitgenössischer Architektur erweisen sich, wenigstens in dem von Hobbes behaupteten Vergleich, als Regeln jener *solid Reason* des Staates, die ihrerseits den von Richelieu aufgestellten Verhaltensregeln der *Raison d'État* kongruent sind.

Im Vorwort zur Abhandlung *Vom Körper* (1655) gebraucht Hobbes ein einprägsames Bild für seine Methode. „Die Philosophie ist Tochter deines Denkens und der ganzen Welt und wohnt in dir selbst", schreibt er, an den Leser gerichtet; „zwar noch nicht in klarer Gestalt, doch ähnlich der Erzeugerin Welt in ihrem gestaltlosen Anfang. Du mußt verfahren wie die Bildhauer, die durch Bearbeitung der gestaltlosen Materie, mit dem Meißel die Gestalt nicht bilden, sondern aus ihr herausholen" (3). Diese Methode ist auch die des *Leviathan*.

Hobbes' Vergleich seiner Philosophie mit der Bildhauerei ist in zweierlei Hinsicht bezeichnend, erstens, weil er zu erkennen gibt, wie selbstverständlich sich die politische Theorie und Praxis unter die damaligen Künste einreiht, zweitens, weil damit die Dominanz des Formgedankens unterstrichen wird. Die Form (forme) ist neben Stoff und Macht (matter and power) im Untertitel des *Leviathan* extra aufgeführt. Sie ausschließlich unter dem traditionellen Aspekt der Aristotelischen Lehre der Regierungsformen zu betrachten, hieße, die Kunstgeschichte seit der italienischen Renaissance, vor allem den Neuplatonismus Ficinos mit seinem Gedanken der Formierung alles Deformierten auszublenden. *Form* im *Leviathan* bedeutet nicht nur Regierungsform, also Demokratie, Aristokratie oder Monarchie, sondern auch Schönheit. Als solche profitiert sie vom damaligen Schönheitsbegriff, der wesentlich die Wahrung vorgegebener Maße meinte und nicht auf die von Hobbes angeführte Bildhauerei beschränkt war.

Es ist daher in dem hier angesprochenen Zusammenhang von größtem Interesse, im Titelblatt des *Leviathan* genau diese Maße wiederzufinden. Macht man wie Reinhard Brandt die verborgenen Linien sichtbar, von denen die Konstruktion des Frontispiz' getragen wird, so kommen die den damaligen Künsten vertrauten Proportionen als Formenwerk des *Politicall Common-wealth* zum Vorschein: die Seitenlängen der Vierecke entsprechen dem „Verhältnis von Grundton, Oktave und Quinte. (...) Im Titelblatt", folgert Brandt, „liegt also eine musiktheoretische Aussage verborgen, die zugleich auf die Konzeption des Ganzen verweist: die harmonia mundi civilis et ecclesiastici" (211;Abb.34). Das, was Brandt von der Musiktheorie sagt, ist wegen der universellen Anwendung der Proportionenlehre auf alle anderen Künste der Zeit übertragbar – neben der Bildhauerei vor allem auf die Architektur, auf die Malerei und auf die Poesie.

Diese Bezüge entgehen einem, wenn man in Hobbes primär den Vordenker des liberalen Gesetzesstaates sieht. Sie entgehen einem aber besonders, wenn man ihn, wie seine berühmtesten Kritiker, Locke und Rousseau, es taten, als Theoretiker des Despotismus versteht. Verweilt man indes bei der Reflektion über das, was Hobbes *forme* nennt, dann ist der Leviathan kein Tyrann, der von seinen Untertanen despotischen Gehorsam verlangt, sondern ein absoluter Monarch, dem der Gehorsam nur vorgespielt werden muss. Der Leviathan fordert keine Unterwerfung, er fordert lediglich formalen Gehorsam. In dieser Hinsicht gibt es starke Berührungspunkte zwischen der politischen Philosophie von Hobbes und dem Theater Corneilles. Sie fallen nur deshalb nicht ins Auge, weil der eine, schon aufgrund der im Vergleich zu England befriedeteren Verhältnisse, die Bewunderung für den König in den Vordergrund rückte, der andere dagegen den von diesem auszuübenden Schrecken.

Das ist zunächst ein glatter Widerspruch. Jenes für das Drama Corneilles ausschlaggebende Moment, so hieß es oben, war ja gerade weder der Schrecken, noch Furcht und Mitleid – alle diese dramaturgischen Elemente wurden wegen ihrer zu großen Verwandtschaft mit der Aristotelischen Tragödientheorie eher vermieden. Sobald man jedoch die Sphäre des *drame poétique* verließ und sich in die von Richelieu vertretene Sphäre der politischen Realität begab, trat auch der Schrecken der vom Souverän ausgesprochenen Strafen in seine Rechte ein, ohne dass deshalb das poetische Prinzip der Bewunderung für den Monarchen vom Kardinal geleugnet worden wäre. Im Gegenteil, er produzierte ja mit Corneille zusammen eine Zeit lang jene Fünfakter, die den gleichen dramaturgischen Regeln folgten wie das poetische Drama.

Am gleichzeitigen Nebeneinander von Schrecken und Bewunderung in der Politik Richelieus wird durchschaubar, dass die Funktion des vom Souverän ausgeübten Schreckens keine Re-Aristotelisierung im Bereich des Politischen intendierte, sondern dass sie der Durchsetzung des formalen Gehorsams zu dienen hatte. Der Schrecken war die Voraussetzung der Bewunderung des Souveräns durch seine Untertanen. Er war die Voraussetzung dafür, dass, um wieder mit Hobbes zu sprechen, das Theater politischer Repräsentation, das sich zwischen den Autoren der Herrschaft und der *artificiall person* abspielen sollte, überhaupt stattfinden konnte. Nur so ergibt die Konstruktion des *Leviathan* einen Sinn, und nur so steht sie nicht im Widerspruch zum oben angeführten Anti-Aristotelismus von Hobbes.

Dass der Leviathan kein gefräßiger Polyphem ist, mit dem Rousseau ihn in Anspielung auf Lockes Hobbeskritik vergleicht (cf. Rousseau,355f), wird ersichtlich, wenn man das Hauptziel des *Leviathan*, den religiösen Bürgerkrieg in England zu beseitigen und einen im Innern geordneten Staat zu errichten, nicht aus dem Auge verliert. Wie Richelieu definiert auch Hobbes den Schrecken ausdrücklich nicht als eine Rachehandlung. „Der Zweck der Strafe (ist) nicht Rache, sondern Abschreckung (the aym of Punishment is not a revenge, but terrour)" (1976,238 u.1651,162). Der Schrecken ist geradezu der Gegenbegriff zur Rache, schon deshalb, weil die Anwendung von Strafe einen absolut leidenschaftslosen Souverän voraussetzt. Die deutsche Übersetzung benutzt das richtige Wort: Abschreckung. Der Schrecken ist dem Leviathan nur dienlich in seiner Funktion als Abschreckung vom Bürgerkrieg. Er ist für Hobbes das entscheidende Instrument für den künftigen Frieden.

Noch klarer geht das aus folgender Formulierung hervor. „Jedes Übel, das nicht in der Absicht oder ohne die Möglichkeit zu bieten, den Täter oder – durch sein Beispiel – andere Menschen zum Gehorsam gegen die Gesetze zu bringen, zugefügt wird, ist keine Strafe, sondern ein feindlicher Akt (is not Punishment, but an act of hostility), da eine Schädigung, die diesen Zweck nicht verfolgt, nicht unter diesen Begriff fällt" (aaO). Im Glossar des Originals steht die zusammenfassende Notiz: „Das Zufügen von Leid ohne Rücksicht auf ein zukünftiges Gut ist keine Bestrafung (Pain inflicted without respect to the future good, is not Punishment)"; das heißt, positiv gewendet, die Bestrafung durch den Leviathan ist nur dann kein feindlicher Akt gegen den Untertanen, wenn er zur Verbreitung des Gesetzesgehorsams in der

Zukunft beiträgt. An dieser Stelle ist zu sehen, wie die Abkehr von der Vergangenheit, die mit der Kritik an Aristoteles, ob an seiner *Politik* oder an seiner *Poetik*, einherging, nicht nur ein stärkeres Bewusstsein der Gegenwart, sondern auch ein stärkeres Bewusstsein der Zukunft einleitete, einer Zukunft, die, anders als im Elisabethanischen Zeitalter, nicht mehr durch die Vergangenheit vorherbestimmt, sondern von ihr befreit sein sollte.

Die vom Souverän verabschiedeten Gesetze sind genauso formgebunden wie der Gehorsam, dessen Verbreitung der Schrecken des Leviathan garantieren soll. „Mit den staatlichen Gesetzen verhält es sich so wie mit den Spielregeln (Laws of gaming): Alles, was die Spieler (the Gamesters) untereinander abmachen, ist für keinen von ihnen ein Unrecht (…). Denn Gesetze, die nur autorisierte Regeln sind (Laws which are but Rules Authorised), werden nicht dazu verwendet, um das Volk von allen willentlichen Handlungen fernzuhalten, sondern um es zu lenken und so in Bewegung zu halten, daß sie sich durch ihre heftigen Begierden, Voreiligkeiten und Unbesonnenheiten nicht selbst verletzen, so, wie Hecken nicht gepflanzt werden, um die Reisenden anzuhalten, sondern um sie auf dem Weg zu halten" (1976,264f u.1651,182).

Hätte Hobbes statt der *Spieler* das Wort *Schauspieler,* statt der *Gamesters* das Wort *Actors* gebraucht, dann wäre, der Bezug des Gesetzes zum Theater eindeutig gewesen. Doch die Politik des Leviathan war, wie im Frankreich Richelieus, mit dem Theater seiner Zeit nicht identisch, sondern nur verwandt. Dafür sprechen die über den Text verstreuten Hinweise, die Spiel und Theater nur als Beispiele heranziehen, nicht aber wirklich in die Argumentation integrieren. Trotzdem liegt es auch an dieser Stelle wieder nahe, auf das zentrale 16. und 17. Kapitel des *Leviathan* zurückzukommen. Schließlich erinnern die *Rules Authorised* an die Autoren souveräner Macht und an den Monarchen, der als Schauspieler (Actor) Macht lediglich ausübt oder ausspielt. Die *Rules Authorised* dürfen damit, wie Richelieus *règle et conduite,* mit den Regeln des Corneilleschen Dramas, deren politischer Sinn die leidenschaftslose Formierung des ebenso leidenschaftslosen Gehorsams gegenüber dem König ist, zwar nicht identifiziert, aber, assoziiert werden. In Assoziation zu Corneille lässt sich somit sagen, dass, da die Abschreckung vom Bürgerkrieg, vom bellum *omnium contra omnes,* das oberste Ziel des Leviathan ist, die politische Logik des von ihm verbreiteten Schreckens nicht in einer Verstärkung, sondern in einer Abschwächung der Leidenschaften besteht.

3.2.8 DESCARTES' *ADMIRATION* – PASSION OHNE PASSION

Nun hat Descartes in seiner Abhandlung *Über die Leidenschaften der Seele* diesem Sachverhalt eine wissenschaftliche Fundierung gegeben, die der obigen Behauptung erst einmal widerspricht. Im Artikel 53, der zwar nicht vom Schrecken, sondern von der Bewunderung (admiration) handelt, sich aber nach der oben angedeuteten Affinität zwischen der politischen Philosophie Hobbes' und dem poetischen Drama Corneilles analog auf ihn beziehen lässt, liest man Folgendes: „Wenn die erste Bekanntschaft mit einem Ding (objet) uns überrascht (nous surprent) und wir es für neuartig oder für sehr verschieden von dem halten, was wir vorher kennengelernt (connoissions) bzw. vermutet haben, dann bewundern wir es und sind darüber erstaunt (nous l'admirons & en sommes estonnez). Und da das eintreten kann, bevor wir wissen, ob uns dieses Ding angenehm ist oder nicht, scheint mir die Bewunderung die erste aller Leidenschaften zu sein (il me semble que l'Admiration est la première de toutes les passions)" (1967,373). Die Bewunderung, weit davon entfernt, als Gegenbegriff zur Aristotelischen *compassion* fungieren zu können, wie Corneille es wollte, war Descartes zufolge also nicht nur nicht das Gegenteil einer Passion, auch nicht eine Passion unter vielen, sondern die erste von allen. Wie konnte Corneille glauben, ausgerechnet mit ihr das Publikum von seinen Leidenschaften zu befreien? Sagte er doch: „Dans l'admiration (...) je trouve une manière de purger les passions dont n'a point parlé Aristote. – In der Bewunderung finde ich ein Mittel, die Leidenschaften zu reinigen, von dem Aristoteles überhaupt nicht gesprochen hat" (1862m,508).

Im 71. Artikel derselben Abhandlung kommt Descartes allerdings auf eine bestimmte Eigenheit dieser Passion zu sprechen, die plausibel macht, warum er sie an die erste Stelle setzt. „Und diese Passion hat jenes Besondere an sich, dass man, – anders als bei den übrigen Passionen –, bei ihr als Begleiteffekt keine Veränderung im Herzen und im Blut feststellt. Der Grund dafür liegt darin, dass, da diese Passion weder das Gute, noch das Böse zum Gegenstand hat (n'ayant pas le bien ny le mal pour objet), sondern allein die Erkenntnis (connoissance) der Sache, die man bewundert, sie keine Beziehung zum Herzen und zum Blut, von denen das ganze Wohlergehen des Körpers abhängt, sondern allein eine Beziehung zum Kopf unterhält, in welchem sich die dieser Erkenntnis (connoissance) dienenden

Sinnesorgane befinden" (1967,381). Eine Leidenschaft, die nur den Kopf in Bewegung, nicht aber das Blut in Wallung bringt, ist jedoch keine Leidenschaft à la lettre. Sie würde besser – in paradoxer Manier – eine Leidenschaft ohne Leidenschaft genannt, oder, wie Cassirer es in seinem Buch über Descartes ausdrückt, eine „rein theoretische" bzw. „rationale" Leidenschaft. Als solche hat sie wieder, – darauf weist Cassirer besonders hin –, eine große Ähnlichkeit mit dem dramaturgischen Element der Bewunderung bei Corneille (1939,116f). Sie ist die einzige Leidenschaft, die zugleich Räson ist: es ist die geheime Räson der *Raison d'État*.

Descartes zufolge hat die Bewunderung noch eine andere Besonderheit. Es gibt Passionen wie Liebe und Hass, Verehrung und Verachtung und andere, die alle in einem Gegensatzpaar auftreten; nicht so die *Admiration*. „Sie hat keinen Gegensatz, da wir, wenn das Ding, das uns gegenübertritt (qui se présente), nichts Überraschendes besitzt, davon in keiner Weise bewegt sind und es ohne Leidenschaft betrachten" (1967,373). Die Bewunderung ist demnach auch darin einzig unter den Leidenschaften, dass sie, sofern sie nicht übertrieben wird, nicht in etwas abgleiten kann, was ihr entgegengesetzt wäre. Sie ist und bleibt Bewunderung.

Der zuvor zitierte Passus aus Artikel 71 enthält bereits einen Hinweis auf diesen Tatbestand: „N'ayant pas le bien ny le mal pour objet – sie hat weder das Gute noch das Böse zum Gegenstand, sondern allein die Erkenntnis der Sache, die man bewundert – mais seulement la connoissance de la chose qu'on admire." Da bei der Bewunderung einer Sache weder das Gute noch das Böse, sondern die Erkenntnis im Vordergrund steht, dreht es sich im Prinzip um ein außermoralisches Verhältnis, und in diesem außermoralischen Verhältnis fällt die Bewunderung mit der Form zusammen, der sie in erster Linie gilt. Auch beim *Horace* galt das Entzücken des Publikums über die Antithese: „Je ne vous connois plus – Je vous connois encore" ja nicht so sehr dem humaneren Inhalt der Aussage des Curiace, sondern der Form des Verses (3.1).

Weder gut noch böse, – *ni bien ni mal* –, das *weder-noch* ist die Eigenschaft der leidenschaftslosen Erkenntnis von Dingen, die Descartes in einer kleinen, aber sehr wichtigen Schrift als Hauptmerkmal der Bildung und des Verhaltens eines *honnête homme* beschreibt. Die Schrift heißt *Die Suche nach der Wahrheit mit Hilfe des natürlichen*

Lichtes (1966,495-532). Cassirer gibt überzeugende Gründe dafür an, dass es sich bei dieser Schrift um einen der Königin Christina von Schweden gewidmeten Traktat handelt, den Descartes als ihr philosophischer Lehrer in Stockholm verfasst hat (1939,118-176). Was muss eine Königin, was muss ein König wissen, welche Ansichten müssen sie haben, lautet die Ausgangsfrage, um als *honnête homme* gelten zu können? Er beantwortet sie in seinem Traktat so, dass er, fast wie in einem kleinen Theaterstück, drei Personen auftreten lässt und sie in eine Diskussion verwickelt: Epistemon, der mit den Schriften der Alten vertraut ist und die alte Schulbildung, das Wissen, repräsentiert; Eudoxe, der Philosoph mit der wohlgeordneten Doktrin, die er zu verbreiten sucht – mithin Descartes selbst – und Poliandre, sein Schüler, der kaum etwas gelernt hat und aufrichtig zu bedauern scheint, im Vergleich zu Epistemon so wenig von der Philosophie des Eudoxe zu verstehen. Unter Poliandre hat man sich am besten die Verkörperung der Königin Christina vorzustellen. Da Descartes den Anti-Aristotelismus von Corneille, Richelieu und Hobbes teilte, kann kein Zweifel daran bestehen, wem von den beiden Anwesenden er den Vorzug gibt. Eudoxe tröstet denn auch sogleich den Poliandre, weil der glaubt, dem von Eudoxe angekündigten Vortrag über alle wissenswerten Dinge nicht angemessen folgen zu können. Er sagt: „Poliandre, denken Sie lieber so von sich, dass Sie es sind, der hier im Vorteil ist, da Sie nicht mit irgendetwas übermäßig beschäftigt sind und es mir sehr viel angenehmer ist, eine neutrale Person in ihren Ansichten zurechtzurücken als jemanden wie Epistemon, der noch sehen wird, dass er sich oft auf der verkehrten Seite befindet" (1966,502).

Der entscheidende Teil des letzten Satzes heißt im Französischen: „il me sera bien plus aisé de ranger de bon costé une personne neutre." Die Bedingung, die die Königin von Schweden bzw. jeder, der Anspruch darauf erhebt, ein *honnête homme* zu werden, erfüllen muss, ist die, eine *personne neutre* zu sein. Der *honnête homme* erscheint als neutrale Person und im Besitz von Erkenntnissen, welche die im Prinzip außermoralische Eigenschaft des *weder gut noch böse* haben. Hier ist der Bezug zu Hobbes, trotz des wissenschaftlichen Disputs, den er mit Descartes führte, wiederum mit Händen greifbar, auch zu seinem Personbegriff. Das *ni-ni* ist so etwas wie eine Formel für die Neutralität des Leviathan.

Wenn man hört, was Eudoxe einer neutralen Person wie Poliandre zu tun und vor allem zu lassen vorschlägt, dann sieht man, wie eines der entscheidenden Kriterien der neuen Epoche, – die Vorstellung einer mehr der Gegenwart und Zukunft zugewandten Zeit –, gleichsam gebündelt in Erscheinung tritt. „Aber", fährt der in die Wissenschaften verliebte Eudoxe seinen Gesprächspartnern gegenüber fort, „damit ihr klar erkennen könnt, welcher Art die Doktrin ist, die ich Euch verspreche, wünsche ich, dass ihr den Unterschied kennenlernt, der zwischen den Wissenschaften (sciences) und den einfachen Kenntnissen (simples connoissances) besteht, die ohne irgendeinen Diskurs der Räson (discours de raison) zu erlangen sind; das sind die Sprachen, die Geschichte, die Geographie sowie allgemein alles, was nur von der Erfahrung abhängt" (502). Und als wollte er die Abkehr von der Vergangenheit, die das Wesentliche seiner Doktrin ausmacht, auf unmissverständliche Weise ausdrücken, fügt Eudoxe hinzu: „Es liegt für den *honnête homme* keine größere Verpflichtung darin, Griechisch und Latein als Schweizerisch oder das niedere Bretonisch zu lernen, auch keine größere, die Geschichte des Heiligen Römischen Reiches als die des kleinsten Staates in Europa zu kennen; er muss nur darauf achten, seine Muße an ehrenwerte und nützliche Dinge zu wenden (employer son loisir en choses honnêtes et utiles) und darf sein Gedächtnis nur mit den notwendigsten Dingen belasten" (503). Das war natürlich ein Seitenhieb auf den vielwissenden, in alten Sprachen geübten Epistemon, aber es war zugleich eine jener klassisch gewordenen cartesischen Formulierungen, die das Wesen des neuen Zeitalters auf den Begriff brachten.

Sicher sind Descartes' Vorschläge für Christina als *tabula rasa*, als Schlussstrich unter das alte Wissen zu interpretieren, doch braucht dies nicht zu bedeuten, dass sie auch schon die Moderne eingeleitet hätten. Was Eudoxe vortrug, kann vielmehr als eine Umschreibung der Amnestie mit wissenschaftlichen Mitteln verstanden werden, jener Amnestie, durch die die *Politiker* in Frankreich den religiösen Bürgerkrieg beenden halfen. Man sah oben, dass Hobbes die Kenntnis des Griechischen und Lateinischen für den Bürgerkrieg in seinem Land verantwortlich machte. Welchen Nutzen sollte da eine Auseinandersetzung mit der Geschichte des Heiligen Römischen Reiches Deutscher Nation bringen, deren vergangene Jahrzehnte ausschließlich vom Religionskrieg gekennzeichnet waren, einem Krieg, der Frankreich 1635 dazu zwang, die verdeckte Form seiner Kriegsführung aufzugeben und offen einzugreifen? Das waren keine *choses honnêtes et utiles*, keine eines *honnête homme* würdigen Dinge. Und wenn Bossuet auch Einspruch dagegen erhoben hätte, es sei nicht so wichtig, Geschichte und Geographie zu lernen, so weiß man doch: Er legte sie dem Kronprinzen nur ans Herz, um ihn zu lehren, dass die Geschichte der vergangenen Jahrhunderte Frankreichs keinen Vergleich mit der Gegenwärt des französischen Königreichs aushielt. Außerdem hatte der Prinz bekanntlich während der Belehrungen durch Bossuet sehr heftig mit dem Schlaf zu kämpfen – so uninteressant waren die alten Geschichten inzwischen geworden (2.4).

„La table rase": das war nicht der erste Akt zur Eröffnung der Moderne, – jedenfalls schien er nicht vorwiegend so gedacht zu sein –, sondern eher ein *entr'acte,* ein Stillstand der Zeit oder eine Pause, die der Moderne dann vermutlich das Entré verschaffte. Die *Tabula rasa* Descartes' war wie der *Leviathan* von Hobbes eher eine dem Barock verwandte, oder besser, da schon über ihn hinausweisend, eine parabarocke Veranstaltung, die den Geist der Geometrie hoffähig machte – auch, obschon nicht nur, in der Mathematik. Diese von Descartes neu konzipierte Wissenschaft mag als Paradigma für das Geltung beanspruchen, was im Mittelpunkt der ganzen Epoche stehen wird: für die Bewunderung der Form. Das auf ihn zurückgeführte Koordinatenkreuz erlaubte es, die geometrischen Proportionen und Figuren „clare et distincte" abzubilden. Die Geometrie ist die neutrale Wissenschaft par excellence. Daher fand Hobbes in seinem *Leviathan* so viel Lob für sie und verglich seine eigenen *Principles of Reason* und die von ihm gutgeheißene Regierungskunst mit den geometrischen Regeln (1976,162 u.1651,107). Das heißt wieder nichts anderes, als dass der *esprit géométrique* nicht auf den Bereich der Mathematik und Architektur beschränkt war, sondern alle Bereiche erfasste, nicht zuletzt den der Politik.

Fast möchte man den Namen, den Descartes seinem Günstling in der *Recherche de la Vérité* gegeben hat, als Beleg dafür nehmen – Poliandre alias *homme poli, homme politique, homme d'État* oder *Mann des Hofes. Die Recherche* war ja ausdrücklich für den *honnête homme* geschrieben worden (cf.Untertitel des Traktats,495). Doch wenn dieser Poliandre auch ein Höfling war, so hielt er sich wie jeder Höfling keineswegs durchweg am Hof auf. Am Anfang des Gesprächs mit Eudoxe beklagt er sich darüber. „Ich weiß nicht, wie ich den Irrtum meiner Eltern entschuldigen soll, die mich, weil sie davon überzeugt waren, dass der Umgang mit Literatur den Mut nicht genügend fördere, in so jungen Jahren an den Hof und in die Armee geschickt haben" (499). Am Ende des Gesprächs wird Poliandre durch Eudoxe davon kuriert worden sein, die Entscheidung seiner Eltern als Irrtum anzusehen.

Poliandre, das ist auch ein Teil von Descartes selber, der sich in seiner Jugend an den gleichen Stellen aufgehalten hatte: am Hof und in der Armee (1965,9). Hof und Armee waren die vor anderen ausgezeichneten Orte, wo die *personne neutre* das vermittelt bekam, was die Franzosen *formation* nennen. So schien nicht nur der Bereich des Politischen von der Neutralität beherrscht zu sein, sondern auch der Bereich des Krieges. Doch es mutet paradox an, dass Descartes die Eigenschaft der neutralen Person, die zugleich, wie oben zu sehen war, eine Verkörperung von Verstellung und Lüge ist, ausgerechnet in einem Traktat über die Wahrheit beschrieb.

3.3 VORTÄUSCHUNG DES KRIEGES

Wahrheit bedeutet im cartesianischen Denken etwas ganz Besonderes. Abkürzend ließe sich sagen, dass Descartes unter Wahrheit nicht eine orthodoxe Größe im Sinn der zeitgenössischen Schulphilosophie verstand. Immerhin gab er dem Mann, dem er seine Doktrin in den Mund legte, den Namen Eudoxe. Eudoxe war es, der sich mit Poliandre und Epistemon unterhielt, nicht Orthodoxe. Descartes unterbreitete Christina von Schweden keine verbohrten (orthos), sondern klare und distinkte (eu) Ansichten, die ein *honnête homme* zu befolgen hatte, um sich am Hof und in der Armee so zu führen (conduite), wie es von ihm erwartet wurde. Ähnlich wie Hobbes machte Descartes die verbohrten Lehren der Schulphilosophen für den religiösen Bürgerkrieg verantwortlich. Die von ihm gegenüber der Königin vertretene Eudoxie sollte, indem sie diese streitbaren Lehren hinter sich ließ, das Denken „zu Zartheit und Eintracht" disponieren (à la douceur et à la concorde). Sie sollte die Vernunft der Schwedin voranbringen, um sie zur Praxis der „bonnes actions", der „guten Handlungen", aus denen der größte Teil des Lebens eines *honnête homme* bestand, anzuleiten (1964,18 u.1966,495).

Aus der Eudoxie Descartes auf die Vorliebe für paradoxes Denken zu schließen, das, zumal im 17. Jahrhundert, sehr verbreitet war, ist vielleicht etwas kühn. Die Vermutung, dass Para- und Eudoxie nicht so weit auseinanderliegen, liegt jedoch nahe, wenn man neben dem deutlichen Bezug der cartesischen Doktrin zur Neutralität des Leviathan jene *bonnes actions* betrachtet, die ein *honnête homme* am Hof und in der Armee dieses Leviathan auszuführen hatte. Ohne schon ins Detail zu gehen, kann man Descartes' gerade genannte Formulierung aus *Les Principes de Philosophie* verwenden – Prinzipien, die das Denken (les esprits) auf die *douceur* und die *concorde* einstimmen sollten.

3.3.1 BELLUM MUSICALE

Die *concorde* bedarf einer eingehenderen Erörterung. Zwar steht sie in einem auffälligen Gegensatz zur Zwietracht des religiösen Bürgerkriegs, sie schließt aber Intrigen, die besonders am Hof gang und gäbe waren, nicht aus. Die *douceur* widerspricht dieser Auffassung von Eintracht nicht. Das lässt sich an einem Beispiel aus der zeitgenössischen Musik erläutern.

Leo Schrade hat in den Barockopern seine Ansicht bestätigt gefunden, dass das Wort *Konzert* nicht auf *concentus,* das ist: harmonisch, sondern auf *concertare,* das ist: streiten, zurückgehe. Die leidenschaftlichen Affekte der königlichen Hauptakteure würden kompositorisch so gegeneinandergeführt, dass geradezu ein musikalischer Krieg stattfinde. Er war der Zeit im Topos des *bellum musicale* vertraut. Stets aber würden die Leidenschaften im formvollendeten und stilvollen Zeremoniell aufgefangen.

Monteverdis *Madrigali guerrieri ed amorosi,* die im Titel außer der Liebe auch den Krieg ansprechen, ohne doch ihre konzertante Qualität einzubüßen, scheinen Schrade recht zu geben, doch letztlich ist die Frage, ob das Wort *Konzert* etymologisch auf das Wort *Streit* oder *Harmonie* zurückgeht, angesichts des Umstands, dass die Harmonie durch den musikalischen Streit ihre Schönheit nicht nur nicht verlor, sondern erst gewann, zweitrangig. Lohnender wäre die Frage nach der Form des Stils, die den musikalischen Krieg zu einer so zivilisierten Erscheinung werden ließ.

Die Form macht aus dem *bellum musicale* ein harmonisches Konzert. Wendet man sich von der zeitgenössischen Musik zur zeitgenössischen Architektur, deren Proportionen und Figuren auf Tonverhältnisse zurückgeführt wurden, so wird der formorientierte Zusammenhang zwischen Barockoper und Barockgebäude sichtbar: der Esprit von *douceur* und *concorde* ist der *esprit géometrique* als barocker Formgedanke. An kaum etwas hat Descartes die Methode seiner Philosophie so klargemacht, wie an der Architektur seiner Zeit. Ob es der gerade Weg ist, der am besten aus dem Wald herausführt oder das neue Haus, das er bauen will, stets zeichnet sich hinter den Beispielen eine regulierte barocke Stadt- und Gartenlandschaft ab, jene klaren und deutlichen Markierungen, die die Form der Philosophie Descartes bezeugen. Zwar ist in der Architektur der cartesischen „Dinge", überhaupt in der Architektur des Barock, keine dem *bellum musicale* direkt entsprechende Größe auszumachen, sie findet sich aber indirekt in dem, was man das dramaturgische Prinzip der Täuschung nennen könnte. Es ist sowohl in der barocken Oper, als auch im poetischen Drama präsent – in der Barockarchitektur wird es durch das *trompe l'oeil* dargestellt.

Bei den von Intrigen durchzogenen *bonnes actions* der Hofleute kam dieses Täuschungsprinzip als paradoxe Form der Ehre zum Vorschein. Die Intrige war nicht moralisch verwerflich. Das wurde sie erst im Laufe des 18. Jahrhunderts. Benjamin hat an ihr und der von ihr gestifteten Verwirrung mit treffendem Blick das choreographische Moment hervorgehoben. Für ihn ist der Intrigant, der als eigenständige Figur erst in der Spätzeit des Barockdramas auftritt, „der Vorläufer des Ballettmeisters" (94). Er stiftet Verwirrung, aber er löst sie auch wieder auf. Das ist insofern treffend gesehen, als damit nicht das moralische, sondern das geometrische Element in den Vordergrund tritt. Es findet sich außer im Ballett sowohl in den Gangarten und Posituren des *honnête homme* am Hof, als auch in den Formationsübungen bei der Armee wieder. Die politische Theorie Machiavellis, auf die Benjamin in diesem Zusammenhang verweist (94), erinnert an die seit der italienischen Frührenaissance bestehende Verbindung zwischen den Trionfi, der Arte della Guerra, dem Ballett, der Komödie und der italienischen Oper (2.1 u. 2.2).

Benjamins Hinweis auf Machiavelli nötigt zu der Bemerkung, der geometrische Geist sei keine rein barocke Erscheinung, sondern ebenso als ein Phänomen der Renaissance anzusehen. Das trifft auch für das Prinzip der Täuschung zu, als dessen Paradigma die Perspektive gelten kann. Insofern haben die eingangs dieses Kapitels angestellten Überlegungen zum Verhältnis von Orthodoxie und Para- oder Eudoxie tatsächlich abkürzenden Charakter. Weder ist damit geklärt, inwieweit Descartes überhaupt barocker Denker ist, – vielleicht gehört sein Denken mit mehr Recht der vorbarocken Ära an –, noch, ob sich seine Eudoxie von der Tradition der Schulphilosophie völlig gelöst hat. Nur eine immanente Auseinandersetzung mit seinem Werk könnte das konkretisieren. Sie ist im Rahmen dieser Untersuchung nicht erforderlich, weil hier nur der doxologische Status der Wahrheit geprüft werden soll. Und da ist die *Recherche de la Vérité* wegen ihres Bezugs zum *honnête homme* ein guter Anknüpfungspunkt.

3.3.2 FIGUREN DER WAHRHEIT

Freilich wird, da der *esprit géometrique* nicht auf den Barock beschränkt ist, auch die Eudoxie Descartes ihre Vorläufer gehabt haben. So ist der paradoxe Status der Wahrheit schon lange vor

Descartes ein in der Schulphilosophie lebhaft diskutiertes Problem gewesen. Es tauchte zum Beispiel unter den Theologen des Hochmittelalters bei der Frage nach der Bedeutung des *corpus mysticum* der Kirche auf. Die Juristen definierten diesen *Corpus* als fiktive Person, mit Merkmalen, die denen einer natürlichen Person entlehnt waren. Der *Corpus* wurde, ähnlich wie das Kunstwerk, als eine die Werke des Schöpfers imitierende *creatio ex nihilo,* als eine Schöpfung aus dem Nichts, verstanden. Dem naheliegenden Einwand, dass damit die Wahrheit der Kirche in eine Lüge übergehe, entgegnete man mit dem Hinweis auf die Poesie, die gleichfalls neue Werke schöpfe, ohne im entferntesten mit einer Lüge verglichen zu werden. Ernst Kantorowicz teilt diese Diskussion in einem Aufsatz über die Souveränität des Renaissancekünstlers mit. Er gibt in diesem Kontext auch einen doxologisch interessanten Gedanken Thomas von Aquins wieder. „Daher", schreibt Kantorowicz, „konnte Aquin sagen, daß eine Fiktion, weit davon entfernt, eine Lüge zu sein, im Gegenteil eine *figura veritatis* darstellen könnte, weil anderenfalls, so sein Argument, alles, was von weisen und heiligen Männern, ja sogar vom Heiland selbst gesagt worden sei, für lügnerisch gehalten werden würde" (355).

Bemerkenswert am Argument von Thomas von Aquin, das aus der *Summa Theologica* stammt, ist, dass etwas, was den Anschein des Lügnerischen hat, in die Wahrheit mit aufgenommen wird und zwar, wie er sagt, als eine *Figur der Wahrheit* selber. Die Wahrheit hatte also bereits im Denken des ausgehenden Mittelalters einen Umfang, der den einer möglichen Lüge einschloss. Bedenkt man, dass der König auf dem Titelblatt von Hobbes' *Leviathan* den *corpus civile et ecclesiasticum* verkörpert, wobei die ausgebreiteten Arme allegorisch auf die Arme des seine Gläubigen schützenden Heilands verweisen (ähnlich den Kolonnaden auf dem Petersplatz in Rom (Abb.35), dann wird deutlich, dass Orthodoxie und Eu- oder Paradoxie nicht so weit auseinanderliegen, wie es auf den ersten Blick scheinen mag.

Im Mittelalter wäre indes undenkbar gewesen, das Verhältnis von Wahrheit und Lüge so zu verändern, dass die Lüge, die bei dem Aquinaten noch unter den Fittichen der Wahrheit Platz gefunden hatte, eine gewisse Eigenmächtigkeit entfaltete. Diese Veränderung ereignete sich erst im Denken der Renaissance. Der Täuschung wurde eine paradigmatische Funktion für alle Lebensbereiche eingeräumt. Erst dadurch, durch das Primat der Täuschung, konnte das Leben einen theatralischen Charakter bekommen. Daher sind Machiavellis

Schriften ein solcher Einschnitt für das politische und militärische Räsonnement. Sie leiten die Neuzeit ein.

Für den Hof und den veränderten Status der Lüge im Leben dort sind allerdings weniger die Schriften Machiavellis als die seines Zeitgenossen und Landsmanns Baldessar Castiglione einschlägig. Die Schönheit seines berühmt gewordenen Buches über den Hofmann, *Il Cortegiano,* das vier Gesellschaftsabende am Hof der Herzogin von Urbino schildert und 1528 herauskam, wurde mit der Schönheit der Bilder Raffaels verglichen. Zu diesem Vergleich dürften nicht zuletzt die köstlichen Lügengeschichten, die darin enthalten sind, angeregt haben. Die Lüge, heißt es sinngemäß bei Castiglione, sei als ein Gegengewicht der Wahrheit zu betrachten, ein Gegengewicht, das der Wahrheit erst ihren Reiz verleihe (107).

Allerdings durfte der *Cortegiano* der Lüge nicht den Vorrang geben. Eine seiner wichtigsten Aufgaben bestand darin, dem Fürsten die Wahrheit zu sagen und ihn zu einer guten Regierungsführung zu veranlassen. In diesem Punkt war Castiglione, anders als Machiavelli, noch der Tradition mittelalterlicher Fürstenspiegel verpflichtet. Gleichwohl hatte sich die Lüge bereits einen Platz neben der Wahrheit erobert, der ihr im Mittelalter noch nicht zur Verfügung stand. Ihren vollen Glanz entfaltete sie jedoch erst mit der Komödie *Le Menteur* von Pierre Corneille.

Diese Aussage trifft zu, und sie trifft nicht zu. Eigentlich handelte es sich um einen geborgten Glanz, geborgt nämlich von dem Spanier Juan d'Alarcon, dessen Lustspiel, *La Verdad Sospechosa* (Die verdächtige Wahrheit), Corneille als Vorlage diente (cf.1862j,119). Doch die imitierende Verwandlung der spanischen Verse war wie schon im Fall des *Cid* so sehr gelungen, dass es mit gutem Grund ein Stück Corneilles genannt werden konnte. Außerdem hatte sich der Titel nennenswert geändert: Aus der *Verdächtigen Wahrheit* wurde der *Lügner.* Genau diese Veränderung spricht dafür, dass die Lüge erstmals mit einem der Wahrheit vergleichbaren Recht auftrat.

Corneille fand die spanische Vorlage von d'Alarcon so bewundernswert, – er sprach von dem „admirable original" (1862J,132) –, dass er am liebsten selber der Erfinder der Handlung gewesen wäre. Weder unter den antiken Poeten noch unter denen der Neuzeit sah er etwas, was den Vergleich ausgehalten hätte, zumindest nicht im Genre der Komödie. „Sie (sc.die Erfindung der Handlung) ist von Anfang bis

Ende voller Geist und Witz (toute spirituelle), und die Einfälle sind so treffend und so anmutig (les incidents si justes et si gracieux), dass man meiner Meinung nach sehr missgestimmt sein muss, wenn man den Gang der Handlung nicht billigt und die Aufführung nicht liebt" (133). Er lobte das Stück tatsächlich in den höchsten Tönen, redete in der Zueignung an den Leser sogar von „diesem Wunderwerk von Theater" (cette merveille de théâtre) (134), dass man annehmen musste, die Lüge bzw. die verdächtige Wahrheit wäre wirklich viel anmutiger als die unverdächtige.

Um sicher zu gehen, nicht einer falschen Bewunderung aufzusitzen und damit womöglich etwas Falsches für wahr zu halten, führte Corneille das ähnlich überschwängliche Urteil eines anderen an. „Ich würde der außerordentlichen Wertschätzung, die ich diesem Poem entgegenbringe, vielleicht misstrauen, wenn ich mich darin nicht durch einen der ersten Männer dieses Jahrhunderts bestätigt glaubte. Er ist nicht nur Schutzherr der Musen von den Wissenschaften in Holland, er lässt auch durch sein eigenes Beispiel erkennen, dass die Anmut der Poesie mit den höchsten Beschäftigungen in der Politik und den vornehmsten Funktionen eines homme d'État nicht unvereinbar ist" (133). Corneille meinte Constantin Huyghens, den Vater des berühmten Astronomen. „Er war", erläutern die Herausgeber, „in der Zeit, in der Corneille den *Menteur* schrieb, Chef des Kommandos unter Heinrich-Friedrich, dem 1647 gestorbenen Prinzen von Oranien und bekleidete diese Funktion auch unter dessen Nachfolgern, Wilhelm II. und Wilhelm III." (133,Anm.l). Bei Constantin Huyghens handelte es sich also um einen holländischen Politiker ersten Ranges. Huyghens bewunderte aber nicht den spanischen Autor, der ihm, wie Corneille vermutete, unbekannt blieb, er bewunderte als den Autor des *Menteur* Corneille selber. Es konnte nichts Verwerfliches, nichts Verdächtiges mit den Lügen des *Lügners* auf sich haben, wenn einer der ersten Staatsmänner eines auswärtigen Landes die eigene Wertschätzung teilte.

Constantin Huyghens hat seiner Bewunderung für den *Menteur* durch ein in Alexandrinern abgefasstes Lobgedicht, dessen erste Hälfte selbst aus einer Lüge besteht, Ausdruck verliehen. Dem Stück, heißt es da, mangele es an Anmut und Liebenswürdigkeit, es sei platt und fade, saft-und kraftlos. In der zweiten Hälfte aber wird die Kritik aus der ersten zurückgenommen und das Gegenteil behauptet, dass nämlich der *Menteur* eine wundervolle Komödie sei. Die Verse dieser zweiten

Hälfte sind der Beachtung wert, weil sie das Ausmaß des Terrains beschreiben, das sich die Lüge inzwischen erobert hatte(1862J,136):

Qu'ai-je dit? Corneille aime mon repentir;
Son excellent *Menteur* m'a porté à mentir.
II m'a rendu le faux si doux et si aimable,
Que sans m'en aviser, j'ai vu le véritable
Ruiné de credit, et j'ai crû constamment
N'y avoir plus d'honneur qu'à mentir vaillament.
Après tout, le moyen de s'en pouvoir dédire?
A moins que d'en mentir, je n'en pouvois rien dire.
La plus haute pensée au bas de sa valeur
Devenait injustice et injure à l'auteur.
Qu'importe donc, qu'on mente, ou que d'un foible éloge
A toi et ton *Menteur* faussement on déroge?
Qu'importe que les dieux se trouvent irrités
De mensonges ou bien de fausses vérites?
Was hab ich gesagt? Ah, Corneille liebt meine Reue;
Dein exzellenter Lügner hat mich dazu bewogen zu lügen.
Er hat mir das Falsche so zart und liebenswert erscheinen lassen,
Dass ich, ohne es zu merken, das Wahre
Um seinen Kredit gebracht sah und ständig geglaubt habe,
Die größte Ehre dadurch zu erlangen, dass ich kräftig log.
Was für ein Mittel gibt es nur, um sich davon loszusagen?
Ohne zu lügen, wüsste ich keines zu nennen.
Der beste Gedanke, seinem Wert nach gemessen,
Wäre ungerecht und beleidigend für den Autor.
Was macht es also, wenn man lügt oder mit einer schwachen Eloge
Sich an Dir und Deinem Lügner *fälschlich vergeht?*
Was macht es, wenn die Götter irritiert sind
Von Lügen oder einfach von falschen Wahrheiten?

Wenn ein Politiker, zumal einer des 17. Jahrhunderts, gesteht, gelogen zu haben und Reue zeigt, folgt daraus keineswegs, dass er nunmehr die Wahrheit sagt. Da die Verse, auch die der zweiten Hälfte, Verse eines Lobgedichtes sind, wird alles darin Betonte von einer gewissen Übertreibung gekennzeichnet sein. Trotzdem ist kaum zu leugnen, dass Huyghens von dem *Lügner* eingenommen, wenn nicht sogar von ihm gefangen war. Die Lügen des *Menteur* hatten eine so wunderbare Wirkung auf den Holländer, dass er kein Mittel wusste, um sich ihrer zu erwehren. Das Wahre musste deshalb noch lange nicht ruiniert und, wie er schrieb, um seinen Kredit gebracht worden sein. Hier hatte man es mit einer echten Übertreibung zu tun. In der letzten Zeile des Gedichts wird denn auch betont, dass die Lüge offenbar eines Bezugs zur Wahrheit nicht völlig entbehrte. Sie wurde einfach in den Rang einer falschen *Wahrheit* erhoben.

Besser, wenigstens knapper, als mit dem Ausdruck *falsche Wahrheit* konnte man das Paradox von Wahrheit und Lüge nicht benennen. Die Lügen des *Menteur* waren so überzeugend, dass sie, wenn sie auch als Lügen erkenntlich blieben, etwas mit der Wahrheit gemeinsam haben mussten. Das Gemeinsame an ihnen aber war die Anmut. Was Huyghens *falsche Wahrheit* nannte, würde Descartes mit dem Wort *Eudoxie* aus der *Recherche de la Vérité* bezeichnet haben, und Thomas von Aquin hätte, wäre er in den Genuss des *Lügners* von Corneille gekommen, die Lügen der Hauptperson vermutlich, wie schon im Fall der Fiktionen, unter die *Figuren der Wahrheit* eingereiht. Da die Lüge sich aber inzwischen von der spätmittelalterlichen Wahrheitsfixierung emanzipiert hatte, durfte sie den Anspruch erheben, mehr als nur eine *figura veritatis*, eine Gestalt oder Form der Wahrheit, zu sein. Der paradoxe Ausdruck Constantin Huyghens' von den Lügen als *fausses verités* ließ sich, was beim Paradox erlaubt ist, ebensogut auch umkehren und auf die Wahrheiten anwenden. Sie wären dann nichts weiter als *véritables faussetés* bzw. *véritables mensonges* gewesen: wahre Falschheiten bzw. wahre Lügen.

Die im *Menteur* zum Ausdruck kommende Paradoxie von Wahrheit und Lüge besagt beides: dass die Lüge eine verstellte Form der Wahrheit und die Wahrheit eine verstellte Form der Lüge ist. Es geht bei beiden um Verstellungen – um jene Dissimulationen, die nach der Definition des Gabriel Naudé zum Wesen des Politikers gehören. Daher ist es nicht verwunderlich, dass einem Mann wie Huyghens das Stück Corneilles so gut gefiel.

Der Holländer blieb mit seiner Begeisterung nicht allein. Er war zwar die berühmteste politische Person, der eine Eloge auf den *Lügner* zu verdanken ist, aber es gab noch eine berühmtere, die die Begeisterung teilte, ohne sie gleich in Versen auszudrücken: Richelieu. Richelieu verfasste kein Lobgedicht auf den *Menteur*, doch wird berichtet, er habe das Stück sehr stark gefördert und dem Darsteller des Lügners für die Verkörperung der Rolle ein prächtiges Kostüm geschenkt (cf.Notiz d.Hrsg.,1862j,126). Voltaire führte die Förderung durch

Richelieu darauf zurück, dass dieser „damals, im Jahre 1642, sterbenskrank war und sich durch derlei Vergnügungen zu zerstreuen suchte" (zit.v.Hrsg.,172,Anm.4a). Das mochte einen Teil der positiven Aufnahme des Stücks durch Richelieu erklären. Ein anderer Teil schien damit jedoch nicht gedeckt zu sein, und das ist der, der Richelieu nicht vorwiegend als sterbende, sondern politische Person, als *homme d'État*, betraf.

Es war durchaus nicht selbstverständlich, dass der *Menteur* vom Kardinal so handfest unterstützt wurde, handelte es sich doch wiederum, wie schon beim *Cid*, der Richelieu so alarmiert hatte, um eine spanische Vorlage, die trotz der originellen Imitationskünste Corneilles nicht einfach wegzudenken war. Während aber die Premiere des *Cid* in eine Zeit fiel, die die spanischen Truppen bis nach Corbie, fast vor die Tore von Paris, gebracht hatte, fiel die des *Lügners* in eine Zeit der relativen Ruhe. 1642 war nicht 1636. Die Franzosen hatten die Spanier in Corbie erfolgreich belagert und im weiteren Verlauf des Dreißigjährigen Krieges immer mehr die Oberhand gewonnen. Die Friedensverhandlungen von Osnabrück waren bereits anvisiert. Der Krieg ging, wenn er sich auch noch Jahre dahinschleppte, seinem Ende entgegen.

Diese veränderte historische Konstellation ist zu berücksichtigen, will man zu einer annähernd richtigen Einschätzung der Reaktionen Richelieus auf den *Menteur* gelangen. In einem Brief, der den vor 1660 erschienenen Ausgaben des *Lügners* beigefügt ist, spielt Corneille auf diese Dinge an. „(...)ich glaubte, dass es mir trotz des Krieges zwischen den beiden Kronen (sc.zwischen Spanien und Frankreich) erlaubt sei, meine Geschäfte in Spanien zu treiben (de trafiquer en Espagne). Wenn diese Art Handel ein Verbrechen wäre, dann würde ich schon lange schuldig sein, allerdings nicht nur wegen des *Cid*, wo ich mich der Hilfe Don Guillen de Castros bedient habe (...). Diejenigen, die mir dieses gute Einvernehmen mit unseren Feinden nicht verzeihen wollen, werden mir wenigstens zubilligen, dass ich diese Feinde ausbeute (que je pille chez eux)" (1862j,131). Der Brief schließt mit dem entwaffnenden Bekenntnis Corneilles, das Ausbeuten der spanischen Dramatiker, – ob man es nun für einen Diebstahl oder eine Anleihe halte –, gefalle ihm so sehr, dass er keine Lust verspüre, es sein zu lassen.

Corneille konnte das so offen zugeben, weil der Krieg mit Spanien, weil der Bürgerkrieg insgesamt seine Bedrohlichkeit für Frankreich und damit auch für Richelieu weitgehend verloren hatte. Zwar war, schon wegen der Auseinandersetzung mit der Fronde Ende der vierziger und Anfang der fünfziger Jahre, die Gefahr des Bürgerkriegs noch keineswegs gebannt, da aber Spanien seit 1636 in seiner Machtstellung gegenüber Frankreich Einbußen erleiden musste, schien sich die gefährliche Mischung von inneren und äußeren Kämpfen, die den Dreißigjährigen Krieg zu einem europäischen Bürgerkrieg gemacht hatte und die bislang mit Spaniens politischem und militärischem Einfluss auch noch in Frankreich spürbar war, zugunsten einer klareren Trennung aufzulösen. Die Fronde war jetzt für Frankreich die eine Ebene der Auseinandersetzung und kaum noch mit dem Ausmaß eines Bürgerkriegs vergleichbar; der Dreißigjährige Krieg war die andere Ebene. Für Frankreich hatte dieser Krieg inzwischen die Bedeutung eines nahezu reinen Staatenkrieges angenommen. Er gehörte nun zu jenen *choses honnêtes et utiles*, die Descartes mit Dingen wie der Geschichte des Heiligen Römischen Reiches Deutscher Nation, das heißt wohl auch mit dem vom Reich ausgegangenen Dreißigjährigen Krieg, nicht glaubte vereinbaren zu können. Ein Krieg, der als Staaten- und nicht als Bürgerkrieg geführt wurde, war nach zeitgenössischem Verständnis ein ehrenhafter Krieg, ein sogenannter Formkrieg.

3.3.3 KRIEGERISCH UNTERMALTE GALANTERIE

Eine der ersten Lügen, mit denen Dorante, Hauptperson des *Menteur*, die von ihm begehrte Clarice zu blenden versucht, müsste sich indirekt auf den gerade erörterten Zusammenhang beziehen. Dorante rühmt sich, jahrelang am Dreißigjährigen Krieg teilgenommen und ihn schließlich nur aus Liebe zu Clarice verlassen zu haben (1/3, Verse 154-160):

Depuis que j'ai quitté/les guerres d'Allemagne,
C'est-à-dire du moins/depuis un an entier,
Je suis et jour et nuit/dans votre quartier;
Je vous cherche en tous lieux,/au bal, aux promenades;
Vous n'avez que de moi/reçu des sérénades;
Et je n'ai pû trouver/que cette occasion
A vous entretenir/de mon affection.
Seit ich die Kriege in Deutschland verlassen habe,
Das heißt, wenigstens seit einem Jahr,
Bin ich Tag und Nacht in Ihrem Bezirk;

Ich suche Sie überall, auf dem Ball, auf den Spaziergängen;
Sie haben immer nur von mir ein Ständchen bekommen,
Und ich habe erst jetzt Gelegenheit gefunden,
Ihnen meine Zuneigung zu zeigen.

    Die Gelegenheit, die Dorante erwähnt, spielte sich in der vorangegangenen Szene ab: Clarice drohte durch einen „faux pas", einen Stolperschritt, zu stürzen, aber Dorante war zur Stelle, bot ihr die Hand zur Hilfe und versicherte sie dabei unverzüglich seiner Affektion. Natürlich kam er nicht aus dem Krieg. Cliton, sein Diener, wird ihn gleich darauf hinweisen, dass er gestern noch vorgegeben hätte, von ganz woanders herzukommen. Aber Clarice macht schon Anstalten, ihm zu glauben (das Stück spielt in Paris) (1/3,Verse 161-184)

<u>CLARICE:</u>
Quoi! vous avez donc vu/l'Allemagne et la guerre?
<u>DORANTE:</u>
Je m'y suis fait quatre ans/craindre comme un tonnerre.
<u>CLITON:</u>
Que lui y-a-t-il conter?/
<u>DORANTE:</u>
Et durant ces quatre ans
Il ne s'est fait combats,/ni sièges importants,
Nos armes n'ont jamais/remporté de victoire,
Ou cette main n'ait eu/bonne part à la gloire:
Et même la gazette/a souvent divulgué…
<u>CLITON:</u> (*le tirant par la basque*)
Savez-vous bien, Monsieur,/que vous extravaguez?
<u>DORANTE:</u>
Tais-toi!
<u>CLITON:</u>
Vous rêvez,/dis-je, ou…
<u>DORANTE:</u>
Tais-toi, misérable.
<u>CLITON:</u>
Vous venez de Poitiers,/ou je me donne au diable;
Vous en revintes hier./
<u>DORANTE:</u> (*à Cliton*)
Te tairas-tu, maraud?
(*à Clarice*)
Mon nom dans nos succès/s'était mis assez haut

Pour faire quelque bruit/sans beaucoup d'injustice;
Et je suivrois encore/un si noble exercice,
N'était que l'autre hiver,/faisant ici ma cour
Je vous vis, et je fus/retenu par l'amour.
Attaqué par vos yeux,/je leur rendis les armes;
Je me fis prisonnier/de tant d'aimables charmes;
Je leur livrai mon âme;/et ce coeur généreux
Dès ce premier moment/oublia tout pour eux.
Vaincre dans les combats,/commander dans l'armée,
De mille exploits fameux/enfler ma renommée
Et tous ces nobles soins/qui m'avoient su ravir,
Cédèrent aussitôt/à ceux de vous servir.

CLARICE:
Was! Sie haben also Deutschland und den Krieg gesehen?

DORANTE:
Ich bin dort vier Jahre lang wie ein Donner gefürchtet gewesen.

CLITON:
Was erzählt er da?

DORANTE:
Und während dieser vier Jahre
Gab es keinen Kampf, keine bedeutende Belagerung,
Unsere Waffen haben niemals einen Sieg errungen,
Wo diese Hand nicht großen Anteil am Ruhm gehabt hätte.
Und selbst die Zeitung hat oft verbreitet ...

CLITON: (ihn am Rock ziehend)
Wissen Sie auch, mein Herr, dass Sie ziemlich übertreiben?

DORANTE:
Schweig still!

CLITON:
Sie träumen, sag ich, oder ...

DORANTE:
Schweig still, Elender.

CLITON:
Sie kommen aus Poitiers, oder ich will zum Teufel gehen.
Gestern kamen Sie wenigstens von da.

DORANTE: (zu Cliton)
Schweigst du endlich, du Schuft?
(zu Clarice)
Mein Name hatte bei unseren Erfolgen einen so guten Klang bekommen,

Um mit Recht einiges Aufsehen zu erregen;
Und ich übte heute noch einen so ehrbaren Dienst aus,
Wäre ich nicht letzten Winter, als ich hier zu tun hatte,
Ihnen begegnet und von sofortiger Liebe ergriffen gewesen.
Überwältigt von Ihren Augen, ließ ich die Waffen fahren;
Ich machte mich zum Gefangenen von so liebenswertem Charme,
Ich lieferte Ihnen meine Seele aus; und dieses großzügige Herz
Vergaß von diesem Moment an alles für Sie.
In Kämpfen zu siegen, in der Armee zu befehligen,
In vielen ruhmvollen Eroberungen mein Ansehen zu erhöhen,
Und alle diese ehrenvollen Taten, die mich entzückten,
Das alles gab ich auf, um nur Ihnen zu dienen.

Was Dorante da alles erzählt, – Cliton schwant es bereits –, ist von vorne bis hinten gelogen. Er war nicht in Poitiers und noch weniger in Deutschland, um dort am Krieg teilzunehmen. Dorante täuschte seine Teilnahme am Krieg nur vor, um bei Clarice größeres Interesse für sich zu wecken. Wäre dieser Krieg für sie ein Bürgerkrieg gewesen, dann hätte Dorante sich kaum damit brüsten, ihn zumindest nicht als „un si noble exercice", – als einen so ehrenvollen Dienst –, bezeichnen können. „Les guerres d'Allemagne", – die Kriege in Deutschland –, waren für einen *honnête homme* des Jahres 1642 eine *chose honnête et utile,* eine ehrenwerte und nützliche Sache, die unbedingt zum Repertoire einer *personne neutre,* wie Dorante sie darstellen wollte, gehörte.

Aus dem Umstand, dass der Kriegsdienst eine ehrenhafte und zugleich nutzbringende Angelegenheit war, geht hervor, dass der Begriff der Ehre von Nützlichkeitserwägungen unterwandert wurde. Die Ehre war nicht die Quintessenz eines rein militärischen Codex. Sonst wäre der Bezug zum Hofleben, dem der *honnête homme* sich ebenso wie der Armee zu widmen hatte, verlorengegangen. Die Verbindung zwischen Hof und Armee muss man unbedingt im Auge behalten, wenn man untersuchen will, was die *honnêteté* des Höflings ausmachte. Aufgrund dieser im Ancien Régime nie abgerissenen Verbindung konnte ein *honnête homme* mit der militärischen Ehre zugleich Ehre bei den Frauen am Hof einlegen. Die militärische Ehre war eines der nützlichsten Instrumente, um in irgendwelche Liebeshändel einzusteigen. Daher antwortete Dorante seinem Diener Cliton auf dessen Einwand, warum er sich bei Clarice nicht wie tags zuvor als Rechtsgelehrter aus Poitiers eingeführt hätte (1/6, Verse 331f):

Qu'un homme à paragraphe/est un joli galant!
On s'introduit bien mieux/à titre de vaillant.
Als ob ein Paragraphenmensch ein guter Galan wäre!
Man führt sich bei Frauen weit besser als tapferer Held ein.
   Die Entsprechung von Ehre in der Liebe und Ehre in der Armee würde völlig missverstanden, wollte man sie aus moderner Sicht beurteilen. Die Frauen waren nicht deshalb von einem Soldaten begeistert, weil er vielleicht mannhaft für sie den Tod ertragen hätte, sondern weil Krieg und Liebe wie Armee und Hof dem gleichen effeminierten Ehrenkodex folgten. Der französische Corneille-Herausgeber von 1862 weist darauf hin, dass es bereits in den zwanziger Jahren des 17. Jahrhunderts üblich war, die Liebeserklärungen um der besseren Wirkung willen mit militärischen Ausdrücken zu durchsetzen (1862j,120f). Aus diesem Grund klingt es so treffend, das Wort für den Kriegshelden, *vaillant*, auf das Wort für den Liebeshelden, *galan*, sich reimen zu hören. Das Feld der Ehre blieb beide Male ziemlich das gleiche. So fährt auch Dorante, nachdem er Cliton auf die besseren Chancen des *vaillant*, ein *galant homme* zu sein, aufmerksam gemacht hat, erklärend fort (1/6,Verse 332-336 u.339f):
Tout le secret ne gît/qu'en un peu de grimace,
A mentir à propos,/jurer de bonne grâce,
Etaler force mots/qu'elles n'entendent pas,
Faire sonner Lamboy,/Jean de Vert et Galas.,
(...)
Avoir toujours en bouche/angles, lignes, fossées,
Vedette, contrescarpe,/et travaux avancés.
Das ganze Geheimnis liegt in ein bisschen Heuchelei,
Im passenden Moment zu lügen, bereitwillig zu schwören,
Kräftige Worte zu benutzen, die sie (sc.d.Frauen) nicht verstehen,
Die Namen von Lamboy, Jean de Vert und Galas zu nennen,
(...)
Immerzu von Winkeln, Linien und Gräben zu reden,
Von Wachtposten, Kontrescarpe und fortgeschrittener Belagerung.
   Bei Lamboy, Jean de Vert und Galas handelt es sich um Generäle Kaiser Ferdinands III., die zwischen 1636 und 1642 von französischen Offizieren in spektakulären Aktionen besiegt oder gefangengenommen worden waren, bei den Linien, Winkeln, Gräben und Kontrescarpen indes um termini technici des damals vorherrschenden Festungskriegs, die Dorante schon oben im Gespräch mit Clarice kurz hatte

einfließen lassen (Kämpfe, Belagerungen etc.). Wenn nun Dorante so schnell vom *vaillant* zum *galan* wechseln konnte, dann war das auch in umgekehrter Reihenfolge möglich, sodass von einer Analyse der Galanterie typische Aufschlüsse über die Struktur der militärischen Ehre zu erwarten wären. Das soll im Folgenden geschehen.

Die Galanterien des Menteur waren keineswegs dort besonders brillant, wo er offensichtliche Unwahrheiten behauptete. Ob er im Dreißigjährigen Krieg gekämpft hatte oder nicht – nichts ließ sich am Ende leichter nachprüfen als dies. Er musste sich vorsehen, nicht in die Nähe von Leuten zu geraten, die das Gegenteil bezeugen konnten. Insofern baute er durch die Vortäuschung des Kriegsdienstes eine Falle auf, die andere leicht würden zuschnappen lassen können. Brillant waren die Galanterien vielmehr dort, wo Lügen für Wahrheiten durchgingen, ohne dass jemand in der Lage gewesen wäre, – und sei es der Lügner persönlich –, die beiden sauber auseinanderzuhalten. Damit ist, um es vorweg zu sagen, nichts anderes als das Wesen der Galanterie selbst angedeutet.

Dorantes weitere Aktionen zeigen das in unnachahmlicher Weise. Zunächst sieht alles danach aus, als ob er Clarice liebe und nichts ihm mehr am Herzen liege, als seine Liebe von ihr erwidert zu sehen. Er wird jedoch das Opfer einer einfachen Namensverwechslung, das heißt, er hält Clarice nicht für Clarice, sondern für ihre Freundin, Lucrèce. Aus dieser Verwechslung ergeben sich die witzigsten Szenen des *Menteur*, doch irgendwann im Laufe des Stücks wird eine der Frauen, um nicht die Düpierte zu sein, dem Spiel ein Ende machen und danach fragen, wen er nun wirklich meine. Für den Lügner Dorante ist das der schwierigste Augenblick: Er sieht, er hat sich geirrt und die Richtige beim falschen Namen genannt, sodass diese sich schließlich betrogen und die Falsche sich angesprochen fühlt. Jeder erwartet schon den Offenbarungseid, durch den der Galan der Lüge überführt wird, aber Dorante leistet diesen Eid nicht, sondern zieht sich durch eine jener *fausses vérités*, die Huyghens am *Lügner* so bewundernswert fand, aus der Affäre.

Ein Vergleich dieser sich am Schluss befindenden Stelle (vorletzte Szene, V/6) mit Juan d'Alarcons *Verdächtiger Wahrheit* mag, ohne dass man das Stück kennt, plausibel machen, wieso Huyghens vom *Menteur* Corneilles so begeistert war. D'Alarcon lässt den Lügner den Namensirrtum büßen und ihn gegen seinen Widerstand statt

Clarice, die er liebt, Lucrèce heiraten. „Der spanische Autor", sagt Corneille 1660 gelegentlich der Prüfung seiner Dramen über *La Verdad Sospechosa,* „bestraft ihn auf diese Weise für seine Lügen und zwingt ihn, Lucrèce zur Frau zu nehmen, die er nicht liebt. Da er ständig den Namen verwechselt und glaubt, Clarice trage den Namen jener (...), behauptet er, als man ihn auf seinen Irrtum aufmerksam macht, voller Stolz, dass er sich, wenn auch im Namen, so doch nicht in der Person geirrt habe. Worauf der Vater von Lucrèce ihn mit dem Tod bedroht, falls er seine Tochter, nachdem er um sie angehalten und sie bekommen hätte, nicht heirate, und sein eigener Vater stößt gegen ihn dieselbe Drohung aus. Was mich betrifft", folgert Corneille, „so habe ich diese Art, ein Stück zu beenden, etwas hart gefunden und geglaubt, dass eine weniger gewaltsame Heirat dem Geschmack unserer Zuschauer (de notre auditoire) mehr entspreche. Deshalb fühlte ich mich verpflichtet, ihm im fünften Akt eine Neigung zur Person der Lucrèce zu geben, damit, wenn er seinen Namensirrtum erkannt hat, er um so bereitwilliger aus der Not eine Tugend mache und die Komödie auf allen Seiten in voller Zufriedenheit (avec pleine tranquillité) ende" (1862j,138).

Wie schon bei den Römerdramen, unterwarf Corneille die spanische Vorlage einer dramaturgischen Regulierung, die das grausamere Original der zivilisierteren Lebensführung, die an den französischen Höfen des 17. Jahrhunderts herrschte, anpasste. Aus 3.1 ist bekannt, dass die historische Wahrheit der römischen Ausgangsstoffe dadurch in eine Wahrscheinlichkeit à la française verwandelt wurde. Was geschah nun mit der sowieso schon verdächtigen Wahrheit des *Lügners* von d'Alarcon, wenn Dorante nach dem Willen Corneilles am Ende jemanden lieben sollte, dem er am Anfang sichtlich jemand anderen vorgezogen hatte? Dorante irrte sich nicht bloß, wie sein spanisches Vorbild, im Namen, sondern dazu auch noch in der Person. Immerhin sagte er Clarice gestern noch, als er ihr, damit sie nicht stolpere, die Hand zur Hilfe bot, die schönsten Schmeicheleien (es geschah übrigens in den Tuilerien), jetzt aber wollte er plötzlich seine Zuneigung zu Lucrèce entdeckt haben: „Die Wahrheit muss heraus", gesteht der Lügner bei Corneille, „ich liebe niemand anders als Lucrèce" (Il fault dire vrai,/je n' aime que Lucrèce)(V/6,Vers 1758).

Das passte nicht zusammen. Lucrèce zögert noch, ihm diese für sie willkommene Sinneswandlung abzunehmen. Doch Dorante wäre nicht der ausgemachte Menteur, wenn er nicht durch eine überraschende Lüge alle Verdachtsmomente, die dem Glauben der Lucrèce

an die Wahrheit seiner Liebe zu ihr noch entgegenstehen, auszuräumen wüsste (V/6,Verse 1765-1774):
LUCRÈCE:
Mais que disiez-vous hier/dedans les Tuileries?
DORANTE:
Clarice fut l'objet/de mes galanteries.
CLARICE: (à *Lucrèce*)
Veux-tu longtemps encore/écouter ce moqueur?
DORANTE: (à *Lucrèce*)
Elle avait mes discours,/mais vous aviez mon coeur,
Où vos yeux faisoient naître/un feu que j'ai fait taire,
Jusqu'á ce que ma flamme/ait eu l'aveu d'un père.
Comme tout ce discours/n'étoit que fiction,
Je cachois mon retour/et ma condition.
CLARICE: (à *Lucrèce*)
Vois que fourbe sur fourbe/à nos yeux il entasse,
Et ne fait que jouer/des tours de passe-passe.
LUCRÈCE:
Aber was sagten Sie gestern in den Tuilerien?
DORANTE:
Clarice war der Gegenstand meiner Galanterien ...
CLARICE: *(zu Lucrèce)*
Willst Du diesem Spötter noch lange zuhören?
DORANTE: *(zu Lucrèce)*
An sie richtete ich meine Worte, aber Sie basaßen mein Herz,
Wo Ihre Augen ein Feuer entfachten, das ich schweigen hieß,
Bis meine Liebe das Geständnis eines Vaters erlangte.
Da alle meine Worte nur der Fiktion angehörten,
Verheimlichte ich meine Herkunft und meine gegenwärtige Lage.
CLARICE: *(zu Lucrèce)*
Sieh, wie er vor unsern Augen einen Betrug nach dem andern begeht
Und uns nur einen Hokuspokus vormacht.

Knapper als Dorante es tut, kann man das Wesen der Galanterie kaum zum Ausdruck bringen. Die galanten Schmeicheleien, deren Gegenstand Clarice in den Tuilerien wurde, waren nur Worte, sie waren nur Teil eines galanten Diskurses, der, Dorante zufolge, nicht bis zum Herzen vordrang – er war reine Fiktion oder reine Rhetorik. Von da aus ist der Zorn der Clarice ohne weiteres verständlich. Aber so geschickt es ist, zwischen der Redseligkeit der Worte und der

Schweigsamkeit des Herzens zu unterscheiden, so wenig darf man darüber die Entwicklung vergessen, die in dem Verhältnis der Fiktion zur Wahrheit und zur Lüge inzwischen eingetreten war. Jene Sorge Thomas von Aquins, die Fiktion als eine *figura veritatis* anzusehen, um die vom *corpus fictum ecclesiasticum* tradierten Worte Jesu davor zu bewahren, jemals der Lüge zugeschlagen zu werden, war im 17. Jahrhundert, im Umkreis des Theatrum Mundi, das der Welt die Lüge zugestand, schon nicht mehr nötig. Wenn Corneille die Worte Dorantes als Fiktion, mithin als eine Lüge bezeichnete, so hieß dies, dass die Lüge nicht weniger, sondern mehr über die Welt aussagte als die Wahrheit, bzw. es hieß, um der Komplizität von Wahrheit und Lüge gerecht zu werden, dass sich die Wahrheit der Welt, im Falle des *Menteur:* die Wahrheit der Liebe, in der Lüge am besten aufgehoben sah.

Festzustellen, was bei Dorante Wahrheit und was Lüge ist, ist fast so schwer wie bei dem Kreter, der sagt, dass alle Kreter lügen. Doch eben nur fast. Was beim Kreter unentscheidbar bleibt, verweist beim *Lügner* von Corneille auf die Affinität zum Theatrumcharakter der Welt, eine Affinität, die zumindest für die Zeit des Lebens auf dem irdischen Schauplatz Wahrheit und Lüge miteinander versöhnte. So ist die Galanterie gewiss, wie der Menteur versichert, eine lügnerische Fiktion, dass sie indes das Herz nicht berühren würde, ist zwar eine raffinierte Behauptung, aber eine, die aus der Lüge zunächst nicht herausführt.

Der Zorn der Clarice ist dafür Beweis genug. Für sie haben die Worte Dorantes offenbar eine tiefergehende Bedeutung gehabt. Er selbst jedoch hat von seiner Liebe zu ihr tatsächlich nur gesprochen, sodass niemand ihm eine Herzensbindung an Clarice nachweisen könnte. Insofern sagt er die Wahrheit und zwar die Wahrheit eines *honnête homme,* der eine Frau bewundert, ohne dass das Blut des Herzens in Wallung geriete. Seine Liebe ist von der Art jener cartesischen Bewunderung, die Corneille beim Zuschauer seiner Dramen mobilisieren wollte. Es ist die neutrale Liebe einer neutralen Person, die sich lediglich für die Form der Liebe, – die Galanterie –, begeistert und die Leidenschaft des Herzens nur vorspielt oder vorlügt.

3.3.4 ANAMORPHOTISCHE UND ANMUTIGE LÜGEN

Es entspricht durchaus der Wahrheit dieser Form der Liebe, dass sie in einem Augenblick, dem Augenblick des Stolperschrittes von Clarice, entsteht und im nächsten wieder vergeht, da sie sich nicht gefühlsmäßig im Herzen verankern kann. Diese Liebe wendet sich ebenso schnell diesem wie jenem Objekt zu. Daher wirkt der dem spanischen Original gegenüber veränderte Schluss von Corneille im Rahmen der zeitgenössischen Liebessemantik ganz und gar nicht aufgesetzt, sondern ruft die zugleich passendste und schönste Wirkung hervor. Weil es im Wesen der Galanterie begründet liegt, dass sie sich niemals ans Objekt fixiert, ist der Übergang der Liebe Dorantes auf Lucrèce fast völlig glaubhaft. Er dürfte nur den Unterschied nicht machen zwischen Wort und Herz. Der wiederum gehört zum Repertoire des *galant homme* und ist, wie alles an der Galanterie, nichts weiter als eine charmante Lüge, die ihre Wirkung aufs Objekt, auf das sie zielt, wohl kaum verfehlt. Und so hatte Dorante, als er den Schwenk von Clarice zu Lucrèce begründete, in der Tat zugleich gelogen und die Wahrheit gesagt.

Einem solchen Meisterstück konnte auch Cliton seine Hochachtung nicht versagen (V/7, Verse 1801-1804):
CLITON:
Comme en sa propre fourbe/un menteur s'embarrasse!
Peu sauroient comme lui/s'en tirer avec grâce.
Vous autres qui doutiez/s'il en pourrait sortir,
Par un si rare exemple/apprenez à mentir.
Wie doch ein Lügner sich in seinem eigenen Netz verfängt!
Wenige wüssten sich, wie er, mit Anmut daraus zu befrein.
Ihr anderen, die Ihr zweifeltet, ob er ihm entrinnen könnte,
Lernt an einem so seltenen Beispiel zu lügen.

Clitons Verse sind ein Appell an den Zuschauer, es genauso zu machen wie der Menteur. Der Appell schließt das Stück ab. Die Zuschauer werden also mit dieser Aufforderung aus dem Theater entlassen. Da sich aber Dorante „avec grâce" aus der Affäre zu ziehen verstand, ist es nicht bloß eine Aufforderung zu lügen, sondern eine, dies auch „mit Anmut" zu tun. Mit Anmut zu lügen, das war eine zwar einfach wirkende, aber schwer zu erlernende Kunst. Die Geschicklichkeit des *honnête homme* bestand darin, der Lüge die Form der Wahrheit und der Wahrheit die Form der Lüge zu geben. Dazu bedurfte es mehrerer Fähigkeiten auf einmal. Ihrer rühmte sich Dorante zu Recht. Er wusste auch, dass sie nicht sehr verbreitet waren (III/4, Verse 934-936):
DORANTE:
Le ciel fait cette grâce/à fort peu de personnes:

Il y faut promptitude,/esprit, mémoire, soins,
Ne se brouiller jamais,/et rougir encore moins.
Der Himmel gewährt diese Gnade nur sehr wenigen Personen:
Man braucht Geistesgegenwart, Witz, Erinnerung, Sorgfalt,
Darf niemals etwas verwechseln und noch weniger erröten.

Schenkt man dem Lügner Glauben und hält den Katalog von Fähigkeiten, den er aufzählt, für wahrscheinlich, dann wird klar, dass nicht einmal Dorante die "Gnade", kunstvoll zu lügen, ganz zuteil geworden ist – so schwierig war es, alle Fähigkeiten zur gleichen Zeit zu beherrschen. Schon die Namensverwechslung, die die Komödie in Gang bringt, hätte ihm nicht unterlaufen dürfen – da fehlte es also an Sorgfalt. Auch das Erinnerungsvermögen ließ ihn, wie Cliton bemerkt, manchmal im Stich:

CLITON:
Il faut bonne mémoire/après qu'on a menti.
DORANTE:
L'esprit a secouru/le défaut de mémoire.
CLITON:
Man braucht ein gutes Gedächtnis, wenn man gelogen hat.
DORANTE:
Der Witz ist dem Mangel an Gedächtnis zu Hilfe gekommen.

Die Antwort Dorantes bringt es an den Tag: Die eine, entscheidende Fähigkeit, die man ihm trotz aller Mängel nicht absprechen konnte, das ist die, Esprit zu haben. Der Esprit wog die Defizite an Sorgfalt und Erinnerung, ja sogar an Geistesgegenwart wieder auf, da er einen Teil aller dieser Fähigkeiten abdecken musste, um als Witz überraschend und bewundernswert zu sein. Nur ein einziges Defizit hätte der Esprit nicht ausgleichen können: Wäre Dorante über seinen Lügen rot geworden, so wäre alles vertan gewesen, und er hätte sich ergeben müssen.

Nicht rot werden dürfen: Das war die Grundregel, die der Menteur zu beachten hatte. In ihr drückte sich seine Fähigkeit aus, trotz aller Liebe, ob sie nun gerade für eine Clarice oder eine Lucrèce empfunden wurde, den Gegenstand der Anbetung nicht mit leidenschaftlichen Gefühlen zu traktieren und so das Blut des Herzens daran zu hindern, in den Kopf zu steigen. Da kommt es nicht von ungefähr, dass diese Regel genau jene ist, durch die sich Poliandre, der *honnête homme*, die *personne neutre* aus Descartes' *Recherche de la Vérite*, auszeichnet, wie denn auch der Esprit des Lügners kein anderer ist als der Esprit des Hofmanns, dessen Witz schon Castiglione in dem Talent zu lügen aufgehoben sah.

Wer die Verbindung von Lüge und höfischer Ehre bezweifelt, der lasse sich von der *Suite du Menteur,* die Corneille ein Jahr später, 1643, herausbrachte, überzeugen. Die *Suite* ist die Fortsetzung des *Lügners* von 1642, eine Fortsetzung allerdings, die die Lügen des Menteur nicht einfach ergänzt, sondern ihnen im Prinzip lauter Wahrheiten folgen lässt. Dorante bleibt zwar die Hauptperson, aber er ist ein anderer geworden: ein wahrer *honnête homme,* würde man sagen wollen, wäre da nicht das Problem, wie der wahre von dem falschen zu unterscheiden sei. Dieses Problem machte sich schon einmal bemerkbar, als es den Cid und Matamore auseinanderzuhalten galt (3.l): der eine, Matamore, ein seine Heldentaten weit übertreibender Heroe aus der Komödie *L'Illusion Comique,* der andere, Le Cid, der noble, aber nahezu ebenso heroische Streiter für die Ehre seines Vaters und die Liebe von Chimène aus der gleichnamigen Tragödie. Beide Stücke waren nur sechs Jahre früher geschrieben worden, in beiden grenzten tragische an komische Konflikte, und in beiden war es vor allem auf die Form der Verse zurückzuführen, dass die Ehre des tapferen Helden, des *vaillant,* halb belachenswerte, halb bewunderungswürdige tragikomische Züge trug. Der Herausgeber von 1862 will sogar in den oben zitierten Versen Dorantes, wo er im Beisein von Clarice über seine Kämpfe und tausend Eroberungen schwadroniert, eine Nachbildung von Versen aus dem *Cid* erkennen (1862j,149,Anm.2;Parallele zw.Vers 181f/*Menteur* u.l89f/*Cid*). Doch er hätte ebenso auf die *Illusion Comique* verweisen können.

Der Dorante aus dem *Menteur* und der Dorante aus der *Suite du Menteur* verhalten sich etwa so zueinander, wie der Matamore zum Cid. Wie die Figur des Matamore aus einer Übertreibung der Figur des Cid hervorgegangen ist, oder, um der umgekehrten Chronologie der Stücke gerecht zu werden, der Cid aus einer Abschwächung der Übertreibungen des Matamore, so auch die Figur Dorantes aus der *Suite* aus einer Abschwächung der Übertreibungen des Dorante aus dem *Menteur*. Man könnte den Sachverhalt in Anlehnung an den *esprit géométrique,* der Grundlage des höfischen Esprit, auch nach der Art einer affinen Abbildung begreifen, indem man die Wahrheit, der sich Dorante im Folgestück von 1643 verpflichtet hat, als eine Anamorphose der im Ausgangsstück verbreiteten Lügen bezeichnete. Das hätte den Vorteil, Bezüge zu den zeitgenössischen Täuschungstechniken der perspektivischen Malerei durchsichtig zu machen, war doch für Corneille die „poésie dramatique" nur eine „peinture parlante", eine redende Malerei. Das Porträt Dorantes aus der *Suite* wäre demnach eine Art anamorphotischer Skizze des *Menteur*.

Am Beispiel einer einschlägigen Zeichnung von Leonardo da Vinci (Abb.36) ist zu erkennen, dass anamorphotischen Porträts ein extrem spitzer Blickwinkel des Malers aufs Objekt zugrundeliegt. Das, was wie eine Stauchung erscheint, ist der aus diesem Blickwinkel resultierenden Verkürzung bzw. Verbreiterung aller infrage kommenden Proportionen zu verdanken. Der Betrachter muss schon mehrmals hinsehen, um zu den richtigen Dimensionen zurückzufinden, so als wäre darin das wohlproportionierte Porträt wie in einem offenen Versteck verborgen. Übertragen auf die *Suite* würde Dorantes neues Plädoyer für die Wahrheit die Fähigkeiten des *Menteur* zu lügen in versteckter Form enthalten. Seine neue Wahrheit wäre eine Art gestauchter Lüge.

Kein Zweifel, dass Corneille, der zu jedem seiner Dramen, also auch zu diesem, einen prüfenden Kommentar abgegeben hat, bei der Frage, welche der beiden Formen der Lüge schöner sei: die gestauchte oder die ungestauchte, nicht lange zögerte und sich für den lügenden, nicht für den wahrheitsliebenden Dorante entschied. „Wenn ich einer von denen wäre", gesteht er in einem Brief an den, wie schon im Ausgangsstück, nicht genannten Monsieur, „die die Poesie für eine Kunst halten, welche zum Ziel hat, ebenso zu nützen wie zu gefallen, würde ich Sie davon zu überzeugen versuchen, dass dieses Stück (sc. *La Suite du Menteur*) sehr viel besser ist als das andere, weil Dorante in ihm sehr viel mehr als *honnête homme* auftritt und Beispiele nachzuahmender Tugend gibt, während er im anderen Stück nur zu vermeidende Verfehlungen begeht. Aber was mich betrifft, der ich mit Aristoteles und Horaz der Meinung bin, dass unsere Kunst nur das Ziel hat zu unterhalten (divertir), so gebe ich zu, dass er hier (sc.der *Suite*) sehr viel weniger schätzenswert ist als in der ersten Komödie, da er mit seinen schlechten Eigenschaften fast alle seine Anmut verloren hat und da er den besten Teil seiner entzückenden Wirkung (agréments) preisgegeben zu haben scheint, seit er dazu entschlossen ist, sich von seinen Fehlern zu befreien" (1862k,279f).

Wenn Corneille Aristoteles, wie in diesem Fall, ins Konzept passte, dann bediente er sich gerne seiner auch damals noch großen Autorität. Ein Poet, der das Publikum nur entzückend unterhalten und nicht moralisch belehren wollte, konnte auf eine Komödie wie die *Fortsetzung des Lügners* verzichten, weil sie nicht die Bedingungen des Divertissement erfüllte, die beim *Menteur* im Überfluss gegeben waren. Doch geht Corneille sehr kritisch mit sich ins Gericht. Zwar hatte er mit seiner *Suite* offenbar nicht annähernd den Erfolg, den er mit dem ersten Stück erzielen konnte, sodass seine Einschätzung, die Lügen seien gefälliger als die Wahrheiten, vom Publikum wohl geteilt worden sein muss, aber ganz so ungefällig waren die Wahrheiten Dorantes im zweiten Stück nun auch wieder nicht. Die Zuschauer werden bei der *Suite,* gemessen am *Menteur,* ein, geometrisch ausgedrückt, gestauchtes, ein anamorphotisches Vergnügen genossen haben.

Es handelte sich vermutlich um ein eher verstecktes Divertissement, das schon die Vorliebe des folgenden Jahrhunderts für die in der Wahrheit bis zur Unsichtbarkeit verborgenen Lügen anzukündigen schien. Immerhin hat kein Geringerer als Voltaire in seinen *Commentaires sur Corneille* die Ansicht vertreten, dass die *Suite* mit einigen Veränderungen, die man vorzunehmen hätte, „auf dem Theater mehr Wirkung machen könnte als der *Menteur* selber" (379). Den Grund dafür fügte er gleich hinzu: „Die Intrige in diesem zweiten spanischen Stück ist sehr viel interessanter als die im ersten" (379).

Voltaire sagte es: auch die *Suite* ging auf einen spanischen Autor zurück, doch dieses Mal war es nicht Juan d'Alarcon, sondern Lope de Vega. Seine Komödie *Amar sin saber* à *quien* (*Lieben, ohne zu wissen, wen*) lieferte die Vorlage. Die Idee des Stücks bleibt bei Corneille erhalten: Da wird Dorante von einer Frau geliebt, die er nicht kennt, und er liebt sie (immer noch, ohne sie zu kennen) wieder – aus Gründen reiner Dankbarkeit. Die Geschichte ist folgende: Cléandre, ein Gentilhomme aus Lyon und Bruder der Unbekannten, hatte sich beim Duell eines Mordes schuldig gemacht, für den Dorante im Gefängnis saß, weil er zufällig an der Stätte des Verbrechens, die der von ihm noch genau erkannte Cléandre inzwischen hatte fliehen können, vorbeikam, sich um das Opfer kümmerte und dabei von unterdessen herbeigeeilten Sergeanten wie auf frischer Tat ertappt wurde. Sie hielten ihn für den Schuldigen und nahmen ihm obendrein noch seine ganze Habe ab. Die Unbekannte, sie heißt Mélisse, sah von ihrem Fenster aus, wie der unschuldige Dorante ins Gefängnis von Lyon gebracht wurde, verliebte sich in ihn und ließ ihm durch ihre Dienerin, Lyse, einen Brief, in dem sie ihre Liebe zu ihm offenbarte, überbringen – samt einer erheblichen Anzahl von Geldstücken, die er dringend gebrauchen konnte. Diese zu Dank verpflichtende Haltung bewegte Dorante zur Gegenliebe.

Der sich anschließende Dialog mit Cliton gibt einen ersten Hinweis darauf, dass es sich bei der *Suite* tatsächlich um die Fortsetzung des *Lügners* von 1642 handelt (1/3,Verse 255-265):

CLITON:
Quoi, vous voulez, Monsieur,/aimer cette inconnue?
DORANTE:
Oui, je la veux aimer, Cliton.
CLITON:
                          Sans l'avoir vue?
DORANTE:
Un si rare bienfait/en un besoin pressant
S'empare puissament/d'un coeur reconnaissant;
Et comme de soi-même/il marque un grand mérite
Dessous cette couleur/il parle, il sollicite,
Peint l'objet aussi beau/qu'on le voit généreux,
Et si l'on n'est ingrat,/il faut être amoureux.
CLITON:
Votre amour va toujours/d'un étrange caprice:
Dès l'abord autrefois/vous aimâtes Clarice;
Celle-ci sans la voir…

CLITON:
Was, Monsieur, Sie wollen diese Unbekannte lieben?
DORANTE:
Ja, ich will sie lieben, Cliton.
CLITON:
                          Ohne sie gesehen zu haben?
DORANTE:
Eine so seltene Wohltat in einer bedrückenden Lage
Bemächtigt sich fraglos eines dankbaren Herzens;
Und da sie in sich selbst ein großes Verdienst darstellt,
Spricht sie für das Objekt, nimmt es für es ein,
Malt es so schön aus, wie es sich großzügig zeigt,
Und will man nicht undankbar sein, muss man sich verlieben.
CLITON:
Ihre Liebe gibt sich immer seltsamen Launen hin:
Kaum, dass Ihr sie saht, liebtet Ihr damals Clarice;
Diese hier, ohne sie zu sehen …

Mit dem geschärften Blick des Dieners für den Herrn stellte Cliton im Verhalten Dorantes gewisse Kontinuitäten fest. Wie sollte er die neue Ehrenhaftigkeit bei ihm erkennen, wie sollte er sie von der alten Unehrenhaftigkeit des Menteur unterscheiden können, wenn die Liebe zu Mélisse eine so auffallende Ähnlichkeit mit der Liebe zu Clarice besaß? Ob Dorante eine Frau, kaum, dass er sie sah, zu lieben begann, oder ob er sie als Unbekannte liebte, lief in der Tat auf nahezu dasselbe hinaus. In beiden Fällen stellten die Formen lügnerischer Galanterie notwendige Ausgangsbedingungen für die Entstehung der Liebe dar, während die Schönheit der einen Person hier (Clarice) und die Dankbarkeit gegenüber der anderen da (Mélisse) eher als beiläufige Anreize zu betrachten waren. Die Dankbarkeit allein reichte noch nicht aus, um zu entscheiden, ob Dorante sich wirklich grundlegend geändert hatte.

Auch die folgende Aktion macht das Urteil darüber nicht leichter. Cléandre, der Schuldige, wird doch noch gefasst. Es kommt zu einer Gegenüberstellung mit Dorante, der allerdings, obwohl er Cléandre wiedererkennt, vorgibt, der wahre Mörder habe völlig anders ausgesehen, worauf Cléandre die Freiheit zurückerhält. Darauf Cliton (1/6, Verse 357-363):

<u>CLITON:</u>
Je ne sais où j'en suis,/et deviens tout confus:
Ne m'aviez-vous pas dit/que vous ne mentiez plus?
<u>DORANTE:</u>
J'ai vu sur son visage/un noble caractère,
Qui me parlant pour lui,/m'a forcé de me taire,
Et d'une voix connue/entre les gens de coeur
M'a dit qu'en le perdant/je me perdrois d'honneur:
J'ai cru devoir mentir/pour sauver un brave homme.
<u>CLITON:</u>
Ich weiß nicht mehr, was los ist und werde ganz konfus:
Hatten Sie mir nicht gesagt, dass Sie nicht mehr lügen würden?
<u>DORANTE:</u>
Ich habe an ihm einen vornehmen Charakter wahrgenommen,
Der für ihn sprach und mich gezwungen hat zu schweigen,
Und eine Stimme, die Ehrenleuten vertraut ist,
Hat mir gesagt, dass, wenn ich ihn zugrunderichtete,
ich meine eigene Ehre zugrunderichtete:
Ich glaubte lügen zu müssen, um einen tapferen Mann zu retten.

La *Suite du Menteur* heißt also ganz zu Recht La *Suite*, da Dorante die Lügen aus dem ersten Stück fortsetzt. Nur seine Begründungen haben sich geändert. Er lügt jetzt nicht mehr vorwiegend aus eigenem, sondern aus fremdem Interesse, das jedoch das eigene, seine Ehre, durchaus berührt – eine Ehre, die der des Cléandre gleicht. Und diese ist wieder keine andere als die, die den Menteur im ersten Stück auszeichnete, mit dem Unterschied, dass Cléandre im zweiten tatsächlich kämpfte, während Dorante im ersten seine Teilnahme an den Kämpfen, denen des Dreißigjährigen Krieges, nur vorgetäuscht hatte.

Die bislang geschilderten Aktionen der *Suite* werden indes das Urteil Voltaires, dem zweiten Stück liege eine interessantere Intrige zugrunde als dem ersten, kaum rechtfertigen können. Eher schon dürfte Voltaire dabei an jene nächtliche Szene gedacht haben, in der Mélisse von ihrem Fenster herab dem zu ihr aus der Dunkelheit hinaufblickenden Philiste, dem Freund von Dorante, all die süßen Worte sagt, die eigentlich Dorante gelten sollen. Der sieht dem Treiben aus der Nähe zu und beklagt die kurze Dauer seines Glücks. Zu der Verwechslung kommt es, weil auch Philiste in Mélisse verliebt ist und genau in dem zwischen ihr und Dorante verabredeten Moment unter ihrem Fenster erscheint. Da er Dorante zudem aus dem Gefängnis befreit hat, dieser sich ihm deshalb zu ähnlichem Dank verpflichtet fühlt, wie Mélisse ihres Bruders wegen Dorante gegenüber, lässt er Philiste unter dem Fenster den Vortritt.

Mélisse, von Dorante in der folgenden Szene auf die Verwechslung angesprochen, zieht sich, auch sie, glänzend aus der Affäre. Die Dunkelheit reichte als Grund für ihren Irrtum nicht aus. Sie hätte an den Antworten, die Philiste ihr gegeben hatte, merken können, dass es nicht die Stimme Dorantes war, die zu ihr sprach. Sie versucht sich daher mit folgendem Gedanken zu entschuldigen (IV/6,Verse 1469-1476):

MELISSE:
L'erreur n'est pas un crime;/et votre aimable idée,
Régnant sur mon esprit,/m'a si bien possédé,
Que dans ce cher objet/le sien s'est confondu,
Et lorsqu'il m'a parlé/je vous ai répondu;
En sa place tout autre/eût passé pour vous-même:
Vous verrez par la suite/à quel point je vous aime.
Pardonnez cependant/à mes esprits déçus;

Daignez prendre pour vous/les voeux qu'il a reçus.
Irren ist kein Verbrechen; das Bild Ihrer liebenswerten Gestalt,
Das über meine Gedanken herrschte, hat mich so sehr eingenommen,
Dass sich mit diesem geliebten Objekt das seinige vermischt hat,
Und als er zu mir sprach, habe ich Ihnen geantwortet;
An seiner Stelle hätte jeder andere für Sie durchgehen können:
Sie werden bald sehen, wie sehr ich Sie liebe.
Vergeben Sie unterdessen meinen getäuschten Sinnen;
Geruhen Sie, die guten Wünsche entgegenzunehmen, die er empfing.

Diese und die vorhergehende Szene haben auffallende Parallelen zu Szenen des *Menteur*. Cliton spricht seinen Herrn wenig später darauf an (IV/8,Verse 1552-1556):

CLITON:
Ces fenêtres toujours/vous ont porté malheur:
Vous y prites jadis/Clarice pour Lucrèce;
Aujourd'hui même erreur/trompe cette maîtresse;
Et vous n'avez point eu/de pareils rendez-vous
Sans faire une jalouse/ou devenir jaloux.
Diese Fenster haben Ihnen nie Glück gebracht:
Ehemals hieltet Ihr dort Clarice für Lucrèce;
Heute führt der gleiche Fehler diese Dame in die Irre;
Und Sie haben nie derartige Rendez-Vous erlebt,
Ohne jemanden eifersüchtig zu machen oder es selbst zu werden.

Was Cliton mit dieser Parallele andeutet, lässt an die choreographische Struktur der Intrige denken, die Benjamin am spätbarocken Trauerspiel hervorgehoben hat (s.o.). Im *Menteur* stehen Clarice und Lucrèce am Fenster und täuschen den hinaufblickenden Lügner mit der Namensverwechslung. In der *Suite* stehen Philiste und Dorante unten und täuschen die am Fenster stehende Mélisse über ihre Person. Beide Täuschungen geschehen unfreiwillig. Im ersten Stück stehen zwei Frauen am Fenster, ein Mann unterm Fenster, im zweiten zwei Männer unten und eine Frau oben (der Diener jeweils nicht gerechnet), und das eine Mal ist der unten, das andere Mal die oben getäuscht. So zeichnen sich in den Intrigen dieser parallelen Szenen Positionen ab, die sich überkreuzen, Positionen, die austauschbar sind und die Skizze für eine geschlossene Tanzfigur abgeben könnten. Der Intrigant ist zwar noch nicht zum Ballettmeister geworden, aber er gehorcht einer quasi-choreographischen Dramaturgie.

Mit Bezug auf einen anderen Szenenvergleich möchte man von einer – in geometrischen Termini – symmetrischen, oder besser klappsymmetrischen Struktur sprechen, als wäre der *Menteur* über eine Achse des cartesischen Koordinatenkreuzes geklappt worden, um zu der *Suite* zu führen. Nimmt man nämlich die Worte der Mélisse wörtlich, dann war sie, als sie am Fenster stand, von der Vorstellung (idée) Dorantes so gefesselt, dass sie den Ton der Stimme Philistes überhörte. Sie hätte nach eigenem Eingeständnis jede Stimme überhört, oder in jeder Stimme nur die Stimme ihres Geliebten vernommen. Das erinnert an jene Erklärung Dorantes aus dem *Menteur,* die verständlich machen soll, warum er nicht mehr die eine Frau, sondern nur noch die andere lieben will. Seine Worte, sagte er, hätten Clarice, sein Herz aber Lucrèce gehört. Es war diese Lüge, die hier als typische Form der Galanterie verstanden wurde. Mélisse bedient sich in der *Suite* einer damit fast identischen Figur. Was für Dorante die Worte seiner Rede, sind für Mélisse die Stimmen ihrer Liebhaber, und was er die Zuneigung des Herzens nennt, das nennt sie die Idee von ihm. Lüge und Wahrheit folgen den Gesetzen der Symmetrie.

In den süßen Lügen der Mélisse, die als eine Art Doublette der Intrigen des Dorante gehört werden wollen, sprach sich die Wahrheit der Liebe, zumindest der galanten Liebe, auf delikateste Weise aus. War man von der Vorstellung des geliebten Objekts oder gar der Liebe selbst beseelt, so kam es auf das Objekt selber nicht mehr an, sondern nur noch auf die Formen, die das Spiel der Galanterie in Bewegung hielten. Die *personne neutre,* die der *honnête homme* darstellte, wurde dann auch in dem Sinn für neutral gehalten, dass sie in ihrer Eigenschaft als Mensch nicht in Betracht kam. Die Person war nicht nur neutral, sie wurde auch als Mensch neutralisiert. Des öfteren wurde in der *Suite* betont, wie gut es die Beteiligten verstünden, ihre Person zu spielen, „de jouer leur personnages" (Verse 1014 u.l249f). Die Fensterreden der Mélisse im vierten Akt sind eine poetisierte Übersetzung des von Hobbes verwendeten Personbegriffs ins Französische – das Titelbild des Leviathan, gemalt in alexandrinischen Versen. Philiste und Dorante spielten die Personen, die sie waren. Ihre Galanterie hatte etwas vom Theatrumcharakter. Die neue Ehrenhaftigkeit Dorantes, seine neue Wahrheit, basierte auf einer ebenso täuschenden *honnêteté,* wie es die alte war, die den Lügen des *Menteur* zugrundelag. Es gab keine andere.

3.3.5 ESPRIT HÖFISCHER LIEBE

Das kann man gut an der die *Suite* abschließenden Intrige beobachten. Sie ist wahrhaftig eines Lügners vom Schlage des Dorante, des ersten, würdig, wenn sie nicht sogar noch interessanter ist. Auf sie wird sich das Lob Voltaires am ehesten bezogen haben. Sie entwickelt sich aus einem Gefühl reiner Dankbarkeit, das als Intrige zunächst nicht erkennbar ist. Nicht genug, dass Dorante seinem Freund und Retter, Philiste, beim Rendez-Vous unter dem Fenster von Mélisse den Vortritt lässt, er wird von diesem sogar noch gebeten, ein gutes Wort für ihn bei der gemeinsamen Geliebten einzulegen. Und Dorante tut das, so wie es scheint, uneigennützig – aus Dank für seinen Retter, wenn auch nicht ohne Qualen. Nachdem er Mélisse den von Philiste erhaltenen Auftrag in wörtlicher Wiedergabe anvertraut hat, fährt er fort (V/3,Verse 1720-1730):

DORANTE:
A ces mots j'ai frémi/sous l'horreur du devoir.
Par ce que je lui dois/jugez de ma misère:
Voyez ce que je puis/et ce que je dois faire.
Ce coeur qui le trahit,/s'il vous aime aujourd'hui,
Ne vous trahit pas moins/s'il vous parle pour lui.
Ainsi, pour n'offenser/son amour ni le vôtre,
Ainsi, pour n'être ingrât/ni vers l'un ni vers l'autre,
J'ôte de votre vue/un amant malheureux,
Qui ne peut plus vous voir/sans vous trahir tous deux:
Lui, puisqu'à son amour/j'oppose ma présence;
Vous, puisqu'en sa faveur/je m'impose silence.
Bei diesen Worten zitterte ich unter dem Horror meiner Pflicht.
Beurteilen Sie selbst mein Elend bei dem, was ich ihm schulde:
Sehen Sie das, was ich machen kann und das, was ich machen muss.
Dieses Herz, das ihn betrügt, wenn es Sie heute liebt,
Betrügt Sie auch, wenn es bei Ihnen ein gutes Wort für ihn einlegt.
Um daher weder seine noch Ihre Liebe zu beleidigen,
Weder dem einen noch dem anderen gegenüber undankbar zu sein,
Entziehe ich Ihrem Blick einen unglücklich Liebenden,
Der Sie beide nicht mehr sehen kann, ohne Sie beide zu betrügen:
Ihn, da seiner Liebe meine Gegenwart im Weg steht;
Sie, da ich mir zu seinen Gunsten Schweigen auferlege.

Der dramatische Konflikt, dem sich der *Menteur* durch eine prompte Lüge zugunsten der von ihm am meisten geliebten Person entzogen hätte, zieht den Dorante der *Suite* ganz in seine Ausweglosigkeit hinein. An dieser Szene fällt die innere symmetrische Anordnung ins Auge. Beiden ist Dorante Dank schuldig: Mélisse, weil sie dem Gefangenen Geld und Liebe entgegengebracht, Philiste, weil er ihn aus dem Gefängnis geholt hat. Schuld steht gegen Schuld. Da aber auch das, was die *Suite* als Stück in Gang bringt, die Liebe von Mélisse zu Dorante, aus Dankbarkeit geschieht, – wegen der durch ihn herbeigeführten Rettung ihres Bruders, Cléandre –, dürfte sich Mélisse im Grunde über seine scheinbar mangelnde Liebe zu ihr nicht beklagen, setzt er doch die Logik ihrer Liebe zu ihm in seiner Freundschaft für Philiste nur fort. Sie tut es aber doch, weil sie nur ihn, den honnett gewordenen Lügner, liebt, nicht Philiste. Besonders wirft sie ihm das Schweigen gegenüber seinem Retter vor. Dorante hatte dem Philiste tatsächlich verheimlicht, dass auch er selber Mélisse liebte und dass er von ihr wiedergeliebt wurde. Als sie ihm nun sein Versäumnis vorhält, gibt er eine wirklich geistesgegenwärtige Antwort (V/3,Verse 1744-1756):

DORANTE:
Quel compte eût-il fait/d'un amour d'un moment,
Allumé d'un coup d'oeil?/Car lui dire autre chose,
Lui conter de vos feux/la véritable cause,
Que je vous sauve un frère/et qu'il me dois le jour,
Que la reconnaissance/a produit votre amour,
C'était mettre en sa main/le destin de Cléandre,
C'était trahir ce frère/en voulant vous défendre,
C'était me repentir/de l'avoir sauvé,
C'était désavouer/ce généreux silence
Qu'au peril de mon sang/garda mon innocence,
Et perdre, en vous forçant/à ne plus m'estimer,
Toutes les qualités/qui vous firent aimer.

Was hätte Philiste von einer momentan entstandenen Liebe gehalten,
Entzündet aufgrund eines flüchtigen Blicks? Ihm anderes zu sagen,
Ihm von Ihrer großen Zuneigung die wahre Ursache zu erzählen, –
Dass ich Ihren Brüder rettete und er mir seine Freiheit verdankt,
Dass die Dankbarkeit Ihre Liebe geweckt hat –,
Das hätte bedeutet, Cléandres Schicksal Philiste zu überlassen,
Hätte bedeutet, den Bruder zu betrügen, indem ich Sie verteidigte,
Hätte bedeutet, dass ich bereute, ihn gerettet zu haben,

Hätte bedeutet, dieses großzügige Schweigen zu verleugnen,
Das, um den Preis meiner Liebesglut, meine Unschuld bewahrte
Und durch den auf Sie ausgeübten Zwang, mich nicht mehr zu schätzen,
All die Tugenden zu verlieren, aufgrund deren Sie mich liebten.

In der Tat durfte Philiste den wahren Grund der Liebe von Mélisse zu Dorante nicht in Erfahrung bringen, weil Cléandre dann als Mörder aufgeflogen und schon dadurch die Grundlage der Liebe, die Dankbarkeit, entfallen wäre. Wie man es auch drehte und wendete, Dorante hatte durch die Rückführung ihrer und seiner Liebe auf den eigentlichen Kern, die Dankbarkeit, eine scheinbar unanfechtbare moralische Position eingenommen. Einem wahren *honnête homme* wie ihm schien keine andere Wahl zu bleiben, als auf seine Liebe zu Mélisse zu verzichten. Zugleich war diese Position von ihm jedoch in derart raffinierter Weise begründet worden, dass Mélisse der ganzen Rede zurecht misstraute und sie als günstige Gelegenheit für ihn interpretierte, sich ein Alibi zu verschaffen (V/3,Verse 1757-1762):

MELISSE:
Hélas! tout ce discours/ne sert qu'à me confondre.
Je n'y puis consentir,/et ne sais qu'y répondre.
Mais je découvre enfin/l'adresse de vos coups:
Vous parlez pour Philiste,/et vous faites pour vous;
Vos dames de Paris/vous rappellent vers elles;
Nos provinces pour vous/n'en ont point d'assez belles;
Leider dient dieser ganze Diskurs nur dazu, mich zu verwirren.
Ich kann ihm nicht zustimmen und weiß nichts auf ihn zu antworten.
Aber ich entdecke allmählich Ihr Geschick in Überraschungscoups:
Sie sprechen sich aus für Philiste, aber in Wahrheit für sich;
Ihre Frauen in Paris rufen Sie zu sich zurück,
Die Provinz hat Ihnen da nicht genügend Schöne zu bieten.

Für Mélisse hatte sich Dorante in diesem Augenblick, trotz seiner so auffälligen Wahrhaftigkeit, in den alten *Menteur* verwandelt, der vom provinziellen Lyon, wo die *Suite* spielt, nach Paris, in die Hauptstadt mit den größeren Reizen, zurückkehren wollte. Sie hatte damit einen wunden Punkt bei ihm getroffen. In der ersten Szene des zweiten Stücks heißt es nämlich (Verse 10-52), er habe Lucrèce, seine letzte Geliebte aus dem ersten Stück, bereits in der Nacht vor der geplanten Hochzeit verlassen und sich vor der Flucht aus Paris gleich noch in den Besitz ihrer Mitgift gebracht. Der Verdacht von Mélisse war daher auch schon von den Fakten her nicht gänzlich aus der Luft gegriffen.

Mehr noch musste ihr jedoch die Form des Angebotes von Dorante zu denken geben. Ihr Zustand zeigte es: Sie war verwirrt von seinen Reden, sie wusste nicht, wie sie ihm antworten sollte, und diese Konfusion bewies, dass Dorante den Verzicht auf seine Liebe zu Mélisse mit nicht zu unterschätzendem Esprit begründet haben musste. Sie nennt es nicht Esprit, sie spricht von der Geschicklichkeit, die Coups zu landen, die er vorhat. Doch das kommt auf das gleiche hinaus. Kein Esprit ohne Geschicklichkeit. Tatsächlich hatte Mélisse mit ihrem Verdacht jenen durch den Anschein moralisch motivierten Handelns verborgenen Bereich getroffen, der die neue Ehrenhaftigkeit Dorantes von unten stützte: Es war der der galanten Lügen, nur dass sie nun im Gewand wahrer Dankbarkeit erschienen.

Wie die Wahrheit aus einer kunstvoll konvertierten Form der Lüge hervorgegangen war, so war Dorante im zweiten Stück zu einem raffinierten Konvertiten des *Menteur* geworden. In diesem dramaturgisch strukturierten Changieren zwischen Lüge und Wahrheit ist die Basis jenes Konvertitentums zu sehen, das es Rohan erlaubte, in verhältnismäßig kurzer Zeit seine verschiedenen Personnagen zu spielen: kämpferischer Hugenotte, Spanienfreund, Verehrer Richelieus (3.2). Die *dissimulation* als Wesen des zeitgenössischen Begriffs der *politique* war in der *politesse* des *honnête homme,* in der Höflichkeit des höfischen Menschen, verankert, die selbst eine regulierte, auf Wahrheit polierte Form der Lüge war.

Man kann nun besser nachvollziehen, warum Voltaire den Intrigen des zweiten Stücks ein größeres Interesse entgegenbrachte. Es mochte interessant sein, dem Menteur bei seinen Lügen zuzusehen, noch interessanter aber, ihn auf intrigante Weise die Wahrheit sagen zu hören, eine Wahrheit, unter der oder in der die Lüge gleichsam verstaut war, sodass es angebracht scheint, die Wahrheit in Anlehnung an die Anamorphose als eine verstaute oder verstauchte bzw. gestauchte Lüge zu bezeichnen. Dass eine solche Verdrängung der Lüge wenn nicht mehr Witz und größeren Esprit, so doch raffiniertere Intrigen erforderte als selbst die galantesten Lügen, liegt auf der Hand, und das musste Voltaire wie überhaupt dem folgenden Jahrhundert mit seinem nicht minder intriganten Hang zur Moralisierung des Politischen ganz besonders gefallen haben (cf. THEATRUM BELLI II).

Corneille war da, wie schon erwähnt, ganz anderer Ansicht. Nicht nur, dass er bei dem Dorante der *Suite* die Anmut des *Menteur* vermisste, er fand auch das Stück für eine Komödie stellenweise viel zu ernst. Gerade an den zuletzt zitierten Szenen aus dem fünften Akt, die Voltaire besonders interessiert haben dürften, wo Dorante mit seiner anamorphotischen Manier zu lügen brilliert, konnte er kaum etwas Vergnügliches finden (1862k,285). Der erste Lügner war ihm viel zu gut gelungen und hatte viel zu viel Erfolg auf dem Theater, als dass er die Vorliebe für ihn hätte verleugnen wollen.

Auch ein Corneille konnte sich jedoch nicht leisten, die Lügen seiner Hauptperson zu preisen, ohne die Möglichkeit einer negativen Wirkung auf den Zuschauer mitzubedenken. Wenn die Lüge auch als dominante Form der höfischen Galanterie zu begreifen war, so blieb es seine Pflicht, der Wahrheit im Zweifelsfall den Vorzug zu geben. Für diejenigen, die ihn nach dem Nutzen seiner Poesie, besonders aber nach der des *Menteur* befragten, musste er denn auch eine Antwort parat halten, die über die Auskunft, eine Komödie habe lediglich zu gefallen, hinausging, handelte es sich doch in gewisser Weise um ein Schurkenstück.

Im Brief an jenen *Monsieur,* dem er seine *Suite* zugeeignet hatte, schrieb Corneille: „Es ist gewiss, dass Dorantes Handlungen aus moralischer Sicht nicht gutzuheißen sind, da sie nur aus Schurkerei und Lügen bestehen; und dennoch bekommt er am Ende das, was er sich wünscht, da ja in diesem Stück der richtigen Lucrèce am Schluss seine Zuneigung gehört. So hätte ich, wenn diese Maxime (sc.die Nützlichkeit) eine wirkliche Theaterregel wäre, einen Fehler gemacht" (1862k,282). Doch Corneille sah es durchaus nicht so. Er zog sich auf den Standpunkt zurück, dass sein *Menteur* sehr wohl von Nutzen sei, weil er „die natürliche Darstellung der Laster und Tugenden" zum Gegenstand habe – „la naive peinture des vices et des vertus" (283).

Immer wenn Corneille im Zusammenhang seiner poetischen Dramen von der *peinture* sprach, war damit mehr gemeint als ein einfacher metaphorischer Ausdruck. Insofern müsste es statt „Darstellung" besser „Zeichnung der Laster und Tugenden" heißen. „Vorausgesetzt", fährt Corneille fort, „dass man sie (sc.die Laster und Tugenden) plastisch hervorzuheben und sie durch ihre wahren Charaktere erkennen zu geben versteht, werden diese (sc.die Tugenden), obwohl unglücklich, geliebt und jene (sc.die Laster), obwohl triumphierend, verabscheut werden" (283). Es folgt der von Corneille gewohnte Vergleich mit der Malerei, der dem Argument die nötige Überzeugungskraft verleihen soll. „Und wie einen eine hässliche Frau nicht davon abhält, ihr gemaltes Porträt schön zu finden und es nicht nötig ist, extra darauf aufmerksam zu machen, die Person sei nicht liebenswert, um einen daran zu hindern, sie zu lieben, so verhält es sich auch mit unserer redenden Malerei (notre peinture parlante): Wenn das Verbrechen in seinen Farben gut getroffen ist, wenn die Unvollkommenheiten gut in Szene gesetzt sind, ist es nicht nötig, ihnen am Schluss den Erfolg zu missgönnen, um darauf aufmerksam zu machen, dass man sie nicht nachahmen soll" (283f).

Von diesem Vergleich schließt Corneille auf den Nutzen seines *Menteur*. „Und ich bin sicher, dass es all die Male, die der *Lügner* aufgeführt worden ist, keine einzige Person gegeben hat, die, obwohl man ihn von der Bühne hat abtreten sehen, um das Objekt seiner letzten Begierde zu heiraten, seine Betrügereien trotz ihres glücklichen Ausgangs nicht für Schelmenstücke eines Schülers gehalten hätte, die man sich sorgfältig abzugewöhnen hat, will man für einen *honnête homme* gehalten werden (si l'on veut passer pour honnête homme)"(284).

Wenn das, was Corneille da zur Verteidigung seines Stückes schrieb, keine charmante Lüge war, dann war es zumindest eine Wahrheit, die auf großen Esprit des Autors schließen ließ. Immerhin handelte es sich bei ihm ja um keinen Geringeren als um den die Spanier originell nachahmenden Erfinder des *Menteur* persönlich. Was den Unterschied zwischen Porträt und Realität betraf, so hatte er sicher Recht, ihn besonders herauszustreichen. Aber erstens war es nicht auszuschließen, dass eine hässliche Frau, deren Züge durch den porträtierenden Maler geadelt wurden, auf den zweiten Blick auch in der Realität an Schönheit gewann und zweitens blieb es das Ziel Corneilles, die eigenen poetischen Porträts so nah wie möglich an die Realität heranzubringen. Warum sollte, wenn er mit seinen Stücken vor allem zur Bewunderung der ersten Staatsakteure, zur Bewunderung ganz allgemein des *honnête homme* beitragen wollte, warum sollte dabei ausgerechnet die so bewunderte Anmut des *Lügners* eine Ausnahme machen, zumal vom *honnête homme* in der Realität genauso viel Esprit verlangt wurde wie von ihm?

Der Vergleich des *Menteur* mit einem anderen Stück Corneilles dürfte zu größerer Klarheit führen. Es dreht sich um die darauf folgende Tragödie, *Rodogune. Princesse des Partes* von 1644. Corneille selbst zieht dieses Stück für den Vergleich zu Rate. Die Hauptperson der *Rodogune* ist eigentlich nicht die Prinzessin der Parter, sondern eine gewisse Cléopatre, nicht jedoch die ägyptische. Um dieser naheliegenden Verwechslung vorzubeugen, hat Corneille sein Drama nicht nach ihr benannt. Sie ist die böse Figur des Stücks. Ihre Bosheit geht so weit, dass sie aus Machtgier einen ihrer beiden Söhne ermordet.

Cléopatre hat mit Dorante eines gemein: das Verbrechen (le crime). Mord und Lüge liegen auf einer Ebene, weil es beides keine Tugenden sind. Dazu bemerkt Corneille in seinem ersten Diskurs über das poetische Drama: „Die Cléopatre in der *Rodogune* ist sehr bösartig. Es gibt kein Kapitalverbrechen (parricide), das ihr Schrecken einflößte, vorausgesetzt, es erhält ihr den Thron, den sie allen Dingen vorzieht – so gewaltsam ist ihre Neigung, über andere zu herrschen. Aber alle ihre Verbrechen sind begleitet von einer so stolzen Seelengröße (grandeur d'âme), dass man im selben Augenblick, in dem man ihre Handlungen verabscheut, die Quelle bewundert (admire), von der sie sich herleiten. Ich wage, dasselbe vom *Menteur* zu sagen. Kein Zweifel, dass es eine lasterhafte Angewohnheit ist zu lügen, doch er trägt seine Lügnereien mit einer solchen Geistesgegenwart und so viel Lebendigkeit vor, dass diese Unvollkommenheit bei ihm gern in Kauf genommen wird und den Zuschauern eins klarmacht: Das Talent, so zu lügen, ist ein Laster, dessen die Dummköpfe in keiner Weise fähig sind" (1862d,31f;zum zeitgenöss.Wortumfang von *parricide* cf.Marty-Laveaux,156f).

Der Vergleich zwischen der *Rodogune* und dem *Menteur* ergibt, dass das Verbrechen trotz allen Abscheus, den der Zuschauer ihm gegenüber empfinden sollte, auch eine Seite hatte, die bewundernswert war. Die *Rodogune* und der *Menteur* sollten mit ihren Handlungen (actions) auf das Publikum abschreckend wirken können, ohne aufzuhören, ein Gegenstand der Bewunderung zu sein, sie sollten abschreckend und bewunderungswürdig zugleich sein. Corneille postulierte die Gleichzeitigkeit dieser Wirkung dadurch, dass er zwischen Handlung und Quelle der Handlung unterschied, aber diese Unterscheidung erinnerte genau an jene, die er zwischen Stimme und Idee des Geliebten der Mélisse in der *Suite* eingeführt hatte. In der Fähigkeit zu solchen Unterscheidungen machte sich immer wieder das bemerkbar, was den Dorante des ersten wie des zweiten Stücks auszeichnete: Esprit. Der Esprit war es, der Bewunderung hervorrief. Er war die Quelle der Aktionen, von der Corneille an der zitierten Stelle sprach. Er war für die Lügen, ob für die offenen oder die versteckten, verantwortlich. Daher wird es den Zuschauern schwergefallen sein, neben der Quelle nicht auch gleich hoch die Aktionen zu bewundern, die aus ihr hervorgingen.

Aus welcher Sicht man immer das Problem betrachten mag, es führt kein Weg daran vorbei, Corneille hier selber einer Lüge zu verdächtigen, einer Lüge allerdings, die, wie das Lügen des *Menteur*, von großer Kunst zeugte. Die Kunst bestand darin, das Verbrechen nicht zu verteufeln, sondern mit Elementen cartesischer Bewunderung zu vermischen, sodass eine leidenschaftslose, neutrale Abschreckung daraus resultierte. Von hier lassen sich wiederum direkte Bezüge zum Schrecken des *Leviathan* von Hobbes herstellen. Dessen Basis ist das theaterähnliche Auftreten jener den Souverän darstellenden *artificiall person*, der die Untertanen – als Autoren der Macht – formalen Gehorsam leisten und gegebenenfalls ebenso formale, d.h. formgebundene Bewunderung zollen. Die Beziehung von Form und Lüge war entscheidend: Ohne die Verankerung in der Form des auf den Gesetzen des Leviathan beruhenden Gehorsams würde sich keine noch so lügnerische Verehrung für den Souverän eingestellt haben, ohne den Alexandriner wäre der *Menteur* kaum so witzig gewesen, ohne das verbindende Element der poetischen Verses hätte Corneille den Mord der Cléopatre und die Lügen des Dorante gar nicht auf eine Stufe stellen können.

3.3.6 GALANTE KRIEGFÜHRUNG

Die festgestellten Bezüge beschränken sich keineswegs auf den Bereich der Politik (3.2). Wie man bei Dorantes erster offener Lüge, er habe an den *guerres d'Allemagne* teilgenommen, bereits ahnen konnte, war auch der Bereich des Krieges mitbetroffen. Ein Krieg, der dadurch definiert ist, dass er nur vorgetäuscht wird, muss eine bestimmte Form belliköser Auseinandersetzung besonders favorisieren wollen. Diese Form war die des Manövers. Alle Kabinettskriege können, wenn man sie aus der Sicht des modernen Kriegs betrachtet, als Manöverkriege bezeichnet werden, als Kriege, in denen das Manöver die vorherrschende Form der Kriegsführung war. Mit anderen Worten, es drehte sich aus moderner Perspektive eigentlich nicht um richtige Kriege, d.h. nicht um Kriege, in denen es irgendwann wirklich ernst geworden wäre. Diese retrospektive Sicht darf nicht vergessen werden, wenn im Folgenden von durchaus reellen Kriegen mit ebenso reellem Blutvergießen gesprochen wird.

Gemeint ist zunächst der Krieg Frankreichs von 1667-68, der gegen Spanien und die Spanischen Niederlande geführt wurde. In dem Jahrzehnt zuvor war die Fronde besiegt und der Pyrenäenfrieden mit Spanien geschlossen worden. Die Gefahr weiterer Bürgerkriege schien endgültig gebannt. Ludwig XIV. begann, sich als französischer Souverän auch außerhalb Frankreichs Anerkennung zu verschaffen. Umstrittene Erbrechte, die aus dem Pyrenäenfrieden abgeleitet wurden (sog.Devolutionsrecht), führten zu erneutem Krieg, der aber Spanien nicht wie sonst in die vorteilhafte Lage versetzte, gleichzeitig Nutznießer innerfranzösischer Auseinandersetzungen zu werden. Der Krieg zwischen Frankreich und Spanien hatte sich zu einem reinen Staatenkrieg entwickelt.

Wenn nun erneut von Versen Corneilles die Rede ist, so, weil er nicht bloß heroische Dramen schrieb, in denen Bürgerkriege aus partischer, römischer oder spanischer Historie in die poetisch regulierte Form zivilisierter Staatenkriege überführt wurden. Er verfasste auch Elogen, zum Beispiel eine längere auf *Les Victoires du Roi*, auf Ludwigs Siege von 1667-68. Es handelte sich diesmal nicht um die Eloge eines *homme d'État* (wie Huyghens) auf den dramatischen Poeten, der den *Menteur* geschrieben hatte, sondern umgekehrt, um die Eloge dieses dramatischen Poeten auf einen *homme d'État* und zwar auf den, der über allen anderen stand, auf den König selbst.

Zum leichteren Verständnis der hier ausgewählten Verse muss man wissen, dass die spanische Infantin und Gemahlin Ludwigs, Marie-Thérèse, im Pyrenäenfrieden von 1659 auf ihre Erbrechte und Thronansprüche unter der Bedingung verzichtet hatte, dass ihr eine Mitgift von 500.000 Ecus versprochen wurde. Die Einhaltung dieses Versprechens ließ unterdessen auf sich warten, sodass der Verzicht gegenstandslos wurde. Das Zitat setzt an der Stelle des Poems ein, wo Corneille an den blendenden Aufstieg Ludwigs zur Macht erinnert, durch den Frankreich die Rivalität ganz Europas, besonders aber Spaniens, heraufbeschwor (1862p,Verse 49-104):

Enfin du grand Louis/aux trois parts de la terre
Le nom se faisait craindre/à l'égal du tonnerre.
L'Espagnol s'en émeut,/et gêné de remords,
Après de tels succès/il craint pour tous ces bords:
L'injure d'une paix/à la fraude enchaînée,
Les dures pactions/d'un royal hyménée,
Tremblent sous les raisons/et la facilité

Qu'aura de s'en venger/un roi si redouté.
Louis s'en aperçoit,/et tandis qu'il s'apprête
A joindre à tant de droits/celui de la conquête,
Pour éblouir l'Espagne/et son raisonnement,
Il tourne ses apprêts/en divertissement:
Il s'en fait un plaisir,/où par un long prélude
L'image de la guerre/en affermit l'étude,
Et ses passe-temps même/instruisant ses soldats
Préparent un triomphe/où l'on ne pense pas.
Il se met à leur tête/aux plus ardentes plaines,
Fait en se promenant/leçon aux capitaines,
Se délasse à courir/de quartier en quartier,
Endurcit et soi-même/et les siens au métier,
Les forme à ce qu'il faut/que chacun cherche ou craigne,
Et par de feints combats/apprend l'art qu'il enseigne.
Il leur montre à doubler/leurs fils et leurs rangs,
A changer tôt de face/aux ordres différents,
Tourner à droite, à gauche,/attaquer et défendre,
Enfoncer, soutenir,/caracoler, surprendre;
Tantôt marcher en corps,/et tantôt défiler,
Pousser à toute bride,/attendre, reculer,
Tirer à coups perdus,/et par toute l'armée
Faire l'oreille au bruit/et l'oeil à la fumée.
Ce héros va plus outre;/il leur montre à camper:
A la tente, à la hutte/on les voit s'occuper.
Sa présence aux travaux/mêlé de si doux charmes,
Qu'ils apprennent sans peine/à dormir sous les armes;
Et comme s'ils étoient/en pays dangereux,
L'ombre de Saint-Germain/est un bivouac pour eux.
Achève, grand Monarque,/achève et pars sans crainte:
Si tu t'es fait un jeu/de cette guerre feinte
Accoutumé par elle/à la poussière, au feu,
La véritable ailleurs/ne te sera qu'un jeu.
Tes guerriers t'y suivront/sans y voir rien de rude,
Combattront par plaisir,/vaincront par habitude;
Et la Victoire, instruite/à prendre ici ta loi,
Dans les champs ennemis/n'obéira qu'à toi.
L'Espagne cependant,/qui voit des Pyrénées
Donner ce grand spectacle/aux dames étonnées,

Loin de craindre pour soi,/regarde avec mépris,
Dans' un camp si pompeux,/des guerriers si bien mis.
Tant d'habits, comme au bal,/chargés de broderie,
Et parmi des canons/tant de galanterie.
‚Quoi? l'on se joue en France,/et ce roi si puissant
Croit m'effrayer, dit-elle,/en se divertissant?'
Il est vrai qu'il se joue,/Espagne, et tu devines;
Mais tu mettras au jeu/plus que tu l'imagines,
Et de ton dernier vol/si tu ne te répens,
Tu ne verras finir/ce jeu qu'à tes dépens.
Schließlich hatte der große Ludwig sich in drei Erdteilen
Einen Namen gemacht, der wie der Donner gefürchtet wurde.
Der Spanier sorgt sich und wegen seiner Gewissensbisse
Fürchtet er nach solchen Erfolgen um die Sicherheit seiner Grenzen.
Das Unrecht eines auf Betrug basierenden Friedens
Und die harten Vertragsbedingungen einer königlichen Hochzeit
Kommen ins Wanken durch die Gründe und die Leichtigkeit,
Mit denen sich ein so gefürchteter König daran rächen könnte.
Ludwig merkt es; während er sich militärisch darauf vorbereitet,
So vielen Anrechten das der Eroberung hinzuzufügen,
Lässt er, um Spanien zu blenden,
Seine militärischen Vorbereitungen in ein Lustspiel übergehen:
Er macht sich ein Vergnügen aus einem langen Vorspiel,
Worin das Abbild des Kriegs dessen praktische Übung untermauert;
Selbst die Instruktion seiner Soldaten sieht er als Zeitvertreib,
Der einen Triumph dort vorbereitet, wo man ihn nicht erwartet.
Er setzt sich auf den trockensten Ebenen an ihre Spitze,
Instruiert, während er spazierengeht, seine Hauptleute,
Entspannt sich bei der Aufgabe, Militärquartiere zu inspizieren,
Stärkt sich und die Seinen in der Ausübung des Kriegsmetiers,
Bildet sie in dem aus, was jeder tun und lassen muss
Und erlernt durch fingierte Kämpfe die Kunst, die er lehrt.
Er zeigt ihnen, wie man die Glieder und Reihen verdoppelt,
Wie man auf entsprechende Befehle die Seite wechselt,
Wie man sich rechts- und linksum wendet, angreift und verteidigt,
Vordringt, standhält, caracoliert, den Gegner überrascht;
Wie man bald im Verband marschiert, bald defiliert,
Spornstreichs nach vorne stößt, abwartet, zurückweicht,
Wie man einzeln schießt und wie mit der ganzen Armee,

Wie man sich an den Lärm und an den Nebel gewöhnt.
Dieser Held geht noch weiter. Er zeigt ihnen, wie man kampiert:
Man sieht sie mit dem Aufbau des Zeltes und der Hütte beschäftigt.
Seine Gegenwart versetzt den Arbeiten einen so milden Charme,
Dass die Soldaten ohne Mühe lernen, unter ihren Waffen zu schlafen
Und im Schatten des Turms von Saint-Germain schlagen sie, als
Befänden sie sich auf gefährlichem Terrain, ein Biwak auf.
Vollende, großer Monarch, dies Unternehmen, brich auf ohne Furcht:
Wenn Du aus diesem fingierten Krieg ein Spiel gemacht hast,
Durch ihn gewöhnt an den Staub und an das Feuer,
Wird der wirkliche Krieg anderswo für Dich auch nur ein Spiel sein;
Deine Krieger werden Dir folgen, ohne darin etwas Rohes zu sehen,
Sie werden mit Vergnügen kämpfen, sie werden aus Gewohnheit siegen:
Und die Siegesgöttin, durch Dich belehrt, Dir hier zu folgen,
Wird auf den feindlichen Schlachtfeldern nur Dir gehorchen.
Spanien indessen, das von den Pyrenäen aus zusieht,
Wie den erstaunten Damen dieses große Schauspiel gegeben wird,
Betrachtet, ohne etwas für sich zu befürchten, mit Verachtung
Jene gut gerüsteten Krieger, in einem so pompösen Lager,
Mit so vielen schön bestickten Kleidern, wie auf einem Ball,
Und wo zwischen den Kanonen so viel Galanterie geübt wird.
‚Was, sagt es, man spottet meiner, und dieser so mächtige König
Glaubt mich, indem er mich amüsiert, zu erschrecken?'
Es stimmt, dass er Deiner spottet, Spanien, Du siehst es richtig,
Aber Du wirst mehr an diesem Spiel teilnehmen als Du denkst,
Und wenn Du nicht Deinen letzten Diebstahl bereust,
Wirst Du dieses Spiel nur zu Deinem Nachteil beenden.

Auch diesmal war Corneille nicht der Erfinder seiner Verse, jedenfalls nicht im üblichen Sinn. Das Lobgedicht auf Ludwig war wie der *Menteur* und wie die *Suite* eine, wenn auch originäre, Übersetzung – nur nicht aus dem Spanischen, sondern aus dem Lateinischen. Ein junger Jesuit namens P. de la Rue hatte das Original in lateinischen Versen verfasst, natürlich ungereimt und nicht in Alexandrinern. Beides tat Corneille in seiner Übertragung, sodass das neue Original jene Schönheiten der Form aufwies, die man von seinen poetischen Dramen inzwischen gewohnt war.

Handelte es sich beim Lobgedicht auf Ludwigs Siege von 1667-68 auch um die gleiche Versform, so doch nicht um den gleichen Text.

Die Eloge auf den König ist kein dramatisches Poem. Dennoch wird in ihm auf ein Theater angespielt, auf jene *spectacle* genannten Militärrevuen und -exerzitien nämlich, die Ludwig XIV. 1666 und Anfang 1667 veranstaltete (Abb.37). Auch in den *Attila*, Corneilles Tragödie aus dem gleichen Jahr (1667), gingen sie ein (cf.Angaben d.Hrsg. 1862b,198, Anm.2;für den *Attila*: II/5, Verse 555-590). Es ist kein Zufall, dass das Loblied gerade diese Revuen besang. Sie hatten damals nicht nur das, freilich am ehesten anvisierte, Spanien, sondern das ganze Europa, zumindest alle europäischen Höfe, in Erstaunen versetzt. Es war das erste Mal, dass ein König mitten in Friedenszeiten das Territorium seines Landes öffentlich zum Schauplatz von fiktiven Kriegshandlungen machte. Wofür Machiavelli in seiner *Arte della Guerra* als Erster vergeblich plädiert hatte: für die von ihm ebenfalls mit einem *spettacolo* verglichene Einübung von militärischen Formationen und Formationsveränderungen {2.2), das setzte Ludwig XIV. zwar nicht als erster in die Tat um, – schon Johannes und Moritz von Nassau-Oranien hatten das neben anderen getan (2.4) –, aber als erster so, dass es vor den Augen der anderen Mächte geschah.

Rund eineinhalb Jahrhunderte trennen das *spectacle* Ludwigs vom *spettacolo* Machiavellis. Augenscheinlich hatte erst der sich schon in der Renaissance ankündigende religiöse Bürgerkrieg, der bereits zum guten Teil nach den Regeln staatlicher Kabinettskriege verlief, überwunden werden müssen, ehe sich der Krieg im Frieden öffentlich zur Schau stellen konnte. Gewiss, es drehte sich noch nicht um einen wirklichen Krieg, es drehte sich zunächst um eine *guerre feinte*, einen fingierten, einen vorgetäuschten Krieg, um das also, was man auch heute noch unter dem Begriff Manöver versteht. Aber im Unterschied zu heute sollten die Manöver Ludwigs XIV.den wirklichen Krieg nicht in erster Linie deshalb vortäuschen, damit die französische Armee auf den möglichen Angriff durch einen prospektiven Gegner besser vorbereitet wäre, sondern vor allem, um der übrigen Welt die eigene Lust am Krieg, und das heißt gerade auch am wirklichen Krieg, vor Augen zu führen. Während sich in der Ära des modernen Kriegs das Manöver zu der Wirklichkeit der kriegerischen Auseinandersetzung so verhielt wie Spiel zu Ernst, verhielt sich im Zeitalter des Kabinettskriegs das Manöver zum reellen Krieg wie eine Art von Spiel zu einer andern Art von Spiel. Die Lust, die Ludwig XIV. die militärischen Revuen und Exerzitien bereiteten, war eine Lust, die von der Wirklichkeit des Kriegs nicht wesentlich überboten wurde, da es sich prinzipiell um die gleiche Lust handelte. Ihr konnte der König beim Manöver jedoch ungestörter nachgehen. Das Manöver war das ungetrübtere *Divertissement*.

Allerdings ist das *Divertissement* gleichzeitig eine Form des „Zwischenspiels" gewesen. Corneille spricht außerdem von den Revuen als von jenem „long prélude", dem langen Vorspiel. Das heißt, zwischen wirklichem und fiktivem Krieg ist ein doch wieder nicht zu übersehender Unterschied festzustellen. Er gleicht dem von Corneille gewohnten zwischen Realität und Porträt oder zwischen der wirklichen und der gemalten Person. Diesen Unterschied hatte er gelegentlich der Verteidigung seines *Menteur* selbst angeführt. Die hässliche Frau, meinte er an der bereits wiedergegebenen Stelle, sähe auf dem Bild des Malers wie eine Schönheit aus, in Wirklichkeit aber sei und bleibe sie hässlich. Abgesehen davon, dass Corneille, etwa von zeitgenössischen Theoretikern der Liebe, leicht hätte widerlegt werden können, – sie sahen eine hässliche gegenüber einer schönen Frau sogar beinah im Vorteil, da erstere auf den zweiten Blick schöner, letztere dagegen auf den zweiten Blick hässlicher scheine (cf.Villiers,94, Anm.94) –, der von ihm festgestellte Unterschied war ja, wie oben schon notiert, eine charmante Lüge um des *Lügners* willen, die gleichwohl ihre Wahrheit hatte.

An der Stelle im Siegespoem, wo Corneille vom „image de la guerre", vom „Abbild des Krieges", spricht, wird man den an der Malerei und am *Menteur* gezeigten Unterschied assoziieren müssen. Das Abbild des Krieges, der fingierte, vorgetäuschte Krieg, das war ganz ohne Zweifel ein geschöntes Bild. Mit der Wirklichkeit des Kriegs fiel es nicht umstandslos zusammen. Da es sich aber, wie im Fall der hässlichen Frau, auch in der Wirklichkeit primär um Formen drehte, – bei der Galanterie des *honnête homme* am Hof um Formen der Annäherung an den prospektiven Freund, bei der Kriegskunst des *honnête homme* in der Armee um Formen der Annäherung an den prospektiven Feind –, wurde die Wirklichkeit den Formen untergeordnet, nicht umgekehrt. Auf den zweiten Blick näherte sich die hässliche Person ihrem vom Maler porträtierten Bilde an, auf den zweiten Blick auch der reelle Krieg dem vorgetäuschten.

Der Vergleich zwischen Höflichkeit und Kriegsgebaren liegt schon deshalb nahe, weil Corneille die Galanterie selber ins Spiel bringt, und dies nicht mal im Sinn eines Vergleichs. „Zwischen den Kanonen so viel Galanterie", heißt es wörtlich. Da Hof und Armee Bereiche waren, die der Höfling als gleichrangig betrachtete, setzte sich das Hofleben in der Armee fort. Nur der Ort war ein anderer, die Galanterie blieb die gleiche, auch die Kleidung: Sie war mit Bordüren übersät – wie am Hof bzw., so Corneille, wie auf einem Ball. Das Manöver war so etwas wie eine höfische Tanzveranstaltung, nur auf anderen, der Armee vorbehaltenen Schauplätzen.

Es ist dieses schon in der dramaturgischen Struktur des *Lügners* nachgewiesene choreographische Moment, das im Vergleich des vorgetäuschten Krieges mit dem Ball von neuem auftaucht. Auch jenes andere, gleichfalls am *Menteur* nachgewiesene Moment taucht im Poem Corneilles auf Ludwig wieder auf: Die Verbreitung von Schrekken im Verein mit etwas, das ihm aus moderner Sicht entgegensteht. Im *Menteur* war es die Bewunderung der Kunst Dorantes, im Siegespoem ist es das Staunen über das *Divertissement* des Königs, das gleichzeitig Schrecken verbreiten soll. Doch wenn Corneille sich L'Espagne, die allegorische Verkörperung von Spanien, die Frage stellen lässt, in welcher Weise das *Divertissement* eines so mächtigen Königs denn überhaupt erschrecken könne, so wird es sich um nichts als eine rhetorische Frage handeln, ist die Verbindung von Bewunderung, Erstaunen und Erschrecken doch eine zu zentrale Komponente der theatralischen Kultur des absolutistischen Staates gewesen, als dass man Spanien die ungläubige Haltung, die es Corneille zufolge den Manövern Ludwigs gegenüber einnahm, völlig abnehmen wollte.

In seinem Buch über die Entstehung des Gefängnisses hat Foucault eine Passage zitiert, in der die Militärrevue, auf die Corneille anspielt, als „eine der aufsehenerregendsten Aktionen des Königreichs" bezeichnet wird, „die ganz Europa in Unruhe versetzt haben soll" (1977, 242). Wie konnte ein sich divertierender König Unruhe stiften, noch dazu in ganz Europa, also unter Einschluss Spaniens, wenn nicht das „Vorspiel zu den Siegen", – so die Übersetzung der lateinischen Inschrift auf der dazugehörigen Medaille (Abb. 37) –, auch schon wegen seines Spielcharakters genau den Schrecken erzeugte, der dem *spectacle* immanent war?

Bestimmt wird man bei dem Vorspiel auch daran gedacht haben, welches Nachspiel es wohl haben würde. Tatsächlich hatte Ludwig bald nach der Revue im Sommer 1667 in Flandern große militärische Erfolge zu verzeichnen. Ganz wie während der Revuen und Exerzitien, ritt er seinen Truppen voran und dies in offenbar so aufwendiger Weise, dass Turenne gedroht haben soll, sich zurückzuziehen, falls

Ludwig sich nicht schonen wollte. Turenne habe dabei, wird berichtet, an die Belagerung von Lille gedacht, eine jener drei befestigten Städte, neben Tournai und Douai, die der König persönlich eingenommen haben soll (cf.Anm.1 d.Hrsg.v.Corneille 1862b,132).

Auch Corneille berichtet in seinem Poem von diesen Belagerungen. Kurz nach dem Lob auf die Revuen wird der König bereits mitten in einem Kampf geschildert, der schon nach relativ kurzer Zeit die Festungen in seine Hand bringt (1862p,205,Verse 163f):

Que dirai-je de Lille/où tant et tant de tours
De forts, de bastions/n'ont tenu que dix jours?
Was soll ich von Lille sagen, wo zahlreiche Türme,
Festungen und Bastionen kaum länger als zehn Tage gehalten haben?

Bei solchen Belagerungen ging es natürlich nicht so zu wie bei den Exerzitien. Die von den Bomben und Minen getroffenen Festungswerke stürzten ein, und es gab Tote, manchmal sogar, – gemessen an den sonstigen Verlusten in den Kabinettskriegen –, viele Tote. Die Logik dieser Kämpfe war jedoch eine andere. Sie kommt eher in den von Corneille geschilderten Belagerungen von La Bassée, Armentière und Charleroi zum Tragen. Die waren denkbar kurz, so kurz, dass sie gar nicht stattfanden (203f,Verse 141f-150):

Telle on voit le Flamand/présumer ta venue,
Grand Roi!Pour fuir ta foudre/il cherche à fuir ta vue,
Et de tes justes lois/ignorant la douceur,
Il abandonne aux tiens/des murs sans défenseur.
La Bassée, Armentière,/aussitôt sont désertes;
Charleroi, qui t'attend,/mais à portes ouvertes,
A forts démantelés,/à travaux démolis,
Sur le nom de son roi/laisse arborer tes Lis.
C'est ce que font sans toi/ton nom et ta fortune.
So sieht man den Flamen Deine Ankunft vorwegnehmen, Großer König!
Um Deinem Blitz zu entgehen, sucht er, Deinem Blick zu entfliehen,
Und da er die Milde Deiner gerechten Gesetze nicht kennt,
Gibt er den Deinen seine Mauern ohne Verteidiger preis.
La Bassée, Armentière werden alsbald verlassen;
Charleroi, das Dich erwartet, aber mit geöffneten Toren,
Mit geschleiften Festungen, mit zerstörten Schanzarbeiten,
Pflanzt auf den Namen seines Königs* Deine Lilien.
Das ist der prompte Effekt des allgemeinen Schreckens,
Das ist, was allein Dein Name und Dein Kriegsglück ausmachen.

(* Der Name von Charleroi geht auf Karl II., König von Spanien und Bruder von Marie-Thérèse, zurück.)

Aus der Perspektive des modernen Kriegs war das, was die Flamen zeigten, nichts anderes als Feigheit vor dem Feind. Sie verließen ihre Festung und gaben sie den Franzosen kampflos preis. Der Schrecken, den Ludwig durch seine Revuen wie durch seine Siege in den spanischen Niederlanden verbreitete, war so groß, dass er die jeweiligen Besatzungen von jeglichem Kampf abschreckte. Doch was für den modernen Krieg bloß Feigheit war, war für den Kabinettskrieg eine goldene Regel. Entsprechend fährt Corneille in seinem Poem fort (204f,Verse 151-158):
Heureux tous nos Flamands,/si l'exemple suivi
Eût partout à tes droits/fait justice à l'envie!
Furne n'aurait point vu/ses portes enfoncées;
Bergue n'aurait point vu/ses murailles forcées;
Tournai, de tout temps/tout françois dans le coeur,
T'eût reçu comme maître,/et non comme vainqueur;
Les Muses à Douai/n'auraient point pris les armes
Pour coûter à son peuple/et du sang et des larmes.
*Glücklich wären alle unsere Flamen, wenn man jenes Beispiel befolgt
Hätte und überall Deinen Vorrechten entgegengekommen wäre!
Furne hätte keine eingestoßenen Tore gehabt;
Bergue keine zerstörten Mauern; und Tournai, das seit je im
Herzen Französisch war, hätte Dich als Meister und nicht als Sieger
Empfangen;die Musen Douais*hätten nicht zu den Waffen gegriffen,
Um das Volk so viel Blut und Tränen zu kosten.(*Allegorie der Gelehrten an der dortigen Universität.)*

Der Vollständigkeit halber muss man sagen, dass Corneille nicht immer nur für die vorzeitige Aufgabe der Festungen plädierte. In einem anderen Poem, dem auf die Siege Ludwigs im Krieg gegen Holland von *1672*, wird auch schon mal die Forderung nach Blutvergießen laut, da die vorzeitige Aufgabe dem König ein zu schnelles Glück verschaffe und er die auf solche Art errungenen Erfolge nicht als „conquêtes illustres", als „blendende Eroberungen", ausgeben könne (1862r;cf.Verse 9-24 u.57-64). Die aus späteren Jahren bekannte Strategie der verbrannten Erde, die sowohl in den Spanischen Niederlanden, als auch in der Pfalz angewandt wurde, sprechen zudem, – neben der Zerstörung von Städten wie Heidelberg –, ihre eigene Sprache. Doch auch diese zu Recht als „barbarisch" gebrandmarkte Kriegsführung (cf.Weis,203) ist lediglich eine Ausnahme, die die Regel bestätigt.

Die Regel der Kabinettskriege war nicht der Barbarismus der Städtezerstörung und der hohen Blutopfer, die Regel war vielmehr, dass der Krieg, und zwar auch der wirkliche, bloß vorgetäuscht wurde. Auch der wirkliche Krieg war ein Manöverkrieg, nur mit dem Unterschied zu der *guerre feinte*, dass dabei meistens unvermeidlich Tote zu beklagen waren. Genau der Umstand aber, dass die aus militärischen Revuen und Exerzitien bestehenden Manöver nicht auf die Friedenszeit beschränkt blieben, sondern in Zeiten des wirklichen Kriegs im wesentlichen fortgesetzt wurden, sorgte für die gemessen am modernen Krieg auffällige Begrenzung der Anzahl der Opfer.

Um dieses Phänomen, das man aus retrospektiver Sicht, doch ohne das moderne Vorurteil gegenüber dem Absolutismus, als wunderbare Feigheit vor dem Feind bezeichnen möchte, genauer zu verstehen, müsste man sich plastischer vergegenwärtigen, was in dem Lobgedicht von 1667 mit der Galanterie gemeint sein könnte. Corneille führt sie nicht ein und preist sie nicht als ein Verhalten, das nur in der *guerre feinte*, also nur in Friedenszeiten Gültigkeit besäße. Sie stellt vielmehr zusammen mit den reich bestickten Kleidern der Soldaten und den militärischen Verrichtungen, die an das Bewegungsrepertoire des höfischen Tanzes denken lassen, den Schlüssel zu jenen taktischen Formationen dar, deren kunstreiche Variation den Ablauf eines Kabinettskriegs wesentlich bestimmte. Wenn je das Wort im Kontext eines Krieges angebracht erscheint, dann hier: Der Kabinettskrieg zeichnete sich aus durch eine galante Kriegsführung.

Dieser Punkt berührt das zeitgenössische Freund-Feind-Verhältnis. Nur aus Gründen der vorläufigen Vereinfachung wurde oben die Galanterie in eine gegenüber Freunden am Hof und eine gegenüber Feinden in der Armee unterschieden. In Wirklichkeit ist diese Unterscheidung wenig haltbar. Das lässt sich schon am Beispiel des Dorante und seiner wechselhaften Liebe demonstrieren. Setzt man voraus, dass ihm Clarice zunächst als hübschere Person, Lucrèce als häßlichere vorkam, so lag es für ihn nach der Regel Villiers nahe, beim zweiten Blick Lucrèce zur liebenswerteren Person zu erklären. Es schien nur dieses zweiten Blickes zu bedürfen, um aus Clarice, der ersten Freundin, eine eifersüchtige Feindin zu machen. Doch auch Lucrèce konnte sich als Freundin des Dorante nicht lange halten. Am Vorabend der Hochzeit hatte er sie schon verlassen und war, wie aus der *Suite* bekannt ist, nach Italien gereist, nicht ohne, wie bereits gesagt, sich vorher ihrer Mitgift zu versichern. Und da die Liebe zu Mélisse, die später folgte, für ihn nicht repräsentativ war, wird Lucrèce nicht die letzte gewesen sein, die er verließ.

Daraus kann man auf einen sehr flüchtigen Charakter von Liebe und Freundschaft schließen. Typisch waren sie nicht, typisch war wohl eher eine Art legerer Feindschaft, leger deshalb, weil sie von den Formen einer nie unterbrochenen Galanterie abgemildert wurde. Man hat demnach das symmetrische Schema einer flachen Freundschaft und flachen Feindschaft vor sich, von denen keine den Formen der Höflichkeit entrann. Anders ausgedrückt: Die Freundschaft war von einer tieferen Liebe, die Feindschaft von einem tieferen Hass entlastet, da die betroffenen Personen in beiden Fällen durch höfische Formen voneinander entfernt gehalten wurden. Sie kamen sich nie zu nahe, sie vermieden eine zu große Annäherung, sie täuschten Nähe nur vor.

Entsprechendes gilt für die zeitgenössischen Beziehungen zwischen miteinander im Krieg stehenden Staaten. Ludwig XIV. hatte es nicht so leicht wie der *Menteur*, sich einfach in den Besitz der Mitgift seiner Frau zu bringen. Der Abend vor der Hochzeit mit der spanischen Infantin verstrich, ohne dass die Mitgift, wie im Vertrag des Pyrenäenfriedens festgelegt, von Spanien bezahlt worden wäre, was für Corneille ein klarer Kriegsgrund war. Doch da sich nach Meinung von Rohan die beiden Länder, Spanien und Frankreich, in natürlicher Interessenkonkurrenz befanden, hätten sich, selbst wenn die Mitgift vertragsgemäß bezahlt worden wäre, genügend andere Gründe finden lassen, um gegeneinander Krieg zu führen. Der Bearbeiter des dritten Bandes der *Geschichte in Quellen*, Fritz Dickmann, bezeichnet daher ein Wort aus den Memoiren Ludwigs XIV., das von der permanenten Feindschaft zwischen Frankreich und Spanien spricht, verständlicherweise mit dem Ausdruck „Erbfeindschaft".

Der französische König fand folgende Worte: „Das Verhältnis der beiden Kronen Frankreich und Spanien ist heute und seit langer Zeit in der Welt so, dass man die eine nicht erhöhen kann, ohne die andere zu erniedrigen. Das bewirkt Eifersucht und eine Art permanenter Feindschaft zwischen ihnen, die, wenn ich so sagen darf, ihnen wesensgemäß ist. Die Verträge können das überdecken, aber niemals auslöschen, weil die tiefere Ursache immer bleibt und die eine von ihnen, wenn sie gegen die andere arbeitet, nicht so sehr der anderen zu schaden, als sich selbst zu behaupten und zu erhalten meint. Und das ist ja eine so natürliche Pflicht, dass sie leicht alle anderen verdrängt" (506f).

Prüft man die Ursache der Feindschaft, von der Ludwig spricht, dann denkt man weniger an Erbfeindschaft als an die Jalousie, die Eifersucht. Das Wort *Erbfeindschaft* suggeriert, – nach dem Modell der vormaligen deutsch-französischen, die hier als Vorbild zu dienen scheint –, dass es sich um eine ideologisch motivierte Feindschaft handelt. Genau das ist im Verhältnis Frankreich-Spanien jedoch nicht der Fall, auch wenn ihm „eine Art von permanenter Feindschaft" zugrundeliegen soll, „die die Verträge überdecken, aber niemals auslöschen können", wie der König meint.

Das geht aus der Fortsetzung des Textes der Memoiren hervor. „Um ohne Umschweife die Wahrheit zu sagen: Sie (sc.Frankreich und Spanien) schließen niemals einen Vertrag miteinander als in dieser Gesinnung (sc.der Eifersucht aufeinander). Welche Spezialklauseln über Einigkeit, Freundschaft, wechselseitige Förderung man auch in sie (sc.die Verträge) aufnehmen mag, der wahre Sinn, den jede von ihrer Seite aus hineinlegt, ist nach der Erfahrung so vieler Jahrhunderte doch nur der, dass man sich offener Feindseligkeiten jeder Art und öffentlicher Demonstrationen bösen Willens enthalten wird. Denn geheime Vertragsbrüche, die nicht ans Tageslicht kommen, erwartet nach dem natürlichen Grundsatz, den ich erwähnte, ohnehin jeder von dem anderen und verspricht das Gegenteil nur in dem gleichen Sinne, wie man es ihm verspricht. Man könnte daher sagen, indem man sich beiderseits von der Innehaltung der Verträge dispensiert, handelt man ihnen im strengen Sinne gar nicht zuwider, da man ja die Zusagen gar nicht buchstäblich gemeint hat. Man hat sich ihrer nur unvermeidlicherweise bedienen müssen, wie man sich (wenn auch in anderer Weise) in der Gesellschaft der Komplimente bedient, die eben einfach notwendig sind, wenn man miteinander leben will, und deren wirkliche Bedeutung weit unter dem liegt, was die Worte aussagen" (507).

Ludwigs Vergleich dieser Verträge mit den von den Höflingen in der Hofgesellschaft untereinander ausgetauschten Komplimenten zeigt, dass die feindlichen Beziehungen zwischen Spanien und Frankreich von galanten Formen überzogen waren, Formen, die zwar die Feindseligkeit nicht auslöschten, sie aber am offenen Ausbruch hindern konnten und nur versteckt zum Ausdruck kommen ließen. Was der König damit sagte, was schon sein Vergleich vertraglicher Beziehungen mit denen einer höfischen Gesellschaft nahelegte und was der zeitgenössische Begriff der Politik von vornherein erwarten ließ, war dies, dass Spanien und Frankreich sich gegenseitig wie zwei Höflinge belogen. Die Verträge wurden nur zum Schein gehalten, jeder Vertragspartner belog den anderen, jeder wusste es und setzte es voraus. Deshalb basierte die Tatsache, dass einer den anderen einer Lüge bzw. eines Vertragsbruchs bezichtigte, wie Corneille es in dem Siegespoem von 1667 hinsichtlich des Pyrenäenfriedens tat, auf künstlicher Aufregung. Sie sollte gegebenenfalls von eigener Vertragsuntreue ablenken und stellte nichts anderes dar als eine weitere Lüge. Ludwig meinte ja selber, Komplimente seien einfach notwendig, wenn man miteinander leben wollte. Ihre „wirkliche Bedeutung" aber läge weit unter dem, was die Worte aussagten.

Wenn man die Worte Ludwigs, wie sie in der Wiedergabe Dickmanns vorliegen, zu wörtlich nimmt, ist man geneigt, das Wirkliche an der „wirklichen Bedeutung" der Komplimente in seinem feindlichen Gehalt zu überschätzen. Es ist nicht so, dass es ausschließlich die Verträge gewesen wären, die die Feindschaft verdeckt hätten. Auch in den Kriegen wurden Komplimente an den Feind gemacht. Und dies im übrigen nicht bloß im 17. Jahrhundert, sondern während der gesamten Epoche der Kabinettskriege. Delbrück weiß über eine Schlacht zwischen Franzosen und Engländern aus der Mitte des 18. Jahrhunderts Folgendes zu berichten: „Bei Fontenoy (1745) näherten sich die französischen und die englisch-hannoverschen Garden einander ohne zu schießen bis auf 50 Schritt. Die beiderseitigen Offiziere bekomplimentierten sich um den ersten Schuss. Die Engländer gaben die erste Salve, die so mörderisch war, daß die französische Garde fast aufgerieben wurde und der Rest die Flucht ergriff" (308). Berühmt ist auch das treffende Wort von Clausewitz, dass in den Kabinettskriegen wie mit einem Galanteriedegen gekämpft worden sei.

Die Galanterie war keine Angelegenheit, die sich auf das Gesellschaftsleben des Hofstaates und seine Politik vertraglicher Beziehungen beschränken ließ, auch nicht auf die Manöver des fingierten Kriegs. Sie reichte weit bis in den wirklichen, den nicht fingierten Krieg hinein und verdeckte diesen ebenso wie die Verträge es laut Ludwig taten. Mochte auch die Feindschaft, wie er sagte, permanent und durch nichts auszulöschen sein, so war sie doch, wenn alle Verträge beiseitegeräumt und die feindlichen Staaten zum wirklichen Krieg übergegangen waren, durch die Formen der Galanterie in ihren tödlichen Auswirkungen gebremst, selbst wenn die abgegebene Salve, wie in dem Beispiel Delbrücks, für die eine Seite mörderisch gewesen ist. Man könnte in Anlehnung an Ludwigs Wort von den Verträgen sagen, der Krieg verdeckte den Krieg und die Feindschaft die Feindschaft. Zwischen Frankreich und Spanien herrschte keine Erbfeindschaft, sondern eine von diversen Komplimentierformen gedämpfte, eine von der Galanterie eingedämmte Feindschaft, die dem dominanten Typ der gesellschaftlichen Beziehungen am französischen Hof entsprach.

Die in dieser Arbeit angewandte Methode, einen Text wie die Eloge Corneilles zu nehmen und von ihm aus auf die Realität der damaligen Kriege zu schließen, sieht sich dem Vorwurf ausgesetzt, auf eine Propagandalüge reinzufallen. Robert Mandrou zum Beispiel würde die Eloge gewiss unter das Rubrum dessen subsumieren, was er die „Propaganda nach innen und außen" nennt. Im Band 3 der *Propyläengeschichte Europas* spricht er von „eine(r) ganze(n) Reihe hyperbolischer Formeln (.), die in edler Weise die unbesiegbare Überlegenheit des Königs bezeichnen sollten. (...) die gewagteste lautet für den, der weiß, bis zu welchem Grad das Waffengeschick dem Ehrgeiz des Königs ungünstig war, *Semper Victor* (sc.Ewiger Sieger). Mit Fleiß und Ausdauer hat man während der ganzen Regierungszeit eine intensive Propaganda betrieben, um den Zeitgenossen jene strahlende Überlegenheit Ludwigs XIV. einzutrichtern" (57).

Gemessen am Ton, den diese Sätze haben, wird das Wort von der Propagandalüge nicht vom Übersetzer des Mandrouschen Manuskripts gewählt worden sein. So sehr es zutrifft, dass Ludwig nicht immer als strahlender Sieger den Schauplatz des Krieges verließ, so wenig passend ist es, die Lobgedichte auf den König mit Propaganda zu vergleichen. Wer das behauptet, verkennt den eminenten Unterschied, der zwischen einer Propagandalüge, – etwa der Art, wie sie im Nationalsozialismus üblich war –, und den hyperbolischen Formeln eines Corneille besteht. Allein der Umstand, dass die Elogen auf den König in einer besonderen Versform abgefasst waren oder zumindest, wenn es sich nicht um Lobgedichte handelte, einem formvollendeten Zeremoniell gehorchten, müsste die These von der Propaganda modifizieren. Die für das Corneillesche Drama prägend gewordenen hyperbolischen Formeln prägten auch die Elogen. Das Entscheidende ist der Zusammenhang von Form und Lüge, nicht die Lüge allein. Selbst wenn alles, was Corneille in seinen Siegespoemen ausdrückte, vollständig gelogen wäre, so gäbe nach wie vor der hyperbolische

Charakter dieser Lügen den entscheidenden Hinweis auf die gleichfalls hyperbolische Struktur der Kriege und der Siege.

Was bedeutete schon aus moderner Sicht ein Sieg, bei dem der Sieger wie Ludwig 1667 nicht zu kämpfen brauchte? Es war ein Sieg ohne Sieg – ein vorgetäuschter Sieg. Doch auch dort, wo ein Kampf tatsächlich stattfand, sah er oft nicht anders aus als der fiktive Kampf in Friedenszeiten. Delbrück beschreibt die Schlacht von Leuthen aus dem Jahre 1757 so (Siebenjähriger Krieg, Friedrich II. siegt über den Österreicher Daun): „Es (gelang) dem König, die preußische Armee in ihrem Anmarsch mit einer unvermuteten Wendung unbemerkt gegen den linken Flügel der Österreicher zu dirigieren. (…) die (.) Kolonnen (…) marschierten eine gute halbe Meile an der feindlichen Front entlang, bis sie gegenüber dem äußersten linken Flügel der Österreicher angelangt waren. Hier schwenkten die Züge, die den genügenden Abstand voneinander gehalten, hatten, zur Linie ein" (320). In einer Anmerkung fügt Delbrück die Schilderung des preußischen Generals Tempelhof, der den Anmarsch Friedrichs beobachtet hatte, hinzu. „Es gab keinen schöneren Anblick. Die Teten (sc.Spitzen) waren beständig in gleicher Höhe und in der zur Formierung nötigen Entfernung voneinander; die Züge hielten ihre Distanzen so genau, als wenn es zur Revue gegangen wäre."

Ein Jahr später, 1758 bei Königgrätz, als sich die beiden Feldherrn wieder gegenüberstanden, beschränkten sich alle Kampfhandlungen, nicht bloß der Großteil, auf den fingierten Krieg. „Friedrich hätte Daun gern in eine Schlacht verwickelt, aber die Österreicher hielten sich dauernd in Stellungen, wo Friedrich den Angriff nicht wagen wollte. Maria Theresia schrieb ihrem Feldmarschall: er möge doch jetzt eine Schlacht wagen, selbst auf die Gefahr hin, dass sie verlorenginge, denn die Preußen würden sich gegen die Russen wenden und man müsse suchen, sie vorher zu schwächen. (…) Daun eilte, als er den Brief der Herrin erhielt, wohl hinaus und sah sich die Stellung der Preußen an, aber das Ergebnis war, daß er sie zu stark fand, und auch etwa selber aufs freie Feld hinaus zu gehen und die Preußen zum Angriff herauszufordern, dünkte ihm nicht gut. Ebenso schienen auch Friedrich die Gelegenheiten nicht günstig genug, und nachdem die feindlichen Heere nach fast vier Wochen zwischen Königgrätz und Nachod umeinander herummanövriert hatten, marschierte Friedrich ab und verließ Böhmen, um sich gegen die Russen zu wenden" (409).

Das, was Daun und Friedrich mitten im Siebenjährigen Krieg mit den von ihnen befehligten Armeen taten, war das, was Delbrück „umeinander herummanövrieren" nennt. Die direkte Auseinandersetzung mit dem Feind, die Schlacht, um die sich der moderne Krieg wie um ein Zentrum drehte, wurde eher vermieden als gesucht. Selbst wenn sie schließlich gesucht und auch geschlagen wurde, spielte sich etwas für den modernen Krieg, der auf die Vernichtung des Feindes fixiert war (Niederwerfungsstrategie) völlig Unglaubliches ab. Dazu noch einmal Delbrück über die von Friedrich II. im österreichischen Erbfolgekrieg gewonnene Schlacht von Soar (1745)."Wir haben das Erstaunliche, in der Niederwerfungsstrategie ganz undenkbare Schauspiel, daß der Sieger, nachdem er noch einige Tage ehrenhalber auf dem Schlachtfelde geweilt hat, den Rückzug antritt. Friedrich zog ab nach Schlesien und die Österreicher kehrten nach ihrem Mißerfolg in das Lager zurück, das sie vorher innegehabt hatten" (382). Während man im modernen Krieg den Gegner verfolgt hätte, um ihn niederzuwerfen und zu vernichten, damit der Sieg auch ein wirklicher Sieg wäre, gab man sich in der Ära der Kabinettskriege mit dem Ausgang einer Schlacht, wenn es überhaupt zu einer kam, zufrieden und schonte den Gegner wie sich selbst. Am liebsten manövrierte man gegenseitig umeinander herum und gab sich auf dem Kriegsschauplatz das wechselseitige Schauspiel eines Formkriegs, dessen tödliche Wirkung auf den Feind weitgehend neutralisiert wurde. Der Kabinettskrieg folgte keiner Vernichtungsstrategie, er folgte der sogenannten Manöverstrategie, einer Strategie der Vortäuschung des Krieges.

3.3.7 STATUARISCHER FESTUNGSKRIEG – FOUCAULTS VERSEHEN

Das soll zum Schluss dieses Kapitels exemplarisch der zeitgenössische Festungskrieg belegen. Er war hauptsächlich ein Belagerungskrieg und stand im Mittelpunkt des militärischen Geschehens. Die Schlacht hatte ihm gegenüber jenen eher beiläufigen Charakter, von dem bisher die Rede war. Dies nicht nur deshalb, weil das Streben nach Ehre weitgehend des Beweises eines Blutopfers enthoben war, sondern auch, weil militärstrategische Gründe dafür sprachen. In das feindliche Gebiet konnten die Truppen nur eindringen, wenn sie vorher die Festungen passiert hatten. Zumindest war das in Frankreich so, und zwar seit Vauban die Reorganisation der Festungsbauwerke in die Hand genommen hatte. Da jedoch sein Werk sehr bald in ganz Europa imitiert wurde, blieb es keine französische Spezialität.

Die Frage nach dem Verhältnis von Schlacht und Belagerungskrieg findet sich treffend in dem Artikel über Vauban beantwortet, den Henry Guerlac für den schon öfter zitierten Band, *Makers of Modern Strategy*, beigesteuert hat. „Im späten 17. und während des ganzen 18. Jahrhunderts scheint uns die Kriegsführung meist nichts anderes als eine ununterbrochene Kette von Belagerungen zu sein. Fast immer standen sie im Mittelpunkt der Operationen eines Feldzugs. Stellte die Einnahme einer feindlichen Festung einmal nicht das Hauptziel dar, was selten der Fall war, dann war eine Belagerung zumindest die unvermeidliche Voraussetzung für das Eindringen in feindliches Territorium. Belagerungen waren weit häufiger als offene Feldschlachten und wurden so bereitwillig begonnen, wie Schlachten vermieden wurden. Wenn Schlachten vorkamen, dann waren sie wohl vornehmlich von der Notwendigkeit diktiert, die Entlastung einer belagerten Festung herbeizuführen oder abzuwehren" (34).

Guerlac spielt auf den Ende des 17. Jahrhunderts typisch gewordenen Festungskrieg an den Grenzen des Staates an. Die von Vauban entworfenen Fortifikationswerke waren keine gegen einen inneren Feind gerichteten Festungen im Innern des französischen Staatsgebietes, sondern Festungen gegen die Invasion äußerer Feinde. Sie gehörten zu einem unter strategischen Gesichtspunkten angelegten Ensemble von Grenzbefestigungen, vor allem im Norden und Osten Frankreichs, und sind Ausdruck des Staatenkrieges. Er hatte den Bürgerkrieg inzwischen abgelöst. Der war noch ganz auf Festungen mitten im Land angewiesen und erlaubte dem inneren Feind, sich zu verschanzen. Eben wegen der Gefahr der Verschanzung eines solchen Feindes wurden viele der Festungen im Innern geschleift. Die Einnahme La Rochelles von 1628 war eines der prägnantesten Beispiele dafür (3.2).

Wenn es richtig ist, dass Vauban als Festungsbaumeister ein Repräsentant des Staatenkrieges war, eines Krieges also, der sich als Kabinettskrieg gerade wohltuend von den ihm voraufgegangenen Bürgerkriegen unterschied, kann dann derselbe Vauban zugleich unter die *Makers of Modern Strategy* gerechnet werden, einer Strategie, die den Bürgerkrieg auf europa-, ja am Ende weltweite Ebene ausdehnte?

Wie Felix Gilbert im Artikel über Machiavelli (2.2), so reiht Guerlac in dem auf Gilbert folgenden Artikel über Vauban diesen, allerdings erst den späten, unter die modernen Strategen bzw. unter deren Vorläufer ein. Er nennt zwei Gründe, die Vauban gegen Ende des Jahrhunderts dazu veranlasst haben, statt der beiden Festungsgürtel an der Nordgrenze Frankreichs, zwischen dem Ärmelkanal und der Maas, nur noch einen von beiden, den äußeren, auszubauen (den inneren ließ er schleifen): erstens die enormen Kriegskosten und zweitens die unzureichende Anzahl von Festungstruppen. Vauban habe die ihm noch zur Verfügung stehenden und durch das Schleifen des inneren Festungsgürtels freiwerdenden Truppen immer mehr zum Schutz der Wege, besonders der Wasserwege, eingesetzt, die die Festungen der äußeren Linie, wenigstens einen Teil von ihnen, miteinander verbanden. „Vielleicht ist es nicht zu weit hergeholt", folgert Guerlac hinsichtlich der Truppenverstärkung außerhalb der Festungen, „darin ein Zeichen dessen zu sehen, daß der große Ingenieur gegen Ende seiner Laufbahn allmählich dazu kam, mehr Wert auf Infanterietruppen als auf Festungen zu legen. Er scheint", fährt Guerlac fort, „beinahe der Idee Guiberts nahegekommen zu sein, daß die wahre Verteidigung eines Landes seine Armee ist, nicht sein Festungswesen; daß die befestigten Plätze bloß Bastionen jener größeren Festung sind, die in der Armee ihre lebendige und flexible Kurtine besitzt" (48). *Kurtinen* sind Wälle zwischen den *Bastionen* einer Festung.

Der von Guerlac erwähnte Guibert war nicht irgendein Franzose, sondern ein berühmter vorrevolutionärer Theoretiker von Strategie und Taktik, der auf Napoleon voraus wies und auf den Clausewitz sich positiv bezog. Wäre Vauban wirklich den Ideen Guiberts von der Prävalenz der Armee nahegekommen, so müsste man sich mit dem Gedanken befreunden, dass der moderne Krieg im Festungskrieg einen genuinen Ansatzpunkt gefunden hätte. Nun steht Vaubans Name für die Blütezeit des Fortifikationswesens. Statt die Truppenverstärkung außerhalb der Festungen als lebendige Wälle anzusehen, welche die toten Festungsmauern abgelöst und die flexiblen Heereseinheiten des modernen Krieges angekündigt hätten, läge es nahe, sie als Unterformen eines Festungskrieges zu verstehen.

Zweifellos folgten diese Truppen, auch wenn sie das Terrain zwischen den Festungen verteidigen sollten, keiner anderen Strategie als der des Manövers. Dafür spricht ganz allgemein, dass die Formationen der Heereskörper, wenigstens die taktischen Formationen, keine eigenständige, sondern eine vom Festungswesen abgeleitete Bedeutung hatten. Guerlac selbst weist darauf hin, dass die beiden von

Vauban an der Nordgrenze Frankreichs vorgesehenen Festungslinien einer Infanterieschlachtordnung vergleichbar gewesen seien(46).

Während die Form des Festungsgürtels in dieser Formulierung aber eher als Abgeleitete der Heeresformationen erscheint, steht das Beispiel Friedrichs II. für den umgekehrten, typischeren Fall. Palmer teilt mit, dass der preußische König den Wert solider Festungen im Laufe seines Lebens immer stärker hervorgehoben und die Tradition Vaubans, des herkömmlich interpretierten, fortgeführt hat. „Selbst die Vorstellung, die er von einer Schlacht gehabt habe", schreibt Palmer, „sei von der Vaubanschen Tradition beeinflußt" (59). Und dann zitiert er die Stelle aus Friedrichs *Grundsätzen der Lagerkunst und Taktik* von 1770, wo es zu Beginn des Artikels 16 heißt: „Wir müssen unsere Schlachtdispositionen den Regeln des Belagerungskriegs entnehmen" (59). Im selben Artikel werden die zwei preußischen Infanterielinien mit den Parallelen verglichen, die dem Vaubanschen System eines Festungsangriffs zugrundeliegen (Friedrich II. 1856,21;cf.Palmer,59). Wenn also noch der späte Friedrich knapp siebzig Jahre nach dem späten Vauban auf das Belagerungssystem des frühen Vauban zurückgriff, dann dürfte die Truppenverwendung zwischen den Festungen an der Nordgrenze Frankreichs die Ansicht stützen, dass sie den herkömmlichen Rahmen des Festungskriegs nicht zu sprengen vermochte.

Es ist im übrigen nicht entscheidend, ob die Heeresformationen sich an die Festungslinien selbst anlehnten oder umgekehrt. Entscheidend ist, dass die Organisation der Festung wie des Festungskriegs mit der Organisation des Heereskörpers überhaupt Beziehungen der Ähnlichkeit unterhielt. Ein zumindest theoretisch von vornherein mobiler Verband, wie der der Armee, wurde mit einem von vornherein immobilen Korpus wie dem einer Festung vergleichbar. D.h. die Heereskörper des Kabinettskriegs waren eben nicht mobil, sondern immobil. In ihnen kam der statische Charakter des absolutistischen Systems zum Ausdruck, der selbst noch dessen aufgeklärtere, von Friedrich II. praktizierte Variante wesentlich bestimmte. Erst die modernen Heere der revolutionären und postrevolutionären Ära entfalteten Mobilität und Lebendigkeit.

Allerdings erschöpfte sich die Immobilität nicht im statischen Charakter. Wie die Festung nicht bloß ein statischer Baukörper war, so war die Armee nicht bloß ein statischer Heereskörper. Zwar gingen

die verschiedenen Formationen, die er annehmen konnte, aus statischen Bewegungen hervor, aber sie waren mehr als nur das, sie waren, um wieder mit Machiavelli zu sprechen, schön wie ein *spettacolo*. Dieser Umstand hing unter anderem mit der militärischen Disziplin zusammen, der die einzelnen Soldaten, aus denen sich der Heereskörper zusammensetzte, unterworfen wurden. Die Disziplin sollte sie zu Statuen erziehen. Dazu die Verse Friedrichs II.(1849,299):
Observez le silence,/et plein de retenue
Paraissez dans vos rangs/ainsi qu'une statue.
Bewahren Sie Schweigen und treten Sie
In Ihren Reihen voller Haltung wie eine Statue auf.

Erst dadurch, dass das Statische zum Statuarischen erhöht wurde und sich nun die wohlformierte Masse dieser Statuen, graziler Posituren fähig, zu den verschiedenen Formationen in Bewegung setzte, erst dadurch nahm die Armee jenen Charakter eines formschönen, tanzenden, da nach einem bestimmten Tanzrhythmus marschierenden Massenkörpers an, der einen schauspielhaften Anblick bot.

Dieser Zusammenhang kommt auf der schon mehrfach erwähnten, zu Ehren des französischen Friedensmanövers von 1666 geprägten Medaille zum Vorschein, die Foucault als eines der ersten Belegstücke für seine Theorie von der Disziplinarmacht der Moderne dient (Abb.37). Die Inschrift auf der Medaille lautet vollständig: „Prolusia ad Victorias. Disciplina Militaris Restituta" (Vorspiel zu Siegen. Wiederherstellung militärischer Disziplin). Indem Foucault die Verbindung dieser Disziplin zum Tanzcharakter des Statuarischen zwar beachtet, aber nicht als homogene, sondern nur als heterogene Verbindung gelten lässt, entgehen ihm die von Corneille in seinem Siegespoem von 1667 hervorgehobenen Formen der Galanterie, die ohne die Disziplin nicht denkbar waren {cf.1977,242f). Die *Disciplina Militaris Restituta* war keine moderne, sondern eine für den zeitgenössischen Gebrauch in Kabinettskriegen erforderliche Disziplin. Für die modernen Heere wäre ein Rückgriff auf die formale Disziplin der Kabinettskriege selbstzerstörerisch gewesen, wie es denn auch für die noch im friderizianischen Geist erzogenen preußischen Heere von 1806/07 tatsächlich der Fall war. Die für den modernen Krieg erforderliche Disziplin war keine formale äußere, sondern eine antiformale innere Disziplin.

Vermutlich ist Foucault auf die monarchische Souveränität zu negativ fixiert gewesen und zu vernarrt in den Gedanken, moderne Machtstrukturen ausschließlich in ihrer disziplinierenden Funktion zu untersuchen, als dass er seinen analytischen Blick für den historischen Wandel der militärischen Disziplin in der Neuzeit geschärft hätte.

Im *Politischen Testament* von Richelieu, und zwar im Abschnitt über die „Macht des Staates, sofern sie auf der Gewalt der Waffen beruht", ist ohne weiteres zu erkennen, um welche Art der Disziplin es sich gehandelt haben muss. Richelieu beklagt sich bei Ludwig XIII. über den zu großen Eifer und die zu große Ungeduld französischer Soldaten. Sie seien selten imstande, sich für eine Unternehmung genügend Zeit zu nehmen. An dieser Stelle fällt das Wort, das für die ganze Kriegsführung der damaligen Epoche bezeichnend ist: *le flegme,* das Phlegma. „Sie (sc.die französischen Soldaten) fürchten nicht die Gefahr, aber sie wollen sich ihr ohne jede Mühe aussetzen. Die geringsten Dinge (détails) sind ihnen unerträglich. Sie haben nicht das Phlegma (ils n'ont pas de flegme), um ihr Glück einen Moment lang abzuwarten" (385).

Einige Zeilen weiter wird der Mangel an Phlegma und Geduld in einer Reihe mit dem Mangel an Disziplin gesehen: „Destitué de flegme, de patience et de discipline" (386). Wiederum wenig später heißt es, die Franzosen seien unfähig zu einer regelgemäßen, disziplinierten Kampfführung (incapables de règle et de discipline). Ohne Festhalten an der Strenge der Regel und ohne Züchtigung durch ihre militärischen Chefs seien sie nicht in den Grenzen der Vernunft zu halten (dans les bornes de la raison)(389). *Discipline, règle, raison, patience, flegme:* Richelieu ordnete die militärische Disziplin in den Kontext jener Elemente des absolutistischen Staates ein, die dessen theatralischen Charakter ahnen ließen. Die regelgebundene Konduite des *honnête homme* am Hof, die in den Dramen Pierre Corneilles poetisch zelebriert wurde, fand auf der Ebene der Armee ihre Entsprechung in der regelgebundenen *Disciplina Militaris* der Soldaten, wobei es unter dem Aspekt regelkonformer Verhaltensweisen keinen Sinn macht, zwischen König (bzw.honnête homme) und einfachen Soldaten soziologische Differenzierungen einzuführen, wie Foucault es tut (1977,389).

Das von Richelieu propagierte Phlegma war ein diszipliniertes Phlegma, das die zu unbedachte Furchtlosigkeit der Franzosen gegenüber Kriegsgefahren durchkreuzen und ihren Übermut abkühlen sollte. Das Phlegma bezeichnete eine Gemütsqualität, es stellte die Verankerung des Statischen und Statuarischen im Gemüt des Soldaten dar, sollte also tendenziell zur Immobilisierung seiner Bewegungen und zur Neutralisierung der Gefahren, die er einging, führen. Es war die Entsprechung der Neutralität des Politischen im Bereich der Kriegshandlung und damit eine Art psychischer Voraussetzung für die positive Rolle, die der Attentismus, die Schlachtvermeidung, das Warten- und Abwartenkönnen im Kabinettskrieg gespielt haben. Es war auch das Moment, das den Kabinettskrieg mit der im Absolutismus herrschenden Zeitvorstellung verband. Nimmt man alle von Richelieu nebeneinander genannten Komponenten zusammen: das Phlegma, die Disziplin, die Regel, die Geduld und die Räson, dann hat man so etwas wie ein Schema, nach dem das absolutistische System funktionierte. Und es ist kein Wunder, dass die Festung, samt dem Krieg, der um sie geführt wurde, ebenfalls ein solches Schema aufwies.

Was für den Hof und den Bereich der Politik das Schloss, ist für die Armee und den Bereich des Kriegs die Festung. Nicht jeder Festungskrieg verlief so, wie der zwischen Neipperg und Friedrich II. um die Festung Neiße. Der preußische König schloss 1741, während des ersten Schlesischen Kriegs, mit dem Österreicher „den geheimen mündlichen Waffenstillstand von Klein-Schnelldorf ab (.), der ihm Neiße nach einer vierzehntägigen Scheinbelagerung überließ und die Abtretung von Nieder- und Mittelschlesien versprach" (Delbrück, 374). Doch wenn auch nicht jeder Festungskrieg wie dieser verlief, so sieht man jedenfalls, vergleicht man nur die kampflose Einnahme der Festung Neiße mit den von Corneille besungenen Einnahmen mancher Festungen in Flandern durch Ludwig XIV., die auch ohne Kampf erfolgten, dass damit zumindest die tiefere Logik dieser Art von Kriegsführung getroffen war: Die Scheinbelagerung der Festung Neiße war typisch für die Manöverstrategie der Kabinettskriege.

Für die Fälle, in denen eine Festung nicht zum Schein, sondern reell belagert wurde, hatte sich Vaubans System, wie bereits kurz erwähnt, in ganz Europa durchgesetzt. Guerlac zu diesem System: „Es war ebenso charakteristisch für Vaubans Abneigung gegen unnötiges Blutvergießen wie für den neuen Geist der Mäßigung im Krieg, der in seiner Zeit vorzuherrschen begann, daß seine Neuerungen auf dem Gebiet der Belagerung dazu bestimmt waren, die Einnahme einer Festung in reguläre Bahnen zu lenken (to regularize) und vor allem die Verluste der Belagerungstruppen zu verringern. Vor der Perfektionierung des Parallelensystems, das er wahrscheinlich nicht selbst erfand, waren Angriffe auf gut verteidigte Festungen nur unter großen Verlusten der Angreifer möglich. Gräben und Schanzkörbe wurden ohne System angewandt und meistens, wenn die Infanterie nicht gerade gegen eine mutmaßlich schwache Stelle geworfen wurde, derart, daß die Angreifer mörderischem Feuer ausgesetzt waren."

„Vaubans Angriffssystem, das mit nur geringer Veränderung während des 18. Jahrhunderts befolgt wurde, unterlag einer hochformalisierten und gemächlichen Prozedur. Die Angreifer versammelten ihre Männer und Vorratslager an einem Punkt, der sich außerhalb der Reichweite der Verteidigungswaffen befand und weitgehend von natürlichen und künstlichen Tarnmaßnahmen verdeckt war. An diesem Punkt begannen die Pioniere gewöhnlich mit der Aushebung eines Grabens, der sich langsam bis zur Festung hinzog. Nachdem dieser in einer bestimmten Länge vorangetrieben war, wurde parallel zur Stelle des beabsichtigten Angriffs ein tiefer Graben ausgehoben, der sich rechtwinklig zu beiden Seiten des Annäherungsgrabens (sc. der *Angriffsapproche*) erstreckte. Diese sogenannte *Erste Parallele* wurde mit Männern und Ausrüstung angefüllt und stellte einen verdeckten Waffenplatz dar. Von dieser Parallele aus wurde wieder die Angriffsapproche weiter vorangetrieben, Wobei sie auf dem Weg zur Festung eine Zickzackbewegung einschlug. Nachdem die Approche in der gewünschten Länge fortgeschritten war, wurde die *Zweite Parallele* errichtet, und die Approche wurde noch einmal vorangetrieben, bis eine dritte und üblicherweise letzte Parallele ganz nah am Fuße des Glacis errichtet wurde. Während die Angriffsapproche noch ein bißchen nach vorne weitergezogen wurde, koordinieren die Pioniere den Vortrieb des Grabens zeitlich so, daß sie den Fuß des Glacis genau in dem Moment erreichten, in welchem die *Dritte Parallele* mit Truppen angefüllt wurde. Die gefährliche Aufgabe, das Glacis hochzusteigen, wo man dem Feuer des vom gedeckten Weg aus schießenden Feindes ausgesetzt war, wurde unter Zuhilfenahme sogenannter Grabenkatzen ausgeführt: das waren hohe, mit einer Brustwehr versehene Erdaufwürfe, von denen die Belagerer auf die Verteidiger des verdeckten Weges schießen konnten. Diese äußere Verteidigungslinie konnte durch geschicktes Vorgehen eingenommen werden, das heißt, indem man die Verteidiger den Wirkungen von Aufprallgeschossen aussetzte, oder indem man Grenadiere hochschickte, die die Stellung unter der von den Grabenkatzen ausgehenden Feuerdeckung im Angriff nahmen. War der gedeckte Weg des Feindes endlich unter eigener Kontrolle, wurden Belagerungsbatterien aufgestellt und Anstrengungen unternommen, eine Bresche in die Hauptverteidigungslinie zu schlagen. Das wesentliche Merkmal des Vaubanschen Belagerungssystems war also der Gebrauch, den er von temporären Festungswerken, Gräben und Erdaufwürfen machte, um die vordringenden Truppen zu schützen" (39f,Hervorhebungen v.G.;Abb.38).

Guerlacs Darstellung des von Vauban angewandten Parallelensystems ist so korrekt wie seine Schlussfolgerung, dem Franzosen sei es wesentlich um den Schutz der Truppen Frankreichs gegangen. Die Sache so auszudrücken, heißt indes, den Belagerungskrieg als ein hauptsächlich zweckgerichtetes Verfahren zu betrachten. Gewiss lassen sich die nach und nach bis an das Festungsglacis vorgetriebenen Parallelen und Approchen auch als Teil einer Taktik zur Schonung von Menschenleben interpretieren. Man könnte sich dabei sogar auf Vauban selber berufen. Er verbot in einem Abschnitt über allgemeine Regeln der Belagerung den Angriff einer Festung im Winter, da er zu viele Opfer koste(186). Man wird jedoch nicht so weit gehen können, das Sparen von Menschenleben als durchgehendes Prinzip oder gar als oberste Maxime dieser Regeln anzusehen. Der Zweck eines Belagerungskrieges schien nicht in erster Linie die Befolgung humaner Ziele, sondern die Befolgung einer, wie Guerlac, vielleicht zu nebenbei, erwähnt, hochformalisierten, regulierten und gemächlichen Prozedur zu sein, deren fernere Wirkung dann auch in einer moderaten Kriegswirkung bestand, und das um so mehr, als diese eben nicht das oberste Ziel darstellte.

Eine genauere Lektüre der Regeln Vaubans für die Belagerung dürfte das Phänomen klarer machen(184-188). Zunächst, in Regel 5, beharrt er auf der durchgehenden Anwendung der drei Parallelen. In der 7. Regel wird das Anlegen von Laufgräben (Zickzacklinien) empfohlen, und zwar dort, wo sich die Approchen der Gefahrenzone der Festung nähern. Erklärend heißt es dazu bei Vauban: „Niemals etwas ungedeckt (à découvert), noch mit Gewalt betreiben, was man mit Geschicklichkeit (par industrie) erlangen kann; denn die Geschicklichkeit operiert immer ungefährdet, während man mit der Gewalt nicht immer Erfolg hat und gewöhnlich viel aufs Spiel setzt." Diese Regel lässt sich problemlos mit der Sorge um den Schutz der Soldaten vereinbaren, aber es ist auch schon das zeitgenössische Interesse für den verdeckten Kampf und die Vorliebe für den Einsatz von Geschicklichkeit und List, – das Wort *industrie* meint beides –, zu erkennen.

Die 20. Regel ist dann bereits ganz dem Hauptinteresse von Vauban und seiner Zeit gewidmet: „Auf reguläre Festungen gilt es reguläre Angriffe zu machen; irreguläre Festungen muss man dagegen so angreifen, wie man es gerade kann, ohne allerdings mehr als nötig von der Einhaltung der Regeln abzuweichen." Anders gesagt: Das in dieser Regel ausgedrückte Hauptinteresse gilt der Beobachtung der Regeln im Kampf. Was von einem scheinbar gänzlich anderen Ort her, nämlich dem Theater Corneilles, vertraut ist, die Einhaltung der Regeln, wird hier, im Vaubanschen Belagerungskrieg, zur obersten Maxime des Angriffs einer Festung gemacht.

Die 20. Regel zeigt außerdem noch etwas anderes. Sie zeigt, dass die regulierte Form des Angriffs auf eine Festung bloß die Folge der regulierten Form der Festung selber ist. Das illustriert die 24. Regel noch deutlicher. „Jede Festung, die von einem Meister dieser Kunst reguliert worden ist (réglée), hat etwas Reguläres (quelque chose de régulier) oder dem sehr Ähnliches, es sei denn, die Lage des Ortes lasse das in keiner Weise zu. Das Gleiche muss von der Führung wohlverstandener Angriffe gelten." Das regulierte Vorgehn der Soldaten im Vaubanschen Belagerungskrieg ist also von Vauban selber als eine abgeleitete Größe verstanden worden, sodass man nun die friderizianische Linientaktik, die als Imitation des Vaubanschen Parallelensystems gedacht war, als eine doppelt abgeleitete Größe zu verstehen hätte: Sie steht und fällt mit dem, was man die Regularfestung oder die reguläre Royalfestung genannt hat.

Auf der von Guerlac beigefügten Abbildung (Abb.38) ist die Abhängigkeit des Vaubanschen Parallelensystems von der Regularfestung gut zu erkennen. Die Linie, die die beiden Approchen weit außerhalb des Gefahrenbereichs der Festung und dementsprechend auch noch weit vor der dritten Parallele verbindet, ist ihrerseits eine Parallele zu einer Seite des Achtecks, das die Festung bildet. Vier Bastionen dieses Oktogons sind zu erkennen. Ein Oktogon war übrigens nicht das größte Vieleck. Es gab Polygone mit elf, zwölf und mehr Bastionen, gemäß der von Cambray mitgeteilten Maxime: Je größer die Anzahl der Seiten einer Festung, desto besser ihre Verteidigung (II,24,Max.5).

3.3.8 GEOMETRISCH REGULIERTE ROYALFESTUNG

Aus Gründen besserer Übersicht soll das Schema einer Regularfestung jedoch an einem Pentagon, einem Fünfeck, demonstriert werden. Es ist Le Blonds Fortifikationsanalyse von 1756 entnommen (Abb.39). Die Hauptrolle bei der Verteidigung einer Festung fiel den Bastionen zu. Sie hatten erst relativ spät die ihrerseits quasi fünfekkige Gestalt erhalten, wie sie von den Barockfestungen bekannt ist. Noch in der Renaissance waren die Bollwerke nicht eckig, sondern rund – mit ausführlichen Skizzen dargestellt in Dürers Festungsbuch (unpaginiert,zu Beginn). Es stellte sich jedoch heraus, dass die runde Dürersche „Pastey" einen toten Winkel hatte, in den der Belagerer unbemerkt eindringen konnte, sodass die Festung nicht mehr lange zu halten war. Bei Le Blond findet sich sehr anschaulich beschrieben, wieso die Bastion schließlich die dann dominierende Gestalt annehmen musste: Die anderen Bollwerksformen, auch die quadratische, konnten den toten Winkel nicht ausräumen (29ff;Abb.40). Nur wenn das Bollwerk eine *Spitze* (Pünte), zwei *Facen* (Gesichtslinien) und zwei *Flanken* besaß, war die lückenlose Übersicht, mithin die lückenlose Verteidigung der Festung, garantiert (Abb.39).

In den von Cambray nach Art Vaubans zusammengestellten Maximen wird diese lückenlose Übersicht so formuliert: „Alle Partien, die einen Raum umschließen, müssen flankiert, das heißt, seitlich einzusehen sein, damit rund um den befestigten Platz jede Stelle, an der der Feind sich einnisten könnte, von den Verteidigern innerhalb der Festung sowohl von vorne, als auch von der Seite und, wenn möglich, sogar von hinten gesehen werden kann" (11,23,Max.l). Schon anhand dieser Maxime ist, kaum dass man ins Innere der Regularfestung eingedrungen ist, zu ahnen, wie sich das allgemeine, bis in die Richtlinien der friderizianischen Außenpolitik hinein zu spürende Regierungsprinzip des europäischen Absolutismus in den Grundrissen seiner Architectura Militaris niedergeschlagen hat: Möglichst viel von den Machenschaften des Feindes zu erkennen, ohne die eigenen zu sehr zu erkennen zu geben. Die Flanken nämlich, von denen aus die jeweils gegenüberliegenden Facen und die Kurtinen (Wälle) gedeckt wurden, sollten, da sie bei der Verteidigung die Hauptrolle spielen mussten, vom Feind möglichst wenig einzusehen sein. Damit diese Aufgabe mit den vorhandenen Waffen bewerkstelligt werden konnte, durfte die Länge der sogenannten *Defensionslinien*

(Verteidigungslinien) (Abb.39:die Linie FC bzw. EH) die Reichweite der Verteidigungswaffen nicht überschreiten.

Vauban ging weiter, und dafür wurde er berühmt. Ihm genügte es nicht, dass die Flanken nicht einzusehen waren, er versteckte die ganze Bastion vor der Sicht des Feindes. Das gelang nur durch das Errichten einer zweiten, von der versteckten durch einen Graben getrennten Bastion, eine sogenannte *bastion détaché* oder *Contregarde* (Außenwerk vor den Facen einer Bastion). Der Vorteil dieser Festungsvariante, die als *Zweites Vaubansches System* bezeichnet wird (er entwarf insgesamt drei Systeme), liegt in der Schwierigkeit für den Belagerer, die detachierten Außenwerke zu überwinden (Le Blond,280ff;Abb.41). Doch sie hatten auch den Nachteil, dass sie, wie Le Blond bemerkt, fast das Doppelte einer normalen Festung kostete(291). Außerdem benötigte sie eine größere Garnison zu ihrer Verteidigung, und wenn die Mittel, sei es für Nahrung, Waffen oder sonstiges Material, sei es für die Rekrutierung größerer Truppen, nicht ausreichten, – der Fall in der Spätzeit Ludwigs XIV. –, konnte sich der Vorteil in einen Nachteil verwandeln (Le Blond,315).

Die Beschreibung der Regularfestung folgte bisher einer Argumentation, die jede Maßnahme, ob sie nun die normale oder die abgesonderte Bastion betraf, mit der Erfüllung eines militärischen Zwecks begründete. Gelegentlich der Entwicklungsgeschichte vom runden zum eckigen Bollwerk weist Le Blond darauf hin, seine Darstellung „beweise, dass die Form (figure) dieser Bastionen nicht willkürlich" sei (39). Gewiss, er hatte den Vorteil der Bastion ad oculos demonstriert, aber dieser Hinweis ließ auch vermuten, dass es offenbar einer Extraerwähnung bedurfte, um in dem pentagonalen Bollwerk keine willkürliche Form, sondern den Ausdruck eines Verteidigungszwecks zu sehen. War es doch Le Blond selbst, der an Vaubans detachierten Außenwerken auch Nachteile festgestellt hatte. Diese Nachteile nahmen mit dem Ausmaß der Vorwerke, an deren labyrinthischer Erweiterung sich die zeitgenössische Phantasie entzündete, nicht ab, sondern zu. Bei der Variante eines nur seine Initialen preisgebenden Generals, des Landgrafen von Hessen, schien sich die Festung in nichts als ihre Vorwerke aufgelöst zu haben (H.R.R.;Abb.42). Und jeder gab vor, mindestens so raffiniert zu sein wie Ernst Friedrich Baron von Borgsdorff, der, trotz reichlich vorgesehener detachierter Werke, durch eine neue, personalsparende Art von Verschanzung die beste

Festung überhaupt gefunden zu haben glaubte. Er pries sein Werk als *Neu-Triumphirende Fortifikation,* so der Titel, an, „auff daß", wie er in der Zueignung an den Leser schrieb, „diejenigen, welche von so verschiedenen, einander zugegen scheinenden Fortifikations-Manieren gleichsam in eine Confusion und Labyrinth geleitet worden, auf einen richtigen Weg geführt würden" (Abb.43). Doch dieser richtige Weg war nur eine andere Variante der Konfusion.

Wie war es möglich, dass Descartes in dem *Discours de la Méthode* den Aufenthalt in der Armee als eine Art von Anschauungsunterricht für seine Philosophie der Klarheit und Distinktheit pries, wie konnte er in der *Recherche de la Vérité* dem Poliandre eben diesen Aufenthalt empfehlen, wenn das Hauptinteresse der Armee, der Festungsbau, zur Konfusion und nicht zur Klarheit beitrug? Die Antwort darauf kann nur eine paradoxe sein, dass nämlich Konfusion und Klarheit im zeitgenössischen Verständnis für die Form und für die Lüge eine Einheit bildeten. Die *Neu-Triumphirende Fortifikation* von Borgsdorff, war zwar konfuser als das vielgerühmte Zweite System Vaubans, aber sie ging von den gleichen Strukturelementen aus wie dieses. Das Ganze war nur etwas ausschweifender angelegt, sodass man bereits das Vaubansche System selber als eine konfuse Variante der Regularfestung ansehen könnte. Das, was in den erwähnten Festungsbauten als Konfusion und Labyrinthik in Erscheinung trat, war nichts anderes als jenes Prinzip geometrischer Klarheit, welches im ausladenden barocken Ornament nicht seine Entgegensetzung, sondern seine Fortsetzung fand.

Der Titel *Neu-Triumphirende Fortifikation,* den Borgsdorff seinem Werk gegeben hat, erinnert mit seinem Pomp nicht nur lebhaft an die italienischen Triumphzüge, die Trionfi, die mit ihrem ostentativen Charakter die Tradition des THEATRUM BELLI begründet haben (2.l), sondern auch an die Titel deutscher Barocktrauerspiele wie *Obsiegende Tugend* o.Ä. (cf.Benjamin,219). Noch ausdrücklicher könnte man, in Anlehnung an die einschlägigen Dramen Corneilles, die ausschweifende Festung eines Borgsdorff mit der Figur des Matamore und die strengere Regularfestung mit der des Cid vergleichen. Der treffendste Vergleich ließe sich allerdings mit dem *Menteur* und seinem wahrheitsliebenden, gleichwohl der Lüge nicht entratenden Nachfolger aus der *Suite* anstellen. Wie das Wesen des Cid und des Dorante der *Suite* in ihren jeweils komisch übertriebenen Vorbildern, so muss das Wesen der Festung in den sie überbordenden Vorwerken gesucht werden. Die reguläre Royalfestung wäre demnach eine gestauchte Borgsdorff-Variante, in der die Tatsache, dass die Vorwerke eine Verteidigung der Festung mangels ausreichender Besatzungstruppen nur noch vortäuschen konnten, lediglich besser verborgen wurde.

Das lässt sich an vielen Details belegen. Des öfteren werden in der Festungsliteratur die mitunter zu lang geratenen Defensionslinien bemängelt. Die Verteidigungswaffen hatten dann keine vollen Einwirkungsmöglichkeiten mehr, und der belagernde Feind konnte die von ihm ausgesuchte Bastion ebenso leicht einnehmen, als wenn sie nicht eckig, sondern rund gewesen wäre. Die zu langen Defensionslinien blieben aber kein Einzelfall, da eines der Hauptanliegen der Festungsplaner das Einhalten geometrischer Proportionen war. Darauf macht Henning Eichberg in einem instruktiven Artikel über die verschiedenen Festungsmanieren aufmerksam (1977,23; cf.auch Le Blond,248). Eine kürzere Defensionslinie, die der Reichweite der in den Flanken eingesetzten Verteidigungswaffen besser entsprochen hätte, wäre vielleicht nur aufgrund der Zulassung eines disproportionierten Verhältnisses von Kurtine und Face oder Ähnlichem zustandegekommen. Bei Eichberg wird auch jene oben schon vom allgemeinen Prinzip her angedeutete Festungsmauer des niederländischen Theoretikers Adam Freitag erwähnt, der „1630 die Stärke der Wälle und Brustwehren einer Festung von der Seitenzahl des der Gesamtfestung zugrundegelegten Polygons abhängig machte, (statt von der Durchschlagskraft des Geschützfeuers)'." Eichberg hebt des weiteren die Regularität der Fortifikationsanlagen hervor. Seiner Meinung nach ergab sie sich „keineswegs als notwendige Folgerung aus dem Zweck der Festung – im Gegenteil: sie erleichterte die feindliche Erkundung." Und er fügt abschließend hinzu: „Regularität als solche war (.) bereits überzeugender Wert genug" (1977,22).

Man würde der Einschätzung, die Eichberg von der mangelnden Verteidigungsfähigkeit einer Royalfestung gibt, gerne spontan zustimmen wollen, da die Beispiele zur Genüge zu belegen scheinen, dass der Verteidigungszweck jeweils verfehlt wurde. Nimmt man noch die Beobachtung dazu, dass die Festungsanlagen teilweise mehr Raum beanspruchten als die Städte, die sie beschützen sollten (Eichberg 1977,24), dann können Zweifel an der geringen Zweckerfüllung eigentlich kaum hoch aufkommen, es sei denn, die Regel bzw. „die Regularität als solche", wie Eichberg sagt, wäre doch nicht „überzeugender Wert genug" gewesen. Hätte Vauban das Festhalten an den Regeln der Belagerung so sehr betont, hätte er seinen Truppen befohlen, die Regeln selbst im Falle unregelmäßiger Festungen zu beherzigen (186,22.Regel), wenn dadurch nicht auch ein militärischer Zweck erfüllt worden wäre?

Die Analyse Eichbergs ist von besonderem Interesse, weil er in einer früheren Arbeit die Festung zunächst, wie er selber anmerkt, „fast ausschließlich unter den Aspekten einer militärischen Zweckrationalität" erörtert hatte, einer Rationalität, „die strategische, taktische und technische Erwägungen unserer Zeit in die Vergangenheit zurückprojizierte" (1977,17;cf.seine Studie von 1976). In seiner neueren Untersuchung, in der die Regelorientierung der Fortifikationen als Ausdruck der geometrischen Verhaltensnorm des Barock gedeutet wird, überwiegt dagegen die Einschätzung, dass es sich, taktisch gesehen, eher um unzweckmäßige Formen gehandelt habe (1978,124 u.1977,26). So sehr Eichberg damit auch die Struktur des Festungswesens trifft, so sehr bleibt seine neuere Analyse noch, wenn auch nur negativ, dem Rahmen der modernen Zweckrationalität verhaftet. Akkurater dürfte es sein, den Zweck der Regularfestung in der Regularität selber aufzusuchen. Wenn es auch zutreffend ist, dass sie im modernen Sinn unzweckmäßig war, war sie doch, nicht schon „als solche bereits überzeugender Wert genug", sondern erfüllte durchaus einen militärischen Zweck und zwar einen zeitgenössischen, einen paradoxen Zweck. Die Regularfestung verkörperte sozusagen eine zweckmäßige Unzweckmäßigkeit oder eine unzweckmäßige Zweckmäßigkeit, wie man will.

Die Geometrie war im THEATRUM BELLI mehr als nur eine barocke Verhaltensnorm. Sie genoss eine fast religiöse Verehrung. Das geht aus der Zueignung des Festungsbuches von Le Blond an den Duc de Bourgogne, den Herzog von Burgund, hervor. „In den Momenten angespanntester Aufmerksamkeit" pflegte sich der Herzog, so Le Blond, mit der Religion und der Lektüre der Bibel zu beschäftigen. „Die Geometrie wagt noch nicht, Anspruch darauf zu erheben, diese Momente zu teilen." Da sie, die Geometrie, von dem günstigen Eindruck, den sie auf ihn mache, sehr angetan sei, beschränke sie sich bisweilen noch auf die Ehre, den Herzog „zu amüsieren" und in seinem Geist „die Samenkörner jener Genauigkeit (justesse) auszustreuen, deren alle Menschen, vor allem aber die Fürsten, so dringend bedürfen" (S.VIf).

Le Blond war der Mathematiklehrer des jungen Herzogs, und da der erste Teil seines Buches, wie in der Fortifikationsanalyse üblich, der Darstellung der geometrischen Konstruktionsprinzipien einer regulären Royalfestung gewidmet war, konnte er dem Herzog glaubhaft versichern, dass mehrere der darin abgehandelten Dinge in seinem Unterricht, den er als „amusemens mathématiques" bezeichnete, bereits behandelt worden seien (S.IV). Wenig später heißt es von den Beschäftigungen mit der Geometrie: „Die Erkenntnisse, Monseigneur, die Sie mit größter Leichtigkeit erwerben, haben außerdem den Vorteil, dass sie Sie die regulierten Beschäftigungen lieben lehren (des occupations réglées) und dass sie ihre anderen Studien begünstigen" (S.VI). Mit den anderen Studien waren wiederum die Studien der Religion gemeint.

Man braucht nur einen flüchtigen Blick auf eine der den Grundriss einer Regularfestung markierenden geometrischen Skizzen zu werfen, um zu verstehen, was Le Blond mit der vom Fürsten verlangten *justesse* und mit den *amusemens mathématiques* bzw. den *occupations réglées* gemeint haben könnte. Auf der von Borgsdorff entlehnten Abbildung (Abb.44) ist ein Festungssegment zu sehen, das zu einem Octogon gehört. Es handelt sich um die Bastion B mit den zwei angrenzenden Halbbastionen A und C. Ohne dass man auf Winkelgrößen und Streckenmaße als Konstruktionselementen des Grundrisses näher einzugehen brauchte, wird bereits aus der abgebildeten Figur ersichtlich, welcher Art von Amüsement die durch das geometrische Zeichnen regulierte Beschäftigung zugehörte. Was den Duc de Bourgogne amüsierte, war das Entwerfen der nach genauen Regeln aufgebauten Grundrissformen selber. Die beiden symmetrisch angelegten Hälften, in die die Abbildung zerlegbar ist, erinnern, wenn die Beobachtung nicht täuscht, an die zwei ebenso symmetrischen Hälften eines alexandrinischen Verses, an These und Antithese, mit der Zäsur in der Mitte. Und da das abgebildete Segment ein Viertel eines Achtecks ist, muß man es sich viermal wiederholt vorstellen, um zum Grundriss der gesamten Festung zu gelangen. Was vier in einem gemächlichen Zeitmaß nacheinander rezitierte Alexandriner für das Ohr, das sind vier in einem gleichsam gemächlichen Raum zirkulär nebeneinander geordnete Festungssegmente für das Auge. In beiden Bereichen, im poetischen Drama wie im Festungswesen, waren phlegmatisch regulierte Elemente am Werk, die eine ihnen gemeinsame Räson reflektierten und von fern noch einmal den historischen Charakter des Theatrum Mundi beschworen, nämlich, *speculum temporis,* in den Raum gespiegelte Zeit, zu sein.

3.3.9 BEWUNDERTE ABSCHRECKUNG

Die paradoxe Zweckmäßigkeit der Festung dürfte in dieser Richtung zu finden sein. Borgsdorff preist auf der Titelseite seiner *Neu-Triumphirenden Fortification* „dem Publico und einem jeden curiosen Gemüthe" seine „vielen schönen Figuren" an, und in der Zueignung für König Joseph fragt er sich, mit zeremonieller Bescheidenheit, „ob solche Gedanken sich auch dörfften auff den Welt=Schauplatz blicken lassen", um zu folgendem Schluss zu kommen: „... als hab ich endlich sonder Scheuen dieses Werck unter der Zierde Euer königlichen Majestät auf dem Weld-Theatro vorstellen wollen." Derselbe Borgsdorff steht nicht an, in einem früher erschienenen Festungsbuch ganz offen zu empfehlen, dass der Feind die „Vestung" anschauen dürfe, man also keine „Geheimnusse" vor ihm haben solle. Grund: „die Feinde (werden) sich ob ihrer (sc.der Vestung) Stärke entsetzen; allen unmässigen Appetit zur Acquisition bey Seiten stellen und in unverbrüchlichen Frieden mit dem Fürsten leben" (1687,56).

Zu Beginn seines Buches heißt es noch prägnanter: „Weilen gegenwärtiges Werck solche Vorschläge in sich führt, vermöge welcher ein mächtiges Fürstenthumb und Königreich mit einer Handvoll Militz wider aller gründlichen Gewalt geschützt und zu einem Schrekken aller benachbarten Feinde werden kann: Als will sich geziemen solches Werck dem größten Potentaten in der Christenheit (von wegen daß es etwas Neues und ungemeines ist) zuzueignen" (Zueignung an den Allergnädigsten Kayser, König und Herrn). Der Zweck der Festungswerke ist es, dem Belagerer einen Anblick zu bieten, der ihn „entsetzt" – in Schrecken versetzt.

Borgsdorffs Angebot, dem Feind die Geheimnisse der Festung preiszugeben, mag zwar in der Offenheit, mit der er es ankündigt, „etwas Neues und ungemeines" gewesen sein, doch im Allgemeinen waren die Geheimnisse des Fortifikationswesens nicht so beträchtlich, dass sie besonders erwähnenswert gewesen wären. Zwar schlug sich das Regierungsprinzip des Absolutismus: erkennen, ohne erkannt zu werden, auch, wie schon betont, in seinen Festungswerken nieder, aber ob die Flanken der Bastionen oder gar die Bastionen selber den Blicken der Feinde entzogen wurden, machte am Ende keinen so gravierenden Unterschied. Etwas Richtiges hat nämlich der Hinweis von Eichberg, die Regularität der Anlage würde „die feindliche Erkundung und Einrichtung einer Belagerung erleichter(n)", schon.

Zweifellos trug die Tatsache, dass jede Bastion der andern glich, zur Übersichtlichkeit der Festung bei. Hatte man ein Segment gesehen, hatte man alle gesehen, man wusste, wenn die örtlichen Umstände nicht zu irregulären Baumaßnahmen zwangen, über die gesamte Anlage Bescheid. Doch muss man sich hüten, daraus wie Eichberg einen allzu orthodoxen, d.h. zu modernen Schluß zu ziehen. Die Übersichtlichkeit der Festung hatte im zeitgenössischen Verständnis nicht den Sinn, den Angriff zu erleichtern. Gerade das durchgehend Reguläre der Festung, gerade die Tatsache, dass alle Werke der Festung, dass jede Bastion, jede Kurtine, jede Flanke der anderen glich, sollte den Eindruck erwecken und erweckte ihn auch, dass jede Stelle gleich gesichert war und der Belagerer nicht glauben konnte, an einer Stelle bessere Angriffsmöglichkeiten zu besitzen als an einer anderen. Er hatte dann die Qual der Wahl: In welche der Bastionen war die Bresche nun zu schlagen? Meist wird die Wahl durch die Beschaffenheit des Ortes entschieden worden sein.

Bedeutete Borgsdorffs Geheimnispreisgabe aber nicht doch eine Abkehr vom absolutistischen Regierungsprinzip? Wohl nicht, wenn man bedenkt, dass die Losung: *erkennen, ohne erkannt zu werden,* nicht mit der Losung der von Foucault analysierten Disziplinargesellschaft des 19.Jahrhunderts verwechselt werden darf. Die lautete: *sehen, ohne gesehen zu werden,* und das von Bentham entworfene panoptische Gefängnis war ihr architektonisches Korrelat. Während im Panopticum die Machtinstanzen für die Gefangenen gewöhnlich, außer an Sonntagen, unsichtbar blieben, basierte die Machtausübung im Absolutismus auf einer ostentativen und geradezu opulenten Sichtbarkeit. Das „Nicht-erkannt-werden-wollen" bedeutete nicht ein „Nicht-gesehen-werden-", sondern ein „Nicht-durchschaut-werden-wollen". Das Regierungsprinzip des Absolutismus war keines der Unsichtbarkeit, sondern der Sichtbarkeit. Es war ein Prinzip der Repräsentation (3.l). Und die Festung war der Schauplatz dieser Repräsentation im Krieg, sie stellte den repräsentativen Ort des THEATRUM BELLI dar. Aus dieser Perspektive erscheint das Borgsdorffsche Angebot, dem Feind alle Geheimnisse der Festung zu verraten, eher wie eine Unterstreichung des herrschenden Prinzips der Sichtbarkeit, eines Prinzips, von dem die üblichen Geheimhaltungspraktiken nicht wesentlich abwichen. Weit davon entfernt, die Einnahme der Festung zu erleichtern, sollte die volle Sichtbarkeit der

Regularfestung ihre Belagerung so erschweren, dass der Feind von seinem Vorhaben abgeschreckt würde.

Aus heutiger Sicht haben die Festungsanlagen indes alles andere als einen abschreckenden Charakter. Man glaubt vielmehr, es mit formvollendeten Kunstwerken zu tun zu haben und mit nichts sonst (Abb. 45). Und tatsächlich handelt es sich um formvollendete Kunstwerke, auch im zeitgenössischen Verständnis, aber mit dem Zusatz, dass die Vollendetheit der Form den Abschreckungscharakter nicht negierte, sondern unterstrich. Gerade die Festungswerke des Absolutismus sind ein ausgesprochen anschaulicher Beleg dafür, dass der Schrecken, den er ausübte, einer völlig anderen Struktur gehorchte, als der Schrecken der Moderne.

Um noch einmal Borgsdorff zu Wort kommen zu lassen: Er stellt dem Leser seines Festungsbuches die „ruhmwürdigen Actionen" eines kriegserfahrenen Hauptmanns vor, der an der Konstruktion der vom Autor befürworteten Festungsvariante mitgearbeitet hätte. Die Erfolge dieses Hauptmanns sprachen also auch für Borgsdorff selber. „Die Arbeit bey der neuen Vestung Comorra", schreibt er über ihn, „hat seinen Handfleiß gespüret; er hat sich gebrauchen lassen zur Auferbauung der ersten Schanz in Hispanien/unweit Zita Rotriga/gelegen an den Portugiesischen Frontieren; desgleichen der admirablen Vestung welche aus 6 und einer halben Pasteye bestehet und von einem Dorff/ Moralechaa genannt/gemacht worden." Außerdem hat er die „starke und weltbeschreite Vestung Luxemburg mit Aussenwercken und kunstreichen unterirdischen Galerien und Contreminen" mitgestaltet (1687,7f). Eine Festung, – das geht aus diesem Lob Borgsdorffs auf den Hauptmann hervor –, eine Festung, die den Feind vom Angriff abschrecken sollte, musste eine „admirable Vestung", sie musste ein bewundernswertes Kunstwerk sein. Kein Schrecken also ohne die Bewunderung dessen, was den Schrecken auslöste. Darin liegt das Besondere der militärischen Abschreckung im Kabinettskrieg.

Nicht von ungefähr sieht man in der Form der Festung das wiederauftauchen, was als dramaturgisches Element das gegen Aristoteles gerichtete poetische Drama Corneilles bestimmte: die Bewunderung, hier aber direkt verbunden mit dem, was oben mit Blick auf den Leviathan als Kehrseite der Bewunderung bezeichnet wurde, dem Schrecken. Der Schrecken fungierte jedoch nicht mehr als Abschreckung vom inneren Bürgerkrieg, wie noch im England des Thomas Hobbes, sondern als Abschreckung des äußeren Feindes in einem Staatenkrieg. Wenn es eines konkreten Beweises für die nicht-moderne, nicht-totale Struktur dieses Schreckens bedürfte, so könnten ihn die Festungen des Absolutismus liefern. Die Wirkung, die sie auf den Belagerer ausübten, wird eine Mischung aus Entsetzen und Bewunderung gewesen sein. Der Effekt war ein überwiegend theatralischer und entsprach dem Primat des Theaters im Kabinettskrieg. Er beruhte, auch angesichts einer vielfach nicht ausreichenden Zahl der Festungstruppen, auf einer Vortäuschung von Stärke, die letztlich auf eine Vermeidung von Kampfhandlungen aus war.

Diese Logik wurde oft genug durchbrochen. Eichberg erwähnt, dass, zumal bei kleinen Festungen, „nicht mehr als eine geringe Verzögerung der feindlichen Bewegungen" einzutreten pflegte (1977,19). Aber das Prinzip der Vortäuschung von Stärke und der mit ihr zusammenhängenden Schlachtvermeidung blieb dadurch unberührt. Es wurde in diesen Fällen oft nur auf die andere Seite, die des Belagerers der Festung, übertragen. Die Belagerung war ja ein ebenso reguläres, von der Regularfestung abgeleitetes System. Zuweilen genügte die Tatsache, dass ein berühmter Feldherr nahte, um die Verteidigung der Festung aufzugeben. So schreibt der französische General Gambiez: „Manchmal wirkt schon der Ausruf des Namens von Turenne als ein mächtiges Mittel der Abschreckung" (20). Man denke auch an das Lobgedicht Corneilles auf die kampflos erfolgten Festungseinnahmen Ludwigs XIV. in Flandern. Und wie sehr der Schrecken mit Bewunderung vermischt war, zeigt folgendes Beispiel des Festungskommandanten von Charleroi: Er ließ die Fortifikationsanlagen sprengen, sorgte allerdings dafür, dass die Außenwerke erhalten blieben. Diese wiederum „schienen in den Augen des Königs (sc.Ludwigs XIV.) noch so schön, dass er die ganze Festung wiederaufbauen lassen wollte" (Relation de la guerre de Flandre,33).

Die Logik des Kabinettskrieges, die Schlachten möglichst zu vermeiden und die Belagerung, wie Friedrich vor der Festung Neiße, einfach vorzutäuschen, hat nicht verhindern können, dass es viele, auf beiden Seiten verlustreiche Kämpfe um Fortifikationswerke gegeben hat. Aber mochten die Verluste für die Zeit noch so beträchtlich sein, an die Zahl der Opfer des modernen Krieges reichen sie bei weitem nicht heran, und das war nicht der Technik der Bewaffnung zuzuschreiben, jedenfalls nicht primär, sondern dem Vorherrschen einer Konjunktur von Form und Lüge, die den Schrecken milderte und seine Wirkung bremste, war also dem zuzuschreiben, was als das Primat des Theaters über den Krieg bezeichnet wurde.

Die französischen Historiker, Lavisse und Rambaud, haben in ihrer Ende des vorigen Jahrhunderts erschienenen Geschichte Frankreichs die Einnahme einer Festung durch Ludwig XIV. mit einer klassischen Tragödie verglichen, die sich von der feierlichen Eröffnung der Approchen à la Vauban über die Formalattacke bis zur von Violinklängen begleiteten Verkündung der Kapitulation erstreckte (95ff). Als klassische Tragödie wird ihnen dabei die der französischen Klassik vorgeschwebt haben, eine Tragödie, die, wie es das Beispiel Pierre Corneilles gezeigt hat, aufgrund der ihr eigenen rhetorischen Form den oft grausamen Inhalt halb ins Komödiantische transformierte. Es ist eine Ironie der Geschichte Europas, dass dieses Theater, das nicht den kleinen, sondern den großen Menschen in den Mittelpunkt seines Interesses stellte, – nicht das Humanum, sondern den Fürsten als Deus mortalis –, dass dieses Theater in der dominierenden Rolle, die es für Politik und Krieg des Absolutismus spielte, wesentlich weniger unmenschliche Folgen hatte als das um die Humanität des kleinen Menschen so besorgte bürgerliche Drama, dem in der folgenden Epoche die Politik ihren führenden Einfluss auf den Krieg entlehnte (cf.DAS DRAMA KRIEG).

Bezeichnenderweise ging die reguläre Royalfestung, die letztlich die glorreiche Position des Königs im Krieg repräsentierte, in der Wahl ihrer Proportionen auf die Maße des Menschen zurück. Es sind dieselben Maße, auf die auch die ersten Planer von Idealstädten in Italien zurückgegriffen hatten. Einer von ihnen, Francesco di Giorgio aus dem Quattrocento, hat, so berichtet Gerhard Eimer, den auf Vitruv zurückgehenden Lehrsatz, die „Proportionierung des Kunstwerks (.)(solle) sich durch das gleiche Ebenmaß auszeichnen wie die Regelmäßigkeit des Menschenkörpers, (…) nicht nur auf die Säule (und) den Kirchengrundriß, sondern auch (…) auf die Gestalt der Stadt (übertragen)" (63). Auf der von ihm erhaltenen Zeichnung eines menschlichen Körpers (Abb.46) sieht man die Umrisse einer befestigten Stadt, in deren Mitte der kreisrunde Platz (piazza) mit dem Dom (tempio) liegt. „Das Haupt ist die Zitadelle ‚Borcha‘. Die Stadtbefestigung setzt sich entsprechend den menschlichen Gliedern aus vier ‚torroni‘ (sc.Türmen), der ‚porta‘ (sc.Ausgang) und dem diese schützenden ‚rivellino‘, einer speziellen Neuerung der Befestigungskunst, zusammen" (Eimer,63). Der nämliche Zusammenhang wird in einer weiteren Zeichnung dadurch unterstrichen, dass sich neben der Skizze zweier oktogonaler Radialstädte „ein Kreisquadrum mit der Menschengestalt" abgebildet findet (63;Abb.47).

Das *rivellino* ist eine frühe Form der *Ravelins,* die in den späteren Jahrhunderten die Außenwerke der Festungswälle zierten, wie man überhaupt sagen muss, dass die klassischen Festungsstädte des 17., auch noch des 18.Jahrhunderts, auf die idealen Renaissancepläne zurückgehen (Abb.48 u.49). „Die Idee des nach dem Maß des Menschen geschaffenen Stadtleibes", so Gerhard Eimer, „pflanzt sich durch die Jahrhunderte weiter fort. ‚E la fortezza quasi un'altro corpo humano' erklärte noch Pietro Sardi 1639" (66) – die Festung sei quasi ein anderer menschlicher Körper. „Es wäre falsch, darin einen bloßen Symbolismus zu sehen", fährt Eimer fort. Es sei Francesco di Giorgio vielmehr um eine „Personifizierung der Stadt" gegangen. In dieser Beziehung nähere er sich „Berninis genialer Anthropomorphisierung des Petersplatzes, einer Skizze, auf der die Peterskirche als breites Rechteck die Kuppel als Haupt trägt, während die Kolonnadenflügel aus dem Grundriß in die Vogelperspektive übergehend als Arme ausgreifen. Die Häuserblöcke des Borgogebiets dienen als Leib und Beine" (Abb.50).

Die Annäherung an Bernini kommt nicht überraschend, hatte Francesco di Giorgio doch seinerseits schon Säulen und Kirchengrundrisse nach den Proportionen des menschlichen Körpers entworfen. Dadurch wird nun auch jene andere, von Reinhard Brandt gezogene Verbindungslinie transparent: die zwischen dem Titelbild des *Leviathan* und dem Petersdom als Verkörperung der Person Christi. Man sollte jedoch das, was Eimer in Abgrenzung vom Symbolismus als Personifizierung bezeichnet, vielleicht besser eine Allegorisierung nennen, damit der Charakter des Nicht-Identischen, des Spielerischen mehr zum Ausdruck kommt und damit das, was Hobbes im zentralen Kapitel 16 des *Leviathan* unter *Person* versteht. Das nämlich scheint Eimer mit dem Begriff der Personifizierung nicht zu meinen. Angesichts der perspektivischen Skizzen von Hafenstädten di Girgios (Abb.51) heißt es: „Gewiß besitzen die Formen seiner Bauten um den Idealplatz auf den ‚prospettive urbinate' die Klarheit geometrischer Körper, (…) doch lassen sie stets eine größere Gesamtordnung spüren, welche vergessen macht, wie oft derartige Straßen- und Platzprospekte von der Theaterdekoration abhängig sind" (66f).

Warum sollten die Platzbauten Francesco di Giorgios die Klarheit geometrischer Körper und die Abhängigkeit von der Theaterdekoration vergessen machen, da sich doch genau in diesen Bezügen der zeitgenössische Theatrumcharakter offenbarte? Das lehrt schon ein kurzer Blick auf die abgebildeten Perspektivskizzen der mit damals noch runden Bollwerkstürmen befestigten Hafenstädte: Sie ähneln dem Theatrum Emblematicum, jenem typischen Sinnbild der Zeit, das oben anhand der Londoner Ausgabe des Handatlas von Abraham Ortelius erörtert wurde (2.4;Abb.23). Schaut man sich daneben das stark an Raffael erinnernde Gemälde einer idealstädtischen ‚piazza principale' von 1480 an (Abb.52), so gewinnt man einen guten Eindruck von der geometrischen Regularität, die das Innere, den zentralen Platz einer – in diesem Fall italienischen – Festungsstadt ausgezeichnet haben könnte. Es handelt sich bei dieser inneren Regularität im Prinzip um keine andere als die, die außen die Struktur der Festungsanlagen prägt, ja in der Außengerichtetheit der Festung kommt die Regularität insofern typischer zum Tragen, als die Personifizierung der idealen Festungsstadt eine Maskerade im Hobbesschen Sinn des Personbegriffs war. Gerade der von Eimer vernachlässigte Gesichtspunkt der Theaterdekoration war der entscheidende. Wie im Theater aufs Dekor, so kam es bei der Festung aufs *Dehors* an, auf jene *Außenwerke*, die manchmal, wie beschrieben, größeren Raum als die Stadt selbst einnahmen und die der Kommandant von Charleroi gewiss deshalb stehen ließ, weil er ahnte, dass ihre Schönheit Ludwig XIV. nach seiner so siegreichen wie kampflosen Belagerung zur Bewunderung hinreißen und zum Wiederaufbau der gesamten Festungsanlagen veranlassen würde.

Ein Bogen spannt sich von den Trionfi und dem Schauspiel der Heeresformationen Machiavellis über die perspektivischen Täuschungen Raffaels und die Lügen des *Cortegiano* von dem mit Raffael verglichenen Castiglione bis zu den „amusemens mathématiques" des Herzogs von Burgund, die Le Blond in seinen *Elémens de Fortification* beschreibt; ein Bogen auch vom Petersdom als Corpus Christi bis hin zum Hobbesschen *Leviathan* als Allegorie des Stuartkönigs. Ein weiter Bogen zwar, bei dem sich mit der Zeitvorstellung der Charakter des Theatrums selber wesentlich veränderte, ein Bogen aber auch, an dessen Ende das Theater trotz seines unterdessen eingetretenen Funktionsverlustes so lebendig blieb, dass es, der äußeren Form, dem

Schein, der Lüge und der Täuschung den Vorrang einräumte, und das am Hof und in der Armee gleichermaßen. Daraus resultierte eine im Sinne der Zeit ideale Form des Schreckens, die den inneren wie den äußeren Feind abschrecken sollte. Im Vergleich zum formalen Gehorsam, der im Theater Corneilles eingeübt wurde, kann man diese oben als neutral bezeichnete Abschreckung auch eine formale Abschreckung nennen. Die Festung ist ihre architektonische Verkörperung.

Kurz vor dem Übergang zur Analyse des christlichen Staates, also fast am Ende des zweiten Teils des *Leviathan,* macht Hobbes eine Bemerkung, die in diesen Kontext passt. Es geht um die richtigen Ratgeber des Königs und darum, dass sie tief in die Regeln der Regierungskunst eingeweiht sein müssen, am besten so tief wie Hobbes selber. „Guter Rat kommt weder durch Los noch durch Erbfolge zustande, und deshalb besteht kein Grund zu der Annahme, Reiche oder Adlige könnten in staatlichen Angelegenheiten einen guten Rat erteilen, sowenig wie ein Grund zur Annahme besteht, sie könnten dies beim Entwurf einer Festung – es sei denn, wir sind der Ansicht, das Studium der Politik bedürfe nicht so wie das Studium der Geometrie einer Methode, sondern es genüge, Zuschauer zu sein. Dies ist nicht der Fall. Denn die Politik ist die schwierigere Wissenschaft von beiden" (1976,267f;1651,184). „Beim Entwurf einer Festung" – im Englischen steht dafür: „In delineating the dimensions of a fortresse". Die deutsche Übersetzung ist korrekt, aber sie lässt die von Hobbes erwähnten Feinheiten, auf die es beim Entwurf der Festung ankam, weg: die Festlegung der Strecken und Winkel, aus denen sich die bewundernswerten Proportionen erst ergaben. Auf dem Titelblatt des *Leviathan* sind am linken unteren Rand die vier Bastionen einer Zitadelle zu erkennen (Abb.31). Am rechten unteren Rand ist eine weitere Bastion zu sehen, die offenbar zu dem die Stadt schützenden Festungspolygon gehört. Die Stadt folgt einem rechtwinkligen Plan, mit einem Dom auf dem zentralen Platz. Dazu ist sie auf einem Berg gelegen – eine anscheinend ideale Anlage. Das Schicksal des Leviathan aber hat sie nicht abwenden können. Auch die politischen Regeln der Regierungskunst, die Hobbes zufolge ein schwereres Studium erforderten als die geometrischen Regeln der Festungskunst, haben daran nichts ändern können. Der formale Schrecken, der durch die Vortäuschung des Krieges vom wirklichen Kampf abschrecken sollte, hat einem Schrecken weichen müssen, der aus sentimentaler Kritik an der Lüge und moralischer Fixierung an die Wahrheit die Bindung an die Form preisgab, ohne auf die Täuschung verzichten zu können – im Gegenteil.

Vom Übergang zum modernen Aufriss dieses Schreckens, von den Prozessen seiner Herausbildung, handelt der zweite Band des THEATRUM BELLI.

LITERATURLISTE

ABELINUS, M. Johannes Philippus, 1662²: Theatrum Europaeum, Bd.2, Frankfurt/M.

ACADEMIE FRANÇOISE, 1971: Les sentiments de l'Academie Françoise sur la Tragi-Comédie du *Cid* (1636/37). In: Charles Joseph Marty-Laveaux, Lexique de la langue de P.Corneille, Bd.2, Hildesheim-New York (reprint der Pariser Ausgabe von 1868), S.463-501

ALEWYN, Richard, 1974: Maske und Improvisation. Die Geburt der europäischen Schauspielkunst (1937/38). In: Ders., Probleme und Gestalten. Essays, Frankfurt/M., S.20-42

ALSTED, Joh. Heinrich, 1649: Scientiarum omnium Encyclopaedia, Bd.4, Buch 32, exhibens Historicam, Lugduni, zit. in: Koselleck 1979a, S.43

ARENDT, Hannah, 1974²: Über die Revolution (On Revolution, 1963), München

ARISTOTELES, 1976: Poetik, Stuttgart

d'AUBIGNAC, Abbé, 1657: Pratique du théâtre, o.O.

BARUDIO, Günter, 1982: Gustav Adolf – der Große. Eine politische Biographie, Frankfurt/M.

BAUER, Robert J., 1970: A phenomenon of epistemology in the renaissance. In: Journal of the history of Ideas, Bd.31, S.281-288

BEHNEN, Michael, 1987: „Arcana – Haec sunt Ratio Status". Ragion di Stato und Staatsräson. Probleme und Perspektiven (1589-1651). In: Zeitschrift für Historische Forschung, S.129-195

BENJAMIN, Walter, 1963: Ursprung des deutschen Trauerspiels (1925), Frankfurt/M.

BERNER, Felix, 1982: Der lutherische König. Zum 350.Todestag Gustav Adolfs von Schweden. In: Frankfurter Allgemeine Zeitung vom 06.11.(Bilder und Zeiten)

BINGEL, Horst, 1909: Das Theatrum Europaeum – ein Beitrag zur Publizistik des 17.und 18.Jahrhunderts, München

BÖHM, Rudolf, 1982: Die fächerübergreifende Erhellung: Shakespeare und Corneille. In: Rüdiger Ahrens (Hrsg), Shakespeare. Didaktisches Handbuch 2, München

BORGSDORFF, Ernst-Friedrich Baron von, 1687: Die Befestigte Stütze eines Fürstenthums oder: Neu erfundene Defension wider das sonst Welt bezwingende Canoniren, Bombardiren und Miniren, Nürnberg

—, 1703: Neu-Triumphirende Fortifikation, Wien
BOSSUET, 1961: Discours, sur l'histoire universelle (1678ff). In: Ders., Oeuvres, Paris
BOURDE, André (unter Mitarbeit von E.Témime), 1971: Frankreich vom Ende des Hundertjährigen Krieges bis zum Beginn der Selbstherrschaft Ludwigs XIV. (1453-1661). In: Handbuch der europäischen Geschichte, Bd.3, Die Entstehung des neuzeitlichen Europa, Stuttgart, S.719-850
BRANDT, Ahasver von, 1971: Die nordischen Länder von 1448 bis 1654. In: Handbuch der europäischen Geschichte, Bd.3, Die Entstehung des neuzeitlichen Europa, Stuttgart, S.962-1002
BRANDT, Reinhard, 1982: Das Titelblatt des Leviathan und Goyas El Gigante. In: Udo Bermbach und Klaus-M. Kodalle (Hrsg), Furcht und Freiheit. Leviathan-Diskussion 300 Jahre nach Thomas Hobbes, Opladen, S.201-231
BREDEKAMP, Horst, 2012: Leibniz und die Revolution der Gartenkunst. Herrenhausen, Versailles und die Philosophie der Blätter, Berlin
BREUER, Stefan, 1987: Foucaults Theorie der Disziplinargesellschaft. Eine Zwischenbilanz. In: Leviathan, S.319-337
BRINCKEN, Anna-Dorothee von den, 1973: Europa in der Kartographie des Mittelalters. In: Archiv für Kulturgeschichte, Bd.55, S.289-304
BURCKHARDT, Jacob, 1976: Die Kultur der Renaissance in Italien. Ein Versuch, Stuttgart
—, 1978: Weltgeschichtliche Betrachtungen. Über geschichtliches Studium (1905), München
CALDERON DE LA BARCA, Pedro, 1927: Das große Welttheater, übersetzt von Joseph Freiherr von Eichendorff, Paderborn
CAMBRAY, 1689: Manière de fortifier de Monsieur Vauban, Paris
CAMPBELL, Oscar James und QUINN, Edward G., 1966: A Shakespeare Encyclopaedia, London
CARNICELLI, D.D., 1971: Vorwort zu: Lord Morley's Tryumphes of Frances Petrarcke. The first English Translation of the Trionfi, Cambridge
CASSIRER, Ernst, 1939: Descartes. Lehre – Persönlichkeit – Wirkung, Stockholm
—, 1927: Individuum und Kosmos in der Philosophie der Renaissance, Berlin 1978[2]

—, Der Mythus des Staates. Philosophische Grundlagen politischen Verhaltens (1949), Zürich-München
CASTIGLIONE, Baldesar, 1960: Das Buch vom Hofmann (1528), übersetzt, eingeleitet und erläutert von Fritz Baumgart, Bremen
CORNEILLE, Pierre, 1862a: Oeuvres, hrsg.v.M.Ch.Marty-Laveaux, 10 Bände, Paris
—, 1862b: Attila, Roi des huns. Tragédie. In: Ders., 1862a, Bd.7, S.97-181
—, 1862c: Discours de la tragédie et des moyens de la traiter selon le vraisemblable ou le nécessaire (1660). In: Ders., 1862a, Bd.l, S.52-97
—, 1862d: Discours de l'utilité et des parties du poème dramatique. In: Ders., 1862a, Bd.l, S.13-51
—, 1862e: Discours des trois unités d'action, de jour et de lieu (1660). In: Ders., 1862a, Bd.l, S.98-122
—, 1862f: Le Cid (1636).In: Ders., 1862a, Bd.3, S.1-241
—, 1862g: Cinna. Tragédie (1640). In: Ders., 1862a, Bd.3, S.359-462
—, 1862h: Horace. Tragédie (1640). In: Ders., 1862a, Bd.3, S.243-358
—, 1862i: L'Illusion Comique. Comédie (1636). In: Ders., 1862a, Bd.2, S.421-527
—, 1862j: Le Menteur (1642). In: Ders., 1862a, Bd.4, S.140-239
—, 1862k: La Suite du Menteur (1643). In: Ders., 1862a, Bd.4, S.275-395
—, 1862m: Examen du Nicomède (1660). In: Ders., 1862a, Bd.5, S.505-509
—, 1862n: Oedipe. In: Ders., 1862a, Bd.6, S.101-219
—, 1862p: Poème sur les Victoires du Roi, v.Lat.i.Franz.übers.v. Pierre Corneille. In: Ders., 1862a, Bd.10, S.192-217
—, 1862q: Rodogune. Tragédie (1644). In: Ders., 1862a, Bd.4, S.397-511
—, 1862r: Les Victoires du Roi sur les Etats de Hollande, en l'année 1672. In: Ders., 1862a, Bd.10, S.252-284
—, 1862s: Othon. Tragédie (1664). In: Ders., 1862a, Bd.6, S.565-657
COUTON, Georges, 1957: Corneille und das französische Theater. In: Maske und Kothurn, 3. Jg., S.294-301
CRISP, Quentin (with John Hofsess), 1985: Manners from Heaven. A Divine Guide to Good Behaviour, London
CROCE, Benedetto, 1922: Ariost, Shakespeare, Corneille (1920), Zürich-Leipzig-Wien
DA COSTA KAUFMANN, Thomas, 1976: Arcimboldo's Imperial Allegories. G.B. Fonteo and the Interpretation of Arcimboldo's Painting. In: Zeitschrift für Kunstgeschichte, Bd.39, S.275-296

DELBRÜCK, Hans, 1920: Geschichte der Kriegskunst im Rahmen der politischen Geschichte, 4. Teil: Neuzeit, Berlin

DESCARTES, René, 1965: Discours de la Méthode pour bien conduire sa raison et chercher la vérite dans les sciences (1637). In: Oeuvres de Descartes, hrsg.v. Charles Adam und Paul Tannery, Bd.6, Paris, S.1-78

—, 1967: Les Passions de l'Ame. In: Oeuvres (cf.1965), Bd.11, Paris, S.291-497

—, 1964: Les Principes de la Philosophie. In: Oeuvres (cf.1965), Bd.9/2, Paris

—, 1966: La recherche de la Vérité par la Lumière naturelle. In: Oeuvres (cf.1965), Bd.10, Paris, S.495-532

DICKMANN, Fritz, 1963: Rechtsgedanke und Machtpolitik bei Richelieu. Studien an neu entdeckten Quellen. In: Historische Zeitschrift, Bd.196, S.265-319

DUDEN, Der, 1963: Etymologie (Bd.7), Mannheim, Stichwort *regieren*

DURER, Albrecht, 1527: Etliche underricht zu befestigung der Stett, Schloß und Flecken, Nürnberg (unpaginiert)

EICHBERG, Henning, 1977: Geometrie als barocke Verhaltensnorm. Fortifikation und Exerzitien. In: Zeitschrift für historische Forschung, Bd.4, S.17-50

—, 1978: Leistung, Spannung, Geschwindigkeit. Sport und Tanz im gesellschaftlichen Wandel des 18./19. Jahrhunderts, Stuttgart

—, 1976: Militär und Technik. Schwedenfestungen des 17. Jahrhunderts in den Herzogtümern Bremen und Verden, Düsseldorf

EIMER, Gerhard, 1961: Die Stadtplanung im Schwedischen Ostseereich. 1600-1715. Mit Beiträgen zur Geschichte der Idealstadt, Stockholm

ELIAS, Norbert, 1977[2]a: Entwurf zu einer Theorie der Zivilisation. In: Ders., 1977[2]b, S.312-454

—, 1977[2]b: Über den Prozeß der Zivilisation, Frankfurt/M.

—, 1977[3]: Die höfische Gesellschaft, Darmstadt und Neuwied

—, 1987: Das Schicksal der deutschen Barocklyrik. Zwischen höfischer und bürgerlicher Tradition. In: Merkur, Jg. 41, S.451-468

ENGEL, Josef, Von der spätmittelalterlichen respublica christiana zum Mächte-Europa der Neuzeit. In: Handbuch der europäischen Geschichte, Bd.3, Die Entstehung des neuzeitlichen Europa, Stuttgart, S.1-443

FAUL, Erwin, 1961: Der moderne Machiavellismus, Köln-Berlin
FICINO, Marsilius, 1914: Über die Liebe oder Platons Gastmahl, Leipzig
FOUCAULT, Michel, 1971: Die Ordnung der Dinge. Eine Archäologie der Humanwissenschaften, Frankfurt/M.
—, 1977: Überwachen und Strafen. Die Geburt des Gefängnisses (1975), Frankfurt/M.
—, 1986: Vom Licht des Krieges zur Geburt der Geschichte, hrsg.v. Walter Seitter, Berlin
FRIEDRICH II., 1849: L'Art de la Guerre (1749), 1. Gesang. In: Oeuvres de Frédéric le Grand, Bd.10, Berlin, S.291-303
—, 1856: Eléments de Castramétrie et de Tactique. In: Oeuvres de Frédéric le Grand, Bd.29, Berlin, S.1-47
GADAMER, Hans Georg, 1965²: Wahrheit und Methode, Tübingen
GAMBIEZ, F., 1978: Turenne et la renaissance du style indirect. In: Turenne et l'art militaire. Actes du Colloque International sur Turenne et l'art militaire tenu à Paris, 2 et 3 octobre 1975, Paris, S.15-21
GIGON, Olof, 1976: Einleitung zu Aristoteles' Poetik, Stuttgart
GILBERT, Felix, 1943: Machiavelli: The Renaissance of the Art of War. In: Makers of Modern Strategy. Military Thought from Machiavelli to Hitler, hrsg.v. Edward Meade Earle, Princeton, S.3-25
GRAWERT-MAY, Erik, 1987: Das Drama Krieg. Zur Moralisierung des Politischen, Tübingen
GREGOR, Joseph, 1933: Weltgeschichte des Theaters, Zürich
GUERLAC, Henry, 1943: Vauban: The Impact of Science on War. In: Makers ...(cf.Gilbert,1943), Princeton, S.26-48
HEITMANN, Klaus, 1968: Corneille. Cinna. In: Jürgen von Stackelberg (Hrsg.): Das französische Theater. Vom Barock bis zur Gegenwart, Bd.1, Düsseldorf, S.96-115
HETZ, Karl H., 1985: *Providern* und politisches Handeln in der englischen Revolution (1640-1660). Eine Studie zu einer Wurzel moderner Politik, dargestellt am politischen Denken Oliver Cromwells. In: Zeitschrift für historische Forschung, Bd.12, S.43-84
HOBBES, Thomas, 1651: Leviathan or the matter, forme and power of a Common-wealth ecclesiasticall and civill, London
—, 1976: Leviathan oder Stoff, Form und Gewalt eines bürgerlichen und kirchlichen Staates, übers.v. Walter Euchner, Frankfurt/M.-Berlin-Wien

—, 1967² : Vom Körper. Elemente der Philosophie, übers.v. Max Frischeisen-Köhler(1915), Hamburg

HANDROU, Robert, 1976a: La méthode historique de Voltaire, une lecture du *Siècle de Louis XIV.* In: Historische Forschung im 18. Jahrhundert. Organisation – Zielsetzung – Ergebnisse, hrsg.v.Karl Hammer u. Jürgen Voss, Bonn, S.364-373

—, 1976b: Staatsräson und Vernunft. 1649-1775, Propyläengeschichte Europas, Bd.3, Frankfurt/M.-Berlin-Wien

H.R.R., 1764: Beschreibung eines kleinen regulären sechseckichten Kriegs-Platzes von einer neuen und des jetzigen gewaltsamen Angriffs mehr proportionirten Erfindung, Frankfurt-Leipzig

JACQUOT, Jean(Hrsg.), 1956: Les Fêtes de la Renaissance, Bd.1, Paris

—, 1957: *Le Théâtre du Monde* de Shakespeare à Calderon. In: Revue de Littérature Comparée, 31. Jg., S.341-373

JAUME, Lucien, 1983: La Théorie de la *personne fictive* dans le *Leviathan* de Hobbes. In: Revue Française de Science Politique, 33.Jg., S.1009-1035

JORGENSEN, Paul A., 1956: Shakespeares Military World, Berkely-Los Angeles

KANTOROWICZ, Ernst H., 1994²: Die zwei Körper des Königs. Eine Studie zur politischen Theologie des Mittelalters, München (Im Original: The King's Two Bodies. A Study in Mediaeval Political Theology, Princeton, N.J. 1957)

—, 1965: The Sovereignty of the Artist. A note on legal maxims and renaissance theories of art. In: Ders., Selected Studies, New York, S.352-365

KINDERMANN, Heinz, 1959²: Theatergeschichte Europas, Bd.2, Das Theater der Renaissance, Salzburg

—, 1967²: Theatergeschichte Europas, Bd.3, Das Theater der Barockzeit, Salzburg

—, 1972²: Theatergeschichte Europas, Bd.4, Von der Aufklärung zur Romantik, Teil 1, Salzburg

KLEIHUES, Josef Paul (im Gespräch mit Claus Baldus), 1987: Kritische Rekonstruktion der Stadt. In: 750 Jahre Architektur und Städtebau in Berlin. Die internationale Bauausstellung im Kontext der Baugeschichte Berlins, hrsg.v. J.P.Kleihues, Stuttgart

KNIGGE, Adolph von, 1977: Über den Umgang mit Menschen (1788), Frankfurt/M.

KOEMAN, Cornells, 1964: The history of Abraham Ortelius and his theatrum orbis terrarum, Lausanne

KOSELLECK, Reinhart, 1979a: Historia Magistra Vitae. Über die Auflösung des Topos im Horizont neuzeitlich bewegter Geschichte. In: Ders., 1979c, S.38-66

—, 1979b: Vergangene Zukunft der frühen Neuzeit. In: Ders., 1979c, S.17-37

—, 1979c: Vergangene Zukunft. Zur Semantik geschichtlicher Zeiten, Frankfurt/M.

—, 1979d: Der Zufall als Motivationsrest in der Geschichtsschreibung. In: Ders., 1979c, S.158-175

LAVISSE, Ernest und RAMBAUD, Alfred, 1895: Histoire Geénérale, Bd.6, Paris

LE BLOND, M., 1756[4]: Elémens de Fortification, Paris

LESSING, Gotthold Ephraim, 1971: Laokoon oder über die Grenzen der Malerei und Poesie (1766), Stuttgart

LUDEWIG, Werner, 1972: Nachwort zu Abraham Ortelius, Die schönsten Karten aus dem Theatrum orbis terrarum 1570, Gütersloh

LUDWIG XIII., 1962: Brief vom 4. August 1634 an Richelieu. In: Acta Pacis Westphalicae, hrsg.v.Max Braubach und Konrad Repgen, Serie 1, Instruktionen, Bd.l, Frankreich, Schweden, Kaiser, bearb. v. Fritz Dickmann, Kriemhild Goroncy u.a., Münster, S.18ff

LUDWIG XIV., 1966: Über die französisch-deutsche Erbfeindschaft, Dokument 236. In: Geschichte in Quellen, Bd.3, Renaissance – Glaubenskämpfe – Absolutismus, bearb.v.Fritz Dickmann, München, S.506

LUHMANN, Niklas, 1983[2]: Liebe als Passion. Zur Codierung von Intimität, Fr ankfurt/M.

—, 1980: Temporalisierung von Komplexität: Zur Semantik neuzeitlicher Zeitbegriffe. In Ders., Gesellschaftsstruktur und Semantik. Studien zur Wissenssoziologie der modernen Gesellschaft, Bd.l, Frankfurt/M., S.235-300

MACHIAVELLI, Niccolo, 1979: Opere di Machiavelli, Bd.2, Verona

—, 1974: Der Fürst (1513), Stuttgart

—, 1925a: Geschichte von Florenz (1523). In: Ders., Gesammelte Schriften in 5 Bänden, hrsg.v.Hanns Floerke, Bd.4, München

—, 1925b: Vom Staate. In: Gesammelte Schriften (cf.1925a), Bd.l, München

—, 1833: Die Kriegskunst in sieben Büchern, übers, v.Joh.Ziegler, Karlsruhe
—, 1838: Die Mandragola. In: Sämtliche Werke, Bd.7, Lustspiele und andere politische Schriften, übers.v.Joh.Ziegler, Karlsruhe
MAHNKE, Dietrich, 1937: Unendliche Sphäre und Allmittelpunkt. Beiträge zur Genealogie der mathematischen Mystik, Halle a.d.Saale
MANGINI, Nicola, 1966: Das italienische Theater. In: Das Atlantisbuch des Theaters, hrsg.v.Martin Hürlimann, Zürich-Freiburg i.Br., 3.551-576
MARLS, Raymond van, 1971: Iconographie de l'art profane au Moyen-Age et à la Renaissance et la Décoration des Demeures, Bd.2, Allégories et Symboles (1931), New York
MARTY-LAVEAUX, Charles Joseph, 1971: Lexique de la langue de P. Corneille, Bd.2, Hildesheim-New York
MEINECKE, Friedrich, 1963[3]: Die Idee der Staatsräson in der neueren Geschichte (1924), hrsg.v.W.Hofer, München
MELCHINGER, Siegfried, 1974: Geschichte des politischen Theaters, Bd.l, Frankfurt/M.
MERIAN, Matthäus, 1662[3]: Vorrede zu M. Johannis Philippus Abelinus, Theatrum Europaeum, Bd.2, Frankfurt/M.
MOLIERE, 1965: Le Misanthrope. Comédie (1666). In: Oeuvres Complêtes de Moliere, Bd.3, Paris, S.21-89
MONGREDIEN, Georges, 1972: Receuil des Textes et des Documents du XVIIe siècle relatifs à Corneille, Paris
MÜNKLER, Herfried, 1982: Machiavelli. Die Begründung des politischen Denkens der Neuzeit aus der Krise der Republik Florenz, Frankfurt/M.
—, 1987: Im Namen des Staates. Die Begründung der Staatsraison in der Frühen Neuzeit, Frankfurt/M. .
NAUDÉ, Gabriel, 1639: Sciences des Princes ou Considérations Politiques sur les Coups d'Etats, Paris
NIEDHART, Gottfried, 1976: Nachwort zu Jean Bodin, Über den Staat (1576), Stuttgart
ORTELIUS, Abraham, 1972: Die schönsten Karten aus dem Theatrum orbis terrarum 1570, Gütersloh
—, 1964: Theatrum orbis terrarum (1570). A series of Atlases in Facsimile, Amsterdam
—, 1968: The theatre of the whole world (1606). Amsterdam

OTT, Karl August, 1968: Le Cid. Corneille. In: Jürgen von Stackelberg (Hrsg.), Das französische Theater. Vom Barock bis zur Gegenwart, Bd.l, Düsseldorf, S.74-95

PALMER, R.R., 1943: Frederick the Great, Guibert, Bülow: From Dynastie to National War. In: Makers... (cf.Gilbert,1943), Princeton, S.49-74

PANOFSKY, Erwin, 1980a: Der blinde Amor. In: Ders., Studien zur Ikonologie. Humanistische Themen in der Kunst der Renaissance, Köln, S.153-202

—, 1980b: Vater Chronos. In: Studien zur Ikonologie (cf.1980a), Köln, S.109-152

PASCAL, Blaise, 1957: Pensées et opuscules, Paris

PREUS, J. Samuel, 1979: Machiavelli's functional analysis of religion: Context and object. In: Journal of the History of Ideas, Bd.40, S.171-190

RACINE, Jean, 1933: Phèdre. Tragédie (1677), Paris (Classiques Larousse)

RANKE, Leopold von, 1957: Französische Geschichte, Bd.2, hrsg.v.Willy Andreas, Lübeck

RELATION de la Guerre de Flandre, 1862. In: Oeuvres de Pierre Corneille, Bd.10, Paris, S.204 (Anm.2 d.Hrsg.)

REPGEN, Konrad, 1982: Noch einmal zum Begriff „Dreißigjähriger Krieg". In: Zeitschrift für historische Forschung, S.347-352

RICHELIEU, Cardinal de, 1947: Testament Politique (1637), hrsg.v.Louis André, Paris

ROHAN, Henri de, 1963²: De l'Interest des Princes et Estats de la Chréstienté, Paris 1638. In: Friedrich Meinecke, Die Idee der Staatsräson in der neueren Geschichte, München, S.193

ROSSI, Aldo, 1973: Die Architektur der Stadt. Skizze zu einer grundlegenden Theorie des Urbanen (1966), Düsseldorf

ROUSSEAU, Jean-Jacques, 1964: Du Contrat Social. In: Ders., Oeuvres Complêtes (Ed. de la Pleiade), Bd.3, Paris, S.349-470

SABBATINI, Nicola, 1926: Anleitung Dekorationen und Theatermaschinen herzustellen (1638), hrsg.v.Willi Flemming, Weimar

SCHIEDER, Theodor, 1962a: Begegnungen mit der Geschichte, Göttingen

—, 1962b: Shakespeare und Machiavelli. In: Ders., 1962a, S.9-55

SCHMITT, Carl, 1956: Hamlet oder Hekuba. Der Einbruch der Zeit in das Spiel, Düsseldorf-Köln

—, 1982a: Der Leviathan in der Staatslehre des Thomas Hobbes. Sinn und Fehlschlag eines politischen Symbols (1938), hrsg.u.m.e. Nachwort vers.v.Günter Maschke, Köln, S.7-132

—, 1982b: Die vollendete Reformation. In: Ders., 1982a, S.137-178

SCHNEIDER, Rolf, 2013: Schonzeiten – Ein Leben in Deutschland, Berlin

SCHNUR, Roman, 1959: Die französischen Juristen im konfessionellen Bürgerkrieg des 16. Jahrhunderts. – Ein Beitrag zur Entstehungsgeschichte des modernen Staates. In: Festschrift für Carl Schmitt zum 70. Geburtstag, hrsg.v.H.Barion, E.Forsthoff u. W.Weber, Berlin, S.179-219

—, 1963: Individualismus und Absolutismus. Zur politischen Theorie vor Thomas Hobbes (1600-1640), Berlin

SCHOENE, Albrecht, 1968²: Emblematik und Drama im Zeitalter des Barock, München

SCHRADE, Leo, 1967: Vom Tragischen in der Musik, Mainz

SCHRAMM, Percy Ernst, 1958: Sphaira, Globus, Reichsapfel. Wanderung und Wandlung eines Herrschaftszeichens von Caesar bis zu Elisabeth II. Ein Beitrag zum Nachleben der Antike, Stuttgart

SCHULIN, Ernst, 1971: England und Schottland vom Ende des Hundertjährigen Krieges bis zum Protektorat Cromwells (1455-1660). In: Handbuch der europäischen Geschichte, Bd.3, Die Entstehung des neuzeitlichen Europa, Stuttgart, S.902-960

SCHULTZ, Uwe, 2012: Der König und sein Richter – Ludwig XVI. und Robespierre. Eine Doppelbiographie, München

SCHULZ, Hans und BASLER, Otto, 1981: Deutsches Fremdwörterbuch, Bd.5, Berlin-New York

SENNETT, Richard, 1983: Verfall und Ende des öffentlichen Lebens. Die Tyrannei der Intimität (1977), Frankfurt/M.

SHAKESPEARE, William, 1590-92: König Heinrich VI., 1.,2.u.3.Teil, übers.v.August Wilhelm Schlegel. In: Sämtliche Werke (cf.1596)

—, 1592: König Richard III., übers.v.August Wilhelm Schlegel. In: Sämtliche Werke (cf.1596)

—, 1595: Romeo und Julia, übers.v.August Wilhelm Schlegel. In: Sämtliche Werke (cf.1596)

—, 1596: König Richard II., übers.v.August Wilhelm Schlegel. In: Ders., Sämtliche Werke, hrsg.v.R.Löwit, Wiesbaden (o.J.)

—, 1598: König Heinrich IV., l.u.2.Teil, übers.v.August Wilhelm Schlegel. In: Sämtliche Werke (cf.1596)
—, 1601: Julius Caesar, übers.v.August Wilhelm Schlegel. In: Sämtliche Werke (cf.1596)
—, 1601: Die lustigen Weiber von Windsor, übers.v.Wolf Graf Baudissin. In: Sämtliche Werke (cf.1596)
—, 1602: Troilus und Cressida, übers.v.Wolf Graf Baudissin. In: Sämtliche Werke (cf.1596)
—, 1603: Hamlet, Prinz von Dänemark, übers.v.August Wilhelm Schlegel. In: Sämtliche Werke (cf.1596)
—, 1608: Coriolan, übers.v.Dorothea Tieck. In: Sämtliche Werke (cf.1596)
SKELTON, R.A., 1964: Einführung in Abraham Ortelius, Theatrum orbis terrarum (1570). A Series of Atlases in Facsimile, Amsterdam
SKINNER, Quentin, 1978: The foundations of modern political thought, Bd.1, The Renaissance, Cambridge-London-New York-Melbourne
SOFER, Johann, 1956: Bemerkungen zur Geschichte des Begriffes „Welttheater". In: Maske und Kothurn, 2.Jg., S.256-268
STACKELBERG, Jürgen von, 1968a: Corneille. L'illusion comique. In: Ders.(Hrsg), Das franzosische Theater. Vom Barock bis zur Gegenwart, Bd.1, Düsseldorf, S.54-73
—, 1968b: Zur Geschichte des französischen Theaters. In: Ders. (Hrsg), Das französische Theater (cf.1968a), Düsseldorf, S.9-34
STEGMANN, André, 1968: L'Héroisme Cornelien. Genèse et Signification, Bd.2, L'Europe intellectuelle et le théâtre (1580-1650). Signification de l'héroisme cornelien, Paris
STERNBERGER, Dolf, 1978: Drei Wurzeln der Politik, Frankfurt/M.
TENFELDE, Klaus, 1982: Adventus. Zur historischen Ikonologie des Festzugs. In: Historische Zeitschrift, Bd.235, S.45-84
THROTA, Hans von, 2012: Gartenkunst. Auf der Suche nach dem verlorenen Paradies, Berlin
VAUBAN, 1737: De l'attaque et de la défense des places, La Haye
VILLIERS, Pierre de, 1983[2]: Réflexions sur les défauts d'autruy (1695), zit.bei Niklas Luhmann, Liebe als Passion. Zur Codierung von Intimität, Frankfurt/M., S.94,Anm.2
VOLTAIRE, 1975: Commentaires sur Corneille. In: The complete works of Voltaire, Bd.54, Cambridge

WALEY, Daniel, 1970: The primitivist element in Machiavelli's thought. In: Journal of the History of Ideas, Bd.31, S.91-98

WALLHAUSEN, Johann Jacobi von, 1615: Kriegskunst zu Fuß, Oppenheim (reprint Graz 1971)

WEIS, Eberhard, 1968: Frankreich von 1661 bis 1789. In: Handbuch der europäischen Geschichte, Bd.4, Europa im Zeitalter des Absolutismus und der Aufklärung, Stuttgart, S.166-307

WEISBACH, Werner, 1919: Trionfi, Berlin

WINSTANLEY, Lilian, 1952: Hamlet – Sohn der Maria Stuart, Pfullingen

WITTKOWER, Rudolf, 1983a: Geduld und Gelegenheit. Die Geschichte eines politischen Emblems. In: Ders., Allegorie und der Wandel der Symbole in Antike und Renaissance, Köln, S.207-217

—, 1983b: Gelegenheit, Zeit und Tugend. In: Ders., Allegorie... (cf.1983a), Köln, S.186-206

WOOD, Neal, 1967: Frontinus as a possible source for Machiavelli's method. In: Journal of the History of Ideas, Bd.28, S.243-248

LISTE DER ABBILDUNGEN *

* Bei nicht vollständigen Angaben wird die Fundstelle angegeben und der Leser auf das Literaturverzeichnis verwiesen.

1. Triumph Federigos von Urbino und seiner Gemahlin von Piero della Francesca (Florenz, Uffizien)
2. Triumph Amors von Bonifacio Veronese (Wien, Staatsgalerie)
3. La Roue de la Fortune. Miniature bourguignonne du 15ème siècle (Bibliothèque Royale, Brüssel)
4. Allegorie der Gelegenheit aus der Mantegna-Schule, spätes 15. Jahrhundert (Mantua, Academia Vigiliana)
5. Die Zeit hindert den Menschen, die Gelegenheit zu ergreifen, von Georges Reverdy. Stich, 16. Jahrhundert
6. Veritas filia temporis, von Gregor Sickinger. Zeichnung, 16. Jahrhundert (Universität Erlangen)
7. Die Verteidigung der Unschuld von Giovanni Rost (nach Angelo Bronzino). Teppich (Florenz, Galeria Ar-razzi)
8. Die Enthüllung der Üppigkeit, von Angelo Bronzino (London, National Gallery)
9. Die Zerstörerin Zeit. Frontispiz (Stich) aus: Fr.Perrier, Segmenta nobilium signorum et statuarum, Rom 1638
10. Der Triumph der Zeit. Holzschnitt aus Petrarca von V.Valgrisi, Venedig 1560
11. Die blinde Fortuna blendet Amor. Stich aus Otho Venius, Les Emblèmes de l'Amour Humain, Brüssel 1667, S.157
12. Allegorie der Geduld, von Giorgio Vasari, ca. 1554 (Florenz, Palazzo Pitti)
13. Patientiae Triumphus. Stich von Johannes Galle nach Heemskerck. In: Marls,149, Abb.172
14. Fortitudo und Patientia, Stich von Battista Franco, 16. Jahrhundert
15. Die herkulische Tugend züchtigt die lasterhafte Fortuna. Stich von Marc Antonio Raimondi, frühes 16. Jahrhundert
16. Mars züchtigt Amor. Zeichnung von Bolten van Zwolle, ca. 1600 (London, British Museum)
17. Triumph Papst Julius II. Handschrift des Nagonius (Vatikanische Bibliothek)

18. Bataillon im Marsch. In: Machiavelli 1833, S.60
19. Formationsvierecke. In: Machiavelli 1833,S.65
20. Schlachtordnung des Heeres. In: Machiavelli 1833, S.82
21. Embleme aus Girolamo Ruscelli, Le Imprese Illustri (oben) und von Theodor de Bèze (unten). In: Schöne, S.224
22. Szenenbilder vom Jesuitendrama *Judas Makkabaeus* 1652 in Brügge (oben) und von der Oper La *Zenobia di Radamisto* 1662 in Wien (unten). In: Schoene, S.229
23. The Theatre of the World. In: Ortelius 1968, S.VII
24. Frontispiz von Hogenberg zu: Ortelius 1964
25. Europakarte. In: Ortelius 1972, S.6
26. Lateinischer Text zur Europakarte. In: Ortelius 1972, S.5
27. Deutscher Text zur Europakarte. In:Ortelius 1972, S.4
28. Hemisphärische Weltkarte von Lambert von St.-Omer. In: Brincken, Abb.1
29. Weltkarte von St. Sever, nach Beatus von Liebana. In: Brincken, Abb.3
30. Oxforder Weltkarte von 1110. In: Brincken, Abb.4
31. Der Leviathan. Titelblatt zu: Hobbes 1651
32. Rudolph II. als Allegorie des Herbstes von Arcimboldo (Burg Skokloster, Schweden). In: Da Costa Kaufmann, S.277f, Abb.1
33. Allegorie der Erde von Arcimboldo (Private Sammlung). In: Da Costa Kaufmann, S.277f, Abb.2
34. Der Leviathan. In: Brandt 1982, S.202
35. Projekt des Petersplatzes in Rom (1659). In: Brandt 1982, S.228
36. Kinderkopf und Auge, eine anamorphotische Skizze von Leonardo da Vinci
37. Prolusia ad Victorias. Medaille zur Erinnerung an die erste Militärparade von Ludwig XIV. im Jahre 1666 (Bibliothèque Nationale, Cabinet des médailles)
38. Das Parallelensystem Vaubans. In: Guerlac, S.40
39. Fünfeckige Regularfestung. In: Le Blond, Tafel 1, Fig.1
40. Gestaltentwicklung der Bastion. In: Le Blond, Tafel 2, Fig.2 u.5
41. Zweites Vaubansches System. In: Le Blond, Tafel 16, Fig.1 u.2
42. Regularfestung aus lauter Vorwerken. In: H.R.R., Tafel 1 (am Schluss)
43. Triumphirende Festung, Frontispiz zu: Borgsdorff 1703
44. Festungssegment eines Oktogons. In: Borgsdorff 1703, Blatt 1, Fig.6

45. Festung Berlin-Cölln. Stich von Johann Bernhard Schultz. In: Wirth, S.20
46. Der Mensch als Maß der Idealstadt (Chorpo de la Città) von Francesco di Giorgio Martini (Biblioteca Reale, Turin). In: Eimer, S.44, Abb.2
47. Idealstädte von Francesco di Giorgio Martini (Biblioteca Medicea Laurenziana). In: Eimer, S.62, Abb.7
48. Grundriß der Idealstadt Sforzinda von Filarete (Biblioteca Nazionale, Florenz). In: Eimer, S.58, Abb.4
49. Idealstadt Palmanova, Projektvariante von 1593 von Buonaiuto Lorini (Biblioteca Marciana, Venedig)
50. Der Petersplatz als Mensch, Bleistiftskizze von Gianlorenzo Bernini (Vatikanische Bibliothek). In: Eimer, S.44, Abb.3
51. Idealbilder einer Hafenstadt von Francesco di Giorgio Martini (Biblioteca Nazionale, Florenz). In: Eimer, S.68, Abb.13 U.14
52. Piazza principale der Idealstadt, Gemälde um 1480 (Walters Art Gallery, Baltimore)

NAMENREGISTER

Abbé d'Aubignac 222
d'Alarcon, Juan 295, 305 f, 313
Alexander VI., Papst 47
Alfonso der Prächtige 26 f, 29
Alstedt, Johann Heinrich 82, 94, 147 f, 189
von Aragon, Isabella 31
Arendt, Hannah 273, 275 ff
Aretino 32 f
Aristoteles 13, 149, 192, 196, 198, 209, 216, 221, 224, 263 f, 284 f, 312, 360

Battista Sforza 27
Battisto Franco 39
Beatrice d'Este 35
Benjamin, Walter 29, 35, 293, 317, 354
Bernini 363, 383
Bianca Capello 32
Bodin, Jean 232
Boileau, Nicolas 223
Boisrobert 248
Borgia, Lucrezia 32
Borgsdorff, Ernst Friedrich Baron von 353 ff, 357-360, 382
Bossuet 118, 151-156, 189 ff, 215, 262, 289
Bourgogne, Duc de 356 f
Bronzino, Angelo 34 f, 37 f, 41, 381
Burckhardt, Jakob 29 f, 68-73, 75, 77, 91
Burghley, Lord 100

Calderon de la Barca 73, 76-83, 87, 99, 113, 119, 123 f, 141, 193, 267, 273
Calvin, Johannes 72, 74 f, 77, 128, 279
Canterbury, Erzbischof von 72
Cäsar 26 ff, 53, 106, 112, 116, 190, 215 f, 233 f
Cassirer, Ernst 129, 232, 286 f
Castiglione, Baldessar 295, 311, 364
Castro, Guillem de 211 f, 299
Cervantes 149-152, 191 f
Christina, Königin von Schweden 287 f, 291
Cicero, Marcus Tullius 263
Clausewitz, Carl von 5, 11, 17, 253, 339, 344
Corneille, Pierre 9, 11-16, 190-202, 204-209, 211-231, 233-250, 252, 254, 263, 265, 282, 284-287, 295-299, 304 ff, 308 f, 311 ff, 322-327, 330-337, 339 f, 346 ff, 351, 354, 360 ff, 365
Cromwell, Oliver 128, 276
Cues, Nicolaus von 31, 33

Daun, Graf von 341 f
Delbrück, Hans 128 ff, 339, 341 f, 348
Descartes, René 14, 277, 285-293, 298, 300, 310, 354
Dürer, Albrecht 352

Eichberg, Henning 355 f, 358, 361
Elias, Norbert 7, 12, 17 f
Elisabeth I., Königin von England 72-75, 84 ff, 89, 92, 94-103, 105, 108 ff, 114, 116, 119, 123, 126, 139, 148, 153 f, 199, 211, 213, 215, 220, 234, 243, 247, 259-263, 265, 269, 279, 284
Erasmus von Rotterdam 76
Espinosa, Kardinal am Hof Philipps II. von Spanien 139
Essex, Lord 94 ff, 98 ff, 102 f, 105 f, 109, 116, 243, 261 f

Federigo von Urbino 27, 381
Ferdinand III., Kaiser von Österreich 118, 304
Ficino, Marsilio di 30 ff, 39, 41, 59, 76, 78, 129, 198, 281
Fontenelle 244
Foucault, Michel 17, 199, 333, 346 f, 359
Francesca, Piero della 27, 381
Freitag, Adam 355
Freud, Sigmund 97, 99
Friedrich II., König von Preußen 341 f, 345 f, 348, 361

Giorgio, Francesco di 362 ff, 383
Guibert, Jacques 344
Gustav Adolf 124 ff, 128 f, 251

Heinrich III., König von Frankreich 154
Heinrich IV., König von England 85 f, 88, 93 f, 96, 103, 206
Heinrich V., König von England und Frankreich 12, 86-92, 94 ff, 103, 111, 227
Heinrich VI., König von England 86, 88 ff, 92, 105
Heinrich VIII., König von England 86, 88 ff, 92, 105
Heinrich IV., König von Frankreich 239, 257 f, 260, 269
Huyghens, Constantin 296 ff, 305, 327
Hobbes, Thomas 261, 263-275, 277-285, 287 ff, 291, 294, 318, 326, 360, 363 ff, 382
Homer 263
Horaz 312

Jakob VI., König von Schottland, als Jakob I., König von England 98-103, 106, 109, 119, 238, 260
Jacquot, Jean 30, 76 f
Jode, Gérard de 148
Jones, Ernest 97
Julius II., Papst 42, 44, 46 f, 49, 106, 135, 233, 381

Karl der Große 44, 155
Karl I., König von England 249, 262, 264
Karl V. 38, 78, 82, 138
Katharina, Prinzessin von Frankreich 86
Kleihues, Josef Paul 8

Le Blond, M. 352 f, 355 ff, 364, 382
Leo X., Papst 39, 47, 49
Leonardo da Vinci 31, 312, 382
Livius, Titus 42, 217 f

Locke, John 282 f
Lope de Vega 313
Lorenzo il Magnifico 29, 31, 40, 135
Lorenzo Strozzi 51
Ludwig XIII., König von Frankreich 124, 154, 213, 215, 235, 238-241, 247, 249 f, 252, 262, 347
Ludwig XIV., König von Frankreich 21, 153-156, 206, 327, 329 ff, 333, 335, 337-341, 347 f, 353, 361 f, 364, 382
Ludwig XVI., König von Frankreich 21
Luther, Martin 49 f, 128, 232

Machiavelli, Nicolo 11, 17, 19, 39-55, 57-69, 73 ff, 79, 89 ff, 114 ff, 119-122, 126-132, 136-139, 141, 149 ff, 156, 247, 253 f, 257, 263, 293 ff, 331, 343, 346, 364, 382
Mantegna, Andrea 33, 37, 381
Maria de Medici 90, 92
Maria Stuart 73, 98 f, 101
Maria Theresia 341
Mazarin, Kardinal 238
Mekerch, Adolph 133 f
Merian, Matthäus 117 ff, 123 f
Michelangelo 32
Minorita, Paulinus 150
Molière 9, 13, 16
Monteverdi, Claudio 292
Montmorency, Herzog von 249
Moritz von Nassau-Oranien 128, 331

Naudé, Gabriel 255 f, 298

Opicinus de Canistris, Kartograf, 14. Jh. 146
Ortelius, Abraham 132-144, 146, 148, 151, 153, 155 f, 244 f, 274, 279, 364, 382
Oxenstierna 124

Panofsky, Erwin 33-37
Petrarca 31 f, 36 ff, 61, 93, 193, 381
Philipp II., König von Spanien 78, 82, 84, 134, 138 ff, 151, 244
Platon 30 ff, 41, 43, 59, 76, 281
Plautus 28 ff, 227
Plinius 135 f, 138 ff
Plotin 30, 43
Postel, Guillaume, Pariser Kosmograf 143

Racine, Jean 16, 223
Raffael von Urbino 295, 364
Raimondi, Marc Antonio 40, 381
Ranke, Leopold 245 f
Richard II., König von England 95 f, 100, 103, 105 ff, 214, 245
Richard III., König von England 105
Richelieu, Kardinal 9, 13, 124 f, 127, 129, 154, 200, 206, 223, 235-262, 264 f, 267, 269, 277, 281-284, 287, 298 f, 322, 347 f
Robespierre 16, 21
Rohan, Henri de 251-255, 257-262, 265, 267, 269, 277, 322, 337
Rossi, Aldo 8
Rost, Giovanni 34, 381
Rousseau, Jean-Jacques 16 f, 21, 52, 282 f

Sabbatini, Nicola 78
Sardi, Pietro 363
Savonarola 46 f, 49 f
Schieder, Theodor 91, 97, 102 f, 105 f
Schmitt, Carl 98-109, 116 f, 119, 155, 265, 273
Sennett, Richard 7 f, 19
Shakespeare 11 f, 14, 68-79, 84-92, 94-97-107, 109-113, 115 ff, 119, 123, 130, 149, 192 f, 197 ff, 201, 205, 210 f, 213 ff, 219 f, 227, 233 f, 245, 247, 262-265
Stackelberg, Jürgen von 193 f

Tilbury, Gervasius von 150
Turenne 333, 361

Vasari, Giorgio 35 f, 38, 381
Vauban 343 ff, 348-355, 362, 382
Venius, Otho 37, 381
Vergil 263
Veronese 31, 381
Veronese, Bonifacio 31, 381
Voltaire 16 f, 219, 221, 230, 237, 298, 313, 316, 319, 322 f

Warwick, Graf 93 f
Winstanley, Lilian 97-104, 106, 117
Wölfflin, Heinrich 35